增值税纳税申报与法规指南

主编◎王 浩 副主编◎郭洪荣 刘 娜 曹君君

中国市场出版社
China Market Press
·北京·

图书在版编目（CIP）数据

增值税纳税申报与法规指南/王浩主编．—北京：中国市场出版社，2020．4
ISBN 978-7-5092-1895-2

Ⅰ．①增…　Ⅱ．①王…　Ⅲ．①增值税-税收管理-中国-指南②增值税-税法-中国-指南
Ⅳ．①F812．424-62②D922．229-62

中国版本图书馆 CIP 数据核字（2019）第 244629 号

增值税纳税申报与法规指南
ZENGZHISHUI NASHUI SHENBAO YU FAGUI ZHINAN

主　　编　王　浩
副 主 编　郭洪荣　刘　娜　曹君君
责任编辑　张　瑶　白　琼
出版发行　中国市场出版社 China Market Press
社　　址　北京月坛北小街 2 号院 3 号楼　　邮政编码　100837
电　　话　编 辑 部（010）68032104　读者服务部（010）68022950
　　　　　发 行 部（010）68021338　68020340　68053489
　　　　　　　　　　　68024335　68033577　68033539
　　　　　总 编 室（010）68020336
　　　　　盗版举报（010）68020336
印　　刷　河北鑫兆源印刷有限公司
规　　格　185 mm×260 mm　16 开本　　版　　次　2020 年 4 月第 1 版
印　　张　25．75　　印　　次　2020 年 4 月第 1 次印刷
字　　数　518 千字　　定　　价　68．00 元
书　　号　ISBN 978-7-5092-1895-2

前　言

Tax Declaration and Regulatory Guidelines of Value-added Tax

《增值税纳税申报与法规指南》根据2016年5月1日营改增试点后到2020年2月底国务院、财政部、国家税务总局发布的有关法规、文件编写而成，是指导各类企业进行增值税处理的专业用书。本书从内容上可分为法规指南和实务操作两大部分，主要特点如下：

一、法规指南好用、实用

填报增值税纳税申报表，对法规的全面、准确把握特别重要。本书对国务院、财政部、国家税务总局发布的现行有效的增值税、营改增政策、法规以及部分地方的补充规定进行了全面认真的梳理（截至2020年2月底），分为税制篇、行业篇、优惠篇、申报篇四部分摘编呈现给读者。摘编的政策法规全部标明文号，并在书末列示了“增值税法规政策一览”。

二、典型案例实战性强，纳税申报手把手教

实务操作部分按一般纳税人、小规模纳税人分别设计了极具实战性和操作价值的纳税申报典型案例。这些案例讲解了申报表填报的交易处理、会计处理、税务处理、填报步骤和方法，并附有填报完成后的样表范例，可以引领读者一步一步学习纳税申报实际操作全过程。

跟着案例学一遍纳税申报，将政策规定与实际操作融会贯通，举一反三，读者将惊喜地发现，增值税纳税申报并非想象的那么难，令人头疼的问题已经迎刃而解。

三、全套增值税法规免费下载

为方便读者了解查阅增值税政策法规信息原文，我们精心制作了全套增值税法规文件汇编的电子书，读者可登录税务复议诉讼网（www. swfyss. com）首页的“下载中心”下载，更多惊喜等着您。

本书由本书编委、中国税务服务联盟复议诉讼专业委员会、洪海明珠（北京）税收应用科学技术中心共同策划，是“中国纳税实务系列丛书”之一。

虽然我们已经尽己所能，力求做到书中内容完整准确，但囿于时间、精力和水平，书中方方面面的不足甚至错误在所难免，诚挚地欢迎广大读者批评指正。恳请致信：15001075490@126. com，18895390156@163. com。联系电话：15001075490，18895390156。

目　录

Tax Declaration and Regulatory Guidelines of Value-added Tax

第一篇　税制篇

第二篇 行业篇

第三篇　优惠篇

第四篇 增值税一般纳税人申报实务

第五篇 增值税小规模纳税人申报实务

Tax Declaration and

Regulatory Guidelines of Value-added Tax

第一篇　税制篇

1 纳税义务人、扣缴义务人

1.1 增值税纳税义务人

在中华人民共和国境内销售货物或者加工、修理修配劳务（以下简称劳务），销售服务、无形资产、不动产以及进口货物的单位和个人，为增值税的纳税人，应当依照本条例缴纳增值税。

——《中华人民共和国增值税暂行条例》[1] 第一条

1.2 应税行为的纳税人

在中华人民共和国境内（以下称境内）销售服务、无形资产或者不动产（以下称应税行为）的单位和个人，为增值税纳税人，应当按照本办法缴纳增值税，不缴纳营业税。

单位，是指企业、行政单位、事业单位、军事单位、社会团体及其他单位。

个人，是指个体工商户和其他个人。

——财税〔2016〕36 号文件附件 1 第一条

1.3 “单位”“个人”的解释

条例第一条所称单位，是指企业、行政单位、事业单位、军事单位、社会团体及其他单位。

条例第一条所称个人，是指个体工商户和其他个人。

——《中华人民共和国增值税暂行条例实施细则》[2] 第九条

1.4 租赁或者承包经营的纳税人

单位租赁或者承包给其他单位或者个人经营的，以承租人或者承包人为纳税人。

——《增值税暂行条例实施细则》第十条

对承租或承包的企业、单位和个人，有独立的生产、经营权，在财务上独立核算，

---

[1] 下文简称《增值税暂行条例》。

[2] 下文简称《增值税暂行条例实施细则》。

并定期向出租者或发包者上缴租金或承包费的，应作为增值税纳税人按规定缴纳增值税。

——国税发〔1994〕186号文件第一条

外商投资企业全部或部分由本企业股东、其它企业、本企业雇员或其他个人（以下简称经营人）负责经营，但外商投资企业未改变其法人地位、名称和经营范围等工商登记内容，经营中仍以外商投资企业的名义，对外从事各项商务活动，经营人按合同规定数额或收益的一定比例返还外商投资企业，独立承担经营风险并享受返还后的剩余收益的，不论其合同规定为承包经营还是承租经营，均按以下原则计算纳税：外商投资企业由经营人负责经营部分的生产、经营收入，仍应以外商投资企业为纳税主体，计算缴纳流转税。

——国税发〔1995〕45号文件第二条

1.5 代理进口货物的纳税人

问：代理进口货物应如何征税？

答：代理进口货物的行为，属于增值税条例所称的代购货物行为，应按增值税代购货物的征税规定执行。但鉴于代理进口货物的海关完税凭证有的开具给委托方，有的开具给受托方的特殊性，对代理进口货物，以海关开具的完税凭证上的纳税人为增值税纳税人。即对报关进口货物，凡是海关的完税凭证开具给委托方的，对代理方不征增值税；凡是海关的完税凭证开具给代理方的，对代理方应按规定增收增值税。

——国税函发〔1995〕288号文件第三条

1.6 承包、承租、挂靠方式经营的纳税人

单位以承包、承租、挂靠方式经营的，承包人、承租人、挂靠人（以下统称承包人）以发包人、出租人、被挂靠人（以下统称发包人）名义对外经营并由发包人承担相关法律责任的，以该发包人为纳税人。否则，以承包人为纳税人。

——财税〔2016〕36号文件附件1第二条

1.7 扣缴义务人

中华人民共和国境外的单位或者个人在境内销售劳务，在境内未设有经营机构的，以其境内代理人为扣缴义务人；在境内没有代理人的，以购买方为扣缴义务人。

——《增值税暂行条例》第十八条

2 税目注释、视同销售、混合销售、兼营

2.1 货物劳务征收范围

2.1.1 “货物”“加工”“修理修配”的解释

条例第一条所称货物，是指有形动产，包括电力、热力、气体在内。

条例第一条所称加工，是指受托加工货物，即委托方提供原料及主要材料，受托方按照委托方的要求，制造货物并收取加工费的业务。

条例第一条所称修理修配，是指受托对损伤和丧失功能的货物进行修复，使其恢复原状和功能的业务。

——《增值税暂行条例实施细则》第二条

2.1.2 “销售货物”“提供加工、修理修配劳务”“有偿”的解释

条例第一条所称销售货物，是指有偿转让货物的所有权。

条例第一条所称提供加工、修理修配劳务（以下称应税劳务），是指有偿提供加工、修理修配劳务。单位或者个体工商户聘用的员工为本单位或者雇主提供加工、修理修配劳务，不包括在内。

本细则所称有偿，是指从购买方取得货币、货物或者其他经济利益。

——《增值税暂行条例实施细则》第三条

有偿是指取得货币、货物或者其他经济利益。

——财税〔2016〕36号文件附件1第十一条

2.1.3 零税率货物行为范围注释

适用零税率的出口服务如下：

（1）国际运输服务。

国际运输服务，是指：

1. 在境内载运旅客或者货物出境。
2. 在境外载运旅客或者货物入境。
3. 在境外载运旅客或者货物。

——财税〔2016〕36号文件附件4第一条第（一）项

（2）航天运输服务。

航天运输服务。

——财税〔2016〕36号文件附件4第一条第（二）项

（3）向境外单位提供的完全在境外消费的服务。

向境外单位提供的完全在境外消费的下列服务：

1. 研发服务。

2. 合同能源管理服务。

3. 设计服务。

4. 广播影视节目（作品）的制作和发行服务。

5. 软件服务。

6. 电路设计及测试服务。

7. 信息系统服务。

8. 业务流程管理服务。

9. 离岸服务外包业务。

离岸服务外包业务，包括信息技术外包服务（ITO）、技术性业务流程外包服务（BPO）、技术性知识流程外包服务（KPO），其所涉及的具体业务活动，按照《销售服务、无形资产、不动产注释》相对应的业务活动执行。

10. 转让技术。

——财税〔2016〕36号文件附件4第一条第（三）项

（4）其他服务。

财政部和国家税务总局规定的其他服务。

——财税〔2016〕36号文件附件4第一条第（四）项

提示

在确定出口服务适用税率时，应注意并非全部出口服务都适用零税率，根据文件规定仅限于文件列举的出口服务。如《财政部 国家税务总局关于影视等出口服务适用增值税零税率政策的通知》（财税〔2015〕118号）第一条规定："境内单位和个人向境外单位提供下列应税服务，适用增值税零税率政策"。从此条规定不难看出，向境外提供应税服务，适用零税率的仅限于该条列举的范围，而不是所有向境外提供服务都适用零税率。

2.1.4 海洋石油停止按实物征收增值税

中国海洋石油总公司及所属单位海上自营油田开采的原油、天然气，停止按实物征收增值税，改为按照《增值税暂行条例》及其实施细则缴纳增值税。

——财税〔2016〕39号文件第四条

2.2 销售服务征收范围

销售服务，是指提供交通运输服务、邮政服务、电信服务、建筑服务、金融服务、现代服务、生活服务。

——财税〔2016〕36 号文件附件 1 的附
《销售服务、无形资产、不动产注释》[1] 第一条

2.3 销售无形资产、不动产

2.3.1 “销售无形资产或者不动产”的解释

销售服务、无形资产或者不动产，是指有偿提供服务、有偿转让无形资产或者不动产，但属于下列非经营活动的情形除外：

（一）行政单位收取的同时满足以下条件的政府性基金或者行政事业性收费。

1. 由国务院或者财政部批准设立的政府性基金，由国务院或者省级人民政府及其财政、价格主管部门批准设立的行政事业性收费；

2. 收取时开具省级以上（含省级）财政部门监（印）制的财政票据；

3. 所收款项全额上缴财政。

（二）单位或者个体工商户聘用的员工为本单位或者雇主提供取得工资的服务。

（三）单位或者个体工商户为聘用的员工提供服务。

（四）财政部和国家税务总局规定的其他情形。

——财税〔2016〕36 号文件附件 1 第十条

2.3.2 应税行为范围的确认依据

应税行为的具体范围，按照本办法所附的《销售服务、无形资产、不动产注释》执行。

——财税〔2016〕36 号文件附件 1 第九条

[1] 下文简称《销售服务、无形资产、不动产注释》。

2.4 征税地域（空间）范围：境内、境外

2.4.1 境内的解释

条例第一条所称在中华人民共和国境内（以下简称境内）销售货物或者提供加工、修理修配劳务，是指：

（一）销售货物的起运地或者所在地在境内；

（二）提供的应税劳务发生在境内。

——《增值税暂行条例实施细则》第八条

2.4.2 “在境内销售服务、无形资产或者不动产”的解释

在境内销售服务、无形资产或者不动产，是指：

（一）服务（租赁不动产除外）或者无形资产（自然资源使用权除外）的销售方或者购买方在境内；

（二）所销售或者租赁的不动产在境内；

（三）所销售自然资源使用权的自然资源在境内；

（四）财政部和国家税务总局规定的其他情形。

——财税〔2016〕36号文件附件1第十二条

2.4.3 不属于境内销售的情形

下列情形不属于在境内销售服务或者无形资产：

（一）境外单位或者个人向境内单位或者个人销售完全在境外发生的服务。

（二）境外单位或者个人向境内单位或者个人销售完全在境外使用的无形资产。

（三）境外单位或者个人向境内单位或者个人出租完全在境外使用的有形动产。

（四）财政部和国家税务总局规定的其他情形。

——财税〔2016〕36号文件附件1第十三条

2.4.4 销售服务或者无形资产境内境外业务划分确认

境外单位或者个人发生的下列行为不属于在境内销售服务或者无形资产：

（一）为出境的函件、包裹在境外提供的邮政服务、收派服务；

（二）向境内单位或者个人提供的工程施工地点在境外的建筑服务、工程监理服务；

（三）向境内单位或者个人提供的工程、矿产资源在境外的工程勘察勘探服务；

（四）向境内单位或者个人提供的会议展览地点在境外的会议展览服务。

——国家税务总局公告2016年第53号第一条

2.5 视同销售

2.5.1 八项视同销售行为

单位或者个体工商户的下列行为，视同销售货物：

（一）将货物交付其他单位或者个人代销；

（二）销售代销货物；

（三）设有两个以上机构并实行统一核算的纳税人，将货物从一个机构移送其他机构用于销售，但相关机构设在同一县（市）的除外；

（四）将自产或者委托加工的货物用于非增值税应税项目；

（五）将自产、委托加工的货物用于集体福利或者个人消费；

（六）将自产、委托加工或者购进的货物作为投资，提供给其他单位或者个体工商户；

（七）将自产、委托加工或者购进的货物分配给股东或者投资者；

（八）将自产、委托加工或者购进的货物无偿赠送其他单位或者个人。

——《增值税暂行条例实施细则》第四条

2.5.2 视同销售服务、无形资产或者不动产的情形

下列情形视同销售服务、无形资产或者不动产：

（一）单位或者个体工商户向其他单位或者个人无偿提供服务，但用于公益事业或者以社会公众为对象的除外。

（二）单位或者个人向其他单位或者个人无偿转让无形资产或者不动产，但用于公益事业或者以社会公众为对象的除外。

（三）财政部和国家税务总局规定的其他情形。

——财税〔2016〕36号文件附件1第十四条

2.6 混合销售

2.6.1 混合销售行为的征税规定

一项销售行为如果既涉及货物又涉及非增值税应税劳务，为混合销售行为。除本细则第六条的规定外，从事货物的生产、批发或者零售的企业、企业性单位和个体工商户的混合销售行为，视为销售货物，应当缴纳增值税；其他单位和个人的混合销售行为，视为销售非增值税应税劳务，不缴纳增值税。

本条第一款所称非增值税应税劳务，是指属于应缴营业税的交通运输业、建筑业、金融保险业、邮电通信业、文化体育业、娱乐业、服务业税目征收范围的劳务。

本条第一款所称从事货物的生产、批发或者零售的企业、企业性单位和个体工商户，包括以从事货物的生产、批发或者零售为主，并兼营非增值税应税劳务的单位和个体工商户在内。

——《增值税暂行条例实施细则》第五条

纳税人的下列混合销售行为，应当分别核算货物的销售额和非增值税应税劳务的营业额，并根据其销售货物的销售额计算缴纳增值税，非增值税应税劳务的营业额不缴纳增值税；未分别核算的，由主管税务机关核定其货物的销售额：

（一）销售自产货物并同时提供建筑业劳务的行为；

（二）财政部、国家税务总局规定的其他情形。

——《增值税暂行条例实施细则》第六条

2.6.2 混合销售与适用税目

一项销售行为如果既涉及服务又涉及货物，为混合销售。从事货物的生产、批发或者零售的单位和个体工商户的混合销售行为，按照销售货物缴纳增值税；其他单位和个体工商户的混合销售行为，按照销售服务缴纳增值税。

本条所称从事货物的生产、批发或者零售的单位和个体工商户，包括以从事货物的生产、批发或者零售为主，并兼营销售服务的单位和个体工商户在内。

——财税〔2016〕36号文件附件1第四十条

一项销售行为如果既涉及货物又涉及服务，为混合销售。从事货物的生产、批发或者零售的单位和个体工商户的混合销售行为，按照销售货物缴纳增值税；其他单位和个体工商户的混合销售行为，按照销售服务缴纳增值税。

上述从事货物的生产、批发或者零售的单位和个体工商户，包括以从事货物的生产、批发或者零售为主，并兼营销售服务的单位和个体工商户在内。

——财税〔2016〕36号文件附件2第二条第（三）项

2.6.3 单独机构混合销售应当征收增值税

根据细则第五条规定，以从事非增值税应税劳务为主，并兼营货物销售的单位与个人，其混合销售行为应视为销售非应税劳务，不征收增值税。但如果其设立单独的机构经营货物销售并单独核算，该单独机构应视为从事货物的生产、批发或零售的企业、企业性单位，其发生的混合销售行为应当征收增值税。

——国税发〔1994〕122号文件第四条

3 不征收增值税的范围

3.1 货物的不征税项目

3.1.1 其他情形的财政补贴收入

纳税人取得的财政补贴收入，与其销售货物、劳务、服务、无形资产、不动产的收入或者数量直接挂钩的，应按规定计算缴纳增值税。纳税人取得的其他情形的财政补贴收入，不属于增值税应税收入，不征收增值税。

——国家税务总局公告2019年第45号第七条第一款

3.1.2 燃油电厂取得发电补贴

根据《中华人民共和国增值税暂行条例》第六条规定，应税销售额是指纳税人销售货物或者应税劳务向购买方收取的全部价款和价外费用。因此，各燃油电厂从政府财政专户取得的发电补贴不属于规定的价外费用，不计入应税销售额，不征收增值税。

——国税函〔2006〕1235号文件

3.1.3 体育彩票发行收入

根据现行《中华人民共和国增值税暂行条例》及其实施细则等有关规定，对体育彩票的发行收入不征增值税。

——财税字〔1996〕77号文件第一条

3.1.4 会员费收入

对增值税纳税人收取的会员费收入不征收增值税。

——财税〔2005〕165号文件第十三条

3.1.5 国家管理部门取得的工本费收入

问：对国家管理部门行使其管理职能，发放的执照、牌照和有关证书等取得的工本费收入，是否征收增值税?

答：对国家管理部门行使其管理职能，发放的执照、牌照和有关证书等取得的工本费收入，不征收增值税。

——国税函发〔1995〕288号文件第六项

3.1.6 融资性售后回租业务中承租方出售资产行为

融资性售后回租业务是指承租方以融资为目的将资产出售给经批准从事融资租赁业务的企业后，又将该项资产从该融资租赁企业租回的行为。融资性售后回租业务中承租方出售资产时，资产所有权以及与资产所有权有关的全部报酬和风险并未完全转移。

根据现行增值税和营业税有关规定，融资性售后回租业务中承租方出售资产的行为，不属于增值税和营业税征收范围，不征收增值税和营业税。

——国家税务总局公告2010年第13号导语和第一条

3.1.7 销售二手车

经批准允许从事二手车经销业务的纳税人按照《机动车登记规定》的有关规定，收购二手车时将其办理过户登记到自己名下，销售时再将该二手车过户登记到买家名下的行为，属于《中华人民共和国增值税暂行条例》规定的销售货物的行为，应按照现行规定征收增值税。

除上述行为以外，纳税人受托代理销售二手车，凡同时具备以下条件的，不征收增值税；不同时具备以下条件的，视同销售征收增值税。

（一）受托方不向委托方预付货款；

（二）委托方将《二手车销售统一发票》直接开具给购买方；

（三）受托方按购买方实际支付的价款和增值税额（如系代理进口销售货物则为海关代征的增值税额）与委托方结算货款，并另外收取手续费。

——国家税务总局公告 2012 年第 23 号

3.2 应税行为的不征税项目

根据国家指令无偿提供的铁路运输服务、航空运输服务，属于《试点实施办法》第十四条规定的用于公益事业的服务。

存款利息。

被保险人获得的保险赔付。

房地产主管部门或者其指定机构、公积金管理中心、开发企业以及物业管理单位代收的住宅专项维修资金。

在资产重组过程中，通过合并、分立、出售、置换等方式，将全部或者部分实物资产以及与其相关联的债权、负债和劳动力一并转让给其他单位和个人，其中涉及的不动产、土地使用权转让行为。

——财税〔2016〕36 号文件附件 2 第一条第（二）项

财税〔2016〕140 号文件第十八条规定的“此前已征的应予免征或不征的增值税，可抵减纳税人以后月份应缴纳的增值税”，按以下方式处理：

……

纳税人已就应予免征或不征增值税业务向购买方开具增值税专用发票的，应将增值税专用发票收回后方可享受免征或不征增值税政策。

——国家税务总局公告 2016 年第 86 号第三条

原对城镇公共供水用水户在基本水价（自来水价格）外征收水资源费的试点省份，在水资源费改税试点期间，按照不增加城镇公共供水企业负担的原则，城镇公共供水企业缴纳的水资源税所对应的水费收入，不计征增值税，按“不征税自来水”项目开具增值税普通发票。

——国家税务总局公告 2017 年第 47 号

3.3 12 种不征税发票

根据《国家税务总局关于增值税发票管理若干事项的公告》（国家税务总局公告

2017年第45号）附件——《商品和服务税收分类编码表》中“4193不征税项目”的规定，发生销售行为的不征税项目：用于纳税人收取款项但未发生销售货物、服务、无形资产或不动产情形。具体包括12种情形。

3.3.1 预付卡销售和充值

账务处理原则：企业购买、充值预付卡，应在业务实际发生时税前扣除。按照购买或充值、发放和使用等不同情形进行以下税务处理：

在购买或充值环节，预付卡应作为企业的资产进行管理，购买或充值时发生的相关支出不得税前扣除；

在发放环节，凭相关内外部凭证，证明预付卡所有权已发生转移的，根据使用用途进行归类，按照税法规定进行税前扣除（如：发放给职工的可作为工资、福利费，用于交际应酬的作为业务招待费进行税前扣除）；

本企业内部使用的预付卡，在相关支出实际发生时，凭相关凭证在税前扣除。

3.3.2 销售自行开发的房地产项目预收款

账务处理原则：预付账款，后再取得有税率的发票记入“固定资产”等科目。

3.3.3 已申报缴纳营业税未开票补开票（在地税机关已申报营业税未开具发票的，补开增值税普通发票）

账务处理原则：按照其业务实质处理，可以计入资产原值、成本费用，可按规定税前扣除。

3.3.4 代收印花税（非税务机关等其他单位为税务机关代收的印花税）

账务处理原则：记入“税金及附加”/“应交税费——应交印花税”科目，可按规定税前扣除。

3.3.5 代收车船税

账务处理原则：记入“税金及附加”/“应交税费——车船税”科目，可按规定税前扣除。

3.3.6 融资性售后回租承租方出售资产

承租人在融资性售后回租业务中出售资产的行为，不属于增值税征收范围，不征收增值税。

账务处理原则：出租方购入融资租赁资产，未来摊销或折旧能按规定税前扣除。

3.3.7 资产重组涉及的不动产

账务处理原则：计入“不动产”原值，未来摊销或折旧能按规定税前扣除。

3.3.8 资产重组涉及的土地使用权

账务处理原则：计入“土地使用权”原值，未来摊销或折旧能按规定税前扣除。

3.3.9 有奖发票奖金支付

财务处理原则：国家税务总局公告 2017 年第 45 号无专门规定。

3.3.10 代理进口免税货物货款

关于代理进口免税货物货款，国家税务总局公告 2016 年第 69 号第八条规定，纳税人代理进口按规定免征进口增值税的货物，其销售额不包括向委托方收取并代为支付的货款。

账务处理原则：按照购买货物支付货款进行账务处理。

3.3.11 不征税自来水（水资源费平移为水资源税部分）

账务处理原则：按照企业用自来水的原则处理。比如，直接计入管理费用/福利费用/生产成本等资产原值、成本费用，能按规定税前扣除。

3.3.12 建筑服务预收款

账务处理原则：预付账款，后再取得有税率的发票，记入“在建工程”等科目。

3.4 企业重组过程中发生的转让行为不征收增值税

3.4.1 不动产、土地使用权转让

在资产重组过程中，通过合并、分立、出售、置换等方式，将全部或者部分实物资产以及与其相关联的债权、负债和劳动力一并转让给其他单位和个人，其中涉及的不动产、土地使用权转让行为。

——财税〔2016〕36号文件附件2第一条第（二）项第5点

3.4.2 外国银行分行改制为外商独资银行

外国银行分行改制过程中发生的向其改制后的外商独资银行（或其分行）转让企业产权和股权的行为，不征收营业税、增值税。

——财税〔2007〕45号文件第一条

外国银行分行改制为外商独资银行（或其分行）时，如其资产不按账面价值转让的，应按现行税法有关规定征税。

——财税〔2007〕45号文件第五条

3.4.3 实物资产及其相关联的债权、负债和劳动力转让

纳税人在资产重组过程中，通过合并、分立、出售、置换等方式，将全部或者部分实物资产以及与其相关联的债权、负债和劳动力一并转让给其他单位和个人，不属于增值税的征税范围，其中涉及的货物转让，不征收增值税。

——国家税务总局公告2011年第13号

3.4.4 实物资产及其相关联的债权、负债多次转让

纳税人在资产重组过程中，通过合并、分立、出售、置换等方式，将全部或者部分实物资产以及与其相关联的债权、负债经多次转让后，最终的受让方与劳动力接收方为同一单位和个人的，仍适用《国家税务总局关于纳税人资产重组有关增值税问题的公告》（国家税务总局公告2011年第13号）的相关规定，其中货物的多次转让行为均不征收增值税。资产的出让方需将资产重组方案等文件资料报其主管税务机关。

本公告自2013年12月1日起施行。纳税人此前已发生并处理的事项，不再做调

整；未处理的，按本公告规定执行。

——国家税务总局公告2013年第66号

4 税 率

4.1 适用税率调整

2017年7月1日之前，根据《增值税暂行条例》和财税〔2016〕36号文件规定，增值税有五档税率：17%、13%、11%、6%、0%。

2017年7月1日至2018年5月1日，根据财税〔2017〕37号文件规定，取消13%的增值税税率，增值税有四档税率：17%、11%、6%、0%。

2018年5月1日至2019年4月1日期间，根据财税〔2018〕32号文件规定，原适用17%和11%税率的，税率分别调整为16%、10%，增值税有四档税率：16%、10%、6%、0%。

2019年4月1日后，根据财政部、税务总局、海关总署公告2019年第39号规定，原16%税率调整为13%，原10%税率调整为9%，增值税有四档税率：13%、9%、6%、0%。

4.2 2017年7月1日之前税率适用规定

4.2.1 增值税货物、应税劳务的税率

纳税人销售货物、劳务、有形动产租赁服务或者进口货物，除本条第二项、第四项、第五项另有规定外，税率为17%。

纳税人销售交通运输、邮政、基础电信、建筑、不动产租赁服务，销售不动产，转让土地使用权，销售或者进口下列货物，税率为11%：

粮食等农产品、食用植物油、食用盐；

自来水、暖气、冷气、热水、煤气、石油液化气、天然气、二甲醚、沼气、居民用煤炭制品；

图书、报纸、杂志、音像制品、电子出版物；

饲料、化肥、农药、农机、农膜；

国务院规定的其他货物。

纳税人销售服务、无形资产，除本条第一项、第二项、第五项另有规定外，税率

为6%。

纳税人出口货物，税率为零；但是，国务院另有规定的除外。

境内单位和个人跨境销售国务院规定范围内的服务、无形资产，税率为零。

——《增值税暂行条例》第二条第一款

4.2.2 税率调整权

税率的调整，由国务院决定。

——《增值税暂行条例》第二条第二款

4.2.3 兼营不同税率货物或应税劳务的核算

纳税人兼营不同税率的项目，应当分别核算不同税率项目的销售额；未分别核算销售额的，从高适用税率。

——《增值税暂行条例》第三条

4.2.4 应税行为的税率

增值税税率：

纳税人发生应税行为，除本条第（二）项、第（三）项、第（四）项规定外，税率为6%。

提供交通运输、邮政、基础电信、建筑、不动产租赁服务，销售不动产，转让土地使用权，税率为11%。

提供有形动产租赁服务，税率为17%。

境内单位和个人发生的跨境应税行为，税率为零。具体范围由财政部和国家税务总局另行规定。

——财税〔2016〕36号文件附件1第十五条

境内的购买方为境外单位和个人扣缴增值税的，按照适用税率扣缴增值税。

——财税〔2016〕36号文件附件2第一条第（十五）项

4.3 2017年7月1日至2018年5月1日税率适用规定

自2017年7月1日起，简并增值税税率结构，取消13%的增值税税率。

纳税人销售或者进口下列货物，税率为11%：

农产品（含粮食）、自来水、暖气、石油液化气、天然气、食用植物油、冷气、热水、煤气、居民用煤炭制品、食用盐、农机、饲料、农药、农膜、化肥、沼气、二甲醚、图书、报纸、杂志、音像制品、电子出版物。

上述货物的具体范围见本通知附件1。

——财税〔2018〕32号文件第一条

4.4 2018年5月1日至2019年4月1日税率适用规定

4.4.1 应税销售行为或者进口货物税率调整

纳税人发生增值税应税销售行为或者进口货物，原适用17%和11%税率的，税率分别调整为16%、10%。

——财税〔2018〕32号文件第一条

4.4.2 购进农产品扣除率调整

纳税人购进农产品，原适用11%扣除率的，扣除率调整为10%。

——财税〔2018〕32号文件第二条

提示

根据财政部、税务总局、海关总署公告2019年第39号第二条规定，低税率货物范围注释执行财税〔2017〕37号文件附件1。

4.5 2019年4月1日之后税率适用规定

4.5.1 应税销售行为或者进口货物税率调整

增值税一般纳税人（以下称纳税人）发生增值税应税销售行为或者进口货物，原适用16%税率的，税率调整为13%；原适用10%税率的，税率调整为9%。

——财政部、税务总局、海关总署公告2019年第39号第一条

4.5.2 购进农产品扣除率调整

纳税人购进农产品，原适用10%扣除率的，扣除率调整为9%。纳税人购进用于

生产或者委托加工13%税率货物的农产品，按照10%的扣除率计算进项税额。

——财政部、税务总局、海关总署公告2019年第39号第二条

提示

根据财政部、税务总局、海关总署公告2019年第39号第二条规定，低税率货物范围注释执行财税〔2017〕37号文件附件1。

5 征收率（简易征收）

5.1 小规模纳税人增值税征收率

小规模纳税人增值税征收率为3%。征收率的调整，由国务院决定。

——《增值税暂行条例》第十二条

5.2 应税行为的征收率

增值税征收率为3%，财政部和国家税务总局另有规定的除外。

——财税〔2016〕36号文件附件1第十六条

5.3 征收率的调整

为进一步规范税制、公平税负，经国务院批准，决定简并和统一增值税征收率，将6%和4%的增值税征收率统一调整为3%。现将有关事项通知如下：

《财政部 国家税务总局关于部分货物适用增值税低税率和简易办法征收增值税政策的通知》（财税〔2009〕9号）第二条第（一）项和第（二）项中“按照简易办法依照4%征收率减半征收增值税”调整为“按照简易办法依照3%征收率减按2%征收增值税”。

《财政部 国家税务总局关于全国实施增值税转型改革若干问题的通知》（财税〔2008〕170号）第四条第（二）项和第（三）项中“按照4%征收率减半征收增值税”调整为“按照简易办法依照3%征收率减按2%征收增值税”。

财税〔2009〕9号文件第二条第（三）项和第三条“依照6%征收率”调整为“依照3%征收率”。

财税〔2009〕9号文件第二条第（四）项“依照4%征收率”调整为“依照3%征

收率”。

——财税〔2014〕57号文件

5.4 非企业性单位提供现代服务、销售无形资产可简易计税

非企业性单位中的一般纳税人提供的研发和技术服务、信息技术服务、鉴证咨询服务，以及销售技术、著作权等无形资产，可以选择简易计税方法按照3%征收率计算缴纳增值税。

非企业性单位中的一般纳税人提供《营业税改征增值税试点过渡政策的规定》（财税〔2016〕36号）第一条第（二十六）项中的“技术转让、技术开发和与之相关的技术咨询、技术服务”，可以参照上述规定，选择简易计税方法按照3%征收率计算缴纳增值税。

——财税〔2016〕140号文件第十二条

5.5 固定业户临时外出经营适用3%征收率

固定业户（指增值税一般纳税人）临时到外省、市销售货物的，必须向经营地税务机关出示“外出经营活动税收管理证明”回原地纳税，需要向购货方开具专用发票的，亦回原地补开。

对未持“外出经营活动税收管理证明”的，经营地税务机关按6%的征收率征税。对擅自携票外出，在经营地开具专用发票的，经营地主管税务机关根据发票管理的有关法规予以处罚并将其携带的专用发票逐联注明“违章使用作废”字样。

——国税发〔1995〕87号文件

提示

根据国家税务总局公告2014年第36号第一条规定，自2014年7月1日起将《国家税务总局关于固定业户临时外出经营有关增值税专用发票管理问题的通知》（国税发〔1995〕87号）中的“经营地税务机关按6%的征收率征税”，修改为“经营地税务机关按3%的征收率征税”。

5.6 油田应税行为适用税率

油气田企业发生应税行为，适用《试点实施办法》规定的增值税税率，不再适用《财政部 国家税务总局关于印发〈油气田企业增值税管理办法〉的通知》（财税〔2009〕

8 号）规定的增值税税率。

——财税〔2016〕36 号文件附件 2 第一条第（十二）项

5.7 2020 年 3 月 1 日至 5 月 31 日期间小规模纳税人征收率、预征率

自 2020 年 3 月 1 日至 5 月 31 日，对湖北省增值税小规模纳税人，适用 3%征收率的应税销售收入，免征增值税；适用 3%预征率的预缴增值税项目，暂停预缴增值税。除湖北省外，其他省、自治区、直辖市的增值税小规模纳税人，适用 3%征收率的应税销售收入，减按 1%征收率征收增值税；适用 3%预征率的预缴增值税项目，减按 1%预征率预缴增值税。

——财政部、税务总局公告 2020 年第 13 号

6 一般纳税人、小规模纳税人分类管理

6.1 分类管理制度解读

对于增值税一般纳税人与小规模纳税人的分类管理，2018 年 2 月 1 日是文件适用的节点。自 2018 年 2 月 1 日起，增值税一般纳税人与小规模纳税人的分类管理适用《增值税一般纳税人登记管理办法》（国家税务总局令第 43 号）、《国家税务总局关于增值税一般纳税人登记管理若干事项的公告》（国家税务总局公告 2018 年第 6 号）两个新文件。

国家税务总局办公厅 2018 年 1 月 4 日关于《增值税一般纳税人登记管理办法》（以下简称《办法》）的解读，介绍了新旧办法的主要变化。

第一，取消行政审批。《办法》中取消了税务机关审批环节，将审批制改为登记制，主管税务机关在对纳税人递交的登记资料信息进行核对确认后，纳税人即可成为一般纳税人。

第二，简化办事程序。一是简化了办理登记所需的资料，由原来的六项减少为两项，纳税人只需携带税务登记证件、填写登记表格，就可以办理一般纳税人登记事项。二是简化税务机关办事流程，取消了实地核实环节，对符合登记要求的，一般予以当场办结。

第三，适应税制改革。随着营改增的全面深入推进，销售服务、无形资产和不动产已全部纳入增值税应税范围，试点纳税人与原增值税纳税人在销售额标准、可不登记范围等方面存在政策差异，因此《办法》中涉及政策差异的条款内容未列举明细规

定，以“财政部、国家税务总局规定”“按照政策规定”概括。

第四，明确一般纳税人生效之日可由纳税人自行选择。相比《增值税一般纳税人资格认定管理办法》（国家税务总局令第22号，已废止），《办法》中规定，一般纳税人生效之日，是指纳税人办理登记的当月1日或者次月1日，由纳税人在办理登记手续时自行选择。

6.2 一般纳税人管理规定

6.2.1 应当申请一般纳税人资格认定的情形

小规模纳税人以外的纳税人应当向主管税务机关办理登记。具体登记办法由国务院税务主管部门制定。

——《增值税暂行条例》第十三条第一款

6.2.2 可以申请一般纳税人资格认定的情形

小规模纳税人会计核算健全，能够提供准确税务资料的，可以向主管税务机关办理登记，不作为小规模纳税人，依照本条例有关规定计算应纳税额。

——《增值税暂行条例》第十三条第二款

条例第十三条和本细则所称会计核算健全，是指能够按照国家统一的会计制度规定设置账簿，根据合法、有效凭证核算。

——《增值税暂行条例实施细则》第三十二条

6.3 小规模纳税人管理规定

6.3.1 小规模纳税人的认定标准

小规模纳税人的标准由国务院财政、税务主管部门规定。

——《增值税暂行条例》第十一条

条例第十一条所称小规模纳税人的标准为：

从事货物生产或者提供应税劳务的纳税人，以及以从事货物生产或者提供应税劳务为主，并兼营货物批发或者零售的纳税人，年应征增值税销售额（以下简称应税销售额）在50万元以下（含本数，下同）的；

除本条第一款第（一）项规定以外的纳税人，年应税销售额在80万元以下的。

本条第一款所称以从事货物生产或者提供应税劳务为主，是指纳税人的年货物生产或者提供应税劳务的销售额占年应税销售额的比重在50%以上。

——《增值税暂行条例实施细则》第二十八条

6.3.2 其他个人、非企业性单位和不经常发生应税行为的企业的管理规定

年应税销售额超过小规模纳税人标准的其他个人按小规模纳税人纳税；非企业性单位、不经常发生应税行为的企业可选择按小规模纳税人纳税。

——《增值税暂行条例实施细则》第二十九条

6.4 可转登记为小规模纳税人的规定

转登记日前连续12个月（以1个月为1个纳税期）或者连续4个季度（以1个季度为1个纳税期）累计销售额未超过500万元的一般纳税人，在2019年12月31日前，可选择转登记为小规模纳税人。

一般纳税人转登记为小规模纳税人的其他事宜，按照《国家税务总局关于统一小规模纳税人标准等若干增值税问题的公告》（国家税务总局公告2018年第18号）、《国家税务总局关于统一小规模纳税人标准有关出口退（免）税问题的公告》（国家税务总局公告2018年第20号）的相关规定执行。

——国家税务总局公告2019年第4号第五条

7 应纳税额计算

7.1 应纳税额的两种计算方法

增值税的计税方法，包括一般计税方法和简易计税方法。

——财税〔2016〕36号文件附件1第十七条

一般计税方法的应纳税额，是指当期销项税额抵扣当期进项税额后的余额。应纳税额计算公式：

应纳税额=当期销项税额-当期进项税额

当期销项税额小于当期进项税额不足抵扣时，其不足部分可以结转下期继续抵扣。

——财税〔2016〕36号文件附件1第二十一条

简易计税方法的应纳税额，是指按照销售额和增值税征收率计算的增值税额，不得抵扣进项税额。应纳税额计算公式：

应纳税额＝销售额×征收率

——财税〔2016〕36号文件附件1第三十四条

7.2 一般纳税人应纳税额计算

除本条例第十一条规定外，纳税人销售货物、劳务、服务、无形资产、不动产（以下统称应税销售行为），应纳税额为当期销项税额抵扣当期进项税额后的余额。应纳税额计算公式：

应纳税额＝当期销项税额－当期进项税额

当期销项税额小于当期进项税额不足抵扣时，其不足部分可以结转下期继续抵扣。

——《增值税暂行条例》第四条

一般纳税人发生应税行为适用一般计税方法计税。

一般纳税人发生财政部和国家税务总局规定的特定应税行为，可以选择适用简易计税方法计税，但一经选择，36个月内不得变更。

——财税〔2016〕36号文件附件1第十八条

提示

《增值税暂行条例》第十一条规定的是小规模纳税人的计税方法。

7.3 小规模纳税人应纳税额计算

小规模纳税人发生应税销售行为，实行按照销售额和征收率计算应纳税额的简易办法，并不得抵扣进项税额。应纳税额计算公式：

应纳税额＝销售额×征收率

——《增值税暂行条例》第十一条

年应税销售额超过小规模纳税人标准的其他个人按小规模纳税人纳税；非企业性单位、不经常发生应税行为的企业可选择按小规模纳税人纳税。

——《增值税暂行条例实施细则》第二十九条

小规模纳税人发生应税行为适用简易计税方法计税。

——财税〔2016〕36号文件附件1第十九条

7.4 进口货物应纳税额计算

纳税人进口货物，按照组成计税价格和本条例第二条规定的税率计算应纳税额。组成计税价格和应纳税额计算公式：

组成计税价格＝关税完税价格＋关税＋消费税

应纳税额＝组成计税价格×税率

——《增值税暂行条例》第十四条

7.5 应扣缴税额计算

境外单位或者个人在境内发生应税行为，在境内未设有经营机构的，扣缴义务人按照下列公式计算应扣缴税额：

应扣缴税额＝购买方支付的价款÷(1＋税率)×税率

——财税〔2016〕36号文件附件1第二十条

7.6 增值税检查、稽查应纳税额确认

7.6.1 纳税检查应补缴税额确认

增值税检查后的账务调整，应设立“应交税金——增值税检查调整”专门账户。凡检查后应调减账面进项税额或调增销项税额和进项税额转出的数额，借记有关科目，贷记本科目；凡检查后应调增账面进项税额或调减销项税额和进项税额转出的数额，借记本科目，贷记有关科目；全部调账事项入账后，应结出本账户的余额，并对该余额进行处理：

若余额在借方，全部视同留抵进项税额，按借方余额数，借记“应交税金——应交增值税（进项税额）”科目，贷记本科目。

若余额在贷方，且“应交税金——应交增值税”账户无余额，按贷方余额数，借记本科目，贷记“应交税金——未交增值税”科目。

若本账户余额在贷方，“应交税金——应交增值税”账户有借方余额且等于或大于这个贷方余额，按贷方余额数，借记本科目，贷记“应交税金——应交增值税”科目。

若本账户余额在贷方，“应交税金——应交增值税”账户有借方余额但小于这个贷方余额，应将这两个账户的余额冲出，其差额贷记“应交税金——未交增值税”科目。

上述账务调整应按纳税期逐期进行。

——《增值税日常稽查办法》(国税发〔1998〕44号文件附件2)

7.6.2 稽查查补应纳税额确认

稽查查补销售额和纳税评估调整销售额计入查补税款申报当月的销售额，以界定增值税小规模纳税人年应税销售额。

纳税人年应税销售额超过小规模纳税人标准且未在规定时限内申请一般纳税人资格认定的，主管税务机关应制作《税务事项通知书》予以告知。纳税人在《税务事项通知书》规定时限内仍未向主管税务机关报送一般纳税人认定有关资料的，其《税务事项通知书》规定时限届满之后的销售额依照增值税税率计算应纳税额，不得抵扣进项税额。税务机关送达的《税务事项通知书》规定时限届满之前的销售额，应按小规模纳税人简易计税方法，依3%征收率计算应纳税额。

——税总函〔2015〕311号文件

7.7 已征的应予免征或不征的增值税按简易方法缴税可抵减以后月份应纳增值税的处理

财税〔2016〕140号文件第十八条规定的“此前已征的应予免征或不征的增值税，可抵减纳税人以后月份应缴纳的增值税”，按以下方式处理：

……

(二) 应予免征或不征增值税业务已按照简易计税方法缴纳增值税的，以该业务对应的增值税应纳税额抵减以后月份的增值税应纳税额。

纳税人已就应予免征或不征增值税业务向购买方开具增值税专用发票的，应将增值税专用发票收回后方可享受免征或不征增值税政策。

——国家税务总局公告2016年第86号第三条

7.8 按销售额依税率计算应纳税额，不得抵扣进项税额，也不得使用增值税专用发票的情形

有下列情形之一者，应按销售额依照增值税税率计算应纳税额，不得抵扣进项税额，也不得使用增值税专用发票：

一般纳税人会计核算不健全，或者不能够提供准确税务资料的；

除本细则第二十九条规定外，纳税人销售额超过小规模纳税人标准，未申请办理

一般纳税人认定手续的。

——《增值税暂行条例实施细则》第三十四条

《中华人民共和国增值税暂行条例实施细则》第三十条规定：“一般纳税人有下列情形之一者，应按销售额依照增值税税率计算应纳税额，不得抵扣进项税额，也不得使用增值税专用发票：

（一）会计核算不健全，或者不能够提供准确税务资料的；

（二）符合一般纳税人条件，但不申请办理一般纳税人认定手续的。”

此规定所称的不得抵扣进项税额是指纳税人在停止抵扣进项税额期间发生的全部进项税额，包括在停止抵扣期间取得的进项税额、上期留抵税额以及经批准允许抵扣的期初存货已征税款。

纳税人经税务机关核准恢复抵扣进项税额资格后，其在停止抵扣进项税额期间发生的全部进项税额不得抵扣。

——国税函〔2000〕584号文件

提示

根据《国家税务总局关于修改若干增值税规范性文件引用法规规章条款依据的通知》（国税发〔2009〕10号）的规定，自2009年1月1日起，将“《中华人民共和国增值税暂行条例实施细则》第三十条规定：‘一般纳税人有下列情形之一者，应按销售额依照增值税税率计算应纳税额，不得抵扣进项税额，也不得使用增值税专用发票：（一）会计核算不健全，或者不能够提供准确税务资料的；（二）符合一般纳税人条件，但不申请办理一般纳税人认定手续的’”修改为“《中华人民共和国增值税暂行条例实施细则》第三十四条规定：有下列情形之一者，应按销售额依照增值税税率计算应纳税额，不得抵扣进项税额，也不得使用增值税专用发票：（一）一般纳税人会计核算不健全，或者不能够提供准确税务资料的；（二）除本细则第二十九条规定外，纳税人销售额超过小规模纳税人标准，未申请办理一般纳税人认定手续的”。

有下列情形之一者，应当按照销售额和增值税税率计算应纳税额，不得抵扣进项税额，也不得使用增值税专用发票：

一般纳税人会计核算不健全，或者不能够提供准确税务资料的。

应当办理一般纳税人资格登记而未办理的。

——财税〔2016〕36号文件附件1第三十三条

8 销售额、销项税额

8.1 销售额、价外费用的范围确认

8.1.1 条例、细则规定

（1）销售额定义。

销售额为纳税人发生应税销售行为收取的全部价款和价外费用，但是不包括收取的销项税额。

——《增值税暂行条例》第六条第一款

（2）以人民币计算。

销售额以人民币计算。纳税人以人民币以外的货币结算销售额的，应当折合成人民币计算。

——《增值税暂行条例》第六条第二款

（3）“价外费用”的解释。

条例第六条第一款所称价外费用，包括价外向购买方收取的手续费、补贴、基金、集资费、返还利润、奖励费、违约金、滞纳金、延期付款利息、赔偿金、代收款项、代垫款项、包装费、包装物租金、储备费、优质费、运输装卸费以及其他各种性质的价外收费。

——《增值税暂行条例实施细则》第十二条

（4）价外费用不包括的项目。

受托加工应征消费税的消费品所代收代缴的消费税；

同时符合以下条件的代垫运输费用：

承运部门的运输费用发票开具给购买方的；

纳税人将该项发票转交给购买方的。

同时符合以下条件代为收取的政府性基金或者行政事业性收费：

由国务院或者财政部批准设立的政府性基金，由国务院或者省级人民政府及其财政、价格主管部门批准设立的行政事业性收费；

收取时开具省级以上财政部门印制的财政票据；

所收款项全额上缴财政。

销售货物的同时代办保险等而向购买方收取的保险费，以及向购买方收取的代购买方缴纳的车辆购置税、车辆牌照费。

——《增值税暂行条例实施细则第十二条

8.1.2 具体业务销售额确认

（1）集资费、手续费、代收款属于价外费用。

燃气公司和生产、销售货物或提供增值税应税劳务的单位，在销售货物或提供增值税应税劳务时，代有关部门向购买方收取的集资费（包括管道煤气集资款〈初装费〉）、手续费、代收款等，属于增值税价外收费，应征收增值税，不征收营业税。

——财税〔2003〕16号文件第一条第（一）项

（2）原油管理费应作为价外费用。

根据国务院批准下发的《关于进一步完善原油、成品油流通体制改革意见的通知》精神，经国家计委批准，自1996年1月1日起，中国石油天然气总公司在国家规定的原油一、二档出厂价格的基础上，每吨收取4元的原油管理费。对原油管理费如何征税问题，经研究，现明确如下：

按照《中华人民共和国增值税暂行条例》的有关规定，纳税人销售货物或者应税劳务的销售额包括向购买方收取的全部价款和价外费用。原油管理费是在国家规定的原油一、二档出厂价格的基础上按销售原油数量收取的，属于价外费用的一部分，因此，应按增值税的有关规定征收增值税。原油管理费征税后集中到总公司的部分，按《国家税务总局关于原油管理费缴纳营业税问题的复函》（国税函发〔1996〕101号）文件的规定不再征收营业税。

——国税发〔1996〕111号文件

（3）铁路支线维护费属于价外费用。

按照《中华人民共和国增值税暂行条例》的有关规定，纳税人销售货物或者应税劳务的销售额包括向购买方收取的全部价款和价外费用。你省煤炭生产企业用自备铁路专用线运输煤炭取得的“铁路支线维护费”是在销售煤炭环节收取的，属于增值税条例规定的价外费用，因此，应按增值税的有关规定征收增值税。

——国税函发〔1996〕561号文件

（4）价外费用和逾期包装物押金应视为含税收入。

对增值税一般纳税人（包括纳税人自己或代其他部门）向购买方收取的价外费用和逾期包装物押金，应视为含税收入，在征税时换算成不含税收入并入销售额计征增值税。

——国税发〔1996〕155号文件第一条

（5）酒类产品包装物押金应并入当期销售额征税。

从1995年6月1日起，对销售除啤酒、黄酒外的其他酒类产品而收取的包装物押金，无论是否返还以及会计上如何核算，均应并入当期销售额征税。

——国税发〔1995〕192号文件第三条

8.2 不含税销售额的计算

8.2.1 一般纳税人不含税销售额计算

一般纳税人销售货物或者应税劳务，采用销售额和销项税额合并定价方法的，按下列公式计算销售额：

销售额＝含税销售额÷(1＋税率)

——《增值税暂行条例实施细则》第十四条

8.2.2 小规模纳税人不含税销售额计算

小规模纳税人的销售额不包括其应纳税额。

小规模纳税人销售货物或者应税劳务采用销售额和应纳税额合并定价方法的，按下列公式计算销售额：

销售额＝含税销售额÷(1＋征收率)

——《增值税暂行条例实施细则》第三十条

8.2.3 价外费用和逾期包装物押金换算成不含税收入并入销售额

对增值税一般纳税人（包括纳税人自己或代其他部门）向购买方收取的价外费用和逾期包装物押金，应视为含税收入，在征税时换算成不含税收入并入销售额计征增值税。

——国税发〔1996〕155号文件第一条

8.2.4 简易计税方法的不含税销售额计算

简易计税方法的销售额不包括其应纳税额，纳税人采用销售额和应纳税额合并定价方法的，按照下列公式计算销售额：

销售额＝含税销售额÷(1＋征收率)

——财税〔2016〕36号文件附件1第三十五条

8.3 外币销售额的折算

销售额以人民币计算。纳税人以人民币以外的货币结算销售额的，应当折合成人民币计算。

——《增值税暂行条例》第六条

纳税人按人民币以外的货币结算销售额的，其销售额的人民币折合率可以选择销售额发生的当天或者当月1日的人民币汇率中间价。纳税人应在事先确定采用何种折合率，确定后1年内不得变更。

——《增值税暂行条例实施细则》第十五条

8.4 直销企业的销售额

根据《中华人民共和国增值税暂行条例》及其实施细则规定，现将直销企业采取直销方式销售货物增值税销售额确定有关问题公告如下：

直销企业先将货物销售给直销员，直销员再将货物销售给消费者的，直销企业的销售额为其向直销员收取的全部价款和价外费用。直销员将货物销售给消费者时，应按照现行规定缴纳增值税。

直销企业通过直销员向消费者销售货物，直接向消费者收取货款，直销企业的销售额为其向消费者收取的全部价款和价外费用。

——国家税务总局公告2013年第5号

8.5 税务机关核定销售额

纳税人发生应税销售行为的价格明显偏低并无正当理由的，由主管税务机关核定其销售额。

——《增值税暂行条例》第七条

纳税人有条例第七条所称价格明显偏低并无正当理由或者有本细则第四条所列视同销售货物行为而无销售额者，按下列顺序确定销售额：

按纳税人最近时期同类货物的平均销售价格确定；

按其他纳税人最近时期同类货物的平均销售价格确定；

按组成计税价格确定。组成计税价格的公式为：

组成计税价格＝成本×(1＋成本利润率)

属于应征消费税的货物，其组成计税价格中应加计消费税额。

公式中的成本是指：销售自产货物的为实际生产成本，销售外购货物的为实际采购成本。公式中的成本利润率由国家税务总局确定。

——《增值税暂行条例实施细则》第十六条

8.6 混合销售行为的销售额

混合销售行为依照本细则第五条规定应当缴纳增值税的，其销售额为货物的销售额与非增值税应税劳务营业额的合计。

——《增值税暂行条例实施细则》第十三条

纳税人的下列混合销售行为，应当分别核算货物的销售额和非增值税应税劳务的营业额，并根据其销售货物的销售额计算缴纳增值税，非增值税应税劳务的营业额不缴纳增值税；未分别核算的，由主管税务机关核定其货物的销售额：销售自产货物并同时提供建筑业劳务的行为。

财政部、国家税务总局规定的其他情形。

——《增值税暂行条例实施细则》第六条

8.7 兼营非应税项目的销售额

纳税人兼营非增值税应税项目的，应分别核算货物或者应税劳务的销售额和非增值税应税项目的营业额；未分别核算的，由主管税务机关核定货物或者应税劳务的销售额。

——《增值税暂行条例实施细则》第七条

8.8 差额计算的销售额

8.8.1 金融商品转让

金融商品转让，按照卖出价扣除买入价后的余额为销售额。

转让金融商品出现的正负差，按盈亏相抵后的余额为销售额。若相抵后出现负差，可结转下一纳税期与下期转让金融商品销售额相抵，但年末时仍出现负差的，不得转入下一个会计年度。

金融商品的买入价，可以选择按照加权平均法或者移动加权平均法进行核算，选择后36个月内不得变更。

金融商品转让，不得开具增值税专用发票。

——财税〔2016〕36号文件附件2第一条第（三）项第3点

8.8.2 经纪代理

经纪代理服务，以取得的全部价款和价外费用，扣除向委托方收取并代为支付的政府性基金或者行政事业性收费后的余额为销售额。向委托方收取的政府性基金或者行政事业性收费，不得开具增值税专用发票。

——财税〔2016〕36号文件附件2第一条第（三）项第4点

8.8.3 融资租赁和融资性售后回租业务

（1）经人民银行、银监会或者商务部批准从事融资租赁业务的试点纳税人，提供融资租赁服务，以取得的全部价款和价外费用，扣除支付的借款利息（包括外汇借款和人民币借款利息）、发行债券利息和车辆购置税后的余额为销售额。（2）经人民银行、银监会或者商务部批准从事融资租赁业务的试点纳税人，提供融资性售后回租服务，以取得的全部价款和价外费用（不含本金），扣除对外支付的借款利息（包括外汇借款和人民币借款利息）、发行债券利息后的余额作为销售额。（3）试点纳税人根据2016年4月30日前签订的有形动产融资性售后回租合同，在合同到期前提供的有形动产融资性售后回租服务，可继续按照有形动产融资租赁服务缴纳增值税。继续按照有形动产融资租赁服务缴纳增值税的试点纳税人，经人民银行、银监会或者商务部批准从事融资租赁业务的，根据2016年4月30日前签订的有形动产融资性售后回租合同，在合同到期前提供的有形动产融资性售后回租服务，可以选择以下方法之一计算销售额：①以向承租方收取的全部价款和价外费用，扣除向承租方收取的价款本金，以及对外支付的借款利息（包括外汇借款和人民币借款利息）、发行债券利息后的余额为销售额。纳税人提供有形动产融资性售后回租服务，计算当期销售额时可以扣除的价款本金，为书面合同约定的当期应当收取的本金。无书面合同或者书面合同没有约定的，为当期实际收取的本金。试点纳税人提供有形动产融资性售后回租服务，向承租方收取的有形动产价款本金，不得开具增值税专用发票，可以开具普通发票。②以向承租方收取的全部价款和价外费用，扣除支付的借款利息（包括外汇借款和人民币借款利息）、发行债券利息后的余额为销售额。（4）经商务部授权的省级商务主管部门和国家经济技术开发区批准的从事融资租赁业务的试点纳税人，2016年5月1日后实收资本达到1.7亿元的，从达到标准的当月起按照上述第（1）、（2）、（3）点规定执行；2016年5月1日后实收资本未达到1.7亿元但注册资本达到1.7亿元的，在2016年7月31日前仍可按照上述第（1）、（2）、（3）点规定执行，2016年8月1日后开展的融资租赁业务和融资性售后回租业务不得按照上述第（1）、

(2)、(3) 点规定执行。

——财税〔2016〕36 号文件附件 2 第一条第(三)项第 5 点

8.8.4 航空运输

(1) 境内机票代理服务差额计算销售额。

航空运输销售代理企业提供境内机票代理服务，以取得的全部价款和价外费用，扣除向客户收取并支付给航空运输企业或其他航空运输销售代理企业的境内机票净结算款和相关费用后的余额为销售额。其中，支付给航空运输企业的款项，以国际航空运输协会(IATA)开账与结算计划(BSP)对账单或航空运输企业的签收单据为合法有效凭证；支付给其他航空运输销售代理企业的款项，以代理企业间的签收单据为合法有效凭证。航空运输销售代理企业就取得的全部价款和价外费用，向购买方开具行程单，或开具增值税普通发票。

——国家税务总局公告 2018 年第 42 号第二条

(2) 航空运输销售代理企业提供境外航段机票代理服务差额计算销售额。

自 2018 年 1 月 1 日起，航空运输销售代理企业提供境外航段机票代理服务，以取得的全部价款和价外费用，扣除向客户收取并支付给其他单位或者个人的境外航段机票结算款和相关费用后的余额为销售额。其中，支付给境内单位或者个人的款项，以发票或行程单为合法有效凭证；支付给境外单位或者个人的款项，以签收单据为合法有效凭证，税务机关对签收单据有疑义的，可以要求其提供境外公证机构的确认证明。

航空运输销售代理企业，是指根据《航空运输销售代理资质认可办法》取得中国航空运输协会颁发的“航空运输销售代理业务资质认可证书”，接受中国航空运输企业或通航中国的外国航空运输企业委托，依照双方签订的委托销售代理合同提供代理服务的企业。

——财税〔2017〕90 号文件第三条

航空运输企业的销售额，不包括代收的机场建设费和代售其他航空运输企业客票而代收转付的价款。

——财税〔2016〕36 号文件附件 2 第一条第(三)项第 6 点

试点纳税人中的一般纳税人(以下称一般纳税人)提供客运场站服务，以其取得的全部价款和价外费用，扣除支付给承运方运费后的余额为销售额。

——财税〔2016〕36 号文件附件 2 第一条第(三)项第 7 点

8.8.5 旅游服务

试点纳税人提供旅游服务，可以选择以取得的全部价款和价外费用，扣除向旅游服务购买方收取并支付给其他单位或者个人的住宿费、餐饮费、交通费、签证费、门票费和支付给其他接团旅游企业的旅游费用后的余额为销售额。

选择上述办法计算销售额的试点纳税人，向旅游服务购买方收取并支付的上述费用，不得开具增值税专用发票，可以开具普通发票。

——财税〔2016〕36 号文件附件 2 第一条第（三）项第 8 点

8.8.6 适用简易计税方法的建筑服务

试点纳税人提供建筑服务适用简易计税方法的，以取得的全部价款和价外费用扣除支付的分包款后的余额为销售额。

——财税〔2016〕36 号文件附件 2 第一条第（三）项第 9 点

8.8.7 适用一般计税方法的房地产项目

房地产开发企业中的一般纳税人销售其开发的房地产项目（选择简易计税方法的房地产老项目除外），以取得的全部价款和价外费用，扣除受让土地时向政府部门支付的土地价款后的余额为销售额。

房地产老项目，是指《建筑工程施工许可证》注明的合同开工日期在 2016 年 4 月 30 日前的房地产项目。

——财税〔2016〕36 号文件附件 2 第一条第（三）项第 10 点

《营业税改征增值税试点有关事项的规定》（财税〔2016〕36 号）第一条第（三）项第 10 点中“向政府部门支付的土地价款”，包括土地受让人向政府部门支付的征地和拆迁补偿费用、土地前期开发费用和土地出让收益等。

房地产开发企业中的一般纳税人销售其开发的房地产项目（选择简易计税方法的房地产老项目除外），在取得土地时向其他单位或个人支付的拆迁补偿费用也允许在计算销售额时扣除。纳税人按上述规定扣除拆迁补偿费用时，应提供拆迁协议、拆迁双方支付和取得拆迁补偿费用凭证等能够证明拆迁补偿费用真实性的材料。

——财税〔2016〕140 号文件第七条

房地产开发企业（包括多个房地产开发企业组成的联合体）受让土地向政府部门支付土地价款后，设立项目公司对该受让土地进行开发，同时符合下列条件的，可由项目公司按规定扣除房地产开发企业向政府部门支付的土地价款。

房地产开发企业、项目公司、政府部门三方签订变更协议或补充合同，将土地受让人变更为项目公司；

政府部门出让土地的用途、规划等条件不变的情况下，签署变更协议或补充合同时，土地价款总额不变；

项目公司的全部股权由受让土地的房地产开发企业持有。

——财税〔2016〕140号文件第八条

8.8.8 应税收入扣除项目的扣除凭证

试点纳税人按照上述4—10款的规定从全部价款和价外费用中扣除的价款，应当取得符合法律、行政法规和国家税务总局规定的有效凭证。否则，不得扣除。

上述凭证是指：

(1) 支付给境内单位或者个人的款项，以发票为合法有效凭证。

(2) 支付给境外单位或者个人的款项，以该单位或者个人的签收单据为合法有效凭证，税务机关对签收单据有疑议的，可以要求其提供境外公证机构的确认证明。

(3) 缴纳的税款，以完税凭证为合法有效凭证。

(4) 扣除的政府性基金、行政事业性收费或者向政府支付的土地价款，以省级以上（含省级）财政部门监（印）制的财政票据为合法有效凭证。

(5) 国家税务总局规定的其他凭证。

纳税人取得的上述凭证属于增值税扣税凭证的，其进项税额不得从销项税额中抵扣。

——财税〔2016〕36号文件附件2第一条第（三）项第11点

提示

扣税凭证与进项税额抵扣凭证，在用途上有区别。上述所称扣税凭证，是指用于应税项目扣除的凭证，扣的是本期收入计算差价销售额的应税服务项目；扣除凭证扣的是购进的进项税额。为了避免重复扣除，这里做出了特殊规定。

8.8.9 增值税差额征税小规模纳税人以差额后的销售额确定是否免征增值税

适用增值税差额征税政策的小规模纳税人，以差额后的销售额确定是否可以享受本公告规定的免征增值税政策。

——国家税务总局公告2019年第4号第二条第一款

8.9 退货、折扣、折让

8.9.1 一般纳税人发生货物退回或退出、折让退还或收回的增值税额的处理

小规模纳税人以外的纳税人（以下称一般纳税人）因销售货物退回或者折让而退

还给购买方的增值税额，应从发生销售货物退回或者折让当期的销项税额中扣减；因购进货物退出或者折让而收回的增值税额，应从发生购进货物退出或者折让当期的进项税额中扣减。

一般纳税人销售货物或者应税劳务，开具增值税专用发票后，发生销售货物退回或者折让、开票有误等情形，应按国家税务总局的规定开具红字增值税专用发票。未按规定开具红字增值税专用发票的，增值税额不得从销项税额中扣减。

——《增值税暂行条例实施细则》第十一条

纳税人适用一般计税方法计税的，因销售折让、中止或者退回而退还给购买方的增值税额，应当从当期的销项税额中扣减。

——财税〔2016〕36号文件附件1第三十二条

8.9.2 小规模纳税人发生货物退回或者折让的处理

小规模纳税人因销售货物退回或者折让退还给购买方的销售额，应从发生销售货物退回或者折让当期的销售额中扣减。

——《增值税暂行条例实施细则》第三十一条

8.9.3 支付给发行单位的经销手续费从销售额中减除的处理

问：对出版单位委托发行图书、报刊、杂志等支付给发行单位的经销手续费，在征收增值税时是否允许从销售额中减除？

答：对出版单位委托发行图书、报刊、杂志等支付给发行单位的经销手续费，在征收增值税时按“折扣销售”的有关规定办理，如果销售额和支付的经销手续费在同一发票上分别注明的，可按减除经销手续费后的销售额征收增值税；如果经销手续费不在同一发票上注明，另外开具发票，不论其在财务上如何处理，均不得从销售额中减除经销手续费。

——国税函发〔1995〕288号文件第九项

8.9.4 适用简易计税方法的销售额扣减

纳税人适用简易计税方法计税的，因销售折让、中止或者退回而退还给购买方的销售额，应当从当期销售额中扣减。扣减当期销售额后仍有余额造成多缴的税款，可以从以后的应纳税额中扣减。

——财税〔2016〕36号文件附件1第三十六条

8.9.5 发生销售折扣折让等并开具红字增值税专用发票的情形

纳税人发生应税行为，开具增值税专用发票后，发生开票有误或者销售折让、中止、退回等情形的，应当按照国家税务总局的规定开具红字增值税专用发票；未按照规定开具红字增值税专用发票的，不得按照本办法第三十二条和第三十六条的规定扣减销项税额或者销售额。

——财税〔2016〕36 号文件附件 1 第四十二条

8.9.6 销售折扣的发票开具要求

纳税人发生应税行为，将价款和折扣额在同一张发票上分别注明的，以折扣后的价款为销售额；未在同一张发票上分别注明的，以价款为销售额，不得扣减折扣额。

——财税〔2016〕36 号文件附件 1 第四十三条

8.9.7 折扣额填写在发票备注栏的不得减除

《国家税务总局关于印发〈增值税若干具体问题的规定〉的通知》(国税发〔1993〕154 号）第二条第（二）项规定："纳税人采取折扣方式销售货物，如果销售额和折扣额在同一张发票上分别注明的，可按折扣后的销售额征收增值税"。纳税人采取折扣方式销售货物，销售额和折扣额在同一张发票上分别注明是指销售额和折扣额在同一张发票上的"金额"栏分别注明的，可按折扣后的销售额征收增值税。未在同一张发票"金额"栏注明折扣额，而仅在发票的"备注"栏注明折扣额的，折扣额不得从销售额中减除。

——国税函〔2010〕56 号文件

8.10 增值税销项税额计算

纳税人发生应税销售行为，按照销售额和本条例第二条规定的税率计算收取的增值税额，为销项税额。销项税额计算公式：

销项税额＝销售额×税率

——《增值税暂行条例》第五条

8.11 应税行为销项税额计算

销项税额，是指纳税人发生应税行为按照销售额和增值税税率计算并收取的增值税额。销项税额计算公式：

销项税额＝销售额×税率

——财税〔2016〕36号文件附件1第二十二条

8.12 已征的应予免征或不征的增值税按一般计税方法缴增值税可抵减以后月份销项税额的处理

财税〔2016〕140号文件第十八条规定的“此前已征的应予免征或不征的增值税，可抵减纳税人以后月份应缴纳的增值税”，按以下方式处理：

（一）应予免征或不征增值税业务已按照一般计税方法缴纳增值税的，以该业务对应的销项税额抵减以后月份的销项税额，同时按照现行规定计算不得从销项税额中抵扣的进项税额；

……

纳税人已就应予免征或不征增值税业务向购买方开具增值税专用发票的，应将增值税专用发票收回后方可享受免征或不征增值税政策。

——国家税务总局公告2016年第86号第三条

8.13 2020年3月1日至5月31日小规模纳税人销售额

增值税小规模纳税人按照《财政部 税务总局关于支持个体工商户复工复业增值税政策的公告》（2020年第13号，以下简称“13号公告”）有关规定，减按1%征收率征收增值税的，按下列公式计算销售额：

销售额＝含税销售额/(1＋1%)

——国家税务总局公告2020年第5号第二条

9 进项税额

9.1 进项税额的一般规定

纳税人购进货物、劳务、服务、无形资产、不动产支付或者负担的增值税额，为进项税额。

——《增值税暂行条例》第八条

进项税额，是指纳税人购进货物、加工修理修配劳务、服务、无形资产或者不动产，支付或者负担的增值税额。

——财税〔2016〕36号文件附件1第二十四条

9.2 准予从销项税额中抵扣的进项税额

下列进项税额准予从销项税额中抵扣：

（一）从销售方取得的增值税专用发票上注明的增值税额。

（二）从海关取得的海关进口增值税专用缴款书上注明的增值税额。

（三）购进农产品，除取得增值税专用发票或者海关进口增值税专用缴款书外，按照农产品收购发票或者销售发票上注明的农产品买价和11%的扣除率计算的进项税额，国务院另有规定的除外。进项税额计算公式：

进项税额＝买价×扣除率

（四）自境外单位或者个人购进劳务、服务、无形资产或者境内的不动产，从税务机关或者扣缴义务人取得的代扣代缴税款的完税凭证上注明的增值税额。

准予抵扣的项目和扣除率的调整，由国务院决定。

——《增值税暂行条例》第八条

条例第八条第二款第（三）项所称买价，包括纳税人购进农产品在农产品收购发票或者销售发票上注明的价款和按规定缴纳的烟叶税。

——《增值税暂行条例实施细则》第十七条

混合销售行为依照本细则第五条规定应当缴纳增值税的，该混合销售行为所涉及的非增值税应税劳务所用购进货物的进项税额，符合条例第八条规定的，准予从销项税额中抵扣。

——《增值税暂行条例实施细则》第二十条

9.3 具体抵扣项目

9.3.1 增值税税率执行不一致的进项税额抵扣

个别货物进口环节与国内环节以及国内地区间增值税税率执行不一致进项税额抵扣问题

对在进口环节与国内环节，以及国内地区间个别货物（如初级农产品、矿产品等）增值税适用税率执行不一致的，纳税人应按其取得的增值税专用发票和海关进口完税凭证上注明的增值税额抵扣进项税额。

主管税务机关发现同一货物进口环节与国内环节以及地区间增值税税率执行不一致的，应当将有关情况逐级上报至共同的上一级税务机关，由上一级税务机关予以明确。

——财税〔2005〕165号文件第三条

9.3.2 因销售折让、中止或者退回而退还的进项税额扣减

因销售折让、中止或者退回而收回的增值税额，应当从当期的进项税额中扣减。

——财税〔2016〕36号文件附件1第三十二条

9.3.3 摩托车、汽车、游艇的进项税额准予抵扣

原增值税一般纳税人自用的应征消费税的摩托车、汽车、游艇，其进项税额准予从销项税额中抵扣。

——财税〔2016〕36号文件附件2第二条第（一）项第2点

9.3.4 购进货物、应税劳务进项税额准予抵扣

原增值税一般纳税人购进货物或者接受加工修理修配劳务，用于《销售服务、无形资产或者不动产注释》所列项目的，不属于《增值税暂行条例》第十条所称的用于非增值税应税项目，其进项税额准予从销项税额中抵扣。

——财税〔2016〕36号文件附件2第二条第（一）项第4点

9.3.5 改用于应税项目的资产可抵扣进项税额计算

按照《增值税暂行条例》第十条和上述第5点不得抵扣且未抵扣进项税额的固定资产、无形资产、不动产，发生用途改变，用于允许抵扣进项税额的应税项目，可在用途改变的次月按照下列公式，依据合法有效的增值税扣税凭证，计算可以抵扣的进项税额：

可以抵扣的进项税额＝固定资产、无形资产、不动产净值/(1＋适用税率)×适用税率

上述可以抵扣的进项税额应取得合法有效的增值税扣税凭证。

——财税〔2016〕36号文件附件2第二条第（一）项第8点

按照《试点实施办法》第二十七条第（一）项规定不得抵扣且未抵扣进项税额的固定资产、无形资产、不动产，发生用途改变，用于允许抵扣进项税额的应税项目，

可在用途改变的次月按照下列公式计算可以抵扣的进项税额：

可以抵扣的进项税额＝固定资产、无形资产、不动产净值/(1＋适用税率)×适用税率

上述可以抵扣的进项税额应取得合法有效的增值税扣税凭证。

——财税〔2016〕36号文件附件2第一条第（四）项第2点

9.4 认证期限、抵扣期限、逾期处理

9.4.1 2003年3月1日前防伪税控系统开具的增值税专用发票应申请抵扣

增值税一般纳税人申请抵扣2003年3月1日前防伪税控系统开具的增值税专用发票，应于2003年9月1日前按照本通知的规定报主管税务机关认证，否则不予抵扣进项税额。

——国税发〔2003〕17号文件第四条

增值税一般纳税人违反本通知第一条、第二条和第四条规定抵扣进项税额的，税务机关按照《中华人民共和国税收征收管理法》的有关规定予以处罚。

——国税发〔2003〕17号文件第五条

9.4.2 认证通过的应于当月申报抵扣

增值税一般纳税人认证通过的防伪税控系统开具的增值税专用发票，应在认证通过的当月按照增值税有关规定核算当期进项税额并申报抵扣，否则不予抵扣进项税额。

——国税发〔2003〕17号文件第二条

9.4.3 国税发〔1995〕15号文件关于抵扣时限的规定不再执行

增值税一般纳税人取得防伪税控系统开具的增值税专用发票，其专用发票所列明的购进货物或应税劳务的进项税额抵扣时限，不再执行《国家税务总局关于加强增值税征收管理工作的通知》（国税发〔1995〕15号）中第二条有关进项税额申报抵扣时限的规定。

——国税发〔2003〕17号文件第三条

9.4.4 逾期增值税扣税凭证一律不得抵扣的规定已废止

经国务院批准，现将《国务院办公厅转发国家税务总局关于全面推广应用增值税

防伪税控系统意见的通知》（国办发〔2000〕12号）第三条中“凡逾期未申报认证的，一律不得作为扣税凭证，已经抵扣税款的，由税务机关如数追缴，并按《中华人民共和国税收征收管理法》的有关规定进行处罚”规定废止。2007年1月1日以后开具的增值税扣税凭证逾期未认证或未稽核比对如何处理问题，另行公告。

本公告自2011年10月1日起执行。

——国家税务总局公告2011年第49号

9.4.5 超过认证确认、稽核比对、申报抵扣期限符合条件继续抵扣进项税额

增值税一般纳税人取得2016年12月31日及以前开具的增值税专用发票、海关进口增值税专用缴款书、机动车销售统一发票，超过认证确认、稽核比对、申报抵扣期限，但符合规定条件的，仍可按照《国家税务总局关于逾期增值税扣税凭证抵扣问题的公告》（2011年第50号，国家税务总局公告2017年第36号、2018年第31号修改）、《国家税务总局关于未按期申报抵扣增值税扣税凭证有关问题的公告》（2011年第78号，国家税务总局公告2018年第31号修改）规定，继续抵扣进项税额。

——国家税务总局公告2019年第45号第一条第二款

9.4.6 取消认证确认、稽核比对、申报抵扣的期限

增值税一般纳税人取得2017年1月1日及以后开具的增值税专用发票、海关进口增值税专用缴款书、机动车销售统一发票、收费公路通行费增值税电子普通发票，取消认证确认、稽核比对、申报抵扣的期限。纳税人在进行增值税纳税申报时，应当通过本省（自治区、直辖市和计划单列市）增值税发票综合服务平台对上述扣税凭证信息进行用途确认。

——国家税务总局公告2019年第45号第一条第一款

9.5 不允许抵扣的进项税额

9.5.1 取得的增值税扣税凭证不符合规定的不得抵扣

纳税人购进货物、劳务、服务、无形资产、不动产，取得的增值税扣税凭证不符合法律、行政法规或者国务院税务主管部门有关规定的，其进项税额不得从销项税额中抵扣。

——《增值税暂行条例》第九条

条例第九条所称增值税扣税凭证，是指增值税专用发票、海关进口增值税专用缴款书、农产品收购发票和农产品销售发票以及运输费用结算单据。

——《增值税暂行条例实施细则》第十九条

9.5.2 不得抵扣项目

下列项目的进项税额不得从销项税额中抵扣：

（一）用于简易计税方法计税项目、免征增值税项目、集体福利或者个人消费的购进货物、劳务、服务、无形资产和不动产；

（二）非正常损失的购进货物，以及相关的劳务和交通运输服务；

（三）非正常损失的在产品、产成品所耗用的购进货物（不包括固定资产）、劳务和交通运输服务；

（四）国务院规定的其他项目。

——《增值税暂行条例》第十条

纳税人自用的应征消费税的摩托车、汽车、游艇，其进项税额不得从销项税额中抵扣。

——《增值税暂行条例实施细则》第二十五条

9.5.3 “购进货物”的解释

条例第十条第（一）项所称购进货物，不包括既用于增值税应税项目（不含免征增值税项目）也用于非增值税应税项目、免征增值税（以下简称免税）项目、集体福利或者个人消费的固定资产。

前款所称固定资产，是指使用期限超过 12 个月的机器、机械、运输工具以及其他与生产经营有关的设备、工具、器具等。

——《增值税暂行条例实施细则》第二十一条

9.5.4 “个人消费”的解释

条例第十条第（一）项所称个人消费包括纳税人的交际应酬消费。

——《增值税暂行条例实施细则》第二十二条

9.5.5 “非增值税应税项目”的解释

条例第十条第（一）项和本细则所称非增值税应税项目，是指提供非增值税应税劳务、转让无形资产、销售不动产和不动产在建工程。

前款所称不动产是指不能移动或者移动后会引起性质、形状改变的财产，包括建筑物、构筑物和其他土地附着物。

纳税人新建、改建、扩建、修缮、装饰不动产，均属于不动产在建工程。

——《增值税暂行条例实施细则》第二十三条

9.5.6 “建筑物”“构筑物”“其他土地附着物”的解释

增值税转型改革实施后，一些地区反映固定资产增值税进项税额抵扣范围不够明确。为解决执行中存在的问题，经研究，现将有关问题通知如下：

《中华人民共和国增值税暂行条例实施细则》第二十三条第二款所称建筑物，是指供人们在其内生产、生活和其他活动的房屋或者场所，具体为《固定资产分类与代码》(GB/T14885－1994) 中代码前两位为“02”的房屋；所称构筑物，是指人们不在其内生产、生活的人工建造物，具体为《固定资产分类与代码》(GB/T14885－1994) 中代码前两位为“03”的构筑物；所称其他土地附着物，是指矿产资源及土地上生长的植物。

——财税〔2009〕113号文件

9.5.7 “非正常损失”的解释

条例第十条第（二）项所称非正常损失，是指因管理不善造成被盗、丢失、霉烂变质的损失。

——《增值税暂行条例实施细则》第二十四条

9.5.8 不动产、无形资产的范围确认依据以及“固定资产”“非正常损失”的解释

不动产、无形资产的具体范围，按照本办法所附的《销售服务、无形资产或者不动产注释》执行。

固定资产，是指使用期限超过12个月的机器、机械、运输工具以及其他与生产经营有关的设备、工具、器具等有形动产。

非正常损失，是指因管理不善造成货物被盗、丢失、霉烂变质，以及因违反法律法规造成货物或者不动产被依法没收、销毁、拆除的情形。

——财税〔2016〕36号文件附件1第二十八条

9.5.9 兼营项目无法划分的进项税额计算

一般纳税人兼营免税项目或者非增值税应税劳务而无法划分不得抵扣的进项税额的，按下列公式计算不得抵扣的进项税额：

$$\text{不得抵扣的进项税额}=\text{当月无法划分的全部进项税额}\times\text{当月免税项目销售额、非增值税应税劳务营业额合计}\div\text{当月全部销售额、营业额合计}$$

——《增值税暂行条例实施细则》第二十六条

适用一般计税方法的纳税人，兼营简易计税方法计税项目、免征增值税项目而无法划分不得抵扣的进项税额，按照下列公式计算不得抵扣的进项税额：

$$\text{不得抵扣的进项税额}=\text{当期无法划分的全部进项税额}\times\left(\text{当期简易计税方法计税项目销售额}+\text{免征增值税项目销售额}\right)\div\text{当期全部销售额}$$

主管税务机关可以按照上述公式依据年度数据对不得抵扣的进项税额进行清算。

——财税〔2016〕36 号文件附件 1 第二十九条

9.5.10 进项税额不得抵扣的情形

下列项目的进项税额不得从销项税额中抵扣：

（一）用于简易计税方法计税项目、免征增值税项目、集体福利或者个人消费的购进货物、加工修理修配劳务、服务、无形资产和不动产。其中涉及的固定资产、无形资产、不动产，仅指专用于上述项目的固定资产、无形资产（不包括其他权益性无形资产）、不动产。

纳税人的交际应酬消费属于个人消费。

提示

根据《财政部 国家税务总局关于租入固定资产进项税额抵扣等增值税政策的通知》（财税〔2017〕90 号）第一条规定，自 2018 年 1 月 1 日起，财税〔2016〕36 号文件附件 1 第二十七条第（一）项废止。财税〔2017〕90 号文件第一条规定，纳税人租入固定资产、不动产，既用于一般计税方法计税项目，又用于简易计税方法计税项目、免征增值税项目、集体福利或者个人消费的，其进项税额准予从销项税额中全额抵扣。

（二）非正常损失的购进货物，以及相关的加工修理修配劳务和交通运输服务。

（三）非正常损失的在产品、产成品所耗用的购进货物（不包括固定资产）、加工修理修配劳务和交通运输服务。

（四）非正常损失的不动产，以及该不动产所耗用的购进货物、设计服务和建筑服务。

（五）非正常损失的不动产在建工程所耗用的购进货物、设计服务和建筑服务。

纳税人新建、改建、扩建、修缮、装饰不动产，均属于不动产在建工程。

（六）购进的贷款服务、餐饮服务、居民日常服务和娱乐服务。

提示

根据《财政部 税务总局 海关总署关于深化增值税改革有关政策的公告》（财政部、税务总局、海关总署公告2019年第39号）第六条第（二）项规定，自2019年4月1日起，财税〔2016〕36号文件附件1第二十七条第（六）项中的“购进的旅客运输服务、贷款服务、餐饮服务、居民日常服务和娱乐服务”修改为“购进的贷款服务、餐饮服务、居民日常服务和娱乐服务”。

（七）财政部和国家税务总局规定的其他情形。

本条第（四）项、第（五）项所称货物，是指构成不动产实体的材料和设备，包括建筑装饰材料和给排水、采暖、卫生、通风、照明、通讯、煤气、消防、中央空调、电梯、电气、智能化楼宇设备及配套设施。

——财税〔2016〕36号文件附件1第二十七条

原增值税一般纳税人购进服务、无形资产或者不动产，下列项目的进项税额不得从销项税额中抵扣：

(1) 用于简易计税方法计税项目、免征增值税项目、集体福利或者个人消费。其中涉及的无形资产、不动产，仅指专用于上述项目的无形资产（不包括其他权益性无形资产）、不动产。

纳税人的交际应酬消费属于个人消费。

(2) 非正常损失的购进货物，以及相关的加工修理修配劳务和交通运输服务。

(3) 非正常损失的在产品、产成品所耗用的购进货物（不包括固定资产）、加工修理修配劳务和交通运输服务。

(4) 非正常损失的不动产，以及该不动产所耗用的购进货物、设计服务和建筑服务。

(5) 非正常损失的不动产在建工程所耗用的购进货物、设计服务和建筑服务。

纳税人新建、改建、扩建、修缮、装饰不动产，均属于不动产在建工程。

(6) 购进的贷款服务、餐饮服务、居民日常服务和娱乐服务。

提示

根据《财政部 税务总局 海关总署关于深化增值税改革有关政策的公告》（财政

部、税务总局、海关总署公告2019年第39号）第六条第（二）项规定，自2019年4月1日起，财税〔2016〕36号文件附件2第二条第（一）项第5点中的“购进的旅客运输服务、贷款服务、餐饮服务、居民日常服务和娱乐服务”修改为“购进的贷款服务、餐饮服务、居民日常服务和娱乐服务”。

（7）财政部和国家税务总局规定的其他情形。

上述第（4）点、第（5）点所称货物，是指构成不动产实体的材料和设备，包括建筑装饰材料和给排水、采暖、卫生、通风、照明、通讯、煤气、消防、中央空调、电梯、电气、智能化楼宇设备及配套设施。

纳税人接受贷款服务向贷款方支付的与该笔贷款直接相关的投融资顾问费、手续费、咨询费等费用，其进项税额不得从销项税额中抵扣。

——财税〔2016〕36号文件附件2第二条第（一）项第5点

9.5.11 营改增前兼营期末留抵税额不得抵扣营改增项目销项税额

原增值税一般纳税人兼有销售服务、无形资产或者不动产的，截止到纳入营改增试点之日前的增值税期末留抵税额，不得从销售服务、无形资产或者不动产的销项税额中抵扣。

——财税〔2016〕36号文件附件2第二条第（二）项

9.5.12 不得抵扣进项税额的扣减

已抵扣进项税额的购进货物（不含固定资产）、劳务、服务，发生本办法第二十七条规定情形（简易计税方法计税项目、免征增值税项目除外）的，应当将该进项税额从当期进项税额中扣减；无法确定该进项税额的，按照当期实际成本计算应扣减的进项税额。

——财税〔2016〕36号文件附件1第三十条

已抵扣进项税额的购进服务，发生上述第5点规定情形（简易计税方法计税项目、免征增值税项目除外）的，应当将该进项税额从当期进项税额中扣减；无法确定该进项税额的，按照当期实际成本计算应扣减的进项税额。

——财税〔2016〕36号文件附件2第二条第（一）项第6点

9.5.13 不得抵扣的进项税额计算

已抵扣进项税额的固定资产、无形资产或者不动产，发生本办法第二十七条规定情形的，按照下列公式计算不得抵扣的进项税额：

不得抵扣的进项税额＝固定资产、无形资产或者不动产净值×适用税率

固定资产、无形资产或者不动产净值，是指纳税人根据财务会计制度计提折旧或摊销后的余额。

——财税〔2016〕36号文件附件1第三十一条

已抵扣进项税额的无形资产或者不动产，发生上述第5点规定情形的，按照下列公式计算不得抵扣的进项税额：

不得抵扣的进项税额＝无形资产或者不动产净值×适用税率

——财税〔2016〕36号文件附件2第二条第（一）项第7点

9.5.14 交易主体比对不一致不得抵扣

购进货物或应税劳务支付货款、劳务费用的对象。纳税人购进货物或应税劳务，支付运输费用，所支付款项的单位，必须与开具抵扣凭证的销货单位、提供劳务的单位一致，才能够申报抵扣进项税额，否则不予抵扣。

——国税发〔1995〕192号文件第一条第（三）项

9.5.15 已抵扣进项税额不动产不得抵扣的进项税额计算

已抵扣进项税额的不动产，发生非正常损失，或者改变用途，专用于简易计税方法计税项目、免征增值税项目、集体福利或者个人消费的，按照下列公式计算不得抵扣的进项税额，并从当期进项税额中扣减：

不得抵扣的进项税额＝已抵扣进项税额×不动产净值率

不动产净值率＝(不动产净值÷不动产原值)×100％

——国家税务总局公告2019年第14号第六条

9.5.16 免税期间外购的货物不得抵扣当期进项税额

免税货物恢复征税后，其免税期间外购的货物，一律不得作为当期进项税额抵扣。恢复征税后收到的该项货物免税期间的增值税专用发票，应当从当期进项税额中剔除。

——国税发〔1996〕155号文件第五条

9.6 进项税额扣减（转出）

9.6.1 进项税额扣减

已抵扣进项税额的购进货物或者应税劳务，发生条例第十条规定的情形的（免税项目、非增值税应税劳务除外），应当将该项购进货物或者应税劳务的进项税额从当期的进项税额中扣减；无法确定该项进项税额的，按当期实际成本计算应扣减的进项税额。

——《增值税暂行条例实施细则》第二十七条

9.6.2 平销行为冲减进项税额

一、对于采取赠送实物或以实物投资方式进行平销经营活动的，要制定切实可行的措施，加强增值税征管稽查，大力查处和严厉打击有关的偷税行为。

二、自 1997 年 1 月 1 日起，凡增值税一般纳税人，无论是否有平销行为，因购买货物而从销售方取得的各种形式的返还资金，均应依所购货物的增值税税率计算应冲减的进项税金，并从其取得返还资金当期的进项税金中予以冲减。应冲减的进项税金计算公式如下：

当期应冲减进项税金＝当期取得的返还资金×所购货物适用的增值税税率

——国税发〔1997〕167 号文件

9.6.3 商业企业向货物供应方收取的部分费用冲减进项税额

一、商业企业向供货方收取的部分收入，按照以下原则征收增值税或营业税：

（一）对商业企业向供货方收取的与商品销售量、销售额无必然联系，且商业企业向供货方提供一定劳务的收入，例如进场费、广告促销费、上架费、展示费、管理费等，不属于平销返利，不冲减当期增值税进项税金，应按营业税的适用税目税率征收营业税。

（二）对商业企业向供货方收取的与商品销售量、销售额挂钩（如以一定比例、金额、数量计算）的各种返还收入，均应按照平销返利行为的有关规定冲减当期增值税进项税金，不征收营业税。

二、商业企业向供货方收取的各种收入，一律不得开具增值税专用发票。

三、应冲减进项税金的计算公式调整为：

$$\text{当期应冲减进项税金}=\frac{\text{当期取得的返还资金}}{(1+\text{所购货物适用增值税税率})}\times\text{所购货物适用增值税税率}$$

四、本通知自2004年7月1日起执行。本通知发布前已征收入库税款不再进行调整。其他增值税一般纳税人向供货方收取的各种收入的纳税处理，比照本通知的规定执行。

——国税发〔2004〕136号文件

9.6.4 分支机构从总机构取得的日常工资、电话费、租金等资金，不应视为平销行为冲减进项税额

与总机构实行统一核算的分支机构从总机构取得的日常工资、电话费、租金等资金，不应视为因购买货物而取得的返利收入，不应做冲减进项税额处理。

——国税函〔2001〕247号文件

9.6.5 供电企业收取的免征增值税的农村电网维护费不应转出

一、对供电企业收取的免征增值税的农村电网维护费，不应分摊转出外购电力产品所支付的进项税额。

二、《国家税务总局关于农村体制改革中农村电网维护费征免增值税问题的批复》（国税函〔2002〕421号）第三条关于“供电企业应按规定计算农村电网维护费应分担的不得抵扣的进项税额，已计提进项税额的要做进项税额转出处理”的规定同时废止。

——国税函〔2005〕778号文件

9.6.6 境外供货商退还或返还的资金，或向境外实际支付的货款低于进口报关价格的差额不做进项税额转出处理

《中华人民共和国增值税暂行条例》第八条规定，纳税人从海关取得的海关进口增值税专用缴款书上注明的增值税额准予从销项税额中抵扣。因此，纳税人进口货物取得的合法海关进口增值税专用缴款书，是计算增值税进项税额的唯一依据，其价格差额部分以及从境外供应商取得的退还或返还的资金，不作进项税额转出处理。

本文发布前纳税人已作进项税额转出处理的，可重新计入“应交税金——应交增值税——进项税额”科目，准予从销项税额中抵扣。

——国税函〔2007〕350号文件

提示

根据《国家税务总局关于修改若干增值税规范性文件引用法规规章条款依据的通知》(国税发〔2009〕10号)规定，自2009年1月1日起，“纳税人从海关取得的完税凭证”修改为“纳税人从海关取得的海关进口增值税专用缴款书”，“进口货物取得的合法海关完税凭证”修改为“进口货物取得的合法海关进口增值税专用缴款书”。

9.7 留抵税额

9.7.1 进项留抵税额抵减查补税款欠税

一、对纳税人因销项税额小于进项税额而产生期末留抵税额的，应以期末留抵税额抵减增值税欠税。

二、纳税人发生用进项留抵税额抵减增值税欠税时，按以下方法进行会计处理：

(一) 增值税欠税税额大于期末留抵税额，按期末留抵税额红字借记“应交税金——应交增值税(进项税额)”科目，贷记“应交税金——未交增值税”科目。

(二) 若增值税欠税税额小于期末留抵税额，按增值税欠税税额红字借记“应交税金——应交增值税(进项税额)”科目，贷记“应交税金——未交增值税”科目。

三、为了满足纳税人用留抵税额抵减增值税欠税的需要，将《增值税一般纳税人纳税申报办法》(国税发〔2003〕53号)《增值税纳税申报表》(主表)相关栏次的填报口径作如下调整：

(一) 第13项“上期留抵税额”栏数据，为纳税人前一申报期的“期末留抵税额”减去抵减欠税额后的余额数，该数据应与“应交税金——应交增值税”明细科目借方月初余额一致。

(二) 第25项“期初未缴税额(多缴为负数)”栏数据，为纳税人前一申报期的“期末未缴税额(多缴为负数)”减去抵减欠税额后的余额数。

——国税发〔2004〕112号文件

一、关于税务文书的填开

当纳税人既有增值税留抵税额，又欠缴增值税而需要抵减的，应由县(含)以上税务机关填开《增值税进项留抵税额抵减增值税欠税通知书》(以下简称《通知书》，式样见附件)一式两份，纳税人、主管税务机关各一份。

二、关于抵减金额的确定

抵减欠缴税款时，应按欠税发生时间逐笔抵扣，先发生的先抵。抵缴的欠税包含呆账税金及欠税滞纳金。确定实际抵减金额时，按填开《通知书》的日期作为截止期，计算欠缴税款的应缴未缴滞纳金金额，应缴未缴滞纳金金额加欠税金额为欠缴总额。若欠缴总额大于期末留抵税额，实际抵减金额应等于期末留抵税额，并按配比方法计算抵减的欠税和滞纳金；若欠缴总额小于期末留抵税额，实际抵减金额应等于欠缴总额。

三、关于税收会计账务处理

税收会计根据《通知书》载明的实际抵减金额作抵减业务的账务处理。即先根据实际抵减的2001年5月1日之前发生的欠税以及抵减的应缴未缴滞纳金，借记“待征”类科目，贷记“应征”类科目；再根据实际抵减的增值税欠税和滞纳金，借记“应征税收——增值税”科目，贷记“待征税收——××户——增值税”科目。

——国税函〔2004〕1197号

一、增值税一般纳税人拖欠纳税检查应补缴的增值税税款，如果纳税人有进项留抵税额，可按照《国家税务总局关于增值税一般纳税人用进项留抵税额抵减增值税欠税问题的通知》(国税发〔2004〕112号)的规定，用增值税留抵税额抵减查补税款欠税。

二、为确保税务机关和国库入库数字对账一致，抵减的查补税款不能作为稽查已入库税款统计。考核查补税款入库率时，可将计算公式调整为：

$$\text{查补税款入库率}=\left(\frac{\text{实际缴纳}}{\text{入库的查补税款}}+\frac{\text{增值税进项留抵税额}}{\text{实际抵减的查补税款欠税}}\right)\Big/\frac{\text{应缴纳入库的}}{\text{查补税款}}\times100\%$$

其中，“增值税进项留抵税额实际抵减的查补税款欠税”反映考核期内实际抵减的查补税款欠税。

——国税函〔2005〕169号文件

9.7.2 企业破产、倒闭解散、停业后增值税留抵税额处理

对因破产、倒闭、解散、停业而注销税务登记的企业，其原有的留抵税额的处理问题，《国家税务总局关于印发〈增值税问题解答（之一）〉的通知》(国税函发〔1995〕288号)已明确规定：纳税人破产倒闭、解散、停业后，其期初存货中尚未抵扣的已征税款，以及征税后出口进项税额大于销项税额后不足抵扣部分（即留抵税额），税务机关不再退税。

——国税函〔1998〕429号文件

9.7.3 一般纳税人注销时存货及留抵税额的处理

一般纳税人注销或被取消辅导期一般纳税人资格，转为小规模纳税人时，其存货不作进项税额转出处理，其留抵税额也不予以退税。

——财税〔2005〕165号文件第六条

9.7.4 计算退还增量留抵税额进项比例时进项税额无须扣减

按照《财政部 税务总局 海关总署关于深化增值税改革有关政策的公告》（2019年第39号）和《财政部 税务总局关于明确部分先进制造业增值税期末留抵退税政策的公告》（2019年第84号）的规定，在计算允许退还的增量留抵税额的进项构成比例时，纳税人在2019年4月至申请退税前一税款所属期内按规定转出的进项税额，无需从已抵扣的增值税专用发票、机动车销售统一发票、海关进口增值税专用缴款书、解缴税款完税凭证注明的增值税额中扣减。

——国家税务总局公告2019年第45号第三条

9.8 期末留抵税额退税

9.8.1 增值税期末留抵税额退税制度

自2019年4月1日起，试行增值税期末留抵税额退税制度。

（一）同时符合以下条件的纳税人，可以向主管税务机关申请退还增量留抵税额：

1. 自2019年4月税款所属期起，连续六个月（按季纳税的，连续两个季度）增量留抵税额均大于零，且第六个月增量留抵税额不低于50万元；

2. 纳税信用等级为A级或者B级；

3. 申请退税前36个月未发生骗取留抵退税、出口退税或虚开增值税专用发票情形的；

4. 申请退税前36个月未因偷税被税务机关处罚两次及以上的；

5. 自2019年4月1日起未享受即征即退、先征后返（退）政策的。

（二）本公告所称增量留抵税额，是指与2019年3月底相比新增加的期末留抵税额。

（三）纳税人当期允许退还的增量留抵税额，按照以下公式计算：

允许退还的增量留抵税额＝增量留抵税额×进项构成比例×60％

进项构成比例，为2019年4月至申请退税前一税款所属期内已抵扣的增值税专用发票（含税控机动车销售统一发票）、海关进口增值税专用缴款书、解缴税款完税凭证注明的增值税额占同期全部已抵扣进项税额的比重。

（四）纳税人应在增值税纳税申报期内，向主管税务机关申请退还留抵税额。

（五）纳税人出口货物劳务、发生跨境应税行为，适用免抵退税办法的，办理免抵退税后，仍符合本公告规定条件的，可以申请退还留抵税额；适用免退税办法的，相关进项税额不得用于退还留抵税额。

（六）纳税人取得退还的留抵税额后，应相应调减当期留抵税额。按照本条规定再次满足退税条件的，可以继续向主管税务机关申请退还留抵税额，但本条第（一）项第1点规定的连续期间，不得重复计算。

（七）以虚增进项、虚假申报或其他欺骗手段，骗取留抵退税款的，由税务机关追缴其骗取的退税款，并按照《中华人民共和国税收征收管理法》等有关规定处理。

（八）退还的增量留抵税额中央、地方分担机制另行通知。

——财政部、税务总局、海关总署公告2019年第39号第八条

9.8.2 增值税期末留抵税额退税

《财政部 税务总局 海关总署关于深化增值税改革有关政策的公告》（财政部 税务总局 海关总署公告2019年第39号）规定，自2019年4月1日起，试行增值税期末留抵税额退税（以下称留抵退税）制度。为方便纳税人办理留抵退税业务，现将有关事项公告如下：

一、同时符合以下条件（以下称符合留抵退税条件）的纳税人，可以向主管税务机关申请退还增量留抵税额：

（一）自2019年4月税款所属期起，连续六个月（按季纳税的，连续两个季度）增量留抵税额均大于零，且第六个月增量留抵税额不低于50万元；

（二）纳税信用等级为A级或者B级；

（三）申请退税前36个月未发生骗取留抵退税、出口退税或虚开增值税专用发票情形的；

（四）申请退税前36个月未因偷税被税务机关处罚两次及以上的；

（五）自2019年4月1日起未享受即征即退、先征后返（退）政策的。

增量留抵税额，是指与2019年3月底相比新增加的期末留抵税额。

二、纳税人当期允许退还的增量留抵税额，按照以下公式计算：

允许退还的增量留抵税额＝增量留抵税额×进项构成比例×60％

进项构成比例，为2019年4月至申请退税前一税款所属期内已抵扣的增值税专用发票（含税控机动车销售统一发票）、海关进口增值税专用缴款书、解缴税款完税凭证注明的增值税额占同期全部已抵扣进项税额的比重。

三、纳税人申请办理留抵退税，应于符合留抵退税条件的次月起，在增值税纳税申报期（以下称申报期）内，完成本期增值税纳税申报后，通过电子税务局或办税服务厅提交《退（抵）税申请表》（见附件）。

四、纳税人出口货物劳务、发生跨境应税行为，适用免抵退税办法的，可以在同

一申报期内，既申报免抵退税又申请办理留抵退税。

五、申请办理留抵退税的纳税人，出口货物劳务、跨境应税行为适用免抵退税办法的，应当按期申报免抵退税。当期可申报免抵退税的出口销售额为零的，应办理免抵退税零申报。

六、纳税人既申报免抵退税又申请办理留抵退税的，税务机关应先办理免抵退税。办理免抵退税后，纳税人仍符合留抵退税条件的，再办理留抵退税。

七、税务机关按照“窗口受理、内部流转、限时办结、窗口出件”的原则办理留抵退税。

税务机关对纳税人是否符合留抵退税条件、当期允许退还的增量留抵税额等进行审核确认，并将审核结果告知纳税人。

八、纳税人符合留抵退税条件且不存在本公告第十二条所列情形的，税务机关应自受理留抵退税申请之日起10个工作日内完成审核，并向纳税人出具准予留抵退税的《税务事项通知书》。

纳税人发生本公告第九条第二项所列情形的，上述10个工作日，自免抵退税应退税额核准之日起计算。

九、纳税人在办理留抵退税期间发生下列情形的，按照以下规定确定允许退还的增量留抵税额：

（一）因纳税申报、稽查查补和评估调整等原因，造成期末留抵税额发生变化的，按最近一期《增值税纳税申报表（一般纳税人适用）》期末留抵税额确定允许退还的增量留抵税额。

（二）纳税人在同一申报期既申报免抵退税又申请办理留抵退税的，或者在纳税人申请办理留抵退税时存在尚未经税务机关核准的免抵退税应退税额的，应待税务机关核准免抵退税应退税额后，按最近一期《增值税纳税申报表（一般纳税人适用）》期末留抵税额，扣减税务机关核准的免抵退税应退税额后的余额确定允许退还的增量留抵税额。

税务机关核准的免抵退税应退税额，是指税务机关当期已核准，但纳税人尚未在《增值税纳税申报表（一般纳税人适用）》第15栏“免、抵、退应退税额”中填报的免抵退税应退税额。

（三）纳税人既有增值税欠税，又有期末留抵税额的，按最近一期《增值税纳税申报表（一般纳税人适用）》期末留抵税额，抵减增值税欠税后的余额确定允许退还的增量留抵税额。

十、在纳税人办理增值税纳税申报和免抵退税申报后、税务机关核准其免抵退税应退税额前，核准其前期留抵退税的，以最近一期《增值税纳税申报表（一般纳税人适用）》期末留抵税额，扣减税务机关核准的留抵退税额后的余额，计算当期免抵退税应退税额和免抵税额。

税务机关核准的留抵退税额，是指税务机关当期已核准，但纳税人尚未在《增值税纳税申报表附列资料（二）（本期进项税额明细）》第22栏“上期留抵税额退税”填报的留抵退税额。

十一、纳税人不符合留抵退税条件的，不予留抵退税。税务机关应自受理留抵退税申请之日起10个工作日内完成审核，并向纳税人出具不予留抵退税的《税务事项通知书》。

十二、税务机关在办理留抵退税期间，发现符合留抵退税条件的纳税人存在以下情形，暂停为其办理留抵退税：

（一）存在增值税涉税风险疑点的；

（二）被税务稽查立案且未结案的；

（三）增值税申报比对异常未处理的；

（四）取得增值税异常扣税凭证未处理的；

（五）国家税务总局规定的其他情形。

十三、本公告第十二条列举的增值税涉税风险疑点等情形已排除，且相关事项处理完毕后，按以下规定办理：

（一）纳税人仍符合留抵退税条件的，税务机关继续为其办理留抵退税，并自增值税涉税风险疑点等情形排除且相关事项处理完毕之日起5个工作日内完成审核，向纳税人出具准予留抵退税的《税务事项通知书》。

（二）纳税人不再符合留抵退税条件的，不予留抵退税。税务机关应自增值税涉税风险疑点等情形排除且相关事项处理完毕之日起5个工作日内完成审核，向纳税人出具不予留抵退税的《税务事项通知书》。

税务机关对发现的增值税涉税风险疑点进行排查的具体处理时间，由各省（自治区、直辖市和计划单列市）税务局确定。

十四、税务机关对增值税涉税风险疑点进行排查时，发现纳税人涉嫌骗取出口退税、虚开增值税专用发票等增值税重大税收违法行为的，终止为其办理留抵退税，并自作出终止办理留抵退税决定之日起5个工作日内，向纳税人出具终止办理留抵退税的《税务事项通知书》。

税务机关对纳税人涉嫌增值税重大税收违法行为核查处理完毕后，纳税人仍符合留抵退税条件的，可按照本公告的规定重新申请办理留抵退税。

十五、纳税人应在收到税务机关准予留抵退税的《税务事项通知书》当期，以税务机关核准的允许退还的增量留抵税额冲减期末留抵税额，并在办理增值税纳税申报时，相应填写《增值税纳税申报表附列资料（二）（本期进项税额明细）》第22栏“上期留抵税额退税”。

十六、纳税人以虚增进项、虚假申报或其他欺骗手段骗取留抵退税的，由税务机关追缴其骗取的退税款，并按照《中华人民共和国税收征收管理法》等有关规定处理。

十七、本公告自 2019 年 5 月 1 日起施行。

——国家税务总局公告 2019 年第 20 号

9.8.3 退（抵）税申请表及填表说明

退（抵）税申请表

金额单位：元，至角分

<table>
<tr><td colspan="2">申请人名称</td><td colspan="2"></td><td colspan="2">纳税人□　扣缴义务人□</td></tr>
<tr><td colspan="2">纳税人名称</td><td colspan="2"></td><td>统一社会信用代码
（纳税人识别号）</td><td></td></tr>
<tr><td colspan="2">联系人姓名</td><td colspan="2"></td><td>联系电话</td><td></td></tr>
<tr><td colspan="2">申请退税类型</td><td colspan="4">汇算结算退税□　误收退税□　留抵退税□</td></tr>
<tr><td colspan="6">一、汇算结算、误收税款退税</td></tr>
<tr><td rowspan="7">原完税情况</td><td>税种</td><td>品目名称</td><td>税款所属时期</td><td>税票号码</td><td>实缴金额</td></tr>
<tr><td></td><td></td><td></td><td></td><td></td></tr>
<tr><td></td><td></td><td></td><td></td><td></td></tr>
<tr><td></td><td></td><td></td><td></td><td></td></tr>
<tr><td></td><td></td><td></td><td></td><td></td></tr>
<tr><td></td><td></td><td></td><td></td><td></td></tr>
<tr><td>合计（小写）</td><td></td><td></td><td></td><td></td></tr>
<tr><td colspan="2">申请退税金额（小写）</td><td colspan="4"></td></tr>
<tr><td colspan="6">二、留抵退税</td></tr>
<tr><td colspan="5">申请退税前 36 个月未发生骗取留抵退税、出口退税或虚开增值税专用发票情形</td><td>是□　否□</td></tr>
<tr><td colspan="5">申请退税前 36 个月未因偷税被税务机关处罚两次及以上</td><td>是□　否□</td></tr>
<tr><td colspan="5">自 2019 年 4 月 1 日起未享受即征即退、先征后返（退）政策</td><td>是□　否□</td></tr>
<tr><td colspan="5">出口货物劳务、发生跨境应税行为，适用免抵退税办法</td><td>是□　否□</td></tr>
<tr><td colspan="5">连续六个月（按季纳税的，连续两个季度）增量留抵税额均大于零的起止时间</td><td>年　月至
年　月</td></tr>
<tr><td colspan="5">本期已申报免抵退税应退税额</td><td></td></tr>
<tr><td colspan="5">2019 年 4 月至申请退税前一税款所属期已抵扣的增值税专用发票（含税控机动车销售统一发票）注明的增值税额</td><td></td></tr>
<tr><td colspan="5">2019 年 4 月至申请退税前一税款所属期已抵扣的海关进口增值税专用缴款书注明的增值税额</td><td></td></tr>
<tr><td colspan="5">2019 年 4 月至申请退税前一税款所属期已抵扣的解缴税款完税凭证注明的增值税额</td><td></td></tr>
<tr><td colspan="5">2019 年 4 月至申请退税前一税款所属期全部已抵扣的进项税额</td><td></td></tr>
<tr><td colspan="5">本期申请退还的增量留抵税额</td><td></td></tr>
</table>

<table>
<tr><td>退税申请理由</td><td colspan="3">经办人：（公章）
年　月　日</td></tr>
<tr><td>授权声明</td><td>如果你已委托代理人申请，请填写下列资料：
为代理相关税务事宜，现授权________（地址）________为本纳税人的代理申请人，任何与本申请有关的往来文件，都可寄于此人。
授权人签章：</td><td>申请人声明</td><td>本申请表是根据国家税收法律法规及相关规定填写的，我确定它是真实的、可靠的、完整的。
申请人签章：</td></tr>
<tr><td colspan="4">以下由税务机关填写</td></tr>
<tr><td>受理情况</td><td colspan="3">受理人：
年　月　日</td></tr>
<tr><td colspan="2">核实部门意见：
退还方式：退库□　抵扣欠税□
退税类型：汇算结算退税□
误收退税□
留抵退税□
退税发起方式：纳税人自行申请□
税务机关发现并通知□
退（抵）税金额：
经办人：　负责人：
年　月　日</td><td colspan="2">税务机关负责人意见：
签字
年　月　日（公章）</td></tr>
</table>

《退（抵）税申请表》填表说明

一、本表适用于办理汇算结算、误收税款退税、留抵退税。

二、纳税人退税账户与原缴税账户不一致的，须另行提交资料，并经税务机关确认。

三、本表一式四联，纳税人一联、税务机关三联。

四、申请人名称：填写纳税人或扣缴义务人名称。如申请留抵退税，应填写纳税人名称。

五、申请人身份：选择“纳税人”或“扣缴义务人”。如申请留抵退税，应选择“纳税人”。

六、纳税人名称：填写税务登记证所载纳税人的全称。

七、统一社会信用代码（纳税人识别号）：填写纳税人统一社会信用代码或税务机关统一核发的税务登记证号码。

八、联系人名称：填写联系人姓名。

九、联系电话：填写联系人固定电话号码或手机号码。

十、申请退税类型：选择“汇算结算退税”、“误收退税”或“留抵退税”。

十一、原完税情况：填写与汇算结算和误收税款退税相关信息。分税种、品目名称、税款所属时期、税票号码、实缴金额等项目，填写申请办理退税的已入库信息，上述信息应与完税费（缴款）凭证复印件、完税费（缴款）凭证原件或完税电子信息一致。

十二、申请退税金额：填写与汇算结算和误收税款退税相关的申请退（抵）税的金额，应小于等于原完税情况实缴金额合计。

十三、申请退税前36个月未发生骗取留抵退税、出口退税或虚开增值税专用发票情形，申请退税前36个月未因偷税被税务机关处罚两次及以上，自2019年4月1日起未享受即征即退、先征后返（退）政策，出口货物劳务、发生跨境应税行为，适用免抵退税办法：根据实际情况，选择“是”或“否”。

十四、连续六个月（按季纳税的，连续两个季度）增量留抵税额均大于零的起止时间：填写纳税人自2019年4月税款所属期起，连续六个月（按季纳税的，连续两个季度）增量留抵税额均大于零，且第六个月增量留抵税额不低于50万元的起止时间。

十五、本期已申报免抵退税应退税额：填写享受免抵退税政策的纳税人本期申请退还的免抵退税额。

十六、2019年4月至申请退税前一税款所属期已抵扣的增值税专用发票（含税控机动车销售统一发票）注明的增值税额：填写纳税人对应属期抵扣的增值税专用发票（含税控机动车销售统一发票）注明的增值税额；纳税人取得不动产或者不动产在建工程的进项税额不再分2年抵扣后一次性转入的进项税额，视同取得增值税专用发票抵扣的进项税额，也填入本项。

十七、2019年4月至申请退税前一税款所属期已抵扣的海关进口增值税专用缴款书注明的增值税额：填写纳税人对应属期抵扣的海关进口增值税专用缴款书注明的增值税额。

十八、2019年4月至申请退税前一税款所属期已抵扣的解缴税款完税凭证注明的增值税额：填写纳税人对应属期抵扣的解缴税款完税凭证注明的增值税额。

十九、2019年4月至申请退税前一税款所属期全部已抵扣的进项税额：填写纳税人对应属期全部已抵扣进项税额。

二十、本期申请退还的增量留抵税额：填写纳税人按照增量留抵税额×进项构成比例×60%计算后的本期申请退还的增量留抵税额。

进项构成比例=［2019年4月至申请退税前一税款所属期已抵扣的增值税专用发票（含税控机动车销售统一发票）注明的增值税额+2019年4月至申请退税前一税款所属期已抵扣的海关进口增值税专用缴款书注明的增值税额+2019年4月至申请退税前一税款所属期已抵扣的解缴税款完税凭证注明的增值税额］÷2019年4月至申请退

税前一税款所属期全部已抵扣的进项税额

二十一、退税申请理由：简要概述退税申请理由，如果本次退税账户与原缴税账户不一致，需在此说明，并须另行提交资料，经税务机关登记确认。

二十二、受理情况：填写核对接受纳税人、扣缴义务人资料的情况。

二十三、退还方式：申请汇算结算或误收税款退税的，退还方式可以单选或多选，对于有欠税的纳税人，一般情况应选择“抵扣欠税”，对于选择“抵扣欠税”情况，可以取消该选择，将全部申请退税的金额，以“退库”方式办理。

申请留抵退税的，可同时选择“退库”和“抵扣欠税”。如果纳税人既有增值税欠税，又有期末留抵税额，按照《国家税务总局关于办理增值税期末留抵税额退税有关事项的公告》（国家税务总局公告2019年第20号）第九条第三项规定，以最近一期增值税纳税申报表期末留抵税额，抵减增值税欠税后的余额确定允许退还的增量留抵税额。

二十四、退税类型：税务机关依据纳税人申请事项，选择“汇算结算退税”、“误收退税”或“留抵退税”。

二十五、退税发起方式：纳税人申请汇算结算或误收税款退税的，税务机关选择“纳税人自行申请”或“税务机关发现并通知”；纳税人申请留抵退税的，税务机关选择“纳税人自行申请”。

二十六、退（抵）税金额：填写税务机关核准后的退（抵）税额。

——国家税务总局公告2019年第20号附件

9.8.4 民用航空发动机、新支线飞机和大型客机增值税期末留抵退税

现将民用航空发动机（包括大型民用客机发动机和中大功率民用涡轴涡桨发动机）、新支线飞机和大型客机有关增值税、房产税和城镇土地使用税政策公告如下：

一、自2018年1月1日起至2023年12月31日止，对纳税人从事大型民用客机发动机、中大功率民用涡轴涡桨发动机研制项目而形成的增值税期末留抵税额予以退还；对上述纳税人及其全资子公司从事大型民用客机发动机、中大功率民用涡轴涡桨发动机研制项目自用的科研、生产、办公房产及土地，免征房产税、城镇土地使用税。

二、自2019年1月1日起至2020年12月31日止，对纳税人生产销售新支线飞机暂减按5%征收增值税，并对其因生产销售新支线飞机而形成的增值税期末留抵税额予以退还。

三、自2019年1月1日起至2020年12月31日止，对纳税人从事大型客机研制项目而形成的增值税期末留抵税额予以退还；对上述纳税人及其全资子公司自用的科研、生产、办公房产及土地，免征房产税、城镇土地使用税。

四、本公告所称大型民用客机发动机、中大功率民用涡轴涡桨发动机、新支线飞机和大型客机，指上述发动机、民用客机的整机，具体标准如下：

（一）大型民用客机发动机，是指：1. 单通道干线客机发动机，起飞推力 12 000～16 000kgf；2. 双通道干线客机发动机，起飞推力 28 000～35 000kgf。

（二）中大功率民用涡轴涡桨发动机，是指：1. 中等功率民用涡轴发动机，起飞功率 1 000～3 000kW；2. 大功率民用涡桨发动机，起飞功率 3 000kW 以上。

（三）新支线飞机，是指空载重量大于 25 吨且小于 45 吨、座位数量少于 130 个的民用客机。

（四）大型客机，是指空载重量大于 45 吨的民用客机。

五、纳税人符合本公告规定的增值税期末留抵税额，可在初次申请退税时予以一次性退还。纳税人收到退税款项的当月，应将退税额从增值税进项税额中转出。未按规定转出的，按《中华人民共和国税收征收管理法》有关规定承担相应法律责任。

退还的增值税税额由中央和地方按照现行增值税分享比例共同负担。

六、纳税人享受本公告规定的免征房产税、城镇土地使用税政策，应按规定进行免税申报，并将不动产权属、房产原值、土地用途等资料留存备查。

七、纳税人已缴纳的根据本公告规定应予减免的税款，从其应纳的相应税款中抵扣或者予以退税。

——财政部、税务总局公告 2019 年第 88 号

9.8.5 适用增值税留抵退税的纳税信用级别确定

纳税人适用增值税留抵退税政策，有纳税信用级别条件要求的，以纳税人向主管税务机关申请办理增值税留抵退税提交《退（抵）税申请表》时的纳税信用级别确定。

——国家税务总局公告 2019 年第 45 号第二条第二款

9.8.6 疫情防控重点保障物资生产企业可申请全额退还增值税增量留抵税额

疫情防控重点保障物资生产企业可以按月向主管税务机关申请全额退还增值税增量留抵税额。

本公告所称增量留抵税额，是指与 2019 年 12 月底相比新增加的期末留抵税额。

本公告第一条、第二条所称疫情防控重点保障物资生产企业名单，由省级及以上发展改革部门、工业和信息化部门确定。

——财政部、税务总局公告 2020 年第 8 号第二条

疫情防控重点保障物资生产企业按照《财政部 税务总局关于支持新型冠状病毒感

染的肺炎疫情防控有关税收政策的公告》（2020年第8号，以下简称“8号公告”）第二条规定，适用增值税增量留抵退税政策的，应当在增值税纳税申报期内，完成本期增值税纳税申报后，向主管税务机关申请退还增量留抵税额。

——国家税务总局公告2020年第4号第一条

10 扣税凭证

10.1 海关进口增值税专用缴款书

10.1.1 进口增值税专用缴款书“先比对后抵扣”管理办法

见《国家税务总局、海关总署关于实行海关进口增值税专用缴款书“先比对后抵扣”管理办法有关问题的公告》（国家税务总局、海关总署公告2013年第31号）。

提示

根据《国家税务总局关于增值税发票管理等有关事项的公告》（国家税务总局公告2019年第33号）规定，自2020年2月1日起，上述公告中的第二条和第六条废止。

10.1.2 增值税专用缴款书抵扣税款管理

对海关代征进口环节增值税开具的增值税专用缴款书上标明有两个单位名称，即，既有代理进口单位名称，又有委托进口单位名称的，只准予其中取得专用缴款书原件的一个单位抵扣税款。

申报抵扣税款的委托进口单位，必须提供相应的海关代征增值税专用缴款书原件、委托代理合同及付款凭证，否则，不予抵扣进项税款。

——国税发〔1996〕32号文件

10.1.3 海关缴款书稽核比对

增值税一般纳税人进口货物时应准确填报企业名称，确保海关缴款书上的企业名称与税务登记的企业名称一致。税务机关将进口货物取得的属于增值税抵扣范围的海关缴款书信息与海关采集的缴款信息进行稽核比对。经稽核比对相符后，海关缴款书上注明的增值税额可作为进项税额在销项税额中抵扣。稽核比对不相符，所列税额暂不得抵扣，待核查确认海关缴款书票面信息与纳税人实际进口业务一致后，海关缴款书上注明的增值税额可作为进项税额在销项税额中抵扣。

——国家税务总局公告 2017 年第 3 号

10.1.4 取得海关缴款书申报抵扣或出口退税的方式

增值税一般纳税人取得海关进口增值税专用缴款书（以下简称“海关缴款书”）后如需申报抵扣或出口退税，按以下方式处理：

（一）增值税一般纳税人取得仅注明一个缴款单位信息的海关缴款书，应当登录本省（区、市）增值税发票选择确认平台（以下简称“选择确认平台”）查询、选择用于申报抵扣或出口退税的海关缴款书信息。通过选择确认平台查询到的海关缴款书信息与实际情况不一致或未查询到对应信息的，应当上传海关缴款书信息，经系统稽核比对相符后，纳税人登录选择确认平台查询、选择用于申报抵扣或出口退税的海关缴款书信息。

（二）增值税一般纳税人取得注明两个缴款单位信息的海关缴款书，应当上传海关缴款书信息，经系统稽核比对相符后，纳税人登录选择确认平台查询、选择用于申报抵扣或出口退税的海关缴款书信息。

——国家税务总局公告 2019 年第 33 号第二条

10.1.5 稽核比对结果为异常的海关缴款书处理方式

稽核比对结果为不符、缺联、重号、滞留的异常海关缴款书按以下方式处理：

（一）对于稽核比对结果为不符、缺联的海关缴款书，纳税人应当持海关缴款书原件向主管税务机关申请数据修改或核对。属于纳税人数据采集错误的，数据修改后再次进行稽核比对；不属于数据采集错误的，纳税人可向主管税务机关申请数据核对，主管税务机关会同海关进行核查。经核查，海关缴款书票面信息与纳税人实际进口货物业务一致的，纳税人登录选择确认平台查询、选择用于申报抵扣或出口退税的海关缴款书信息。

（二）对于稽核比对结果为重号的海关缴款书，纳税人可向主管税务机关申请核查。经核查，海关缴款书票面信息与纳税人实际进口货物业务一致的，纳税人登录选择确认平台查询、选择用于申报抵扣或出口退税的海关缴款书信息。

（三）对于稽核比对结果为滞留的海关缴款书，可继续参与稽核比对，纳税人不需申请数据核对。

——国家税务总局公告 2019 年第 33 号第三条

10.2 未按期申报抵扣增值税扣税凭证管理

见《国家税务总局关于未按期申报抵扣增值税扣税凭证有关问题的公告》(国家税务总局公告2011年第78号)，自2018年6月15日起被《国家税务总局关于修改部分税收规范性文件的公告》(国家税务总局公告2018年第31号)修订。

10.3 逾期增值税扣税凭证抵扣管理办法

见《国家税务总局关于逾期增值税扣税凭证抵扣问题的公告》(国家税务总局公告2011年第50号)，自2018年6月15日起被《国家税务总局关于进一步优化增值税、消费税有关涉税事项办理程序的公告》(国家税务总局公告2017年第36号)修订。

10.4 增值税扣税凭证及应具备的资料

纳税人取得的增值税扣税凭证不符合法律、行政法规或者国家税务总局有关规定的，其进项税额不得从销项税额中抵扣。

增值税扣税凭证，是指增值税专用发票、海关进口增值税专用缴款书、农产品收购发票、农产品销售发票和完税凭证。

纳税人凭完税凭证抵扣进项税额的，应当具备书面合同、付款证明和境外单位的对账单或者发票。资料不全的，其进项税额不得从销项税额中抵扣。

——财税〔2016〕36号文件附件1第二十六条

10.5 抵扣凭证及资料

原增值税一般纳税人从境外单位或者个人购进服务、无形资产或者不动产，按照规定应当扣缴增值税的，准予从销项税额中抵扣的进项税额为自税务机关或者扣缴义务人取得的解缴税款的完税凭证上注明的增值税额。

纳税人凭完税凭证抵扣进项税额的，应当具备书面合同、付款证明和境外单位的对账单或者发票。资料不全的，其进项税额不得从销项税额中抵扣。

——财税〔2016〕36号文件附件2第二条第（一）项第3点

11 申报征管

11.1 征收机关、征管依据

增值税由税务机关征收，进口货物的增值税由海关代征。

个人携带或者邮寄进境自用物品的增值税，连同关税一并计征。具体办法由国务院关税税则委员会会同有关部门制定。

——《增值税暂行条例》第二十条

增值税的征收管理，依照《中华人民共和国税收征收管理法》及本条例有关规定执行。

——《增值税暂行条例》第二十六条

11.2 纳税期限

11.2.1 条例、细则规定

增值税的纳税期限分别为1日、3日、5日、10日、15日、1个月或者1个季度。纳税人的具体纳税期限，由主管税务机关根据纳税人应纳税额的大小分别核定；不能按照固定期限纳税的，可以按次纳税。

——《增值税暂行条例》第二十三条

条例第二十三条以1个季度为纳税期限的规定仅适用于小规模纳税人。小规模纳税人的具体纳税期限，由主管税务机关根据其应纳税额的大小分别核定。

——《增值税暂行条例实施细则》第三十九条

11.2.2 增值税的纳税期限

增值税的纳税期限分别为1日、3日、5日、10日、15日、1个月或者1个季度。纳税人的具体纳税期限，由主管税务机关根据纳税人应纳税额的大小分别核定。以1个季度为纳税期限的规定适用于小规模纳税人、银行、财务公司、信托投资公司、信用社，以及财政部和国家税务总局规定的其他纳税人。不能按照固定期限纳税的，可以按次纳税。

纳税人以1个月或者1个季度为1个纳税期的，自期满之日起15日内申报纳税；

以1日、3日、5日、10日或者15日为1个纳税期的，自期满之日起5日内预缴税款，于次月1日起15日内申报纳税并结清上月应纳税款。

扣缴义务人解缴税款的期限，按照前两款规定执行。

——财税〔2016〕36号文件附件1第四十七条

11.2.3 季度纳税的全部收入以1个季度为纳税期限

按照《中华人民共和国增值税暂行条例》《营业税改征增值税试点实施办法》《中华人民共和国消费税暂行条例》及相关文件规定，以1个季度为纳税期限的增值税纳税人，其取得的全部增值税应税收入、消费税应税收入，均可以1个季度为纳税期限。

——国家税务总局公告2016年第53号第七条

11.2.4 小规模纳税人的纳税期限

按固定期限纳税的小规模纳税人可以选择以1个月或1个季度为纳税期限，一经选择，一个会计年度内不得变更。

——国家税务总局公告2019年第4号第三条

11.3 申报缴纳期限

纳税人以1个月或者1个季度为1个纳税期的，自期满之日起15日内申报纳税；以1日、3日、5日、10日或者15日为1个纳税期的，自期满之日起5日内预缴税款，于次月1日起15日内申报纳税并结清上月应纳税款。

扣缴义务人解缴税款的期限，依照前两款规定执行。

——《增值税暂行条例》第二十三条

纳税人进口货物，应当自海关填发海关进口增值税专用缴款书之日起15日内缴纳税款。

——《增值税暂行条例》第二十四条

11.4 纳税义务发生时间

11.4.1 条例关于纳税义务发生时间的规定

增值税纳税义务发生时间：

（一）发生应税销售行为，为收讫销售款项或者取得索取销售款项凭据的当天；先开具发票的，为开具发票的当天。

（二）进口货物，为报关进口的当天。

增值税扣缴义务发生时间为纳税人增值税纳税义务发生的当天。

——《增值税暂行条例》第十九条

11.4.2 细则关于“收讫销售款项或者取得索取销售款项凭据的当天”的具体规定

条例第十九条第一款第（一）项规定的收讫销售款项或者取得索取销售款项凭据的当天，按销售结算方式的不同，具体为：

（一）采取直接收款方式销售货物，不论货物是否发出，均为收到销售款或者取得索取销售款凭据的当天；

（二）采取托收承付和委托银行收款方式销售货物，为发出货物并办妥托收手续的当天；

（三）采取赊销和分期收款方式销售货物，为书面合同约定的收款日期的当天，无书面合同的或者书面合同没有约定收款日期的，为货物发出的当天；

（四）采取预收货款方式销售货物，为货物发出的当天，但生产销售生产工期超过12个月的大型机械设备、船舶、飞机等货物，为收到预收款或者书面合同约定的收款日期的当天；

（五）委托其他纳税人代销货物，为收到代销单位的代销清单或者收到全部或者部分货款的当天。未收到代销清单及货款的，为发出代销货物满180天的当天；

（六）销售应税劳务，为提供劳务同时收讫销售款或者取得索取销售款的凭据的当天；

（七）纳税人发生本细则第四条第（三）项至第（八）项所列视同销售货物行为，为货物移送的当天。

——《增值税暂行条例实施细则》第三十八条

11.4.3 增值税纳税义务、扣缴义务发生时间

增值税纳税义务、扣缴义务发生时间为：

（一）纳税人发生应税行为并收讫销售款项或者取得索取销售款项凭据的当天；先开具发票的，为开具发票的当天。

收讫销售款项，是指纳税人销售服务、无形资产、不动产过程中或者完成后收到款项。

取得索取销售款项凭据的当天，是指书面合同确定的付款日期；未签订书面合同或者书面合同未确定付款日期的，为服务、无形资产转让完成的当天或者不动产权属变更的当天。

（二）纳税人提供租赁服务采取预收款方式的，其纳税义务发生时间为收到预收款的当天。

（三）纳税人从事金融商品转让的，为金融商品所有权转移的当天。

（四）纳税人发生本办法第十四条规定情形的，其纳税义务发生时间为服务、无形资产转让完成的当天或者不动产权属变更的当天。

（五）增值税扣缴义务发生时间为纳税人增值税纳税义务发生的当天。

——财税〔2016〕36号文件附件1第四十五条

提示

根据《财政部 国家税务总局关于建筑服务等营改增试点政策的通知》（财税〔2017〕58号）第二条规定，财税〔2016〕36号文件附件1第四十五条第（二）项修改为“纳税人提供租赁服务采取预收款方式的，其纳税义务发生时间为收到预收款的当天”。

11.4.4 直接收款方式销售货物的纳税义务发生时间

根据《中华人民共和国增值税暂行条例》及其实施细则的有关规定，现就增值税纳税义务发生时间有关问题公告如下：

纳税人生产经营活动中采取直接收款方式销售货物，已将货物移送对方并暂估销售收入入账，但既未取得销售款或取得索取销售款凭据也未开具销售发票的，其增值税纳税义务发生时间为取得销售款或取得索取销售款凭据的当天；先开具发票的，为开具发票的当天。

本公告自2011年8月1日起施行。纳税人此前对发生上述情况进行增值税纳税申报的，可向主管税务机关申请，按本公告规定做纳税调整。

——国家税务总局公告2011年第40号

11.5 纳税地点

11.5.1 条例关于纳税地点的规定

增值税纳税地点：

（一）固定业户应当向其机构所在地的主管税务机关申报纳税。总机构和分支机构不在同一县（市）的，应当分别向各自所在地的主管税务机关申报纳税；经国务院财政、税务主管部门或者其授权的财政、税务机关批准，可以由总机构汇总向总机构所在地的主管税务机关申报纳税。

（二）固定业户到外县（市）销售货物或者劳务，应当向其机构所在地的主管税务机关报告外出经营事项，并向其机构所在地的主管税务机关申报纳税；未报告的，应当向销售地或者劳务发生地的主管税务机关申报纳税；未向销售地或者劳务发生地的主管税务机关申报纳税的，由其机构所在地的主管税务机关补征税款。

（三）非固定业户销售货物或者劳务，应当向销售地或者劳务发生地的主管税务机关申报纳税；未向销售地或者劳务发生地的主管税务机关申报纳税的，由其机构所在地或者居住地的主管税务机关补征税款。

（四）进口货物，应当向报关地海关申报纳税。

扣缴义务人应当向其机构所在地或者居住地的主管税务机关申报缴纳其扣缴的税款。

——《增值税暂行条例》第二十二条

11.5.2 财税〔2016〕36号文件关于纳税地点的规定

增值税纳税地点为：

（一）固定业户应当向其机构所在地或者居住地主管税务机关申报纳税。总机构和分支机构不在同一县（市）的，应当分别向各自所在地的主管税务机关申报纳税；经财政部和国家税务总局或者其授权的财政和税务机关批准，可以由总机构汇总向总机构所在地的主管税务机关申报纳税。

（二）非固定业户应当向应税行为发生地主管税务机关申报纳税；未申报纳税的，由其机构所在地或者居住地主管税务机关补征税款。

（三）其他个人提供建筑服务，销售或者租赁不动产，转让自然资源使用权，应向建筑服务发生地、不动产所在地、自然资源所在地主管税务机关申报纳税。

（四）扣缴义务人应当向其机构所在地或者居住地主管税务机关申报缴纳扣缴的税款。

——财税〔2016〕36号文件附件1第四十六条

属于固定业户的试点纳税人，总分支机构不在同一县（市），但在同一省（自治区、直辖市、计划单列市）范围内的，经省（自治区、直辖市、计划单列市）财政厅（局）和国家税务局批准，可以由总机构汇总向总机构所在地的主管税务机关申报缴纳增值税。

——财税〔2016〕36号文件附件2第一条第（十二）项

11.5.3 建筑服务取得预收款的预征地点

按照现行规定应在建筑服务发生地预缴增值税的项目，纳税人收到预收款时在建筑服务发生地预缴增值税。按照现行规定无须在建筑服务发生地预缴增值税的项目，纳税人收到预收款时在机构所在地预缴增值税。

——财税〔2017〕58号文件第三条第二款

11.5.4 固定业户总分机构汇总纳税地点

固定业户的总分支机构不在同一县（市），但在同一省（区、市）范围内的，经省（区、市）财政厅（局）、国家税务局审批同意，可以由总机构汇总向总机构所在地的主管税务机关申报缴纳增值税。

省（区、市）财政厅（局）、国家税务局应将审批同意的结果，上报财政部、国家税务总局备案。

——财税〔2012〕9号文件

11.5.5 连锁经营企业增值税纳税地点

对跨地区经营的直营连锁企业，即连锁店的门店均由总部全资或控股开设，在总部领导下统一经营的连锁企业，凡按照国内贸易部《连锁店经营管理规范意见》（内贸政体法字〔1997〕第24号）的要求，采取微机联网，实行统一采购配送商品，统一核算，统一规范化管理和经营，并符合以下条件的，可对总店和分店实行由总店向其所在地主管税务机关统一申报缴纳增值税：

1. 在直辖市范围内连锁经营的企业，报经直辖市国家税务局会同市财政局审批同意；

2. 在计划单列市范围内连锁经营的企业，报经计划单列市国家税务局会同市财政局审批同意；

3. 在省（自治区）范围内连锁经营的企业，报经省（自治区）国家税务局会同省财政厅审批同意；

4. 在同一县（市）范围内连锁经营的企业，报经县（市）国家税务局会同县（市）财政局审批同意。

连锁企业实行由总店向总店所在地主管税务机关统一缴纳增值税后，财政部门应研究采取妥善办法，保证分店所在地的财政利益在纳税地点变化后不受影响。涉及省内地、市间利益转移的，由省级财政部门确定；涉及地、市内县（市）间利益转移的，由地、市财政部门确定；县（市）范围内的利益转移，由县（市）财政部门确定。

对自愿连锁企业，即连锁店的门店均为独立法人，各自的资产所有权不变的连锁企业和特许连锁企业，即连锁店的门店同总部签订合同，取得使用总部商标、商号、经营技术及销售总部开发商品的特许权的连锁企业，其纳税地点不变，仍由各独立核算门店分别向所在地主管税务机关申报缴纳增值税。

——财税字〔1997〕97 号文件

在省、自治区、直辖市、计划单列市内跨区域经营的统一核算的连锁企业，需要实行由总机构向其所在地主管税务机关统一申报缴纳增值税的，按照财政部、国家税务总局《关于连锁经营企业增值税纳税地点问题的通知》（财税字〔1997〕97 号）的有关规定办理。

——财税〔2003〕1 号文件第一条

上述跨区域经营的连锁企业实行统一缴纳增值税、所得税后，各级财政部门要认真贯彻执行国办发〔2002〕49 号文件的精神，及时制定统一纳税后所属地区间财政利益调整办法，妥善处理好各级财政利益分配关系，以确保连锁企业门店所在地的财政利益在纳税地点变化后不受影响，以利于连锁经营的发展。

——财税〔2003〕1 号文件第三条

11.5.6 以资金结算网络方式收取货款的纳税地点

近接部分地区反映，实行统一核算的纳税人为加强对分支机构资金的管理，抽高资金运转效率，与总机构所在地金融机构签订协议建立资金结算网络，以总机构的名义在全国各地开立存款账户（开立的账户为分支机构所在地账号，只能存款、转账、不能取款），各地实现的销售，由总机构直接开具发票给购货方，货款由购货方直接存入总机构的网上银行存款账户。对这种新的结算方式纳税地点如何确定，各地理解不一。经研究，现明确如下：

纳税人以总机构的名义在各地开立账户，通过资金结算网络在各地向购货方收取销货款，由总机构直接向购货方开具发票的行为，不具备《国家税务总局关于企业所属机构间移送货物征收增值税问题的通知》（国税发〔1998〕137 号）规定的受货机构向购货方开具发票，向购货方收取货款两种情形之一，其取得的应税收入应当在总机构所在地缴纳增值税。

——国税函〔2002〕802 号文件

11.5.7 铁路货运组织改革后两端物流服务的纳税地点

铁路货运组织改革后，铁路局所属运输站段提供的装卸业务、煤炭抑尘业务、门到站和站到门的短途运输业务（主要包括公路短途运输、内河短途运输）、装载加固业务、铁路货场内的仓储业务等两端物流服务，不属于《国家税务总局关于中央铁路征收营业税问题的通知》（国税发〔2002〕44号）规定的集中缴纳营业税的中央铁路客货运服务范围，应按照现行营业税和增值税政策规定，由提供服务的纳税人向其机构所在地主管税务机关申报缴纳营业税或增值税。

——国家税务总局公告2013年第55号

Tax Declaration and

Regulatory Guidelines of

Value-added Tax

第二篇　行业篇

1 货物、劳务

1.1 高税率货物税目注释

根据《增值税暂行条例》第二条第（一）项规定，纳税人销售货物、劳务、有形动产租赁服务或者进口货物，除该条第二项、第四项、第五项另有规定外，税率为17%。

1.1.1 皂 脚

皂脚是碱炼动植物油脂时的副产品，不能食用，主要用作化学工业原料。因此，皂脚不属于食用植物油，也不属于《财政部、国家税务总局关于印发〈农业产品征税范围注释〉的通知》（财税字〔1995〕52号）中农业产品的范围，应按照17%的税率征收增值税。

——国家税务总局公告2011年第20号

1.1.2 环氧大豆油、氢化植物油

环氧大豆油、氢化植物油不属于食用植物油的征税范围，应适用17%增值税税率。

环氧大豆油是将大豆油滴加双氧水后经过环氧反应、水洗、减压脱水等工序后形成的产品。

氢化植物油是将普通植物油在一定温度和压力下经过加氢、催化等工序后形成的产品。

——国家税务总局公告2011年第43号

1.1.3 薄荷油

根据《国家税务总局关于〈增值税部分货物征税范围注释〉的通知》（国税发〔1993〕151号）对“食用植物油”的注释，薄荷油未包括在内，因此，薄荷油应按17%的税率征收增值税。

——国税函〔2001〕248号文件第一条

1.1.4 天然二氧化碳

天然二氧化碳不属于天然气，不应比照天然气征税，仍应按17%的适用税率征收增值税。

——国税函〔2003〕1324号文件

1.1.5 硝酸铵

自2007年2月1日起，硝酸铵适用的增值税税率统一调整为17%，同时不再享受化肥产品免征增值税政策。

——财税〔2007〕7号文件第一条

1.1.6 日用“卫生用药”

用于人类日常生活的各种类型包装的日用卫生用药（如卫生杀虫剂、驱虫剂、驱蚊剂、蚊香、消毒剂等），不属于增值税“农药”的范围，应按17%的税率征税。

——国税发〔1995〕192号文件第四条

1.1.7 人 发

人发不属于《财政部 国家税务总局关于印发〈农业产品征税范围注释〉的通知》（财税字〔1995〕52号）规定的农业产品范围，应适用17%的增值税税率。

——国税函〔2009〕625号文件

1.1.8 复合胶

复合胶是以新鲜橡胶液为主要原料，经过压片、造粒、烤干等工序加工生产的橡胶制品。因此，复合胶不属于《农业产品征税范围注释》（财税字〔1995〕52号）规定的“天然橡胶”产品，适用增值税税率应为17%。

——国税函〔2009〕453号文件

1.1.9 麦 芽

麦芽不属于《财政部 国家税务总局关于印发〈农业产品征税范围注释〉的通知》

(财税字〔1995〕52 号)规定的农业产品范围，应适用 17%的增值税税率。

——国税函〔2009〕177 号文件

1.1.10 淀 粉

关于淀粉的增值税适用税率问题，根据财政部、国家税务总局《关于印发〈农业产品征税范围注释〉的通知》(财税字〔1995〕052 号)的规定，农业产品是指种植业、养殖业、林业、牧业、水产业生产的各种植物、动物的初级产品。从淀粉的生产工艺流程等方面看，淀粉不属于农业产品的范围，应按照 17%的税率征收增值税。

——国税函发〔1996〕744 号文件

1.1.11 肉桂油、桉油、香茅油

肉桂油、桉油、香茅油不属于《财政部 国家税务总局关于印发〈农业产品征税范围注释〉的通知》(财税字〔1995〕52 号)中农业产品的范围，其增值税适用税率为 17%。

——国家税务总局公告 2010 年第 5 号

1.1.12 玉米浆、玉米皮、玉米纤维和玉米蛋白粉

玉米浆、玉米皮、玉米纤维(又称喷浆玉米皮)和玉米蛋白粉不属于初级农产品，也不属于《财政部 国家税务总局关于饲料产品免征增值税问题的通知》(财税〔2001〕121 号)中免税饲料的范围，适用 17%的增值税税率。

——国家税务总局公告 2012 年第 11 号

1.1.13 巴氏杀菌乳、灭菌乳

按照《食品安全国家标准—巴氏杀菌乳》(GB19645—2010)生产的巴氏杀菌乳和按照《食品安全国家标准—灭菌乳》(GB25190—2010)生产的灭菌乳，均属于初级农业产品，可依照《农业产品征收范围注释》中的鲜奶按 13%的税率征收增值税；按照《食品安全国家标准—调制乳》(GB25191—2010)生产的调制乳，不属于初级农业产品，应按照 17%税率征收增值税。

——国家税务总局公告 2011 年第 38 号

1.2 低税率货物税目注释

根据财税字〔1995〕52号、国税明电〔1995〕44号文件规定，自1995年10月1日起，农业产品增值税税率已由17%调整为13%。

根据财税〔2017〕37号文件规定，自2017年7月1日起，简并增值税税率结构，取消13%的增值税税率，其第一条规定："纳税人销售或者进口下列货物，税率为11%：农产品（含粮食）、自来水、暖气、石油液化气、天然气、食用植物油、冷气、热水、煤气、居民用煤炭制品、食用盐、农机、饲料、农药、农膜、化肥、沼气、二甲醚、图书、报纸、杂志、音像制品、电子出版物。上述货物的具体范围见本通知附件1。"

根据《增值税暂行条例》第二条第（二）项规定，纳税人销售交通运输、邮政、基础电信、建筑、不动产租赁服务，销售不动产，转让土地使用权，销售或者进口下列货物，税率为11%：

1. 粮食等农产品、食用植物油、食用盐；
2. 自来水、暖气、冷气、热水、煤气、石油液化气、天然气、二甲醚、沼气、居民用煤炭制品；
3. 图书、报纸、杂志、音像制品、电子出版物；
4. 饲料、化肥、农药、农机、农膜；
5. 国务院规定的其他货物。

根据财税〔2018〕32号文件规定，原11%税率的税率调整为10%。

根据财政部、税务总局、海关总署公告2019年第39号规定，原10%税率调整为9%。

1.2.1 《农业产品征税范围注释》执行日期

为统一农业产品的征税范围，财政部、国家税务总局以财税字〔1995〕52号通知，印发了《农业产品征税范围注释》，并从1995年7月1日起执行。最近，各地反映，由于该通知收到较晚，一些纳税人在今年七月份以后销售的货物已经按原规定申报、缴纳了增值税，并据以开具了增值税专用发票，因此，要求推迟执行日期。

关于《农业产品征税范围注释》的执行日期，经与财政部商定，财政部、国家税务总局印发的《农业产品征税范围注释》从1995年10月1日起执行。

——国税明电〔1995〕44号文件

1.2.2 农业产品范围注释

一、植物类

植物类包括人工种植和天然生长的各种植物的初级产品。具体征税范围为：

（一）粮食

粮食是指各种主食食科植物果实的总称。本货物的征税范围包括小麦、稻谷、玉米、高粱、谷子和其他杂粮（如：大麦、燕麦等），以及经碾磨、脱壳等工艺加工后的粮食（如：面粉，米，玉米面、渣等）。

切面、饺子皮、馄饨皮、面皮、米粉等粮食复制品，也属于本货物的征税范围。

以粮食为原料加工的速冻食品、方便面、副食品和各种熟食品，不属于本货物的征税范围。

（二）蔬菜

蔬菜是指可作副食的草本、木本植物的总称。本货物的征税范围包括各种蔬菜、菌类植物和少数可作副食的木本植物。

经晾晒、冷藏、冷冻、包装、脱水等工序加工的蔬菜，腌菜、咸菜、酱菜和盐渍蔬菜等，也属于本货物的征税范围。

各种蔬菜罐头（罐头是指以金属罐、玻璃瓶和其他材料包装，经排气密封的各种食品。下同）不属于本货物的征税范围。

（三）烟叶

烟叶是指各种烟草的叶片和经过简单加工的叶片。本货物的征税范围包括晒烟叶、晾烟叶和初烤烟叶。

1. 晒烟叶。是指利用太阳能露天晒制的烟叶。

2. 晾烟叶。是指在晾房内自然干燥的烟叶。

3. 初考烟叶。是指烟草种植者直接烤制的烟叶。不包括专业复烤厂烤制的复烤烟叶。

（四）茶叶

茶叶是指从茶树上采摘下来的鲜叶和嫩芽（即茶青），以及经吹干、揉拌、发酵、烘干等工序初制的茶。本货物的征税范围包括各种毛茶（如红毛茶、绿毛茶、乌龙毛茶、白毛茶、黑毛茶等）。

精制茶、边销茶及掺兑各种药物的茶和茶饮料，不属于本货物的征税范围。

（五）园艺植物

园艺植物是指可供食用的果实，如水果、果干（如荔枝干、桂圆干、葡萄干等）、干果、果仁、果用瓜（如甜瓜、西瓜、哈密瓜等），以及胡椒、花椒、大料、咖啡豆等。

经冷冻、冷藏、包装等工序加工的园艺植物，也属于本货物的征税范围。各种水果罐头，果脯，蜜饯，炒制的果仁、坚果，碾磨后的园艺植物（如胡椒粉、花椒粉等），不属于本货物的征税范围。

（六）药用植物

药用植物是指用作中药原药的各种植物的根、茎、皮、叶、花、果实等。利用上述药用植物加工制成的片、丝、块、段等中药饮片，也属于本货物的征税范围。

中成药不属于本货物的征税范围。

（七）油料植物

油料植物是指主要用作榨取油脂的各种植物的根、茎、叶、果实、花或者胚芽组织等初级产品，如菜子（包括芥菜子）、花生、大豆、葵花子、蓖麻子、芝麻子、胡麻子、茶子、桐子、橄榄仁、棕榈仁、棉籽等。

提取芳香油的芳香油料植物，也属于本货物的征税范围。

（八）纤维植物

纤维植物是指利用其纤维作纺织、造纸原料或者绳索的植物，如棉（包括籽棉、皮棉、絮棉）、大麻、黄麻、槿麻、苎麻、苘麻、亚麻、罗布麻、蕉麻、剑麻等。

棉短绒和麻纤维经脱胶后的精干（洗）麻，也属于本货物的征税范围。

（九）糖料植物

糖料植物是指主要用作制糖的各种植物，如甘蔗、甜菜等。

（十）林业产品

林业产品是指乔木、灌木和竹类植物，以及天然树脂、天然橡胶。林业产品的征税范围包括：

1. 原木。是指将砍伐倒的乔木去其枝芽、梢头或者皮的乔木、灌木，以及锯成一定长度的木段。

锯材不属于本货物的征税范围。

2. 原竹。是指将砍倒的竹去其枝、梢或者叶的竹类植物，以及锯成一定长度的竹段。

3. 天然树脂。是指木科植物的分泌物，包括生漆、树脂和树胶，如松脂、桃胶、樱胶、阿拉伯胶、古巴胶和天然橡胶（包括乳胶和干胶）等。

4. 其他林业产品。是指除上述列举林业产品以外的其他各种林业产品，如竹笋、笋干、棕竹、棕榈衣、树枝、树叶、树皮、藤条等。

盐水竹笋也属于本货物的征税范围。竹笋罐头不属于本货物的征税范围。

（十一）其他植物

其他植物是指除上述列举植物以外的其他各种人工种植和野生的植物，如树苗、花卉、植物种子、植物叶子、草、麦秸、豆类、薯类、藻类植物等。

干花、干草、薯干、干制的藻类植物，农业产品的下脚料等，也属于本货物的征税范围。

二、动物类

动物类包括人工养殖和天然生长的各种动物的初级产品。具体征税范围为：

（一）水产品

水产品是指人工放养和人工捕捞的鱼、虾、蟹、鳖、贝类、棘皮类、软体类、腔肠类、海兽类动物。本货物的征税范围包括鱼、虾、蟹、鳖、贝类、棘皮类、软体类、腔肠类、海兽类、鱼苗（卵）、虾苗、蟹苗、贝苗（秧），以及经冷冻、冷藏、盐渍等防腐处理和包装的水产品。

干制的鱼、虾、蟹、贝类、棘皮类、软体类、腔肠类，如干鱼、干虾、干虾仁、干贝等，以及未加工成工艺品的贝壳、珍珠，也属于本货物的征税范围。

熟制的水产品和各类水产品的罐头，不属于本货物的征税范围。

（二）畜牧产品

畜牧产品是指人工饲养、繁殖取得和捕获的各种畜禽。本货物的征税范围包括：

1. 兽类、禽类和爬行类动物，如牛、马、猪、羊、鸡、鸭等。

2. 兽类、禽类和爬行类动物的肉产品，包括整块或者分割的鲜肉、冷藏或者冷冻肉、盐渍肉，兽类、禽类和爬行类动物的内脏、头、尾、蹄等组织。

各种兽类、禽类和爬行类动物的肉类生制品，如腊肉、腌肉、熏肉等，也属于本货物的征税范围。

各种肉类罐头、肉类熟制品，不属于本货物的征税范围。

3. 蛋类产品。是指各种禽类动物和爬行类动物的卵，包括鲜蛋、冷藏蛋。

经加工的咸蛋、松花蛋、腌制的蛋等，也属于本货物的征税范围。各种蛋类的罐头不属于本货物的征税范围。

4. 鲜奶。是指各种哺乳类动物的乳汁和经净化、杀菌等加工工序生产的乳汁。

用鲜奶加工的各种奶制品，如酸奶、奶酪、奶油等，不属于本货物的征税范围。

（三）动物皮张

动物皮张是指从各种动物（兽类、禽类和爬行类动物）身上直接剥取的，未经鞣制的生皮、生皮张。

将生皮、生皮张用清水、盐水或者防腐药水浸泡、刮里、脱毛、晒干或者熏干，未经鞣制的，也属于本货物的征税范围。

（四）动物毛绒

动物毛绒是指未经洗净的各种动物的毛发、绒发和羽毛。洗净毛、洗净绒等不属于本货物的征税范围。

（五）其他动物组织

其他动物组织是指上述列举以外的兽类、禽类、爬行类动物的其他组织，以及昆虫类动物。

1. 蚕茧。包括鲜茧和干茧，以及蚕蛹。

2. 天然蜂蜜。是指采集的未经加工的天然蜂蜜、鲜蜂王浆等。

3. 动物树脂，如虫胶等。

4. 其他动物组织，如动物骨、壳、兽角、动物血液、动物分泌物、蚕种等。

——财税字〔1995〕52号文件附件

农产品继续适用13%的增值税税率。农产品，是指种植业、养殖业、林业、牧业、水产业生产的各种植物、动物的初级产品。具体征税范围暂继续按照《财政部、国家税务总局关于印发〈农业产品征税范围注释〉的通知》（财税字〔1995〕52号）及现行相关规定执行。

——财税〔2009〕9号文件第一条第（一）项

农产品，是指种植业、养殖业、林业、牧业、水产业生产的各种植物、动物的初级产品。具体征税范围暂继续按照《财政部、国家税务总局关于印发〈农业产品征税范围注释〉的通知》（财税字〔1995〕52号）及现行相关规定执行，并包括挂面、干姜、姜黄、玉米胚芽、动物骨粒、按照《食品安全国家标准—巴氏杀菌乳》（GB19645—2010）生产的巴氏杀菌乳、按照《食品安全国家标准—灭菌乳》（GB25190—2010）生产的灭菌乳。

——财税〔2017〕37号文件附件1第一条

属于农产品适用13%税率的具体货物如下：

（1）动物骨粒。

动物骨粒属于《农业产品征税范围注释》（财税字〔1995〕52号）第二条第（五）款规定的动物类“其他动物组织”，其适用的增值税税率为13%。

动物骨粒是指将动物骨经筛选、破碎、清洗、晾晒等工序加工后的产品。

——国家税务总局公告2013年第71号

（2）干姜、姜黄。

干姜、姜黄属于《财政部 国家税务总局关于印发〈农业产品征税范围注释〉的通知》（财税字〔1995〕52号）中农业产品的范围，根据《财政部 国家税务总局关于部分货物适用增值税低税率和简易办法征收增值税政策的通知》（财税〔2009〕9号）规定，其增值税适用税率为13%。

干姜是将生姜经清洗、刨皮、切片、烘烤、晾晒、熏硫等工序加工后制成的产品。

姜黄包括生姜黄，以及将生姜黄经去泥、清洗、蒸煮、晾晒、烤干、打磨等工序加工后制成的产品。

——国家税务总局公告2010年第9号

（3）天然肠衣。

天然肠衣按农产品适用13%的增值税税率。

——国税发〔2005〕74号文件第一条

目前对上述货物按17%征收增值税的地区，一律从2005年5月1日起改按13%征税。在此之前已按17%征税的不予调整。

——国税发〔2005〕74号文件第三条

（4）茴油、毛椰子油。

茴油是八角树枝叶、果实简单加工的农业产品，毛椰子油是椰子经处加工而成的农业产品，二者均属于农业初级产品，可按13%的税率征收增值税。

——国税函〔2003〕426号文件

（5）挂面。

挂面按照粮食复制品适用13%的增值税税率。

——国税函〔2008〕1007号文件

（6）玉米胚芽。

根据现行增值税政策规定，玉米胚芽属于《农业产品征税范围注释》中初级农产品的范围，适用13%的增值税税率。

——国家税务总局公告2012年第11号

1.2.3 具体低税率货物征税范围注释

根据财税〔2017〕37号文件附件1第二条的规定，食用植物油、自来水、暖气、冷气、热水、煤气、石油液化气、天然气、沼气、居民用煤炭制品、图书、报纸、杂志、化肥、农药、农机、农膜等货物的具体征税范围暂继续按照《国家税务总局关于印发〈增值税部分货物征税范围注释〉的通知》（国税发〔1993〕151号）及现行相关规定执行，并包括棕榈油、棉籽油、茴油、毛椰子油、核桃油、橄榄油、花椒油、杏仁油、葡萄籽油、牡丹籽油、由石油伴生气加工压缩而成的石油液化气、西气东输项目上游中外合作开采天然气、中小学课本配套产品（包括各种纸制品或图片）、国内印刷企业承印的经新闻出版主管部门批准印刷且采用国际标准书号编序的境外图书、农用水泵、农用柴油机、不带动力的手扶拖拉机、三轮农用运输车、密集型烤房设备、频振式杀虫灯、自动虫情测报灯、粘虫板、卷帘机、农用挖掘机、养鸡设备系列、养猪设备系列产品、动物尸体降解处理机、蔬菜清洗机。

1. 食用植物油

植物油是从植物根、茎、叶、果实、花或胚芽组织中加工提取的油脂。

食用植物油仅指：芝麻油、花生油、豆油、菜籽油、米糠油、葵花籽油、棉籽油、玉米胚油、茶油、胡麻油，以及以上述油为原料生产的混合油。

——国税发〔1993〕151号文件第二条

2. 自来水

自来水是指自来水公司及工矿企业经抽取、过滤、沉淀、消毒等工序加工后，通过供水系统向用户供应的水。

农业灌溉用水、引水工程输送的水等，不属于本货物的范围。

——国税发〔1993〕151号文件第三条

3. 暖气、热水

暖气、热水是指利用各种燃料（如煤、石油、其他各种气体或固体、液体燃料）和电能将水加热，使之生成的气体和热水，以及开发自然热能，如开发地热资源或用太阳能生产的暖气、热气、热水。

利用工业余热生产、回收的暖气、热气和热水也属于本货物的范围。

——国税发〔1993〕151号文件第四条

4. 冷气

冷气是指为了调节室内温度，利用制冷设备生产的，并通过供风系统向用户提供的低温气体。

——国税发〔1993〕151号文件第五条

5. 煤气

煤气是指由煤、焦炭、半焦和重油等经干馏或汽化等生产过程所得气体产物的总称。

煤气的范围包括：

（一）焦炉煤气：是指煤在炼焦炉中进行干馏所产生的煤气。

（二）发生炉煤气：是指用空气（或氧气）和少量的蒸气将煤或焦炭、半焦，在煤气发生炉中进行汽化所产生的煤气、混合煤气、水煤气、单水煤气、双水煤气等。

（三）液化煤气：是指压缩成液体的煤气。

——国税发〔1993〕151号文件第六条

6. 石油液化气

石油液化气是指由石油加工过程中所产生的低分子量的烃类炼厂气经压缩成的液体。主要成分是丙烷、丁烷、丁烯等。

——国税发〔1993〕151号文件第七条

对由石油伴生气加工压缩而成的石油液化气，应当按照13%的增值税税率征收增值税。

——国税发〔2005〕83号文件

7. 天然气

天然气是蕴藏在地层内的碳氢化合物可燃气体。主要含有甲烷、乙烷等低分子烷烃和丙烷、丁烷、戊烷及其他重质气态烃类。

天然气包括气田天然气、油田天然气、煤矿天然气和其他天然气。

——国税发〔1993〕151 号文件第八条

8. 沼气

沼气，主要成分为甲烷，由植物残体在与空气隔绝的条件下经自然分解而成，沼气主要作燃料。

本货物的范围包括：天然沼气和人工生产的沼气。

——国税发〔1993〕151 号文件第九条

9. 居民用煤炭制品

居民用煤炭制品是指煤球、煤饼、蜂窝煤和引火炭。

——国税发〔1993〕151 号文件第十条

10. 图书、报纸、杂志

图书、报纸、杂志是采用印刷工艺，按照文字、图画和线条原稿印刷成的纸制品。本货物的范围包括：

（一）图书。是指由国家新闻出版署批准的出版单位出版，采用国际标准书号编序的书籍，以及图片。

（二）报纸。是指经国家新闻出版署批准，在各省、自治区、直辖市新闻出版部门登记，具有国内统一刊号（CN）的报纸。

（三）杂志。是指经国家新闻出版署批准，在省、自治区、直辖市新闻出版管理部门登记，具有国内统一刊号（CN）的刊物。

——国税发〔1993〕151 号文件第十一条

11. 化肥

化肥是指经化学和机械加工制成的各种化学肥料。

化肥的范围包括：

（一）化学氮肥。主要品种有尿素和硫酸铵、硝酸铵、碳酸氢铵、氯化铵、石灰氨、氨水等。

（二）磷肥。主要品种有磷矿粉、过磷酸钙（包括普通过磷酸钙和重过磷酸钙两种)、钙镁磷肥、钢渣磷肥等。

（三）钾肥。主要品种有硫酸钾、氯化钾等。

（四）复合肥料。是用化学方法合成或混配制成含有氮、磷、钾中的两种或两种以上的营养元素的肥料。含有两种的称二元复合肥，含有三种的称三元复合肥料，也有含三种元素和某些其他元素的叫多元复合肥料。主要产品有硝酸磷肥、磷酸铵、磷酸二氢钾肥、钙镁磷钾肥、磷酸一铵、磷粉二铵、氮磷钾复合肥等。

（五）微量元素肥。是指含有一种或多种植物生长所必需的，但需要量又极少的营养元素的肥料，如硼肥、锰肥、锌肥、铜肥、钼肥等。

（六）其他肥。是指上述列举以外的其他化学肥料。

——国税发〔1993〕151号文件第十三条

化肥的具体范围，仍然按照《国家税务总局关于印发〈增值税部分货物征税范围注释〉的通知》（国税发〔1993〕151号）的规定执行。进口环节恢复征收增值税的化肥税号见附件。

——财税〔2015〕90号文件第二条

12. 饲料

饲料指用于动物饲养的产品或其加工品。本货物的范围包括：

1. 单一大宗饲料。指以一种动物、植物、微生物或矿物质为来源的产品或其副产品。其范围仅限于糠麸、酒糟、油饼、骨粉、鱼粉、饲料级磷酸氢钙。

2. 混合饲料。指由两种以上单一大宗饲料、粮食、粮食副产品及饲料添加剂按照一定比例配置，其中单一大宗饲料、粮食及粮食副产品的掺兑比例不低于95%的饲料。

3. 配合饲料。指根据不同的饲养对象，饲养对象的不同生长发育阶段的营养需要，将多种饲料原料按饲料配方经工业生产后，形成的能满足饲养动物全部营养需要（除水分外）的饲料。

4. 复合预混料。指能够按照国家有关饲料产品的标准要求量，全面提供动物饲养相应阶段所需微量元素（4种或以上）、维生素（8种或以上），由微量元素、维生素、氨基酸和非营养性添加剂中任何两类或两类以上的组分与载体或稀释剂按一定比例配置的均匀混合物。

5. 浓缩饲料。指由蛋白质、复合预混料及矿物质等按一定比例配制的均匀混合物。

用于动物饲养的粮食、饲料添加剂不属于本货物的范围。

——国税发〔1999〕39号文件第一条

13. 农药

农药是指用于农林业防治病虫害、除草及调节植物生长的药剂。

农药包括农药原药和农药制剂。如杀虫剂、杀菌剂、除草剂、植物生长调节剂、植物性农药、微生物农药、卫生用药、其他农药原药、制剂等等。

——国税发〔1993〕151号文件第十四条

14. 农膜

农膜是指用于农业生产的各种地膜、大棚膜。

——国税发〔1993〕151号文件第十五条

15. 农机

农机是指用于农业生产（包括林业、牧业、副业、渔业）的各种机器和机械化和半机械化农具，以及小农具。

农机的范围包括：

（一）拖拉机。是以内燃机为驱动牵引机具从事作业和运载物资的机械。包括轮拖拉机、履带拖拉机、手扶拖拉机、机耕船。

（二）土壤耕整机械。是对土壤进行耕翻整理的机械。包括机引犁、机引耙、旋耕机、镇压器、联合整地器、合壤器、其他土壤耕整机械。

（三）农田基本建设机械。是指从事农田基本建设的专用机械。包括开沟筑埂机、开沟铺管机、铲抛机、平地机、其他农田基本建设机械。

（四）种植机械。是指将农作物种子或秧苗移植到适于作物生长的苗床机械。包括播作机、水稻插秧机、栽植机、地膜覆盖机、复式播种机、秧苗准备机械。

（五）植物保护和管理机械。是指农作物在生长过程中的管理、施肥、防治病虫害的机械。包括机动喷粉机、喷雾机（器）、弥雾喷粉机、修剪机、中耕除草机、播种中耕机、培土机具、施肥机。

（六）收获机械。是指收获各种农作物的机械。包括粮谷、棉花、薯类、甜菜、甘蔗、茶叶、油料等收获机。

（七）场上作业机械。是指对粮食作物进行脱粒、清选、烘干的机械设备。包括各种脱粒机、清选机、粮谷干燥机、种子精选机。

（八）排灌机械。是指用于农牧业排水、灌溉的各种机械设备。包括喷灌机、半机械化提水机具、打井机。

（九）农副产品加工机械。是指对农副产品进行初加工，加工后的产品仍属农副产品的机械。包括茶叶机械、剥壳机械、棉花加工机械（包括棉花打包机）、食用菌机械（培养木耳、蘑菇等）、小型粮谷机械。

以农副产品为原料加工工业产品的机械，不属于本货物的范围。

（十）农业运输机械。是指农业生产过程中所需的各种运输机械。包括人力车（不包括三轮运货车）、畜力车和拖拉机挂车。

农用汽车不属于本货物的范围。

（十一）畜牧业机械。是指畜牧业生产中所需的各种机械。包括草原建设机械、牧业收获机械、饲料加工机械、畜禽饲养机械、畜产品采集机械。

（十二）渔业机械。是指捕捞、养殖水产品所用的机械。包括捕捞机械、增氧机、饵料机。

机动渔船不属于本货物的范围。

（十三）林业机械。是指用于林业的种植、育林的机械。包括清理机械、育林机械、树苗栽植机械。

森林砍伐机械、集材机械不属于本货物征收范围。

（十四）小农具。包括畜力犁、畜力耙、锄头和镰刀等农具。

农机零部件不属于本货物的征收范围。

——国税发〔1993〕151号文件第十六条

16. 金属矿采选产品

本通知所称金属矿采选产品，包括黑色和有色金属矿采选产品；非金属矿采选产品，包括除金属矿采选产品以外的非金属矿采选产品、煤炭和盐。

——财税〔2008〕171号文件第三条

金属矿采选产品、非金属矿采选产品增值税税率由13%恢复到17%。

——财税〔2008〕171号文件第一条

17. 食用盐

食用盐仍适用13%的增值税税率，其具体范围是指符合《食用盐》（GB5461—2000）和《食用盐卫生标准》（GB2721—2003）两项国家标准的食用盐。

——财税〔2008〕171号文件第二条

食用盐，是指符合《食用盐》（GB/T 5461—2016）和《食用盐卫生标准》（GB2721—2003）两项国家标准的食用盐。

——财税〔2017〕37号文件附件1第七条

18. 饲料

饲料，是指用于动物饲养的产品或其加工品。具体征税范围按照《国家税务总局关于修订"饲料"注释及加强饲料征免增值税管理问题的通知》（国税发〔1999〕39号）执行，并包括豆粕、宠物饲料、饲用鱼油、矿物质微量元素舔砖、饲料级磷酸二氢钙产品。

——财税〔2017〕37号文件附件1第三条

骨粉、鱼粉按照"饲料"征收增值税。

——财税字〔1996〕74号文件第二条

19. 二甲醚

二甲醚，继续适用13%的增值税税率。二甲醚，是指化学分子式为CH3OCH3，常温常压下为具有轻微醚香味，易燃、无毒、无腐蚀性的气体。

——财税〔2009〕9号文件第一条第（四）项

二甲醚，是指化学分子式为CH3OCH3，常温常压下为具有轻微醚香味，易燃、无毒、无腐蚀性的气体。

——财税〔2017〕37号文件附件1第六条

20. 音像制品

音像制品继续适用13%的增值税税率。

音像制品，是指正式出版的录有内容的录音带、录像带、唱片、激光唱盘和激光视盘。

——财税〔2009〕9号文件第一条第（二）项

音像制品，是指正式出版的录有内容的录音带、录像带、唱片、激光唱盘和激光视盘。

——财税〔2017〕37号文件附件1第四条

21. 电子出版物

电子出版物继续适用13%的增值税税率。电子出版物，是指以数字代码方式，使用计算机应用程序，将图文声像等内容信息编辑加工后存储在具有确定的物理形态的磁、光、电等介质上，通过内嵌在计算机、手机、电子阅读设备、电子显示设备、数字音/视频播放设备、电子游戏机、导航仪以及其他具有类似功能的设备上读取使用，具有交互功能，用以表达思想、普及知识和积累文化的大众传播媒体。载体形态和格式主要包括只读光盘（CD只读光盘CD-ROM、交互式光盘CD-I、照片光盘Photo-CD、高密度只读光盘DVD-ROM、蓝光只读光盘HD-DVD ROM和BD ROM）、一次写入式光盘（一次写入CD光盘CD-R、一次写入高密度光盘DVD-R、一次写入蓝光光盘HD-DVD/R，BD-R）、可擦写光盘（可擦写CD光盘CD-RW、可擦写高密度光盘DVD-RW、可擦写蓝光光盘HDDVD-RW和BD-RW、磁光盘M0）、软磁盘（FD）、硬磁盘（HD）、集成电路卡（CF卡、MD卡、SM卡、MMC卡、RS-MMC卡、MS卡、SD卡、XD卡、T-F1ash卡、记忆棒）和各种存储芯片。

——财税〔2009〕9号文件第一条第（三）项

电子出版物，是指以数字代码方式，使用计算机应用程序，将图文声像等内容信息编辑加工后存储在具有确定的物理形态的磁、光、电等介质上，通过内嵌在计算机、手机、电子阅读设备、电子显示设备、数字音/视频播放设备、电子游戏机、导航仪以及其他具有类似功能的设备上读取使用，具有交互功能，用以表达思想、普及知识和积累文化的大众传播媒体。载体形态和格式主要包括只读光盘（CD只读光盘CD-ROM、交互式光盘CD-I、照片光盘Photo-CD、高密度只读光盘DVD-ROM、蓝光只读光盘HD-DVD ROM和BD ROM）、一次写入式光盘（一次写入CD光盘CD-R、一次写入高密度光盘DVD-R、一次写入蓝光光盘HD-DVD/R，BD-R）、可擦写光盘（可擦写CD光盘CD-RW、可擦写高密度光盘DVD-RW、可擦写蓝光光盘HDDVD-RW和BD-RW、磁光盘MO）、软磁盘（FD）、硬磁盘（HD）、集成电路卡（CF卡、MD卡、SM卡、MMC卡、RR-MMC卡、MS卡、SD卡、XD卡、T-F1ash卡、记忆棒）和各种存储芯片。

——财税〔2017〕37号文件附件1第五条

22. 卷帘机

卷帘机属于《国家税务总局关于印发〈增值税部分货物征税范围注释〉的通知》（国税发〔1993〕151号）规定的农机范围，应适用13%的增值税税率。

卷帘机是指用于农业温室、大棚，以电机驱动，对保温被或草帘进行自动卷放的机械设备，一般由电机、变速箱、联轴器、卷轴、悬臂、控制装置等部分组成。

——国家税务总局公告2012年第29号

23. 密集型烤房设备、频振式杀虫灯、自动虫情测报灯、粘虫板

密集型烤房设备、频振式杀虫灯、自动虫情测报灯、粘虫板属于《国家税务总局关于印发〈增值税部分货物征税范围注释〉的通知》（国税发〔1993〕151号）规定的农机范围，应适用13%增值税税率。

密集型烤房设备主要由锅炉、散热主机、风机、电机和自控设备等通用设备组成，用于烟叶、茶叶等原形态农产品的烘干脱水初加工。

频振式杀虫灯是采用特定波长范围的光源，诱集并有效杀灭昆虫的装置。一般由高压电网、发光灯管、风雨帽、接虫盘和接虫袋等组成，诱集光源波长范围应覆盖（320—680）nm。

自动虫情测报灯是采用特定的诱集光源及远红外自动处理等技术，自动完成诱虫、杀虫、收集、分装等虫情测报功能的装置。诱集光源应采用功能为20W，主波长为（365±10）nm的黑光灯管；或功率为200W，光通量为2700（1m）—2920（1m）的白炽灯泡。

粘虫板是采用涂有特殊粘胶的色板，诱集并粘附昆虫的工具。

——国家税务总局公告2012年第10号

24. 农用水泵、农用柴油机

农用水泵、农用柴油机按农机产品依13%的税率征收增值税。

农用水泵是指主要用于农业生产的水泵，包括农村水井用泵、农田作业面潜水泵、农用轻便离心泵、与喷灌机配套的喷灌自吸泵。其他水泵不属于农机产品征税范围。

农用柴油机是指主要配套于农田拖拉机、田间作业机具、农副产品加工机械以及排灌机械，以柴油为燃料，油缸数在3缸以下（含3缸）的往复式内燃动力机械。4缸以上（含4缸）柴油机不属于农机产品征税范围。

——财税字〔1994〕第60号文件第六条

25. 农用挖掘机、养鸡设备系列、养猪设备系列产品

农用挖掘机、养鸡设备系列、养猪设备系列产品属于农机，适用13%增值税税率。

农用挖掘机是指型式和相关参数符合《农用挖掘机质量评价技术规范》（NY/T1774—2009）要求，用于农田水利建设和小型土方工程作业的挖掘机械，包括拖拉机挖掘机组和专用动力挖掘机。拖拉机挖掘机组是指挖掘装置安装在轮式拖拉机三点悬挂架上，且以轮式拖拉机为动力的挖掘机械；专用动力挖掘机指挖掘装置回转角度小于270°，以专用动力和行走装置组成的挖掘机械。

养鸡设备系列包括喂料设备（系统）、送料设备（系统）、刮粪清粪设备、集蛋分蛋装置（系统）、鸡只生产性能测定设备（系统）、产品标示鸡脚环、孵化机、小鸡保温装置、环境控制设备（鸡只）等。

养猪设备系列包括猪只群养管理设备（系统）、猪只生产性能测定设备（系统）、自动喂养系统、刮粪清粪设备、定位栏、分娩栏、保育栏（含仔猪保温装置）、环境控制设备（猪）等。

——国家税务总局公告 2014 年第 12 号

26．其他

（1）印刷企业自己购买纸张接受委托印刷图书、报纸和杂志。

印刷企业接受出版单位委托，自行购买纸张，印刷有统一刊号（CN）以及采用国际标准书号编序的图书、报纸和杂志，按货物销售征收增值税。

——财税〔2005〕165 号文件第十二条

（2）承印境外图书。

国内印刷企业承印的经新闻出版主管部门批准印刷且采用国际标准书号编序的境外图书，属于《中华人民共和国增值税暂行条例》第二条规定的“图书”，适用 13％增值税税率。

——国家税务总局公告 2013 年第 10 号

（3）销售教材配套产品。

教材配套产品与中小学课本辅助使用，包括各种纸制品或图片，是课本的必要组成部分。对纳税人生产销售的与中小学课本相配套的教材配套产品（包括各种纸制品或图片），应按照税目“图书”13％的增值税税率征税。

——国税函〔2006〕770 号文件

1.3 零税率货物行为范围注释

在确定出口服务适用税率时，应注意并非全部出口服务都适用零税率，根据规定仅限于文件列举的出口服务。如《财政部 国家税务总局关于影视等出口服务适用增值税零税率政策的通知》（财税〔2015〕118 号）第一条规定：“境内单位和个人向境外单位提供下列应税服务，适用增值税零税率政策”。从此条的规定不难看出，向境外提供应税服务，适用零税率的仅限于第一条列举的范围，而不是全部向境外提供服务都适用零税率。

1.3.1 适用增值税零税率的应税服务范围

一、境内单位和个人向境外单位提供下列应税服务，适用增值税零税率政策：

（一）广播影视节目（作品）的制作和发行服务；

（二）技术转让服务、软件服务、电路设计及测试服务、信息系统服务、业务流程管理服务，以及合同标的物在境外的合同能源管理服务。

（三）离岸服务外包业务。离岸服务外包业务，包括信息技术外包服务（ITO）、技术性业务流程外包服务（BPO）、技术性知识流程外包服务（KPO），其所涉及的具体业务活动，按照《应税服务范围注释》（财税〔2013〕106号）相对应的业务活动执行。

二、境内单位和个人提供适用增值税零税率的应税服务，如果属于适用简易计税方法的，实行免征增值税办法。如果属于适用增值税一般计税方法的，生产企业实行免抵退税办法；外贸企业将外购的适用增值税零税率应税服务出口的，实行免退税办法；外贸企业直接将适用增值税零税率的应税服务出口的，视同生产企业连同其出口货物统一实行免抵退税办法。实行退（免）税办法的应税服务，如果主管税务机关认定出口价格偏高的，有权按照核定的出口价格计算退（免）税；核定的出口价格低于外贸企业购进价格的，低于部分对应的进项税额不予退税，转入成本。

三、应税服务增值税退税率，为按照《营业税改征增值税试点实施办法》（财税〔2013〕106号）第十二条第（一）至（三）项规定适用的增值税税率。

四、境内单位和个人按照上述规定办理出口退税时，应提供有效出口凭证和收款凭证。

五、应税服务适用增值税零税率政策的具体管理办法，由国家税务总局商财政部另行制定。

六、本通知自2015年12月1日起执行，《营业税改征增值税试点过渡政策的规定》（财税〔2013〕106号，编者注：附件2）第一条第（六）项、《应税服务适用增值税零税率和免税政策的规定》（财税〔2013〕106号，编者注：附件4）第七条第（六）项中“发行”，以及第（九）项中“技术转让服务”、“合同能源管理服务、软件服务、电路设计及测试服务、信息系统服务、业务流程管理服务”、“广播影视节目（作品）制作服务”和“合同标的物在境内的合同能源管理服务”的规定相应停止执行。

——财税〔2015〕118号文件

1.3.2 国际运输服务

国际运输服务。国际运输服务，是指：

1. 在境内载运旅客或者货物出境。
2. 在境外载运旅客或者货物入境。
3. 在境外载运旅客或者货物。

——财税〔2016〕36号文件附件4第一条第（一）项

1.3.3 航天运输服务

航天运输服务。

——财税〔2016〕36号文件附件4第一条第（二）项

1.3.4 向境外单位提供的完全在境外消费的服务

向境外单位提供的完全在境外消费的下列服务：

1. 研发服务。
2. 合同能源管理服务。
3. 设计服务。
4. 广播影视节目（作品）的制作和发行服务。
5. 软件服务。
6. 电路设计及测试服务。
7. 信息系统服务。
8. 业务流程管理服务。
9. 离岸服务外包业务。

离岸服务外包业务，包括信息技术外包服务（ITO）、技术性业务流程外包服务（BPO）、技术性知识流程外包服务（KPO），其所涉及的具体业务活动，按照《销售服务、无形资产、不动产注释》相对应的业务活动执行。

10. 转让技术。

——财税〔2016〕36号文件附件4第一条第（三）项

1.3.5 其他服务

财政部和国家税务总局规定的其他服务。

——财税〔2016〕36号文件附件4第一条第（四）项

1.4 税　率

1.4.1 适用税率调整

2017年7月1日之前，根据《增值税暂行条例》和财税〔2016〕36号文件规定，货物劳务增值税有三档税率：17%、13%、0%。

2017年7月1日至2018年5月1日，根据财税〔2017〕37号文件规定，取消13%的增值税税率，货物劳务增值税有三档税率：17%、11%、0%。

2018年5月1日至2019年4月1日期间，根据财税〔2018〕32号文件规定，原适用17%和11%税率的，税率分别调整为16%、10%，货物劳务增值税有三档税率：16%、10%、0%。

2019年4月1日后，根据财政部、税务总局、海关总署公告2019年第39号规定，原16%税率调整为13%，原10%税率调整为9%，货物劳务增值税有三档税率：13%、9%、0%。

1.4.2 兼营不同税率货物或应税劳务应分别核算

纳税人兼营不同税率的项目，应当分别核算不同税率项目的销售额；未分别核算销售额的，从高适用税率。

——《增值税暂行条例》第三条

1.4.3 油田应税行为适用税率

油气田企业发生应税行为，适用《试点实施办法》规定的增值税税率，不再适用《财政部 国家税务总局关于印发〈油气田企业增值税管理办法〉的通知》（财税〔2009〕8号）规定的增值税税率。

——财税〔2016〕36号文件附件2第一条第（十二）项

1.4.4 化肥适用税率

自2015年9月1日起，对纳税人销售和进口化肥统一按13%税率征收国内环节和进口环节增值税。钾肥增值税先征后返政策同时停止执行。

——财税〔2015〕90号文件第一条

1.5 简易计税方法

1.5.1 新华社系统销售印刷品可按小规模纳税人纳税

对新华通讯社系统销售印刷品应按照现行增值税政策规定征收增值税；鉴于新华

社系统属于非企业性单位，对其销售印刷品可按小规模纳税人的征税办法征收增值税。

——国税发〔2001〕105号文件第一条

1.5.2 四种按简易办法征收增值税的情形

（一）纳税人销售自己使用过的物品，按下列政策执行：

1. 一般纳税人销售自己使用过的属于条例第十条规定不得抵扣且未抵扣进项税额的固定资产，按简易办法依4%征收率减半征收增值税。

一般纳税人销售自己使用过的其他固定资产，按照《财政部 国家税务总局关于全国实施增值税转型改革若干问题的通知》（财税〔2008〕170号）第四条的规定执行。

一般纳税人销售自己使用过的除固定资产以外的物品，应当按照适用税率征收增值税。

2. 小规模纳税人（除其他个人外，下同）销售自己使用过的固定资产，减按2%征收率征收增值税。

小规模纳税人销售自己使用过的除固定资产以外的物品，应按3%的征收率征收增值税。

（二）纳税人销售旧货，按照简易办法依照4%征收率减半征收增值税。

所称旧货，是指进入二次流通的具有部分使用价值的货物（含旧汽车、旧摩托车和旧游艇），但不包括自己使用过的物品。

（三）一般纳税人销售自产的下列货物，可选择按照简易办法依照6%征收率计算缴纳增值税：

1. 县级及县级以下小型水力发电单位生产的电力。小型水力发电单位，是指各类投资主体建设的装机容量为5万千瓦以下（含5万千瓦）的小型水力发电单位。

2. 建筑用和生产建筑材料所用的砂、土、石料。

3. 以自己采掘的砂、土、石料或其他矿物连续生产的砖、瓦、石灰（不含粘土实心砖、瓦）。

4. 用微生物、微生物代谢产物、动物毒素、人或动物的血液或组织制成的生物制品。

5. 自来水。

6. 商品混凝土（仅限于以水泥为原料生产的水泥混凝土）。

一般纳税人选择简易办法计算缴纳增值税后，36个月内不得变更。

（四）一般纳税人销售货物属于下列情形之一的，暂按简易办法依照4%征收率计算缴纳增值税：

1. 寄售商店代销寄售物品（包括居民个人寄售的物品在内）；

2. 典当业销售死当物品；

3. 经国务院或国务院授权机关批准的免税商店零售的免税品。

——财税〔2009〕9号文件第二条

提示

依据《财政部 国家税务总局关于简并增值税征收率政策的通知》（财税〔2014〕57号）的规定，财税〔2009〕9号文件第二条第（一）项和第（二）项中的“按照简易办法依照4%征收率减半征收增值税”调整为“按照简易办法依照3%征收率减按2%征收增值税”。财税〔2009〕9号文件第二条第（三）项和第三条中的“依照6%征收率”调整为“依照3%征收率”。财税〔2009〕9号文件第二条第（四）项中的“依照4%征收率”调整为“依照3%征收率”。

1.5.3 自来水

对属于一般纳税人的自来水公司销售自来水按简易办法依照6%征收率征收增值税，不得抵扣其购进自来水取得增值税扣税凭证上注明的增值税税款。

——财税〔2009〕9号第三条

提示

依据《财政部 国家税务总局关于简并增值税征收率政策的通知》（财税〔2014〕57号）的规定，财税〔2009〕9号文件第二条第（三）项和第三条中的“依照6%征收率”调整为“依照3%征收率”。

一般纳税人销售货物适用财税〔2009〕9号文件第二条第（三）项、第（四）项和第三条规定的，可自行开具增值税专用发票。

——国税函〔2009〕90号文件第三条

1.5.4 药品经营企业销售生物制品

一、属于增值税一般纳税人的兽用药品经营企业销售兽用生物制品，可以选择简易办法按照兽用生物制品销售额和3%的征收率计算缴纳增值税。

兽用药品经营企业，是指取得兽医行政管理部门颁发的《兽药经营许可证》，获准从事兽用生物制品经营的兽用药品批发和零售企业。

二、属于增值税一般纳税人的兽用药品经营企业销售兽用生物制品，选择简易办法计算缴纳增值税的，36 个月内不得变更计税方法。

——国家税务总局公告 2016 年第 8 号

一、属于增值税一般纳税人的药品经营企业销售生物制品，可以选择简易办法按照生物制品销售额和 3%的征收率计算缴纳增值税。

药品经营企业，是指取得（食品）药品监督管理部门颁发的《药品经营许可证》，获准从事生物制品经营的药品批发企业和药品零售企业。

二、属于增值税一般纳税人的药品经营企业销售生物制品，选择简易办法计算缴纳增值税的，36 个月内不得变更计税方法。

——国家税务总局公告 2012 年第 20 号

1.5.5 供应非临床用血

你局《关于纳税人供应非临床用人体血液如何征收增值税问题的请示》（桂国税发〔2009〕76 号）已悉。按照国家卫生部门有关规定，你局请示文所述供应非临床用人体血液的纳税人系指单采血浆站，其经审批设立后可以采集非临床用的原料血浆并供应血液制品生产单位用于生产血液制品。现将有关增值税政策问题批复如下：

一、人体血液的增值税适用税率为 17%。

二、属于增值税一般纳税人的单采血浆站销售非临床用人体血液，可以按照简易办法依照 6%征收率计算应纳税额，但不得对外开具增值税专用发票；也可以按照销项税额抵扣进项税额的办法依照增值税适用税率计算应纳税额。

纳税人选择计算缴纳增值税的办法后，36 个月内不得变更。

——国税函〔2009〕456 号文件

提示

依据《国家税务总局关于简并增值税征收率有关问题的公告》（国家税务总局公告 2014 年第 36 号）规定，国税函〔2009〕456 号文件第二条中部分条款自 2014 年 7 月 1 日起修改。第二条中的“按照简易办法依照 6%征收率计算应纳税额”修改为“按照简易办法依照 3%征收率计算应纳税额”。

1.5.6 按简易办法征收可自行开具增值税专用发票的情形

一般纳税人销售货物适用财税〔2009〕9 号文件第二条第（三）项、第（四）项和第三条规定的，可自行开具增值税专用发票。

——国税函〔2009〕90 号文件第三条

1.5.7 罕见病药品

自2019年3月1日起，增值税一般纳税人生产销售和批发、零售罕见病药品，可选择按照简易办法依照3%征收率计算缴纳增值税。上述纳税人选择简易办法计算缴纳增值税后，36个月内不得变更。

自2019年3月1日起，对进口罕见病药品，减按3%征收进口环节增值税。

纳税人应单独核算罕见病药品的销售额。未单独核算的，不得适用本通知第一条规定的简易征收政策。

本通知所称罕见病药品，是指经国家药品监督管理部门批准注册的罕见病药品制剂及原料药。罕见病药品清单（第一批）见附件。罕见病药品范围实行动态调整，由财政部、海关总署、税务总局、药监局根据变化情况适时明确。

——财税〔2019〕24号文件

1.5.8 卫生防疫站调拨生物制品和药械

根据《中华人民共和国增值税暂行条例实施细则》第二十四条及有关规定，对卫生防疫站调拨生物制品和药械，可按照小规模商业企业4%的增值税征收率征收增值税。

——国税函〔1999〕191号文件

《国家税务总局关于卫生防疫站调拨生物制品及药械征收增值税的批复》（国税函〔1999〕191号）中“根据《中华人民共和国增值税暂行条例实施细则》第二十四条及有关规定，对卫生防疫站调拨生物制品和药械，可按照小规模商业企业4%的增值税征收率征收增值税。”修改为“根据《中华人民共和国增值税暂行条例实施细则》第二十九条及有关规定，对卫生防疫站调拨生物制品和药械，可按照小规模纳税人3%的增值税征收率征收增值税。”

——国税发〔2009〕10号文件第二条

1.5.9 销售使用过的固定资产、其他物品、旧货

（1）销售自己使用过的物品和旧货，含税销售额的换算与应纳税额的计算公式。

小规模纳税人销售自己使用过的固定资产和旧货，按下列公式确定销售额和应纳税额：

销售额＝含税销售额/(1＋3%)

应纳税额＝销售额×2%

——国税函〔2009〕90号文件第四条第（二）项

纳税人适用按照简易办法依3%征收率减按2%征收增值税政策的，按下列公式确定销售额和应纳税额：

销售额＝含税销售额/(1＋3%)

应纳税额＝销售额×2%

——国家税务总局公告2014年第36号第六条

（2）一般纳税人销售自己使用过的固定资产。

一般纳税人销售自己使用过的、纳入营改增试点之日前取得的固定资产，按照现行旧货相关增值税政策执行。

使用过的固定资产，是指纳税人符合《试点实施办法》第二十八条规定并根据财务会计制度已经计提折旧的固定资产。

——财税〔2016〕36号文件附件2第一条第（十四）项

《财政部 国家税务总局关于部分货物适用增值税低税率和简易办法征收增值税政策的通知》（财税〔2009〕9号）第二条第（一）项和第（二）项中“按照简易办法依照4%征收率减半征收增值税”调整为“按照简易办法依照3%征收率减按2%征收增值税”。

《财政部 国家税务总局关于全国实施增值税转型改革若干问题的通知》（财税〔2008〕170号）第四条第（二）项和第（三）项中“按照4%征收率减半征收增值税”调整为“按照简易办法依照3%征收率减按2%征收增值税”。

——财税〔2014〕57号文件第一条

增值税一般纳税人销售自己使用过的固定资产，属于以下两种情形的，可按简易办法依4%征收率减半征收增值税，同时不得开具增值税专用发票：

一、纳税人购进或者自制固定资产时为小规模纳税人，认定为一般纳税人后销售该固定资产。

二、增值税一般纳税人发生按简易办法征收增值税应税行为，销售其按照规定不得抵扣且未抵扣进项税额的固定资产。

——国家税务总局公告2012年第1号

一般纳税人销售自己使用过的属于条例第十条规定不得抵扣且未抵扣进项税额的固定资产，按简易办法依4%征收率减半征收增值税。

一般纳税人销售自己使用过的其他固定资产，按照《财政部 国家税务总局关于全国实施增值税转型改革若干问题的通知》（财税〔2008〕170号）第四条的规定执行。

——财税〔2009〕9号文件第二条第（一）项第1点

一般纳税人销售自己使用过的固定资产，凡根据《财政部 国家税务总局关于全国实施增值税转型改革若干问题的通知》（财税〔2008〕170号）和财税〔2009〕9号文件等规定，适用按简易办法依4%征收率减半征收增值税政策的，应开具普通发票，不得开具增值税专用发票。

——国税函〔2009〕90号文件第一条第（一）项

提示

根据国家税务总局公告2014年第36号第三条规定，自2014年7月1日起，将国税函〔2009〕90号文件第一条第（一）项中的“按简易办法依4%征收率减半征收增值税政策”修改为“按简易办法依3%征收率减按2%征收增值税政策”。

自2009年1月1日起，纳税人销售自己使用过的固定资产（以下简称已使用过的固定资产），应区分不同情形征收增值税：

（一）销售自己使用过的2009年1月1日以后购进或者自制的固定资产，按照适用税率征收增值税；

（二）2008年12月31日以前未纳入扩大增值税抵扣范围试点的纳税人，销售自己使用过的2008年12月31日以前购进或者自制的固定资产，按照4%征收率减半征收增值税；

（三）2008年12月31日以前已纳入扩大增值税抵扣范围试点的纳税人，销售自己使用过的在本地区扩大增值税抵扣范围试点以前购进或者自制的固定资产，按照4%征收率减半征收增值税；销售自己使用过的在本地区扩大增值税抵扣范围试点以后购进或者自制的固定资产，按照适用税率征收增值税。

本通知所称已使用过的固定资产，是指纳税人根据财务会计制度已经计提折旧的固定资产。

——财税〔2008〕170号文件第四条

（3）一般纳税人销售自己使用过的除固定资产以外的物品。

一般纳税人销售自己使用过的除固定资产以外的物品，应当按照适用税率征收增值税。

——财税〔2009〕9号文件第二条第（一）项第1点

（4）小规模纳税人销售自己使用过的固定资产。

小规模纳税人（除其他个人外，下同）销售自己使用过的固定资产，减按2%征收率征收增值税。

——财税〔2009〕9号文件第二条第（一）项第2点

小规模纳税人销售自己使用过的固定资产，应开具普通发票，不得由税务机关代开增值税专用发票。

——国税函〔2009〕90号文件第一条第（二）项

(5) 小规模纳税人销售自己使用过的除固定资产以外的物品。

小规模纳税人销售自己使用过的除固定资产以外的物品，应按3%的征收率征收增值税。

——财税〔2009〕9号文件第二条第（一）项第2点

(6) 附着于土地或者不动产上的固定资产。

纳税人转让土地使用权或者销售不动产的同时一并销售的附着于土地或者不动产上的固定资产中，凡属于增值税应税货物的，应按照《财政部 国家税务总局关于部分货物适用增值税低税率和简易办法征收增值税政策的通知》（财税〔2009〕9号）第二条有关规定，计算缴纳增值税；凡属于不动产的，应按照《中华人民共和国营业税暂行条例》“销售不动产”税目计算缴纳营业税。

纳税人应分别核算增值税应税货物和不动产的销售额，未分别核算或核算不清的，由主管税务机关核定其增值税应税货物的销售额和不动产的销售额。

——国家税务总局公告2011年第47号

(7) 销售旧货。

《财政部 国家税务总局关于部分货物适用增值税低税率和简易办法征收增值税政策的通知》（财税〔2009〕9号）第二条第（一）项和第（二）项中“按照简易办法依照4%征收率减半征收增值税”调整为“按照简易办法依照3%征收率减按2%征收增值税”。

《财政部 国家税务总局关于全国实施增值税转型改革若干问题的通知》（财税〔2008〕170号）第四条第（二）项和第（三）项中“按照4%征收率减半征收增值税”调整为“按照简易办法依照3%征收率减按2%征收增值税”。

——财税〔2014〕57号文件第一条

纳税人销售旧货，按照简易办法依照4%征收率减半征收增值税。

所称旧货，是指进入二次流通的具有部分使用价值的货物（含旧汽车、旧摩托车和旧游艇），但不包括自己使用过的物品。

——财税〔2009〕9号文件第二条第（二）项

纳税人销售旧货，应开具普通发票，不得自行开具或者由税务机关代开增值税专用发票。

——国税函〔2009〕90号文件第二条

(8) 小规模纳税人销售自己使用过的固定资产和旧货不含税销售额纳税申报表的填报方法。

小规模纳税人销售自己使用过的固定资产和旧货，其不含税销售额填写在《增值税纳税申报表（适用于小规模纳税人）》第4栏，其利用税控器具开具的普通发票不含税销售额填写在第5栏。

——国税函〔2009〕90号文件第五条

1.5.10 抗癌药品

为鼓励抗癌制药产业发展，降低患者用药成本，现将抗癌药品增值税政策通知如下：

一、自2018年5月1日起，增值税一般纳税人生产销售和批发、零售抗癌药品，可选择按照简易办法依照3%征收率计算缴纳增值税。上述纳税人选择简易办法计算缴纳增值税后，36个月内不得变更。

二、自2018年5月1日起，对进口抗癌药品，减按3%征收进口环节增值税。

三、纳税人应单独核算抗癌药品的销售额。未单独核算的，不得适用本通知第一条规定的简易征收政策。

四、本通知所称抗癌药品，是指经国家药品监督管理部门批准注册的抗癌制剂及原料药。抗癌药品清单（第一批）见附件。抗癌药品范围实行动态调整，由财政部、海关总署、税务总局、国家药品监督管理局根据变化情况适时明确。

——财税〔2018〕47号文件

1.5.11 一般纳税人销售库存化肥

一、自2015年9月1日起至2016年6月30日，对增值税一般纳税人销售的库存化肥，允许选择按照简易计税方法依照3%征收率征收增值税。

二、化肥属于取消出口退（免）税的货物，仍按照《财政部 国家税务总局关于出口货物劳务增值税和消费税政策的通知》（财税〔2012〕39号）规定，其出口视同内销征收增值税。出口日期，以出口货物报关单（出口退税专用）上注明的出口日期为准。

出口的库存化肥，适用本通知第一条的规定。

三、纳税人应当单独核算库存化肥的销售额，未单独核算的，不得适用简易计税方法。

四、本通知所称的库存化肥，是指纳税人2015年8月31日前生产或购进的尚未销售的化肥。

——财税〔2015〕97号文件

1.5.12 加工、销售珠宝玉石不得实行简易征收

对于加工、销售珠宝玉石的纳税人应按现行有关增值税一般纳税人认定管理规定办理认定手续。凡认定为一般纳税人的，应依照适用税率征收增值税，不得实行简易

征收办法征收增值税。

——国税函〔2007〕1286号文件

1.6 视同销售

1.6.1 企业所属机构间移送货物

《中华人民共和国增值税暂行条例实施细则》第四条视同销售货物行为的第（三）项所称的用于销售，是指受货机构发生以下情形之一的经营行为：

一、向购货方开具发票；

二、向购货方收取货款。

受货机构的货物移送行为有上述两项情形之一的，应当向所在地税务机关缴纳增值税；未发生上述两项情形的，则应由总机构统一缴纳增值税。

如果受货机构只就部分货物向购买方开具发票或收取货款，则应当区别不同情况计算并分别向总机构所在地或分支机构所在地缴纳税款。

——国税发〔1998〕137号文件

《国家税务总局关于企业所属机构间移送货物征收增值税问题的通知》（国税发〔1998〕137号）下发后，各地要求明确该通知执行时间，并提出应采取措施以利于查处与此项移送货物行为有关的偷税问题。经研究，现通知如下：

国税发〔1998〕137号通知是对《中华人民共和国增值税暂行条例实施细则》第四条第（三）款的解释，本应从该细则实施之日起执行。但由于国税发〔1998〕137号通知下发前，该细则上述条款所称“销售”概念未予明确，致使各地税务机关和纳税人理解上有分歧，执行上也不尽一致。鉴于这一实际情况，为了避免给企业生产经营和财务核算造成较大影响，国家税务总局决定，以1998年9月1日为界限，此前企业所属机构发生国税发〔1998〕137号通知所称销售行为的，如果应纳增值税已由企业统一向企业主管税务机关缴纳，企业所属机构主管税务机关不得再征收此项应纳增值税。如果此项应纳增值税未由企业统一缴纳，企业所属机构也未缴纳，则应由企业所属机构主管税务机关负责征收；属于偷税行为的，应由企业所属机构主管税务机关依照有关法律、法规予以处理。1998年9月1日以后，企业所属机构发生销售行为，其应纳增值税则一律由企业所属机构主管税务机关征收。

为了有助于各地税务机关执行这一决定，并有利于查处纳税人是否有瞒报应税销售额行为，企业及其所属机构应分别向其主管税务机关报送已纳税销售额等有关资料，由其主管税务机关进行审核确定。

（一）1999年1月31日以前，企业应将设在外县（市）的所属机构名单及各所属机构自1994年1月1日至1998年8月31日期间的下列资料报企业主管税务机关，由企业主管税务机关审核企业所属机构在此期间发生的销售额是否已由企业统一缴纳了增值税。

1. 企业所属机构开具的发票所注明的销售额（分月列明）；

2. 企业所属机构虽未开具发票，但由企业所属机构向购货方收取货款的销售额（分月列明）；

3. 企业所属机构接受企业或企业的其他所属机构移送的货物的数量，发出的货物的数量，发出货物中属于企业所属机构本身销售的数量，库存数量（各项数量均分月列明）。

（二）企业所属机构也应将上述资料报企业所属机构主管税务机关，由企业所属机构主管税务机关审核确定企业所属机构在此期间发生的销售额、应纳增值税额、在1998年8月31日以前已由企业所属机构主管税务机关征收的增值税额，以及是否有未缴或少缴的增值税额。

企业所属机构主管税务机关接受上述资料时，应当即予以回执以资证明，回执须有企业所属机构主管税务机关签章。

（三）1994年1月1日至1998年8月31日期间，企业所属机构发生国税发〔1998〕137号通知所说的销售行为，如果应纳增值税在1998年9月底以前已由企业统一向企业主管税务机关缴纳，并由其所在地县以上税务机关开具《企业所属机构已纳增值税证明》（以下简称已纳税证明），企业或其所属机构应在1999年1月31日以前将该证明报送企业所属机构主管税务机关，企业所属机构主管税务机关对该证明所列明的销售额不得再征收增值税。

（四）企业所属机构在1994年1月1日至1998年8月31日期间发生的应纳增值税虽已由企业统一缴纳，但企业未向税务机关申请开具已纳税证明，或虽申请取得已纳税证明但未在1999年1月31日以前报送到企业所属机构主管税务机关，企业所属机构主管税务机关有权征收此项应纳增值税，并负责开具已纳税证明，由企业持此证明向企业主管税务机关申请抵减此项已纳税款，企业主管税务机关不得拒绝予以抵减。

（五）已纳税证明的内容如下：

1. 主送单位即企业所属机构主管税务机关全称；

2. 企业所属机构全称及座落地点；

3. 企业所属机构在1994年1月1日至1998年8月31日期间发生的已缴纳增值税的销售额及缴纳的增值税税额（按月列明）；

4. 企业所属机构在1994年1月1日至1998年8月31日期间接受企业或企业的其他所属机构移送的货物的数量，发出的货物的数量，发出货物中属于企业所属机构本身销售的数量，库存数量（各项数量均分月列明）；

5. 证明开具单位即企业主管税务机关全称及签章；

6. 证明开具日期。

（六）已纳税证明应按本通知所附统一样式（规格由企业主管税务机关自定）打印开具。

该证明应由开具机关留底备查，接受机关留存备查。

——国税函发〔1998〕718号文件

企业所属机构已纳增值税证明

主送单位： 填表日期：

企业所属机构名称；						地点：						
年份 月份 项目												
销售额												
税额												
接收货物数量												
发出货物数量												
发出货物中机构销售数量												
库存数量												

企业主管税务机关签章

注：每页证明均须填列主要单位、企业所属机构名称、地点，加盖企业所属机构主管税务机关签章。

——国税函发〔1998〕718号文件附件

1.6.2 无偿赠送煤矸石

纳税人将煤矸石无偿提供给他人，应根据《中华人民共和国增值税暂行条例实施细则》第四条的规定征收增值税，销售额应根据《中华人民共和国增值税暂行条例实施细则》第十六条的规定确定。

——国家税务总局公告2013年第70号

1.6.3 无偿赠送粉煤灰

纳税人将粉煤灰无偿提供给他人，应根据《中华人民共和国增值税暂行条例实施细则》第四条的规定征收增值税。销售额应根据《中华人民共和国增值税暂行条例实施细则》第十六条的规定确定。

——国家税务总局公告 2011 年第 32 号

1.6.4 销售二手车

经批准允许从事二手车经销业务的纳税人按照《机动车登记规定》的有关规定，收购二手车时将其办理过户登记到自己名下，销售时再将该二手车过户登记到买家名下的行为，属于《中华人民共和国增值税暂行条例》规定的销售货物的行为，应按照现行规定征收增值税。

除上述行为以外，纳税人受托代理销售二手车，凡同时具备以下条件的，不征收增值税；不同时具备以下条件的，视同销售征收增值税。

（一）受托方不向委托方预付货款；

（二）委托方将《二手车销售统一发票》直接开具给购买方；

（三）受托方按购买方实际支付的价款和增值税额（如系代理进口销售货物则为海关代征的增值税额）与委托方结算货款，并另外收取手续费。

——国家税务总局公告 2012 年第 23 号

1.6.5 创新药后续免费使用不属于视同销售

为鼓励创新药的研发和使用，结合其大量存在“后续免费用药临床研究”的特点，现将有关增值税政策通知如下：

一、药品生产企业销售自产创新药的销售额，为向购买方收取的全部价款和价外费用，其提供给患者后续免费使用的相同创新药，不属于增值税视同销售范围。

二、本通知所称创新药，是指经国家食品药品监督管理部门批准注册、获批前未曾在中国境内外上市销售，通过合成或者半合成方法制得的原料药及其制剂。

三、药品生产企业免费提供创新药，应保留如下资料，以备税务机关查验：

（一）国家食品药品监督管理部门颁发的注明注册分类为 1.1 类的药品注册批件；

（二）后续免费提供创新药的实施流程；

（三）第三方（创新药代保管的医院、药品经销单位等）出具免费用药确认证明，以及患者在第三方登记、领取创新药的记录。

四、本通知自 2015 年 01 月 01 日起执行。此前已发生并处理的事项，不再作调整；未处理的，按本通知规定执行。

——财税〔2015〕4 号文件

1.7 具体业务

1.7.1 制造业、采掘业销售货物

（1）电力公司向发电企业收取的过网费。

鉴于电力公司利用自身电网为发电企业输送电力过程中，需要利用输变电设备进行调压，属于提供加工劳务。根据《中华人民共和国增值税暂行条例》有关规定，电力公司向发电企业收取的过网费，应当征收增值税，不征收营业税。

——国税函〔2004〕607 号文件

（2）供电企业收取的并网服务费。

供电企业利用自身输变电设备对并入电网的企业自备电厂生产的电力产品进行电压调节，属于提供加工劳务。根据《中华人民共和国增值税暂行条例》和《中华人民共和国营业税暂行条例》有关规定，对于上述供电企业进行电力调压并按电量向电厂收取的并网服务费，应当征收增值税，不征收营业税。

——国税函〔2009〕641 号文件

（3）电力产品增值税征收管理。

见《电力产品增值税征收管理办法》（国家税务总局令第 10 号），自 2018 年 6 月 15 日起被《国家税务总局关于修改部分税务部门规章的决定》（国家税务总局令第 44 号）修正。

（4）公用事业收取的一次性费用。

对从事热力、电力、燃气、自来水等公用事业的增值税纳税人收取的一次性费用，凡与货物的销售数量有直接关系的，征收增值税；凡与货物的销售数量无直接关系的，不征收增值税。

——财税〔2005〕165 号文件第八条

（5）开采矿产资源劳务。

纳税人提供的矿山爆破、穿孔、表面附着物（包括岩层、土层、沙层等）剥离和清理劳务，以及矿井、巷道构筑劳务，属于营业税应税劳务，应当缴纳营业税。

纳税人提供的矿产资源开采、挖掘、切割、破碎、分拣、洗选等劳务，属于增值税应税劳务，应当缴纳增值税。

——国家税务总局公告 2011 年第 56 号

（6）海洋工程结构物。

自 2017 年 1 月 1 日起，生产企业销售自产的海洋工程结构物，或者融资租赁企业及其设立的项目子公司、金融租赁公司及其设立的项目子公司购买并以融资租赁方式出租的国内生产企业生产的海洋工程结构物，应按规定缴纳增值税，不再适用《财政

部国家税务总局关于出口货物劳务增值税和消费税政策的通知》(财税〔2012〕39号)或者《财政部国家税务总局关于在全国开展融资租赁货物出口退税政策试点的通知》(财税〔2014〕62号)规定的增值税出口退税政策，但购买方或者承租方为按实物征收增值税的中外合作油(气)田开采企业的除外。

2017年1月1日前签订的海洋工程结构物销售合同或者融资租赁合同，在合同到期前，可继续按现行相关出口退税政策执行。

——财税〔2016〕140号文件第十七条

提示

海洋工程结构物是在近海区域设置或建造的工程构筑物。例如：海洋石油钻井、采油、储油及系泊平台(见海洋平台)，海底输油管线，海洋潮汐和温差电站，海底隧道，海洋观察站，海上导航灯塔，海洋观光站及海上飞机场等。海洋工程是一门新兴的综合性学科，涉及的范围较广，随着海洋的开发和利用，海洋工程种类将越来越多。

(7)条形码胶片研制费。

中国物品编码中心和新闻出版署条码中心向用户收取的“条形码胶片研制费”，是制作和销售条码而取得的收入，属于货物销售行为，根据《中华人民共和国增值税暂行条例》规定，应当缴纳增值税。

——国税函〔1997〕606号文件第一条

(8)库存化肥申报备案。

一、2015年9月30日前，纳税人应将库存化肥品种、数量等资料向主管税务机关备案。

纳税人按期办理增值税纳税申报时，需随同纳税申报表向税务机关提交库存化肥销售情况的有关说明材料，详细列明本期销售库存化肥的品种、数量、发票开具份数、发票号码、发票代码、销售额、增值税税额等情况。

二、主管税务机关应建立库存化肥税收管理台账，按品种设立明细账目，记录纳税人库存化肥销售及结余数量的变化。

三、纳税人2016年7月1日后销售的库存化肥，一律按适用税率缴纳增值税。

四、主管税务机关应加强化肥恢复征收增值税后的税收管理，结合增值税发票及纳税申报数据，开展库存化肥销售、结余、报税的分析比对工作。同时，主管税务机关要进一步做好化肥恢复征收增值税政策的解释、宣传与辅导，确保税收政策调整平稳过渡。

——国家税务总局公告2015年第64号

1.7.2 农业、种植养殖、农产品

（1）林木销售和管护。

纳税人销售林木以及销售林木的同时提供林木管护劳务的行为，属于增值税征收范围，应征收增值税。纳税人单独提供林木管护劳务行为属于营业税征收范围，其取得的收入中，属于提供农业机耕、排灌、病虫害防治、植保劳务取得的收入，免征营业税；属于其他收入的，应照章征收营业税。

——国税函〔2008〕212号文件

（2）受托种植植物、饲养动物。

单位和个人受托种植植物、饲养动物的行为，应按照营业税“服务业”税目征收营业税，不征收增值税。

上述单位和个人受托种植植物、饲养动物的行为是指，委托方向受托方提供其拥有的植物或动物，受托方提供种植或饲养服务并最终将植物或动物归还给委托方的行为。

——国税发〔2007〕17号文件

（3）部分行业试行农产品增值税进项税额核定扣除办法。

见《财政部 国家税务总局关于在部分行业试行农产品增值税进项税额核定扣除办法的通知》（财税〔2012〕38号）、《国家税务总局关于在部分行业试行农产品增值税进项税额核定扣除办法有关问题的公告》（国家税务总局公告2012年第35号）、《财政部 国家税务总局关于扩大农产品增值税进项税额核定扣除试点行业范围的通知》（财税〔2013〕57号）。

（4）生产销售或委托加工农产品进项税额计算。

纳税人购进用于生产销售或委托加工16%税率货物的农产品，按照12%的扣除率计算进项税额。

——财税〔2018〕32号文件第三条

（5）购进农产品进项税额抵扣。

纳税人购进农产品，按下列规定抵扣进项税额：

除本条第（二）项规定外，纳税人购进农产品，取得一般纳税人开具的增值税专用发票或海关进口增值税专用缴款书的，以增值税专用发票或海关进口增值税专用缴款书上注明的增值税额为进项税额；从按照简易计税方法依照3%征收率计算缴纳增值税的小规模纳税人取得增值税专用发票的，以增值税专用发票上注明的金额和11%的扣除率计算进项税额；取得（开具）农产品销售发票或收购发票的，以农产品销售发票或收购发票上注明的农产品买价和11%的扣除率计算进项税额。

营业税改征增值税试点期间，纳税人购进用于生产销售或委托受托加工17%税率货物的农产品维持原扣除力度不变。

继续推进农产品增值税进项税额核定扣除试点，纳税人购进农产品进项税额已实行核定扣除的，仍按照《财政部 国家税务总局关于在部分行业试行农产品增值税进项税额核定扣除办法的通知》（财税〔2012〕38号）、《财政部 国家税务总局关于扩大农产品增值税进项税额核定扣除试点行业范围的通知》（财税〔2013〕57号）执行。其中，《农产品增值税进项税额核定扣除试点实施办法》（财税〔2012〕38号印发）第四条第（二）项规定的扣除率调整为11%；第（三）项规定的扣除率调整为按本条第（一）项、第（二）项规定执行。

纳税人从批发、零售环节购进适用免征增值税政策的蔬菜、部分鲜活肉蛋而取得的普通发票，不得作为计算抵扣进项税额的凭证。

纳税人购进农产品既用于生产销售或委托受托加工17%税率货物又用于生产销售其他货物服务的，应当分别核算用于生产销售或委托受托加工17%税率货物和其他货物服务的农产品进项税额。未分别核算的，统一以增值税专用发票或海关进口增值税专用缴款书上注明的增值税额为进项税额，或以农产品收购发票或销售发票上注明的农产品买价和11%的扣除率计算进项税额。

《中华人民共和国增值税暂行条例》第八条第二款第（三）项和本通知所称销售发票，是指农业生产者销售自产农产品适用免征增值税政策而开具的普通发票。

——财税〔2017〕37号文件第二条

（6）收购烟叶价外补贴进项税额抵扣。

烟叶收购单位收购烟叶时按照国家有关规定以现金形式直接补贴烟农的生产投入补贴（以下简称价外补贴），属于农产品买价，为《中华人民共和国增值税暂行条例实施细则》（财政部 国家税务总局令第50号）第十七条中“价款”的一部分。烟叶收购单位，应将价外补贴与烟叶收购价格在同一张农产品收购发票或者销售发票上分别注明，否则，价外补贴不得计算增值税进项税额进行抵扣。

——财税〔2011〕21号文件

（7）购进人体血液不属于购进免税农产品。

海南省国家税务局：

你省《关于血液制品增值税政策的请示》（琼国税发〔2003〕261号）收悉，经研究，现批复如下：

增值税一般纳税人购进人体血液不属于购进免税农产品，也不得比照购进免税农业产品按照买价和13%的扣除率计算抵扣进项税额。

——国税函〔2004〕335号文件

1.7.3 批发零售、代购代销

(1) 国有粮食购销企业开具粮食销售发票。

财政部、国家税务总局《关于粮食企业增值税征免问题的通知》(财税字〔1999〕198号)规定对属于一般纳税人的生产、经营单位从国有粮食购销企业购进的免税粮食，可依据购销企业开具的销售发票注明的销售额按13%的扣除率计算抵扣进项税额。为了保证粮食增值税政策的正确执行，现将国有粮食购销企业销售发票使用的有关问题通知如下：

享受免税优惠的国有粮食购销企业可继续使用增值税专用发票。

自1999年8月1日起，凡国有粮食购销企业销售粮食，暂一律开具增值税专用发票。

国有粮食购销企业开具增值税专用发票时，应当比照非免税货物开具增值税专用发票，企业记账销售额为“价税合计”数。

属于一般纳税人的生产、经营单位从国有粮食购销企业购进的免税粮食，可依照国有粮食购销企业开具的增值税专用发票注明的税额抵扣进项税额。

——国税明电〔1999〕10号文件

(2) 棉花供应价格和缴纳增值税。

各省、自治区、直辖市、计划单列市、物价局、税务局、供销社（商业厅）、纺织局（厅）：

为了适应税制改革的需要，经研究，现将1993年度棉花增值税具体问题通知如下：

根据财政部、国家税务总局财税字（94）004号文件的规定，棉花增值税税率从1994年1月1日起按17%执行，1994年5月1日起按13%执行。

每50公斤产地县标准级皮辊棉不含增值税供应价格（以下简称不含税供应价），1994年1月1日起为329.45元，1994年5月1日起为328.02元。产地二级站分别为334.45元和333.02元。每50公斤锯齿棉另加衣分亏损补贴12.16元。

销售棉花每50公斤代收的棉花技术改进费0.5元和调出奖励金30元及不附运输部门运费单据的包干运费等价外费用，在计算增值税时，一并作为销货款，计算应征销项税额，向购买方收取。

棉花经营部门销售棉花及副产品时，向购货方收取的部货款即含税销售额=(不含供应价+价外费用)×(1+税率)。销项税额=(不含税供应价+价外费用)×税率；进项税额=购进价（含按规定代收代缴的农业特产税)×10%扣除率。棉花经营单位向当地税务部门实际交税额=销项税额-进项税额。

棉麻企业在收购、加工、检验、储存、销售等过程中，为生产经营而购进的物料用品（用于固定资产项目除外），应取得销货方增值税专用发票，并按专用发票上注明的增值税额计入“应交税金—应交增值税（进项税额）”科目。

棉麻企业销售棉花时，要按国家有关规定开具增值税专用发票，不得借故使用一般发票。由于棉花发票需要载明的项目较多，可同时用原棉花销售专用发票作附件。

在本通知下发之前，已采取预收货款方式的，应按本通知有关要求，尽快结算货款，多退少补，并开具增值税专用发票；已预交增值税的企业，如预交金额比实际应交数额大，又确需退给原购货方，请商税务部门办理退税。

——内贸农字〔1994〕第166号文件

（3）销售储备物资缴纳增值税。

根据国务院国阅〔1994〕42号《关于研究财税体制改革方案出台后有关问题的会议纪要》对国家物资储备局系统销售的储备物资，采取先征税后返还的办法的决定，现就国家储备局系统缴纳增值税的具体问题，通知如下：

国家物资储备局的物资收储、销售业务，由于实行统一管理、统一结算的体制，为了便于税款征收及财政返还处理，对国家物资储备局所取得的储备物资销售收入，由国家物资储备局在北京向国家税务总局直属征收局集中缴纳增值税。

国家物资储备局可向税务征收单位申请办理税务登记、一般纳税人认定手续和购买增值税专用发票，并正确地履行纳税义务。

国家物资储备局购买的增值税专用发票只限于在京办理结算时开具，不得提供给所属基层单位使用。

国家物资储备局系统（包括省级局及下属仓库）从事的多种经营业务仍应在经营行为所在地按规定缴纳各种应纳的税收。

——国税发〔1994〕90号文件

（4）汽车按揭和代办服务。

随汽车销售提供的汽车按揭服务和代办服务业务征收增值税，单独提供按揭、代办服务业务，并不销售汽车的，应征收营业税。

——财税〔2003〕16号文件第一条第（五）项

（5）代购货物行为不征收增值税的条件。

代购货物行为，凡同时具备以下条件的，不征收增值税；不同时具备以下条件的，无论会计制度规定如何核算，均征收增值税。

（一）受托方不垫付资金；

（二）销货方将发票开具给委托方，并由受托方将该项发票转交给委托方；

（三）受托方按销售方实际收取的销售额和增值税额（如系代理进口货物则为海关

代征的增值税额）与委托方结算货款，并另外收取手续费。

——财税字〔1994〕26号文件第五条

1.7.4 黄金、白银、期货、钻石

1. 金、银行业增值税征收管理的主要文件

《财政部国家税务总局关于金银首饰等货物征收增值税问题的通知》（财税字〔1996〕74号）；

《国家税务总局关于印发〈黄金交易增值税征收管理办法〉的通知》（国税发明电〔2002〕47号）；

《国家税务总局关于金融机构开展个人实物黄金交易业务增值税有关问题的通知》（国税发〔2005〕178号），自2018年6月15日起被《国家税务总局关于修改部分税收规范性文件的公告》（国家税务总局公告2018年第31号）修订；

《国家税务总局于金融机构销售贵金属增值税有关问题的公告》（国家税务总局公告2013年第13号）。

2. 期货行业增值税征收管理的主要文件

关于期货行业增值税征收管理的文件主要有：

《国家税务总局关于下发〈货物期货征收增值税具体办法〉的通知》（国税发〔1994〕244号）；

《国家税务总局关于增值税一般纳税人期货交易进项税额抵扣问题的通知》（国税发〔2002〕45号）；

《国家税务总局关于增值税一般纳税人期货交易有关增值税问题的通知》（国税函〔2005〕1060号）；

《财政部 国家税务总局关于黄金期货交易有关税收政策的通知》（财税〔2008〕5号）；

《国家税务总局关于印发〈上海期货交易所黄金期货交易增值税征收管理办法〉的通知》（国税发〔2008〕46号）。

3. 钻石行业增值税征收管理的主要文件

《国家税务总局关于印发〈钻石交易增值税征收管理办法〉的通知》（国税发〔2006〕131号）。

1.7.5 包装物押金

根据《国务院关于第三批取消和调整行政审批项目的决定》（国发〔2004〕16号），

《国家税务总局关于印发〈增值税问题解答（之一）〉的通知》（国税函发〔1995〕288号）第十一条“个别包装物周转使用期限较长的，报经税务征收机关确定后，可适当放宽逾期期限”的规定取消后，为了加强管理工作，现就有关问题明确如下：

纳税人为销售货物出租出借包装物而收取的押金，无论包装物周转使用期限长短，超过一年（含一年）以上仍不退还的均并入销售额征税。

——国税函〔2004〕827号文件

1.7.6 罚没物品

根据现行罚没财物管理制度和税收制度的有关规定，现对各级行政执法机关、政法机关和经济管理部门（以下简称执罚部门和单位）依照国家有关法律、法规查处各类违法、违章案件的罚没物品变价收入征收增值税问题规定如下：

一、执罚部门和单位查处的属于一般商业部门经营的商品，具备拍卖条件的，由执罚部门或单位商同级财政部门同意后，公开拍卖。其拍卖收入作为罚没收入由执罚部门和单位如数上缴财政，不予征税。对经营单位购入拍卖物品再销售的应照章征收增值税。

二、执罚部门和单位查处的属于一般商业部门经营的商品，不具备拍卖条件的，由执罚部门、财政部门、国家指定销售单位会同有关部门按质论价，交由国家指定销售单位纳入正常销售渠道变价处理。执罚部门按商定价格所取得的变价收入作为罚没收入如数上缴财政，不予征税。国家指定销售单位将罚没物品纳入正常销售渠道销售的，应照章征收增值税。

三、执罚部门和单位查处的属于专管机关管理或专管企业经营的财物，如金银（不包括金银首饰）、外币、有价证券、非禁止出口文物，应交由专管机关或专营企业收兑或收购。执罚部门和单位按收兑或收购价所取得的收入作为罚没收入如数上缴财政，不予征税。专管机关或专营企业经营上述物品中属于应征增值税的货物，应照章征收增值税。

——财税字〔1995〕69号文件

1.7.7 代理进口免税货物的销售额及发票开具

纳税人代理进口按规定免征进口增值税的货物，其销售额不包括向委托方收取并代为支付的货款。向委托方收取并代为支付的款项，不得开具增值税专用发票，可以开具增值税普通发票。

——国家税务总局公告2016年第69号第八条

1.7.8 易货贸易进口环节减征的增值税税款不能抵扣

根据国务院有关文件的精神，按照现行增值税的有关规定，准予从销项税额中抵扣的进项税额，必须是取得合法的增值税扣税凭证上注明的增值税税额。因此，对与周边国家易货贸易进口环节减征的增值税税款，不能作为下一道环节的进项税金抵扣。

——国税函发〔1996〕550号文件

2 交通运输服务

2.1 交通运输服务税目注释

2.1.1 交通运输服务

交通运输服务，是指利用运输工具将货物或者旅客送达目的地，使其空间位置得到转移的业务活动。包括陆路运输服务、水路运输服务、航空运输服务和管道运输服务。

——《销售服务、无形资产、不动产注释》第一条第（一）项

2.1.2 陆路运输服务

陆路运输服务，是指通过陆路（地上或者地下）运送货物或者旅客的运输业务活动，包括铁路运输服务和其他陆路运输服务。

（1）铁路运输服务，是指通过铁路运送货物或者旅客的运输业务活动。

（2）其他陆路运输服务，是指铁路运输以外的陆路运输业务活动。包括公路运输、缆车运输、索道运输、地铁运输、城市轻轨运输等。

出租车公司向使用本公司自有出租车的出租车司机收取的管理费用，按照陆路运输服务缴纳增值税。

——《销售服务、无形资产、不动产注释》第一条第（一）项第1点

2.1.3 水路运输服务

水路运输服务，是指通过江、河、湖、川等天然、人工水道或者海洋航道运送货

物或者旅客的运输业务活动。

水路运输的程租、期租业务，属于水路运输服务。

程租业务，是指运输企业为租船人完成某一特定航次的运输任务并收取租赁费的业务。

期租业务，是指运输企业将配备有操作人员的船舶承租给他人使用一定期限，承租期内听候承租方调遣，不论是否经营，均按天向承租方收取租赁费，发生的固定费用均由船东负担的业务。

——《销售服务、无形资产、不动产注释》第一条第（一）项第2点

2.1.4 航空运输服务及航天运输服务

航空运输服务，是指通过空中航线运送货物或者旅客的运输业务活动。

航空运输的湿租业务，属于航空运输服务。

湿租业务，是指航空运输企业将配备有机组人员的飞机承租给他人使用一定期限，承租期内听候承租方调遣，不论是否经营，均按一定标准向承租方收取租赁费，发生的固定费用均由承租方承担的业务。

航天运输服务，按照航空运输服务缴纳增值税。

航天运输服务，是指利用火箭等载体将卫星、空间探测器等空间飞行器发射到空间轨道的业务活动。

——《销售服务、无形资产、不动产注释》第一条第（一）项第3点

2.1.5 管道运输服务及无运输工具承运业务

管道运输服务，是指通过管道设施输送气体、液体、固体物质的运输业务活动。

无运输工具承运业务，按照交通运输服务缴纳增值税。

无运输工具承运业务，是指经营者以承运人身份与托运人签订运输服务合同，收取运费并承担承运人责任，然后委托实际承运人完成运输服务的经营活动。

——《销售服务、无形资产、不动产注释》第一条第（一）项第4点

2.2 税 率

2018年5月1日之前，根据《增值税暂行条例》和财税〔2016〕36号文件规定，交通运输服务增值税税率：11%，跨境销售税率为零。

2018年5月1日至2019年4月1日期间，根据财税〔2018〕32号文件规定，原适用17%和11%税率的，税率分别调整为16%、10%，交通运输服务增值税税率：

10%，跨境销售税率为零。

2019年4月1日后，根据财政部、税务总局、海关总署公告2019年第39号规定，原10%税率调整为9%，交通运输服务增值税税率：9%，跨境销售税率为零。

财税〔2016〕36号文件附件2第一条第（十五）项规定，境内的购买方为境外单位和个人扣缴增值税的，按照适用税率扣缴增值税。

2.3 简易计税方法

一般纳税人发生下列应税行为可以选择适用简易计税方法计税：

1. 公共交通运输服务。

公共交通运输服务，包括轮客渡、公交客运、地铁、城市轻轨、出租车、长途客运、班车。

班车，是指按固定路线、固定时间运营并在固定站点停靠的运送旅客的陆路运输服务。

——财税〔2016〕36号文件附件2第一条第（六）项第1点

2.4 具体业务

2.4.1 成品油和支付的道路、桥、闸通行费的进项税额准予抵扣

纳税人以承运人身份与托运人签订运输服务合同，收取运费并承担承运人责任，然后委托实际承运人完成全部或部分运输服务时，自行采购并交给实际承运人使用的成品油和支付的道路、桥、闸通行费，同时符合下列条件的，其进项税额准予从销项税额中抵扣：

（一）成品油和道路、桥、闸通行费，应用于纳税人委托实际承运人完成的运输服务；

（二）取得的增值税扣税凭证符合现行规定。

——国家税务总局公告2017年第30号

提示

所称纳税人是指承运人的挂靠方，承运人指运输公司，托运人指货主。

2.4.2 国内旅客运输服务进项税额允许抵扣

纳税人购进国内旅客运输服务，其进项税额允许从销项税额中抵扣。

（一）纳税人未取得增值税专用发票的，暂按照以下规定确定进项税额：

1. 取得增值税电子普通发票的，为发票上注明的税额；

2. 取得注明旅客身份信息的航空运输电子客票行程单的，为按照下列公式计算进项税额：

$$航空旅客运输进项税额=(票价+燃油附加费)\div(1+9\%)\times 9\%$$

3. 取得注明旅客身份信息的铁路车票的，为按照下列公式计算的进项税额：

$$铁路旅客运输进项税额=票面金额\div(1+9\%)\times 9\%$$

4. 取得注明旅客身份信息的公路、水路等其他客票的，按照下列公式计算进项税额：

$$公路、水路等其他旅客运输进项税额=票面金额\div(1+3\%)\times 3\%$$

（二）《营业税改征增值税试点实施办法》（财税〔2016〕36号印发）第二十七条第（六）项和《营业税改征增值税试点有关事项的规定》（财税〔2016〕36号印发）第二条第（一）项第5点中“购进的旅客运输服务、贷款服务、餐饮服务、居民日常服务和娱乐服务”修改为“购进的贷款服务、餐饮服务、居民日常服务和娱乐服务”。

——财政部、税务总局、海关总署公告2019年第39号第六条

2.4.3 运输逾期票证收入按照“交通运输服务”缴纳增值税

自2018年1月1日起，纳税人已售票但客户逾期未消费取得的运输逾期票证收入，按照“交通运输服务”缴纳增值税。纳税人为客户办理退票而向客户收取的退票费、手续费等收入，按照“其他现代服务”缴纳增值税。

——财税〔2017〕90号文件第二条

2.4.4 道路、桥、闸通行费抵扣进项税额计算

（一）2016年5月1日至7月31日，一般纳税人支付的道路、桥、闸通行费，暂凭取得的通行费发票（不含财政票据，下同）上注明的收费金额按照下列公式计算可抵扣的进项税额：

$$\begin{array}{c}高速公路通行费\\可抵扣进项税额\end{array}=高速公路通行费发票上注明的金额\div(1+3\%)\times 3\%$$

$$\begin{array}{c}一级公路、二级公路、桥、闸\\通行费可抵扣进项税额\end{array}=\begin{array}{c}一级公路、二级公路、桥、闸\\通行费发票上注明的金额\end{array}\div(1+5\%)\times 5\%$$

通行费，是指有关单位依法或者依规设立并收取的过路、过桥和过闸费用。

（二）一般纳税人收取试点前开工的一级公路、二级公路、桥、闸通行费，可以选择适用简易计税方法，按照5%的征收率计算缴纳增值税。

试点前开工，是指相关施工许可证注明的合同开工日期在2016年4月30日前。

——财税〔2016〕47号文件第二条

自2018年1月1日起，纳税人支付的道路、桥、闸通行费，按照以下规定抵扣进项税额：

（一）纳税人支付的道路通行费，按照收费公路通行费增值税电子普通发票上注明的增值税额抵扣进项税额。

2018年1月1日至6月30日，纳税人支付的高速公路通行费，如暂未能取得收费公路通行费增值税电子普通发票，可凭取得的通行费发票（不含财政票据，下同）上注明的收费金额按照下列公式计算可抵扣的进项税额：

$$\text{高速公路通行费可抵扣进项税额}=\text{高速公路通行费发票上注明的金额}\div(1+3\%)\times3\%$$

2018年1月1日至12月31日，纳税人支付的一级、二级公路通行费，如暂未能取得收费公路通行费增值税电子普通发票，可凭取得的通行费发票上注明的收费金额按照下列公式计算可抵扣进项税额：

$$\text{一级、二级公路通行费可抵扣进项税额}=\text{一级、二级公路通行费发票上注明的金额}\div(1+5\%)\times5\%$$

（二）纳税人支付的桥、闸通行费，暂凭取得的通行费发票上注明的收费金额按照下列公式计算可抵扣的进项税额：

$$\text{桥、闸通行费可抵扣进项税额}=\text{桥、闸通行费发票上注明的金额}\div(1+5\%)\times5\%$$

（三）本通知所称通行费，是指有关单位依法或者依规设立并收取的过路、过桥和过闸费用。

《财政部 国家税务总局关于收费公路通行费增值税抵扣有关问题的通知》（财税〔2016〕86号）自2018年1月1日起停止执行。

——财税〔2017〕90号文件第七条

2.4.5 门票、过路（过桥）费发票延用期限

营改增后，门票、过路（过桥）费发票属于予以保留的票种，自2016年5月1日起，由国税机关监制管理。原地税机关监制的上述两类发票，可以延用至2016年6月

30日。

——国家税务总局公告2016年第26号第四条

2.4.6 国内旅客运输服务进项税额抵扣

关于国内旅客运输服务进项税抵扣

（一）《财政部 税务总局 海关总署关于深化增值税改革有关政策的公告》（财政部 税务总局 海关总署公告2019年第39号）第六条所称“国内旅客运输服务”，限于与本单位签订了劳动合同的员工，以及本单位作为用工单位接受的劳务派遣员工发生的国内旅客运输服务。

（二）纳税人购进国内旅客运输服务，以取得的增值税电子普通发票上注明的税额为进项税额的，增值税电子普通发票上注明的购买方“名称”“纳税人识别号”等信息，应当与实际抵扣税款的纳税人一致，否则不予抵扣。

（三）纳税人允许抵扣的国内旅客运输服务进项税额，是指纳税人2019年4月1日及以后实际发生，并取得合法有效增值税扣税凭证注明的或依据其计算的增值税税额。以增值税专用发票或增值税电子普通发票为增值税扣税凭证的，为2019年4月1日及以后开具的增值税专用发票或增值税电子普通发票。

——国家税务总局公告2019年第31号第一条

2.4.7 运输工具舱位承包和舱位互换业务适用税目

关于运输工具舱位承包和舱位互换业务适用税目

（一）在运输工具舱位承包业务中，发包方以其向承包方收取的全部价款和价外费用为销售额，按照“交通运输服务”缴纳增值税。承包方以其向托运人收取的全部价款和价外费用为销售额，按照“交通运输服务”缴纳增值税。

运输工具舱位承包业务，是指承包方以承运人身份与托运人签订运输服务合同，收取运费并承担承运人责任，然后以承包他人运输工具舱位的方式，委托发包方实际完成相关运输服务的经营活动。

（二）在运输工具舱位互换业务中，互换运输工具舱位的双方均以各自换出运输工具舱位确认的全部价款和价外费用为销售额，按照“交通运输服务”缴纳增值税。

运输工具舱位互换业务，是指纳税人之间签订运输协议，在各自以承运人身份承揽的运输业务中，互相利用对方交通运输工具的舱位完成相关运输服务的经营活动。

——国家税务总局公告2019年第31号第六条

3 邮政服务

3.1 邮政服务税目注释

3.1.1 邮政服务

邮政服务，是指中国邮政集团公司及其所属邮政企业提供邮件寄递、邮政汇兑和机要通信等邮政基本服务的业务活动。包括邮政普遍服务、邮政特殊服务和其他邮政服务。

——《销售服务、无形资产、不动产注释》第一条第（二）项

3.1.2 邮政普遍服务

邮政普遍服务，是指函件、包裹等邮件寄递，以及邮票发行、报刊发行和邮政汇兑等业务活动。

函件，是指信函、印刷品、邮资封片卡、无名址函件和邮政小包等。

包裹，是指按照封装上的名址递送给特定个人或者单位的独立封装的物品，其重量不超过五十千克，任何一边的尺寸不超过一百五十厘米，长、宽、高合计不超过三百厘米。

——《销售服务、无形资产、不动产注释》第一条第（二）项第 1 点

3.1.3 邮政特殊服务

邮政特殊服务，是指义务兵平常信函、机要通信、盲人读物和革命烈士遗物的寄递等业务活动。

——《销售服务、无形资产、不动产注释》第一条第（二）项第 2 点

3.1.4 其他邮政服务

其他邮政服务，是指邮册等邮品销售、邮政代理等业务活动。

——《销售服务、无形资产、不动产注释》第一条第（二）项第 3 点

3.2 税　率

2018年5月1日之前，根据《增值税暂行条例》和财税〔2016〕36号文件规定，邮政服务增值税税率：11%，跨境销售税率为零。

2018年5月1日至2019年4月1日期间，根据财税〔2018〕32号文件规定，原适用17%和11%税率的，税率分别调整为16%、10%，邮政服务增值税税率：10%，跨境销售税率为零。

2019年4月1日后，根据财政部、税务总局、海关总署公告2019年第39号规定，原10%税率调整为9%，邮政服务增值税税率：9%，跨境销售税率为零。

财税〔2016〕36号文件附件2第一条第（十五）项规定，境内的购买方为境外单位和个人扣缴增值税的，按照适用税率扣缴增值税。

4　电信服务

4.1　电信服务税目注释

4.1.1　电信服务

电信服务，是指利用有线、无线的电磁系统或者光电系统等各种通信网络资源，提供语音通话服务，传送、发射、接收或者应用图像、短信等电子数据和信息的业务活动。包括基础电信服务和增值电信服务。

——《销售服务、无形资产、不动产注释》第一条第（三）项

4.1.2　基础电信服务

基础电信服务，是指利用固网、移动网、卫星、互联网，提供语音通话服务的业务活动，以及出租或者出售带宽、波长等网络元素的业务活动。

——《销售服务、无形资产、不动产注释》第一条第（三）项第1点

4.1.3　增值电信服务

增值电信服务，是指利用固网、移动网、卫星、互联网、有线电视网络，提供短

信和彩信服务、电子数据和信息的传输及应用服务、互联网接入服务等业务活动。

卫星电视信号落地转接服务，按照增值电信服务缴纳增值税。

——《销售服务、无形资产、不动产注释》第一条第（三）项第2点

4.2 税　率

2018年5月1日之前，根据条例和财税〔2016〕36号文件规定，电信服务增值税税率：11%，跨境销售税率为零。

2018年5月1日至2019年4月1日期间，根据财税〔2018〕32号文件规定，原适用17%和11%税率的，税率分别调整为16%、10%，电信服务增值税税率：10%，跨境销售税率为零。

2019年4月1日后，根据财政部、税务总局、海关总署公告2019年第39号规定，原10%税率调整为9%，电信服务增值税税率：9%，跨境销售税率为零。

财税〔2016〕36号文件附件2第一条第（十五）项规定，境内的购买方为境外单位和个人扣缴增值税的，按照适用税率扣缴增值税。

4.3 具体业务

4.3.1 移动通信用塔（杆）进项税额抵扣

蜂窝数字移动通信用塔（杆），属于《固定资产分类与代码》(GB/T 14885—1994)中的“其他通讯设备”（代码699），其增值税进项税额可以按照现行规定从销项税额中抵扣。

——国家税务总局公告2015年第90号第一条

4.3.2 塔类站址管理业务适用税目

纳税人通过蜂窝数字移动通信用塔（杆）及配套设施，为电信企业提供的基站天线、馈线及设备环境控制、动环监控、防雷消防、运行维护等塔类站址管理业务，按照“信息技术基础设施管理服务”缴纳增值税。

——国家税务总局公告2015年第90号第五条第一款

4.3.3 无线信号室分系统传输服务适用税目

纳税人通过楼宇、隧道等室内通信分布系统，为电信企业提供的语音通话和移动互

联网等无线信号室分系统传输服务，分别按照基础电信服务和增值电信服务缴纳增值税。

——国家税务总局公告 2015 年第 90 号第五条第二款

4.3.4 手机短信公益特服差额计算销售额，不得开具专用发票

中国移动通信集团公司、中国联合网络通信集团有限公司、中国电信集团公司及其成员单位通过手机短信公益特服号为公益性机构（名单见附件 1）接受捐款，以其取得的全部价款和价外费用，扣除支付给公益性机构捐款后的余额为销售额。其接受的捐款，不得开具增值税专用发票。

——财税〔2016〕39 号文件第一条

5 建筑服务

5.1 建筑服务税目注释

5.1.1 建筑服务

建筑服务，是指各类建筑物、构筑物及其附属设施的建造、修缮、装饰，线路、管道、设备、设施等的安装以及其他工程作业的业务活动。包括工程服务、安装服务、修缮服务、装饰服务和其他建筑服务。

——《销售服务、无形资产、不动产注释》第一条第（四）项

5.1.2 工程服务

工程服务，是指新建、改建各种建筑物、构筑物的工程作业，包括与建筑物相连的各种设备或者支柱、操作平台的安装或者装设工程作业，以及各种窑炉和金属结构工程作业。

——《销售服务、无形资产、不动产注释》第一条第（四）项第 1 点

5.1.3 安装服务

安装服务，是指生产设备、动力设备、起重设备、运输设备、传动设备、医疗实验设备以及其他各种设备、设施的装配、安置工程作业，包括与被安装设备相连的工

作台、梯子、栏杆的装设工程作业，以及被安装设备的绝缘、防腐、保温、油漆等工程作业。

固定电话、有线电视、宽带、水、电、燃气、暖气等经营者向用户收取的安装费、初装费、开户费、扩容费以及类似收费，按照安装服务缴纳增值税。

——《销售服务、无形资产、不动产注释》第一条第（四）项第2点

5.1.4 修缮服务

修缮服务，是指对建筑物、构筑物进行修补、加固、养护、改善，使之恢复原来的使用价值或者延长其使用期限的工程作业。

——《销售服务、无形资产、不动产注释》第一条第（四）项第3点

5.1.5 装饰服务

装饰服务，是指对建筑物、构筑物进行修饰装修，使之美观或者具有特定用途的工程作业。

——《销售服务、无形资产、不动产注释》第一条第（四）项第4点

5.1.6 其他建筑服务

其他建筑服务，是指上列工程作业之外的各种工程作业服务，如钻井（打井）、拆除建筑物或者构筑物、平整土地、园林绿化、疏浚（不包括航道疏浚）、建筑物平移、搭脚手架、爆破、矿山穿孔、表面附着物（包括岩层、土层、沙层等）剥离和清理等工程作业。

——《销售服务、无形资产、不动产注释》第一条第（四）项第5点

5.2 税　率

2018年5月1日之前，根据《增值税暂行条例》和财税〔2016〕36号文件规定，建筑服务增值税税率：11%，跨境销售税率为零。

2018年5月1日至2019年4月1日期间，根据财税〔2018〕32号文件规定，原适用17%和11%税率的，税率分别调整为16%、10%，建筑服务增值税税率：10%，跨境销售税率为零。

2019年4月1日后，根据财政部、税务总局、海关总署公告2019年第39号规定，

原10%税率调整为9%，建筑服务增值税税率：9%，跨境销售税率为零。

财税〔2016〕36号文件附件2第一条第（十五）项规定，境内的购买方为境外单位和个人扣缴增值税的，按照适用税率扣缴增值税。

5.3 简易计税方法

5.3.1 一般纳税人清包工方式提供建筑服务可适用简易计税方法

一般纳税人以清包工方式提供的建筑服务，可以选择适用简易计税方法计税。

以清包工方式提供建筑服务，是指施工方不采购建筑工程所需的材料或只采购辅助材料，并收取人工费、管理费或者其他费用的建筑服务。

——财税〔2016〕36号文件附件2第一条第（七）项第1点

5.3.2 一般纳税人为甲供工程提供的建筑服务可适用简易计税方法

一般纳税人为甲供工程提供的建筑服务，可以选择适用简易计税方法计税。

甲供工程，是指全部或部分设备、材料、动力由工程发包方自行采购的建筑工程。

——财税〔2016〕36号文件附件2第一条第（七）项第2点

5.3.3 一般纳税人为建筑工程老项目提供的建筑服务可适用简易计税方法

一般纳税人为建筑工程老项目提供的建筑服务，可以选择适用简易计税方法计税。

建筑工程老项目，是指：

(1)《建筑工程施工许可证》注明的合同开工日期在2016年4月30日前的建筑工程项目；

(2) 未取得《建筑工程施工许可证》的，建筑工程承包合同注明的开工日期在2016年4月30日前的建筑工程项目。

——财税〔2016〕36号文件附件2第一条第（七）项第3点

5.3.4 销售自产机器设备的同时提供安装服务按照甲供工程简易计税

一般纳税人销售自产机器设备的同时提供安装服务，应分别核算机器设备和安装服务的销售额，安装服务可以按照甲供工程选择适用简易计税方法计税。

——国家税务总局公告2018年第42号第六条第一款

5.3.5 销售外购机器设备的同时提供安装服务按照甲供工程简易计税

一般纳税人销售外购机器设备的同时提供安装服务，如果已经按照兼营的有关规定，分别核算机器设备和安装服务的销售额，安装服务可以按照甲供工程选择适用简易计税方法计税。

——国家税务总局公告2018年第42号第六条第二款

5.3.6 提供工程服务适用简易计税的情形

建筑工程总承包单位为房屋建筑的地基与基础、主体结构提供工程服务，建设单位自行采购全部或部分钢材、混凝土、砌体材料、预制构件的，适用简易计税方法计税。

地基与基础、主体结构的范围，按照《建筑工程施工质量验收统一标准》（GB50300—2013）附录B《建筑工程的分部工程、分项工程划分》中的“地基与基础”“主体结构”分部工程的范围执行。

——财税〔2017〕58号文件第一条

5.3.7 取消建筑服务简易计税项目备案

关于取消建筑服务简易计税项目备案

提供建筑服务的一般纳税人按规定适用或选择适用简易计税方法计税的，不再实行备案制。以下证明材料无需向税务机关报送，改为自行留存备查：

（一）为建筑工程老项目提供的建筑服务，留存《建筑工程施工许可证》或建筑工程承包合同；

（二）为甲供工程提供的建筑服务、以清包工方式提供的建筑服务，留存建筑工程承包合同。

——国家税务总局公告2019年第31号第八条

5.4 预征率、征收率、预缴

5.4.1 一般纳税人适用一般计税方法预缴增值税

一般纳税人跨县（市）提供建筑服务，适用一般计税方法计税的，应以取得的全部价款和价外费用为销售额计算应纳税额。纳税人应以取得的全部价款和价外费用扣除支付的分包款后的余额，按照2%的预征率在建筑服务发生地预缴税款后，向机构所在地主管税务机关进行纳税申报。

——财税〔2016〕36号文件附件2第一条第（七）项第4点

一般纳税人跨县（市、区）提供建筑服务，适用一般计税方法计税的，以取得的全部价款和价外费用扣除支付的分包款后的余额，按照2%的预征率计算应预缴税款。

——国家税务总局公告2016年第17号第四条第（一）项

5.4.2 一般纳税人适用简易计税方法预缴增值税

一般纳税人跨县（市）提供建筑服务，选择适用简易计税方法计税的，应以取得的全部价款和价外费用扣除支付的分包款后的余额为销售额，按照3%的征收率计算应纳税额。纳税人应按照上述计税方法在建筑服务发生地预缴税款后，向机构所在地主管税务机关进行纳税申报。

——财税〔2016〕36号文件附件2第一条第（七）项第5点

一般纳税人跨县（市、区）提供建筑服务，选择适用简易计税方法计税的，以取得的全部价款和价外费用扣除支付的分包款后的余额，按照3%的征收率计算应预缴税款。

——国家税务总局公告2016年第17号第四条第（二）项

5.4.3 小规模纳税人预缴增值税

试点纳税人中的小规模纳税人（以下称小规模纳税人）跨县（市）提供建筑服务，应以取得的全部价款和价外费用扣除支付的分包款后的余额为销售额，按照3%的征收率计算应纳税额。纳税人应按照上述计税方法在建筑服务发生地预缴税款后，向机构所在地主管税务机关进行纳税申报。

——财税〔2016〕36号文件附件2第一条第（七）项第6点

小规模纳税人跨县（市、区）提供建筑服务，以取得的全部价款和价外费用扣除支付的分包款后的余额，按照3%的征收率计算应预缴税款。

——国家税务总局公告2016年第17号第四条

5.4.4 一般纳税人跨地区销售建筑服务暂停预缴的情形

一般纳税人跨省（自治区、直辖市或者计划单列市）提供建筑服务或者销售、出租取得的与机构所在地不在同一省（自治区、直辖市或者计划单列市）的不动产，在机构所在地申报纳税时，计算的应纳税额小于已预缴税额，且差额较大的，由国家税务总局通知建筑服务发生地或者不动产所在地省级税务机关，在一定时期内暂停预缴增值税。

——财税〔2016〕36号文件附件2第一条第（十一）项

5.4.5 跨县建筑服务应预缴税款计算

纳税人跨县（市、区）提供建筑服务，按照以下公式计算应预缴税款：

（一）适用一般计税方法计税的，应预缴税款＝(全部价款和价外费用－支付的分包款)÷(1＋11％)×2％

（二）适用简易计税方法计税的，应预缴税款＝(全部价款和价外费用－支付的分包款)÷(1＋3％)×3％

纳税人取得的全部价款和价外费用扣除支付的分包款后的余额为负数的，可结转下次预缴税款时继续扣除。

纳税人应按照工程项目分别计算应预缴税款，分别预缴。

——国家税务总局公告2016年第17号第五条

5.4.6 跨县建筑服务扣除分包款确认销售额的扣除凭证

纳税人按照上述规定从取得的全部价款和价外费用中扣除支付的分包款，应当取得符合法律、行政法规和国家税务总局规定的合法有效凭证，否则不得扣除。

上述凭证是指：

（一）从分包方取得的2016年4月30日前开具的建筑业营业税发票。

上述建筑业营业税发票在2016年6月30日前可作为预缴税款的扣除凭证。

（二）从分包方取得的2016年5月1日后开具的，备注栏注明建筑服务发生地所在县（市、区）、项目名称的增值税发票。

（三）国家税务总局规定的其他凭证。

——国家税务总局公告2016年第17号第六条

5.4.7 跨县建筑服务预缴税款应提交的资料

纳税人跨县（市、区）提供建筑服务，在向建筑服务发生地主管国税机关预缴税款时，需提交以下资料：

（一）《增值税预缴税款表》；

（二）与发包方签订的建筑合同原件及复印件；
（三）与分包方签订的分包合同原件及复印件；
（四）从分包方取得的发票原件及复印件。

——国家税务总局公告 2016 年第 17 号第七条

提示

根据《国家税务总局关于营改增试点若干征管问题的公告》（国家税务总局公告 2016 年第 53 号）第八条规定，自 2016 年 9 月 1 日起，将《纳税人跨县（市、区）提供建筑服务增值税征收管理暂行办法》（国家税务总局公告 2016 年第 17 号发布）第七条规定调整为：

纳税人跨县（市、区）提供建筑服务，在向建筑服务发生地主管国税机关预缴税款时，需填报《增值税预缴税款表》，并出示以下资料：
（一）与发包方签订的建筑合同复印件（加盖纳税人公章）；
（二）与分包方签订的分包合同复印件（加盖纳税人公章）；
（三）从分包方取得的发票复印件（加盖纳税人公章）。

5. 4. 8 跨县建筑服务预缴税款抵减

纳税人跨县（市、区）提供建筑服务，向建筑服务发生地主管国税机关预缴的增值税税款，可以在当期增值税应纳税额中抵减，抵减不完的，结转下期继续抵减。

纳税人以预缴税款抵减应纳税额，应以完税凭证作为合法有效凭证。

——国家税务总局公告 2016 年第 17 号第八条

5. 4. 9 超过 6 个月没有预缴税款的责任

纳税人跨县（市、区）提供建筑服务，按照本办法应向建筑服务发生地主管国税机关预缴税款而自应当预缴之月起超过 6 个月没有预缴税款的，由机构所在地主管国税机关按照《中华人民共和国税收征收管理法》及相关规定进行处理。

纳税人跨县（市、区）提供建筑服务，未按照本办法缴纳税款的，由机构所在地主管国税机关按照《中华人民共和国税收征收管理法》及相关规定进行处理。

——国家税务总局公告 2016 年第 17 号第十二条

5. 4. 10 建筑服务取得预收款预缴增值税

纳税人提供建筑服务取得预收款，应在收到预收款时，以取得的预收款扣除支付的分包款后的余额，按照本条第三款规定的预征率预缴增值税。

按照现行规定应在建筑服务发生地预缴增值税的项目，纳税人收到预收款时在建筑服务发生地预缴增值税。按照现行规定无须在建筑服务发生地预缴增值税的项目，纳税人收到预收款时在机构所在地预缴增值税。

适用一般计税方法计税的项目预征率为2%，适用简易计税方法计税的项目预征率为3%。

——财税〔2017〕58号文件第三条

5.5 具体业务

5.5.1 取得不动产或者不动产在建工程的进项税额抵扣

自2019年4月1日起，《营业税改征增值税试点有关事项的规定》（财税〔2016〕36号印发）第一条第（四）项第1点、第二条第（一）项第1点停止执行，纳税人取得不动产或者不动产在建工程的进项税额不再分2年抵扣。此前按照上述规定尚未抵扣完毕的待抵扣进项税额，可自2019年4月税款所属期起从销项税额中抵扣。

——财政部、税务总局、海关总署公告2019年第39号第五条

5.5.2 提供装修服务按照“建筑服务”纳税

物业服务企业为业主提供的装修服务，按照“建筑服务”缴纳增值税。

——财税〔2016〕140号文件第十五条

5.5.3 建筑施工设备湿租按照“建筑服务”纳税

纳税人将建筑施工设备出租给他人使用并配备操作人员的，按照“建筑服务”缴纳增值税。

——财税〔2016〕140号文件第十六条

5.5.4 财税〔2016〕140号文件涉及的适用税目问题补充规定

财税〔2016〕140号文件第九、十、十一、十四、十五、十六条明确的税目适用问题，按以下方式处理：

不涉及税率适用问题的不调整申报；

纳税人原适用的税率高于财税〔2016〕140号文件所明确税目对应税率的，多申报的销项税额可以抵减以后月份的销项税额；

纳税人原适用的税率低于财税〔2016〕140号文件所明确税目对应税率的，不调整申报，并从2016年12月份（税款所属期）起按照财税〔2016〕140号文件执行。

纳税人已就相关业务向购买方开具增值税专用发票的，应将增值税专用发票收回并重新开具；无法收回的不再调整。

——国家税务总局公告2016年第86号第二条

5.5.5 发包方收取建筑质押金、保证金的纳税义务发生时间

纳税人提供建筑服务，被工程发包方从应支付的工程款中扣押的质押金、保证金，未开具发票的，以纳税人实际收到质押金、保证金的当天为纳税义务发生时间。

——国家税务总局公告2016年第69号第四条

5.5.6 “当期销售房地产项目建筑面积”“房地产项目可供销售建筑面积”的解释

《国家税务总局关于发布〈房地产开发企业销售自行开发的房地产项目增值税征收管理暂行办法〉的公告》（国家税务总局公告2016年第18号）第五条中，“当期销售房地产项目建筑面积”“房地产项目可供销售建筑面积”，是指计容积率地上建筑面积，不包括地下车位建筑面积。

——国家税务总局公告2016年第86号第五条

5.5.7 发包方可凭实际提供建筑服务纳税人开具的专用发票抵扣进项税额

建筑企业与发包方签订建筑合同后，以内部授权或者三方协议等方式，授权集团内其他纳税人（以下称“第三方”）为发包方提供建筑服务，并由第三方直接与发包方结算工程款的，由第三方缴纳增值税并向发包方开具增值税发票，与发包方签订建筑合同的建筑企业不缴纳增值税。发包方可凭实际提供建筑服务的纳税人开具的增值税专用发票抵扣进项税额。

——国家税务总局公告2017年第11号第二条

5.5.8 建筑服务分包款差额扣除

关于建筑服务分包款差额扣除

纳税人提供建筑服务，按照规定允许从其取得的全部价款和价外费用中扣除的分包款，是指支付给分包方的全部价款和价外费用。

——国家税务总局公告 2019 年第 31 号第七条

5.5.9 销售自产货物提供建筑服务不属于混合销售

纳税人销售活动板房、机器设备、钢结构件等自产货物的同时提供建筑、安装服务，不属于《营业税改征增值税试点实施办法》（财税〔2016〕36 号文件印发）第四十条规定的混合销售，应分别核算货物和建筑服务的销售额，分别适用不同的税率或者征收率。

——国家税务总局公告 2017 年第 11 号第一条

5.5.10 同一地级行政区范围内跨县提供建筑服务不按跨县建筑服务征管

纳税人在同一地级行政区范围内跨县（市、区）提供建筑服务，不适用《纳税人跨县（市、区）提供建筑服务增值税征收管理暂行办法》（国家税务总局公告 2016 年第 17 号印发）。

——国家税务总局公告 2017 年第 11 号第三条

5.5.11 境内单位个人施工地点在境外取得分包款收入视同从境外取得收入

中华人民共和国境内（以下简称“境内”）单位和个人作为工程分包方，为施工地点在境外的工程项目提供建筑服务，从境内工程总承包方取得的分包款收入，属于《国家税务总局关于发布〈营业税改征增值税跨境应税行为增值税免税管理办法（试行）〉的公告》（2016 年第 29 号，国家税务总局公告 2018 年第 31 号修改）第六条规定的“视同从境外取得收入”。

——国家税务总局公告 2019 年第 45 号第四条

6 金融服务

6.1 金融服务税目注释

6.1.1 金融服务

金融服务，是指经营金融保险的业务活动。包括贷款服务、直接收费金融服务、保险服务和金融商品转让。

——《销售服务、无形资产、不动产注释》第一条第（五）项

6.1.2 贷款服务

贷款服务。

贷款，是指将资金贷与他人使用而取得利息收入的业务活动。

各种占用、拆借资金取得的收入，包括金融商品持有期间（含到期）利息（保本收益、报酬、资金占用费、补偿金等）收入、信用卡透支利息收入、买入返售金融商品利息收入、融资融券收取的利息收入，以及融资性售后回租、押汇、罚息、票据贴现、转贷等业务取得的利息及利息性质的收入，按照贷款服务缴纳增值税。

融资性售后回租，是指承租方以融资为目的，将资产出售给从事融资性售后回租业务的企业后，从事融资性售后回租业务的企业将该资产出租给承租方的业务活动。

以货币资金投资收取的固定利润或者保底利润，按照贷款服务缴纳增值税。

——《销售服务、无形资产、不动产注释》第一条第（五）项第1点

6.1.3 直接收费金融服务

直接收费金融服务。

直接收费金融服务，是指为货币资金融通及其他金融业务提供相关服务并且收取费用的业务活动。包括提供货币兑换、账户管理、电子银行、信用卡、信用证、财务担保、资产管理、信托管理、基金管理、金融交易场所（平台）管理、资金结算、资金清算、金融支付等服务。

——《销售服务、无形资产、不动产注释》第一条第（五）项第2点

6.1.4 保险服务

保险服务。

保险服务，是指投保人根据合同约定，向保险人支付保险费，保险人对于合同约定的可能发生的事故因其发生所造成的财产损失承担赔偿保险金责任，或者当被保险人死亡、伤残、疾病或者达到合同约定的年龄、期限等条件时承担给付保险金责任的商业保险行为。包括人身保险服务和财产保险服务。

人身保险服务，是指以人的寿命和身体为保险标的的保险业务活动。

财产保险服务，是指以财产及其有关利益为保险标的的保险业务活动。

——《销售服务、无形资产、不动产注释》第一条第（五）项第3点

6.1.5 金融商品转让

金融商品转让。

金融商品转让，是指转让外汇、有价证券、非货物期货和其他金融商品所有权的业务活动。

其他金融商品转让包括基金、信托、理财产品等各类资产管理产品和各种金融衍生品的转让。

——《销售服务、无形资产、不动产注释》第一条第（五）项第4点

6.2 税 率

根据财税〔2016〕36号文件附件1第十五条第（一）项规定，金融服务属于除该条第（二）项、第（三）项、第（四）项规定外，纳税人发生的应税行为，适用税率6%，跨境销售税率为零。

根据财税〔2016〕36号文件附件2第一条第（十五）项规定，境内的购买方为境外单位和个人扣缴增值税的，按照适用税率扣缴增值税。

6.3 简易计税方法

6.3.1 中国农业发展银行总行及分支机构提供贷款，利息收入按3%简易计税

中国农业发展银行总行及其各分支机构提供涉农贷款（具体涉农贷款业务清单见附件2）取得的利息收入，可以选择适用简易计税方法按照3%的征收率计算缴纳增值税。

——财税〔2016〕39号文件第三条

6.3.2 农村金融机构提供的金融服务，按3%简易计税

农村信用社、村镇银行、农村资金互助社、由银行业机构全资发起设立的贷款公司、法人机构在县（县级市、区、旗）及县以下地区的农村合作银行和农村商业银行提供金融服务收入，可以选择适用简易计税方法按照3%的征收率计算缴纳增值税。

村镇银行，是指经中国银行业监督管理委员会依据有关法律、法规批准，由境内外金融机构、境内非金融机构企业法人、境内自然人出资，在农村地区设立的主要为当地农民、农业和农村经济发展提供金融服务的银行业金融机构。

农村资金互助社，是指经银行业监督管理机构批准，由乡（镇）、行政村农民和农村小企业自愿入股组成，为社员提供存款、贷款、结算等业务的社区互助性银行业金融机构。

由银行业机构全资发起设立的贷款公司，是指经中国银行业监督管理委员会依据有关法律、法规批准，由境内商业银行或农村合作银行在农村地区设立的专门为县域农民、农业和农村经济发展提供贷款服务的非银行业金融机构。

县（县级市、区、旗），不包括直辖市和地级市所辖城区。

——财税〔2016〕46号文件第三条

6.3.3 中国农业银行三农试点取得利息收入，按3%简易计税

对中国农业银行纳入“三农金融事业部”改革试点的各省、自治区、直辖市、计划单列市分行下辖的县域支行和新疆生产建设兵团分行下辖的县域支行（也称县事业部），提供农户贷款、农村企业和农村各类组织贷款（具体贷款业务清单见附件）取得的利息收入，可以选择适用简易计税方法按照3%的征收率计算缴纳增值税。

——财税〔2016〕46号文件第四条

6.3.4 资管产品管理人运营资管产品发生的应税行为按3%简易计税

资管产品管理人（以下称管理人）运营资管产品过程中发生的增值税应税行为（以下称资管产品运营业务），暂适用简易计税方法，按照3%的征收率缴纳增值税。

资管产品管理人，包括银行、信托公司、公募基金管理公司及其子公司、证券公司及其子公司、期货公司及其子公司、私募基金管理人、保险资产管理公司、专业保险资产管理机构、养老保险公司。

资管产品，包括银行理财产品、资金信托（包括集合资金信托、单一资金信托）、财产权信托、公开募集证券投资基金、特定客户资产管理计划、集合资产管理计划、定向资产管理计划、私募投资基金、债权投资计划、股权投资计划、股债结合型投资计划、资产支持计划、组合类保险资产管理产品、养老保障管理产品。

财政部和税务总局规定的其他资管产品管理人及资管产品。

——财税〔2017〕56号文件第一条

6.3.5 中国邮政储蓄银行三农金融事业部利息收入，按3%简易计税

为支持中国邮政储蓄银行“三农金融事业部”加大对乡村振兴的支持力度，现就中国邮政储蓄银行“三农金融事业部”涉农贷款有关增值税政策通知如下：

一、自2018年7月1日至2020年12月31日，对中国邮政储蓄银行纳入“三农金融事业部”改革的各省、自治区、直辖市、计划单列市分行下辖的县域支行，提供农户贷款、农村企业和农村各类组织贷款（具体贷款业务清单见附件）取得的利息收入，可以选择适用简易计税方法按照3%的征收率计算缴纳增值税。

二、本通知所称农户，是指长期（一年以上）居住在乡镇（不包括城关镇）行政管理区域内的住户，还包括长期居住在城关镇所辖行政村范围内的住户和户口不在本地而在本地居住一年以上的住户，国有农场的职工和农村个体工商户。位于乡镇（不包括城关镇）行政管理区域内和在城关镇所辖行政村范围内的国有经济的机关、团体、学校、企事业单位的集体户；有本地户口，但举家外出谋生一年以上的住户，无论是否保留承包耕地均不属于农户。农户以户为统计单位，既可以从事农业生产经营，也可以从事非农业生产经营。农户贷款的判定应以贷款发放时的借款人是否属于农户为准。

三、本通知所称农村企业和农村各类组织贷款，是指金融机构发放给注册在农村地区的企业及各类组织的贷款。

附件：享受增值税优惠的涉农贷款业务清单

1. 法人农业贷款

2. 法人林业贷款

3. 法人畜牧业贷款

4. 法人渔业贷款

5. 法人农林牧渔服务业贷款

6. 法人其他涉农贷款（煤炭、烟草、采矿业、房地产业、城市基础设施建设和其他类的法人涉农贷款除外）

7. 小型农田水利设施贷款

8. 大型灌区改造

9. 中低产田改造

10. 防涝抗旱减灾体系建设

11. 农产品加工贷款

12. 农业生产资料制造贷款

13. 农业物资流通贷款

14. 农副产品流通贷款
15. 农产品出口贷款
16. 农业科技贷款
17. 农业综合生产能力建设
18. 农田水利设施建设
19. 农产品流通设施建设
20. 其他农业生产性基础设施建设
21. 农村饮水安全工程
22. 农村公路建设
23. 农村能源建设
24. 农村沼气建设
25. 其他农村生活基础设施建设
26. 农村教育设施建设
27. 农村卫生设施建设
28. 农村文化体育设施建设
29. 林业和生态环境建设
30. 个人农业贷款
31. 个人林业贷款
32. 个人畜牧业贷款
33. 个人渔业贷款
34. 个人农林牧渔服务业贷款
35. 农户其他生产经营贷款
36. 农户助学贷款
37. 农户医疗贷款
38. 农户住房贷款
39. 农户其他消费贷款

——财税〔2018〕97号文件

6.3.6 资管产品运营业务按3%简易计税

一、资管产品管理人（以下称管理人）运营资管产品过程中发生的增值税应税行为（以下称资管产品运营业务），暂适用简易计税方法，按照3%的征收率缴纳增值税。

资管产品管理人，包括银行、信托公司、公募基金管理公司及其子公司、证券公司及其子公司、期货公司及其子公司、私募基金管理人、保险资产管理公司、专业保险资产管理机构、养老保险公司。

资管产品，包括银行理财产品、资金信托（包括集合资金信托、单一资金信托）、财产权信托、公开募集证券投资基金、特定客户资产管理计划、集合资产管理计划、定向资产管理计划、私募投资基金、债权投资计划、股权投资计划、股债结合型投资计划、资产支持计划、组合类保险资产管理产品、养老保障管理产品。

财政部和税务总局规定的其他资管产品管理人及资管产品。

二、管理人接受投资者委托或信托对受托资产提供的管理服务以及管理人发生的除本通知第一条规定的其他增值税应税行为（以下称其他业务），按照现行规定缴纳增值税。

三、管理人应分别核算资管产品运营业务和其他业务的销售额和增值税应纳税额。未分别核算的，资管产品运营业务不得适用本通知第一条规定。

四、管理人可选择分别或汇总核算资管产品运营业务销售额和增值税应纳税额。

五、管理人应按照规定的纳税期限，汇总申报缴纳资管产品运营业务和其他业务增值税。

本通知自 2018 年 1 月 1 日起施行。

对资管产品在 2018 年 1 月 1 日前运营过程中发生的增值税应税行为，未缴纳增值税的，不再缴纳；已缴纳增值税的，已纳税额从资管产品管理人以后月份的增值税应纳税额中抵减。

——财税〔2017〕56 号文件

6.4 销售额

6.4.1 贷款服务

贷款服务，以提供贷款服务取得的全部利息及利息性质的收入为销售额。

——财税〔2016〕36 号文件附件 2 第一条第（三）项第 1 点

银行提供贷款服务按期计收利息的，结息日当日计收的全部利息收入，均应计入结息日所属期的销售额，按照现行规定计算缴纳增值税。

——国家税务总局公告 2016 年第 53 号第六条

自 2018 年 1 月 1 日起，金融机构开展贴现、转贴现业务，以其实际持有票据期间取得的利息收入作为贷款服务销售额计算缴纳增值税。此前贴现机构已就贴现利息收入全额缴纳增值税的票据，转贴现机构转贴现利息收入继续免征增值税。

——财税〔2017〕58 号文件第五条

6.4.2 直接收费金融服务

直接收费金融服务，以提供直接收费金融服务收取的手续费、佣金、酬金、管理费、服务费、经手费、开户费、过户费、结算费、转托管费等各类费用为销售额。

——财税〔2016〕36号文件附件2第一条第（三）项第2点

6.4.3 金融商品转让

金融商品转让，按照卖出价扣除买入价后的余额为销售额。

转让金融商品出现的正负差，按盈亏相抵后的余额为销售额。若相抵后出现负差，可结转下一纳税期与下期转让金融商品销售额相抵，但年末时仍出现负差的，不得转入下一个会计年度。

金融商品的买入价，可以选择按照加权平均法或者移动加权平均法进行核算，选择后36个月内不得变更。

金融商品转让，不得开具增值税专用发票。

——财税〔2016〕36号文件附件2第一条第（三）项第3点

纳税人2016年1—4月份转让金融商品出现的负差，可结转下一纳税期，与2016年5—12月份转让金融商品销售额相抵。

——财税〔2016〕140号文件第五条

6.4.4 资管产品管理人资管产品运营业务

一、资管产品管理人（以下称管理人）运营资管产品过程中发生的增值税应税行为（以下称资管产品运营业务），暂适用简易计税方法，按照3%的征收率缴纳增值税。

资管产品管理人，包括银行、信托公司、公募基金管理公司及其子公司、证券公司及其子公司、期货公司及其子公司、私募基金管理人、保险资产管理公司、专业保险资产管理机构、养老保险公司。

资管产品，包括银行理财产品、资金信托（包括集合资金信托、单一资金信托）、财产权信托、公开募集证券投资基金、特定客户资产管理计划、集合资产管理计划、定向资产管理计划、私募投资基金、债权投资计划、股权投资计划、股债结合型投资计划、资产支持计划、组合类保险资产管理产品、养老保障管理产品。

财政部和税务总局规定的其他资管产品管理人及资管产品。

二、管理人接受投资者委托或信托对受托资产提供的管理服务以及管理人发生的除本通知第一条规定的其他增值税应税行为（以下称其他业务），按照现行规定缴纳增值税。

三、管理人应分别核算资管产品运营业务和其他业务的销售额和增值税应纳税额。未分别核算的，资管产品运营业务不得适用本通知第一条规定。

四、管理人可选择分别或汇总核算资管产品运营业务销售额和增值税应纳税额。

五、管理人应按照规定的纳税期限，汇总申报缴纳资管产品运营业务和其他业务增值税。

六、本通知自2018年1月1日起施行。

对资管产品在2018年1月1日前运营过程中发生的增值税应税行为，未缴纳增值税的，不再缴纳；已缴纳增值税的，已纳税额从资管产品管理人以后月份的增值税应纳税额中抵减。

——财税〔2017〕56号文件

6.4.5 资管产品管理人贷款服务、金融商品转让业务

根据《财政部 税务总局关于资管产品增值税有关问题的通知》（财税〔2017〕56号）有关规定，自2018年1月1日起，资管产品管理人运营资管产品提供的贷款服务、发生的部分金融商品转让业务，按照以下规定确定销售额：

（一）提供贷款服务，以2018年1月1日起产生的利息及利息性质的收入为销售额；

（二）转让2017年12月31日前取得的股票（不包括限售股）、债券、基金、非货物期货，可以选择按照实际买入价计算销售额，或者以2017年最后一个交易日的股票收盘价（2017年最后一个交易日处于停牌期间的股票，为停牌前最后一个交易日收盘价）、债券估值（中债金融估值中心有限公司或中证指数有限公司提供的债券估值）、基金份额净值、非货物期货结算价格作为买入价计算销售额。

——财税〔2017〕90号文件第五条

6.4.6 证券登记结算公司差额计算销售额

中国证券登记结算公司的销售额，不包括以下资金项目：按规定提取的证券结算风险基金；代收代付的证券公司资金交收违约垫付资金利息；结算过程中代收代付的资金交收违约罚息。

——财税〔2016〕39号文件第二条

6.4.7 限售股转让的买入价确定

单位将其持有的限售股在解禁流通后对外转让的，按照以下规定确定买入价：

（一）上市公司实施股权分置改革时，在股票复牌之前形成的原非流通股股份，以及股票复牌首日至解禁日期间由上述股份孳生的送、转股，以该上市公司完成股权分置改革后股票复牌首日的开盘价为买入价。

（二）公司首次公开发行股票并上市形成的限售股，以及上市首日至解禁日期间由上述股份孳生的送、转股，以该上市公司股票首次公开发行（IPO）的发行价为买入价。

（三）因上市公司实施重大资产重组形成的限售股，以及股票复牌首日至解禁日期间由上述股份孳生的送、转股，以该上市公司因重大资产重组股票停牌前一交易日的收盘价为买入价。

——国家税务总局公告 2016 年第 53 号第五条

6.4.8 限售股、送股、转股的买入价确定

上市公司因实施重大资产重组形成的限售股，以及股票复牌首日至解禁日期间由上述股份孳生的送、转股，因重大资产重组停牌的，按照《国家税务总局关于营改增试点若干征管问题的公告》（国家税务总局公告 2016 年第 53 号）第五条第（三）项的规定确定买入价；在重大资产重组前已经暂停上市的，以上市公司完成资产重组后股票恢复上市首日的开盘价为买入价。

——国家税务总局公告 2018 年第 42 号第四条

关于限售股买入价的确定

（一）纳税人转让因同时实施股权分置改革和重大资产重组而首次公开发行股票并上市形成的限售股，以及上市首日至解禁日期间由上述股份孳生的送、转股，以该上市公司股票上市首日开盘价为买入价，按照“金融商品转让”缴纳增值税。

（二）上市公司因实施重大资产重组多次停牌的，《国家税务总局关于营改增试点若干征管问题的公告》（国家税务总局公告 2016 年第 53 号发布，国家税务总局公告 2018 年第 31 号修改）第五条第（三）项所称的“股票停牌”，是指中国证券监督管理委员会就上市公司重大资产重组申请作出予以核准决定前的最后一次停牌。

——国家税务总局公告 2019 年第 31 号第十条

6.5 具体业务

6.5.1 金融商品转让

（1）RQFII 从事业务取得的收入属于金融商品转让收入。

人民币合格境外投资者（RQFII）委托境内公司在我国从事证券买卖业务，以及经人民银行认可的境外机构投资银行间本币市场取得的收入属于《过渡政策的规定》第一条第（二十二）款所称的金融商品转让收入。

银行间本币市场包括货币市场、债券市场以及衍生品市场。

——财税〔2016〕70 号文件第四条

（2）质押式买入返售金融商品、持有政策性金融债券取得的收入属于金融同业往来利息收入。

金融机构开展下列业务取得的利息收入，属于《营业税改征增值税试点过渡政策的规定》（财税〔2016〕36 号，以下简称《过渡政策的规定》）第一条第（二十三）项所称的金融同业往来利息收入：

（一）质押式买入返售金融商品。

质押式买入返售金融商品，是指交易双方进行的以债券等金融商品为权利质押的一种短期资金融通业务。

（二）持有政策性金融债券。

政策性金融债券，是指开发性、政策性金融机构发行的债券。

——财税〔2016〕46 号文件第一条

6.5.2 资管产品

（1）2017 年 7 月 1 日前资管产品未缴的不缴，已缴的扣减。

对资管产品在 2017 年 7 月 1 日前运营过程中发生的增值税应税行为，未缴纳增值税的，不再缴纳；已缴纳增值税的，已纳税额从资管产品管理人以后月份的增值税应纳税额中抵减。

资管产品运营过程中发生增值税应税行为的具体征收管理办法，由国家税务总局另行制定。

——财税〔2017〕2 号文件

（2）“保本收益”的解释。

《销售服务、无形资产、不动产注释》（财税〔2016〕36 号）第一条第（五）项第

1点所称“保本收益、报酬、资金占用费、补偿金”，是指合同中明确承诺到期本金可全部收回的投资收益。

——财税〔2016〕140号文件第一条第一款

（3）非保本收益不征增值税。

金融商品持有期间（含到期）取得的非保本的上述收益，不属于利息或利息性质的收入，不征收增值税。

——财税〔2016〕140号文件第一条第二款

（4）资产管理产品持有至到期不属于金融商品转让。

纳税人购入基金、信托、理财产品等各类资产管理产品持有至到期，不属于《销售服务、无形资产、不动产注释》（财税〔2016〕36号）第一条第（五）项第4点所称的金融商品转让。

——财税〔2016〕140号文件第二条

（5）应收未收利息的纳税义务发生时间。

证券公司、保险公司、金融租赁公司、证券基金管理公司、证券投资基金以及其他经人民银行、银监会、证监会、保监会批准成立且经营金融保险业务的机构发放贷款后，自结息日起90天内发生的应收未收利息按现行规定缴纳增值税，自结息日起90天后发生的应收未收利息暂不缴纳增值税，待实际收到利息时按规定缴纳增值税。

——财税〔2016〕140号文件第三条

（6）资管产品的增值税纳税人。

资管产品运营过程中发生的增值税应税行为，以资管产品管理人为增值税纳税人。

——财税〔2016〕140号文件第四条

2017年7月1日（含）以后，资管产品运营过程中发生的增值税应税行为，以资管产品管理人为增值税纳税人，按照现行规定缴纳增值税。

——财税〔2017〕2号文件

6.5.3 项目运营方利用信托资金融资过程中的增值税进项税额抵扣

现就项目运营方利用信托资金融资进行项目建设开发过程中增值税进项税额抵扣问题公告如下：

项目运营方利用信托资金融资进行项目建设开发是指项目运营方与经批准成立的信托公司合作进行项目建设开发，信托公司负责筹集资金并设立信托计划，项目运营方负责项目建设与运营，项目建设完成后，项目资产归项目运营方所有。该经营模式下项目运营方在项目建设期内取得的增值税专用发票和其他抵扣凭证，允许其按现行增值税有关规定予以抵扣。

本公告自2010年10月1日起施行。此前未抵扣的进项税额允许其抵扣，已抵扣的不作进项税额转出。

——国家税务总局公告2010年第8号

6.5.4 保险服务进项税额抵扣

关于保险服务进项税抵扣

（一）提供保险服务的纳税人以实物赔付方式承担机动车辆保险责任的，自行向车辆修理劳务提供方购进的车辆修理劳务，其进项税额可以按规定从保险公司销项税额中抵扣。

（二）提供保险服务的纳税人以现金赔付方式承担机动车辆保险责任的，将应付给被保险人的赔偿金直接支付给车辆修理劳务提供方，不属于保险公司购进车辆修理劳务，其进项税额不得从保险公司销项税额中抵扣。

（三）纳税人提供的其他财产保险服务，比照上述规定执行。

——国家税务总局公告2019年第31号第十一条

6.5.5 接受贷款服务相关费用不得扣除进项税额

纳税人接受贷款服务向贷款方支付的与该笔贷款直接相关的投融资顾问费、手续费、咨询费等费用，其进项税额不得从销项税额中抵扣。

——财税〔2016〕36号文件附件2第一条第（四）项第3点

7 现代服务

7.1 现代服务税目注释

7.1.1 现代服务

现代服务，是指围绕制造业、文化产业、现代物流产业等提供技术性、知识性服务的业务活动。包括研发和技术服务、信息技术服务、文化创意服务、物流辅助服务、租赁服务、鉴证咨询服务、广播影视服务、商务辅助服务和其他现代服务。

——《销售服务、无形资产、不动产注释》第一条第（六）项

7.1.2 研发和技术服务

研发和技术服务，包括研发服务、合同能源管理服务、工程勘察勘探服务、专业技术服务。

(1) 研发服务，也称技术开发服务，是指就新技术、新产品、新工艺或者新材料及其系统进行研究与试验开发的业务活动。

(2) 合同能源管理服务，是指节能服务公司与用能单位以契约形式约定节能目标，节能服务公司提供必要的服务，用能单位以节能效果支付节能服务公司投入及其合理报酬的业务活动。

(3) 工程勘察勘探服务，是指在采矿、工程施工前后，对地形、地质构造、地下资源蕴藏情况进行实地调查的业务活动。

(4) 专业技术服务，是指气象服务、地震服务、海洋服务、测绘服务、城市规划、环境与生态监测服务等专项技术服务。

——《销售服务、无形资产、不动产注释》第一条第（六）项第1点

7.1.3 信息技术服务

信息技术服务，是指利用计算机、通信网络等技术对信息进行生产、收集、处理、加工、存储、运输、检索和利用，并提供信息服务的业务活动。包括软件服务、电路设计及测试服务、信息系统服务、业务流程管理服务和信息系统增值服务。

(1) 软件服务，是指提供软件开发服务、软件维护服务、软件测试服务的业务活动。

(2) 电路设计及测试服务，是指提供集成电路和电子电路产品设计、测试及相关技术支持服务的业务活动。

(3) 信息系统服务，是指提供信息系统集成、网络管理、网站内容维护、桌面管理与维护、信息系统应用、基础信息技术管理平台整合、信息技术基础设施管理、数据中心、托管中心、信息安全服务、在线杀毒、虚拟主机等业务活动。包括网站对非自有的网络游戏提供的网络运营服务。

(4) 业务流程管理服务，是指依托信息技术提供的人力资源管理、财务经济管理、审计管理、税务管理、物流信息管理、经营信息管理和呼叫中心等服务的活动。

(5) 信息系统增值服务，是指利用信息系统资源为用户附加提供的信息技术服务。包括数据处理、分析和整合、数据库管理、数据备份、数据存储、容灾服务、电子商务平台等。

——《销售服务、无形资产、不动产注释》第一条第（六）项第2点

7.1.4 文化创意服务

文化创意服务，包括设计服务、知识产权服务、广告服务和会议展览服务。

(1) 设计服务，是指把计划、规划、设想通过文字、语言、图画、声音、视觉等形式传递出来的业务活动。包括工业设计、内部管理设计、业务运作设计、供应链设计、造型设计、服装设计、环境设计、平面设计、包装设计、动漫设计、网游设计、展示设计、网站设计、机械设计、工程设计、广告设计、创意策划、文印晒图等。

(2) 知识产权服务，是指处理知识产权事务的业务活动。包括对专利、商标、著作权、软件、集成电路布图设计的登记、鉴定、评估、认证、检索服务。

(3) 广告服务，是指利用图书、报纸、杂志、广播、电视、电影、幻灯、路牌、招贴、橱窗、霓虹灯、灯箱、互联网等各种形式为客户的商品、经营服务项目、文体节目或者通告、声明等委托事项进行宣传和提供相关服务的业务活动。包括广告代理和广告的发布、播映、宣传、展示等。

(4) 会议展览服务，是指为商品流通、促销、展示、经贸洽谈、民间交流、企业沟通、国际往来等举办或者组织安排的各类展览和会议的业务活动。

——《销售服务、无形资产、不动产注释》第一条第（六）项第3点

7.1.5 物流辅助服务

物流辅助服务，包括航空服务、港口码头服务、货运客运场站服务、打捞救助服务、装卸搬运服务、仓储服务和收派服务。

(1) 航空服务，包括航空地面服务和通用航空服务。

航空地面服务，是指航空公司、飞机场、民航管理局、航站等向在境内航行或者在境内机场停留的境内外飞机或者其他飞行器提供的导航等劳务性地面服务的业务活动。包括旅客安全检查服务、停机坪管理服务、机场候机厅管理服务、飞机清洗消毒服务、空中飞行管理服务、飞机起降服务、飞行通讯服务、地面信号服务、飞机安全服务、飞机跑道管理服务、空中交通管理服务等。

通用航空服务，是指为专业工作提供飞行服务的业务活动，包括航空摄影、航空培训、航空测量、航空勘探、航空护林、航空吊挂播洒、航空降雨、航空气象探测、航空海洋监测、航空科学实验等。

(2) 港口码头服务，是指港务船舶调度服务、船舶通讯服务、航道管理服务、航道疏浚服务、灯塔管理服务、航标管理服务、船舶引航服务、理货服务、系解缆服务、停泊和移泊服务、海上船舶溢油清除服务、水上交通管理服务、船只专业清洗消毒检

测服务和防止船只漏油服务等为船只提供服务的业务活动。

港口设施经营人收取的港口设施保安费按照港口码头服务缴纳增值税。

(3) 货运客运场站服务，是指货运客运场站提供货物配载服务、运输组织服务、中转换乘服务、车辆调度服务、票务服务、货物打包整理、铁路线路使用服务、加挂铁路客车服务、铁路行包专列发送服务、铁路到达和中转服务、铁路车辆编解服务、车辆挂运服务、铁路接触网服务、铁路机车牵引服务等业务活动。

(4) 打捞救助服务，是指提供船舶人员救助、船舶财产救助、水上救助和沉船沉物打捞服务的业务活动。

(5) 装卸搬运服务，是指使用装卸搬运工具或者人力、畜力将货物在运输工具之间、装卸现场之间或者运输工具与装卸现场之间进行装卸和搬运的业务活动。

(6) 仓储服务，是指利用仓库、货场或者其他场所代客贮放、保管货物的业务活动。

(7) 收派服务，是指接受寄件人委托，在承诺的时限内完成函件和包裹的收件、分拣、派送服务的业务活动。

收件服务，是指从寄件人收取函件和包裹，并运送到服务提供方同城的集散中心的业务活动。

分拣服务，是指服务提供方在其集散中心对函件和包裹进行归类、分发的业务活动。

派送服务，是指服务提供方从其集散中心将函件和包裹送达同城的收件人的业务活动。

——《销售服务、无形资产、不动产注释》第一条第（六）项第4点

7.1.6 租赁服务

租赁服务，包括融资租赁服务和经营租赁服务。

(1) 融资租赁服务，是指具有融资性质和所有权转移特点的租赁活动。即出租人根据承租人所要求的规格、型号、性能等条件购入有形动产或者不动产租赁给承租人，合同期内租赁物所有权属于出租人，承租人只拥有使用权，合同期满付清租金后，承租人有权按照残值购入租赁物，以拥有其所有权。不论出租人是否将租赁物销售给承租人，均属于融资租赁。

按照标的物的不同，融资租赁服务可分为有形动产融资租赁服务和不动产融资租赁服务。

融资性售后回租不按照本税目缴纳增值税。

(2) 经营租赁服务，是指在约定时间内将有形动产或者不动产转让他人使用且租

赁物所有权不变更的业务活动。

按照标的物的不同，经营租赁服务可分为有形动产经营租赁服务和不动产经营租赁服务。

将建筑物、构筑物等不动产或者飞机、车辆等有形动产的广告位出租给其他单位或者个人用于发布广告，按照经营租赁服务缴纳增值税。

车辆停放服务、道路通行服务（包括过路费、过桥费、过闸费等）等按照不动产经营租赁服务缴纳增值税。

水路运输的光租业务、航空运输的干租业务，属于经营租赁。

光租业务，是指运输企业将船舶在约定的时间内出租给他人使用，不配备操作人员，不承担运输过程中发生的各项费用，只收取固定租赁费的业务活动。

干租业务，是指航空运输企业将飞机在约定的时间内出租给他人使用，不配备机组人员，不承担运输过程中发生的各项费用，只收取固定租赁费的业务活动。

——《销售服务、无形资产、不动产注释》第一条第（六）项第5点

7.1.7 鉴证咨询服务

鉴证咨询服务，包括认证服务、鉴证服务和咨询服务。

（1）认证服务，是指具有专业资质的单位利用检测、检验、计量等技术，证明产品、服务、管理体系符合相关技术规范、相关技术规范的强制性要求或者标准的业务活动。

（2）鉴证服务，是指具有专业资质的单位受托对相关事项进行鉴证，发表具有证明力的意见的业务活动。包括会计鉴证、税务鉴证、法律鉴证、职业技能鉴定、工程造价鉴证、工程监理、资产评估、环境评估、房地产土地评估、建筑图纸审核、医疗事故鉴定等。

（3）咨询服务，是指提供信息、建议、策划、顾问等服务的活动。包括金融、软件、技术、财务、税收、法律、内部管理、业务运作、流程管理、健康等方面的咨询。

翻译服务和市场调查服务按照咨询服务缴纳增值税。

——《销售服务、无形资产、不动产注释》第一条第（六）项第6点

7.1.8 广播影视服务

广播影视服务，包括广播影视节目（作品）的制作服务、发行服务和播映（含放映，下同）服务。

（1）广播影视节目（作品）制作服务，是指进行专题（特别节目）、专栏、综艺、

体育、动画片、广播剧、电视剧、电影等广播影视节目和作品制作的服务。具体包括与广播影视节目和作品相关的策划、采编、拍摄、录音、音视频文字图片素材制作、场景布置、后期的剪辑、翻译（编译）、字幕制作、片头、片尾、片花制作、特效制作、影片修复、编目和确权等业务活动。

（2）广播影视节目（作品）发行服务，是指以分账、买断、委托等方式，向影院、电台、电视台、网站等单位和个人发行广播影视节目（作品）以及转让体育赛事等活动的报道及播映权的业务活动。

（3）广播影视节目（作品）播映服务，是指在影院、剧院、录像厅及其他场所播映广播影视节目（作品），以及通过电台、电视台、卫星通信、互联网、有线电视等无线或者有线装置播映广播影视节目（作品）的业务活动。

——《销售服务、无形资产、不动产注释》第一条第（六）项第7点

7.1.9 商务辅助服务

商务辅助服务，包括企业管理服务、经纪代理服务、人力资源服务、安全保护服务。

（1）企业管理服务，是指提供总部管理、投资与资产管理、市场管理、物业管理、日常综合管理等服务的业务活动。

（2）经纪代理服务，是指各类经纪、中介、代理服务。包括金融代理、知识产权代理、货物运输代理、代理报关、法律代理、房地产中介、职业中介、婚姻中介、代理记账、拍卖等。

货物运输代理服务，是指接受货物收货人、发货人、船舶所有人、船舶承租人或者船舶经营人的委托，以委托人的名义，为委托人办理货物运输、装卸、仓储和船舶进出港口、引航、靠泊等相关手续的业务活动。

代理报关服务，是指接受进出口货物的收、发货人委托，代为办理报关手续的业务活动。

（3）人力资源服务，是指提供公共就业、劳务派遣、人才委托招聘、劳动力外包等服务的业务活动。

（4）安全保护服务，是指提供保护人身安全和财产安全，维护社会治安等的业务活动。包括场所住宅保安、特种保安、安全系统监控以及其他安保服务。

——《销售服务、无形资产、不动产注释》第一条第（六）项第8点

7.1.10 其他现代服务

其他现代服务，是指除研发和技术服务、信息技术服务、文化创意服务、物流辅

助服务、租赁服务、鉴证咨询服务、广播影视服务和商务辅助服务以外的现代服务。

——《销售服务、无形资产、不动产注释》第一条第（六）项第9点

7.2 税 率

7.2.1 不动产租赁服务适用税率

2018年5月1日前，不动产租赁服务适用税率11%。

根据财税〔2018〕32号文件第一条规定，2018年5月1日至2019年4月1日期间，不动产租赁服务适用税率10%。

根据财政部、税务总局、海关总署公告2019年第39号第一条规定，2019年4月1日起，不动产租赁服务适用税率9%。

财税〔2016〕36号文件附件2第一条第（十五）项规定，境内的购买方为境外单位和个人扣缴增值税的，按照适用税率扣缴增值税。

7.2.2 动产租赁服务适用税率

2018年5月1日之前，根据《增值税暂行条例》和财税〔2016〕36号文件规定，动产租赁服务增值税税率：17%。

2018年5月1日至2019年4月1日期间，根据财税〔2018〕32号文件规定，17%税率调整为16%，动产租赁服务增值税税率：16%。

2019年4月1日后，根据财政部、税务总局、海关总署公告2019年第39号规定，原16%税率调整为13%，动产租赁服务增值税税率：13%。

财税〔2016〕36号文件附件2第一条第（十五）项规定，境内的购买方为境外单位和个人扣缴增值税的，按照适用税率扣缴增值税。

7.2.3 现代服务业（不含租赁服务）适用税率

根据财税〔2016〕36号文件附件1第十五条第（一）项规定，现代服务业属于除该条第（二）项、第（三）项、第（四）项规定外，纳税人发生的应税行为，适用税率6%，跨境销售税率为零。

根据财税〔2016〕36号文件附件2第一条第（十五）项规定，境内的购买方为境外单位和个人扣缴增值税的，按照适用税率扣缴增值税。

7.3 简易计税方法

7.3.1 有形动产租赁适用简易计税方法

（一般纳税人发生下列应税行为可以选择适用简易计税方法计税：……）

以纳入营改增试点之日前取得的有形动产为标的物提供的经营租赁服务。

在纳入营改增试点之日前签订的尚未执行完毕的有形动产租赁合同。

——财税〔2016〕36号文件附件2第一条第（六）项第4点、第5点

7.3.2 为开发动漫产品提供辅助服务适用简易计税方法

（一般纳税人发生下列应税行为可以选择适用简易计税方法计税：……）

经认定的动漫企业为开发动漫产品提供的动漫脚本编撰、形象设计、背景设计、动画设计、分镜、动画制作、摄制、描线、上色、画面合成、配音、配乐、音效合成、剪辑、字幕制作、压缩转码（面向网络动漫、手机动漫格式适配）服务，以及在境内转让动漫版权（包括动漫品牌、形象或者内容的授权及再授权）。

动漫企业和自主开发、生产动漫产品的认定标准和认定程序，按照《文化部 财政部 国家税务总局关于印发〈动漫企业认定管理办法（试行）〉的通知》（文市发〔2008〕51号）的规定执行。

——财税〔2016〕36号文件附件2第一条第（六）项第2点

7.3.3 物业水费销售额计算，适用简易计税方法

提供物业管理服务的纳税人，向服务接受方收取的自来水水费，以扣除其对外支付的自来水水费后的余额为销售额，按照简易计税方法依3%的征收率计算缴纳增值税。

本公告自发布之日起施行。2016年5月1日以后已发生并处理的事项，不再作调整；未处理的，按本公告规定执行。

——国家税务总局公告2016年第54号

7.3.4 劳务派遣服务适用简易计税方法

一般纳税人提供劳务派遣服务，可以按照《财政部 国家税务总局关于全面推开营

业税改征增值税试点的通知》（财税〔2016〕36号）的有关规定，以取得的全部价款和价外费用为销售额，按照一般计税方法计算缴纳增值税；也可以选择差额纳税，以取得的全部价款和价外费用，扣除代用工单位支付给劳务派遣员工的工资、福利和为其办理社会保险及住房公积金后的余额为销售额，按照简易计税方法依5%的征收率计算缴纳增值税。

小规模纳税人提供劳务派遣服务，可以按照《财政部 国家税务总局关于全面推开营业税改征增值税试点的通知》（财税〔2016〕36号）的有关规定，以取得的全部价款和价外费用为销售额，按照简易计税方法依3%的征收率计算缴纳增值税；也可以选择差额纳税，以取得的全部价款和价外费用，扣除代用工单位支付给劳务派遣员工的工资、福利和为其办理社会保险及住房公积金后的余额为销售额，按照简易计税方法依5%的征收率计算缴纳增值税。

——财税〔2016〕47号文件第一条

7.3.5 人力资源外包服务适用简易计税方法

一般纳税人提供人力资源外包服务，可以选择适用简易计税方法，按照5%的征收率计算缴纳增值税。

——财税〔2016〕47号文件第三条第（一）项

7.4 具体业务

7.4.1 文化创意服务

（1）提供会议场地及配套服务按照“会议展览服务”纳税。

宾馆、旅馆、旅社、度假村和其他经营性住宿场所提供会议场地及配套服务的活动，按照“会议展览服务”缴纳增值税。

——财税〔2016〕140号文件第十条

（2）财税〔2016〕140号文件涉及的适用税目问题补充规定。

财税〔2016〕140号文件第九、十、十一、十四、十五、十六条明确的税目适用问题，按以下方式处理：

不涉及税率适用问题的不调整申报；

纳税人原适用的税率高于财税〔2016〕140号文件所明确税目对应税率的，多申报的销项税额可以抵减以后月份的销项税额；

纳税人原适用的税率低于财税〔2016〕140号文件所明确税目对应税率的，不调整申报，并从2016年12月份（税款所属期）起按照财税〔2016〕140号文件执行。

纳税人已就相关业务向购买方开具增值税专用发票的，应将增值税专用发票收回并重新开具；无法收回的不再调整。

——国家税务总局公告2016年第86号第二条

7.4.2 融资租赁服务

（1）融资租赁试点纳税人范围注释。

《财政部 国家税务总局关于全面推开营业税改征增值税试点的通知》（财税〔2016〕36号）所称"人民银行、银监会或者商务部批准"、"商务部授权的省级商务主管部门和国家经济技术开发区批准"从事融资租赁业务（含融资性售后回租业务）的试点纳税人（含试点纳税人中的一般纳税人），包括经上述部门备案从事融资租赁业务的试点纳税人。

——财税〔2016〕140号文件第六条

（2）2016年4月30日前不动产融资租赁可以选择简易计税方法。

一般纳税人2016年4月30日前签订的不动产融资租赁合同，或以2016年4月30日前取得的不动产提供的融资租赁服务，可以选择适用简易计税方法，按照5%的征收率计算缴纳增值税。

——财税〔2016〕47号文件第三条第（三）项

（3）租赁服务采取预收款方式的纳税义务发生时间。

《营业税改征增值税试点实施办法》（财税〔2016〕36号印发）第四十五条第（二）项修改为"纳税人提供租赁服务采取预收款方式的，其纳税义务发生时间为收到预收款的当天"。

——财税〔2017〕58号文件第二条

（4）售后回租计算销售额时扣除的本金。

纳税人提供有形动产融资性售后回租服务，计算当期销售额时可以扣除的有形动产价款本金，为书面合同约定的当期应当收取的本金。无书面合同或者书面合同没有约定的，为当期实际收取的本金。

——国家税务总局公告2015年第90号第三条

（5）融资租赁保理业务。

提供有形动产融资租赁服务的纳税人，以保理方式将融资租赁合同项下未到期应收租金的债权转让给银行等金融机构，不改变其与承租方之间的融资租赁关系，应继续按照现行规定缴纳增值税，并向承租方开具发票。

——国家税务总局公告2015年第90号第四条

(6) 租赁货物的所有权转让给承租方征收增值税。

对经中国人民银行批准经营融资租赁业务的单位所从事的融资租赁业务，无论租赁的货物的所有权是否转让给承租方，均按《中华人民共和国营业税暂行条例》的有关规定征收营业税，不征收增值税。其他单位从事的融资租赁业务，租赁的货物的所有权转让给承租方，征收增值税，不征收营业税；租赁的货物的所有权未转让给承租方，征收营业税，不征收增值税。

资租赁是指具有融资性质和所有权转移特点的设备租赁业务。即：出租人根据承租人所要求的规格、型号、性能等条件购入设备租赁给承租人，合同期内设备所有权属于出租人，承租人只拥有使用权，合同期满付清租金后，承租人有权按残值购入设备，以拥有设备的所有权。

本通知自公布之日起执行，此前规定与本通知相抵触的，一律以本通知为准。

——国税函〔2000〕514号文件

7.4.3 经营租赁服务

(1) 建筑施工设备湿租按照“建筑服务”纳税。

纳税人将建筑施工设备出租给他人使用并配备操作人员的，按照“建筑服务”缴纳增值税。

——财税〔2016〕140号文件第十六条

(2) 租赁服务采取预收款方式的纳税义务发生时间。

纳税人提供建筑服务、租赁服务采取预收款方式的，其纳税义务发生时间为收到预收款的当天。

——财税〔2016〕36号文件附件1第四十五条第（二）项

提示

根据《财政部 税务总局关于建筑服务等营改增试点政策的通知》(财税〔2017〕58号) 第二条规定，自2017年7月1日起，《营业税改征增值税试点实施办法》(财税〔2016〕36号印发) 第四十五条第（二）项修改为“纳税人提供租赁服务采取预收款方式的，其纳税义务发生时间为收到预收款的当天”。

7.4.4 商务辅助服务

1. 企业管理服务

营改增物业管理公司，同时有房屋租赁业务，可否开一张租赁发票，再开一张物业服务费发票，以区别不同税率？

答：《财政部 国家税务总局关于全面推开营业税改征增值税试点的通知》（财税〔2016〕36 号）第三十九条规定，纳税人兼营销售货物、劳务、服务、无形资产或者不动产，适用不同税率或者征收率的，应当分别核算适用不同税率或者征收率的销售额；未分别核算的，从高适用税率。

因此，适用不同税率的项目应分别开具。但可以在同一张发票上开具。

——税总纳便函〔2016〕71 号文件附件一第五项第 3 点

2. 经纪代理服务（售卡业务、不含信用卡）

（1）售卡业务。

单用途卡税务处理

单用途商业预付卡（以下简称“单用途卡”）业务按照以下规定执行：

（一）单用途卡发卡企业或者售卡企业（以下统称“售卡方”）销售单用途卡，或者接受单用途卡持卡人充值取得的预收资金，不缴纳增值税。售卡方可按照本公告第九条的规定，向购卡人、充值人开具增值税普通发票，不得开具增值税专用发票。

单用途卡，是指发卡企业按照国家有关规定发行的，仅限于在本企业、本企业所属集团或者同一品牌特许经营体系内兑付货物或者服务的预付凭证。

发卡企业，是指按照国家有关规定发行单用途卡的企业。售卡企业，是指集团发卡企业或者品牌发卡企业指定的，承担单用途卡销售、充值、挂失、换卡、退卡等相关业务的本集团或同一品牌特许经营体系内的企业。

（二）售卡方因发行或者销售单用途卡并办理相关资金收付结算业务取得的手续费、结算费、服务费、管理费等收入，应按照现行规定缴纳增值税。

（三）持卡人使用单用途卡购买货物或服务时，货物或者服务的销售方应按照现行规定缴纳增值税，且不得向持卡人开具增值税发票。

（四）销售方与售卡方不是同一个纳税人的，销售方在收到售卡方结算的销售款时，应向售卡方开具增值税普通发票，并在备注栏注明“收到预付卡结算款”，不得开具增值税专用发票。

售卡方从销售方取得的增值税普通发票，作为其销售单用途卡或接受单用途卡充值取得预收资金不缴纳增值税的凭证，留存备查。

——国家税务总局公告 2016 年第 53 号第三条

多用途卡税务处理

支付机构预付卡（以下称“多用途卡”）业务按照以下规定执行：

（一）支付机构销售多用途卡取得的等值人民币资金，或者接受多用途卡持卡人充值取得的充值资金，不缴纳增值税。支付机构可按照本公告第九条的规定，向购卡人、充值人开具增值税普通发票，不得开具增值税专用发票。

支付机构，是指取得中国人民银行核发的《支付业务许可证》，获准办理“预付卡发行与受理”业务的发卡机构和获准办理“预付卡受理”业务的受理机构。

多用途卡，是指发卡机构以特定载体和形式发行的，可在发卡机构之外购买货物或服务的预付价值。

（二）支付机构因发行或者受理多用途卡并办理相关资金收付结算业务取得的手续费、结算费、服务费、管理费等收入，应按照现行规定缴纳增值税。

（三）持卡人使用多用途卡，向与支付机构签署合作协议的特约商户购买货物或服务，特约商户应按照现行规定缴纳增值税，且不得向持卡人开具增值税发票。

（四）特约商户收到支付机构结算的销售款时，应向支付机构开具增值税普通发票，并在备注栏注明“收到预付卡结算款”，不得开具增值税专用发票。

支付机构从特约商户取得的增值税普通发票，作为其销售多用途卡或接受多用途卡充值取得预收资金不缴纳增值税的凭证，留存备查。

——国家税务总局公告 2016 年第 53 号第四条

提供银行卡跨机构资金清算服务销售额确认、发票开具

发卡机构、清算机构和收单机构提供银行卡跨机构资金清算服务，按照以下规定执行：

（一）发卡机构以其向收单机构收取的发卡行服务费为销售额，并按照此销售额向清算机构开具增值税发票。

（二）清算机构以其向发卡机构、收单机构收取的网络服务费为销售额，并按照发卡机构支付的网络服务费向发卡机构开具增值税发票，按照收单机构支付的网络服务费向收单机构开具增值税发票。

清算机构从发卡机构取得的增值税发票上记载的发卡行服务费，一并计入清算机构的销售额，并由清算机构按照此销售额向收单机构开具增值税发票。

（三）收单机构以其向商户收取的收单服务费为销售额，并按照此销售额向商户开具增值税发票。

——国家税务总局公告 2017 年第 11 号第六条

（2）拍卖手续费或佣金收入按照“经纪代理服务”缴增值税。

拍卖行受托拍卖取得的手续费或佣金收入，按照“经纪代理服务”缴纳增值税。《国家税务总局关于拍卖行取得的拍卖收入征收增值税、营业税有关问题的通知》（国税发〔1999〕40 号）停止执行。

——国家税务总局公告 2018 年第 42 号第五条

3. 人力资源服务

（1）劳务派遣服务政策。

一般纳税人提供劳务派遣服务，可以按照《财政部 国家税务总局关于全面推开营

业税改征增值税试点的通知》（财税〔2016〕36 号）的有关规定，以取得的全部价款和价外费用为销售额，按照一般计税方法计算缴纳增值税；也可以选择差额纳税，以取得的全部价款和价外费用，扣除代用工单位支付给劳务派遣员工的工资、福利和为其办理社会保险及住房公积金后的余额为销售额，按照简易计税方法依 5%的征收率计算缴纳增值税。

小规模纳税人提供劳务派遣服务，可以按照《财政部 国家税务总局关于全面推开营业税改征增值税试点的通知》（财税〔2016〕36 号）的有关规定，以取得的全部价款和价外费用为销售额，按照简易计税方法依 3%的征收率计算缴纳增值税；也可以选择差额纳税，以取得的全部价款和价外费用，扣除代用工单位支付给劳务派遣员工的工资、福利和为其办理社会保险及住房公积金后的余额为销售额，按照简易计税方法依 5%的征收率计算缴纳增值税。

选择差额纳税的纳税人，向用工单位收取用于支付给劳务派遣员工工资、福利和为其办理社会保险及住房公积金的费用，不得开具增值税专用发票，可以开具普通发票。

劳务派遣服务，是指劳务派遣公司为了满足用工单位对于各类灵活用工的需求，将员工派遣至用工单位，接受用工单位管理并为其工作的服务。

——财税〔2016〕47 号文件第一条

（2）人力资源外包。

纳税人提供人力资源外包服务，按照经纪代理服务缴纳增值税，其销售额不包括受客户单位委托代为向客户单位员工发放的工资和代理缴纳的社会保险、住房公积金。向委托方收取并代为发放的工资和代理缴纳的社会保险、住房公积金，不得开具增值税专用发票，可以开具普通发票。

一般纳税人提供人力资源外包服务，可以选择适用简易计税方法，按照 5%的征收率计算缴纳增值税。

——财税〔2016〕47 号文件第三条第（一）项

4. 安全保护服务

（1）提供武装守护押运服务按照“安全保护服务”纳税。

纳税人提供武装守护押运服务，按照“安全保护服务”缴纳增值税。

——财税〔2016〕140 号文件第十四条

（2）财税〔2016〕140 号文件涉及的适用税目问题补充规定。

财税〔2016〕140 号文件第九、十、十一、十四、十五、十六条明确的税目适用问题，按以下方式处理：

不涉及税率适用问题的不调整申报；

纳税人原适用的税率高于财税〔2016〕140 号文件所明确税目对应税率的，多申报的销项税额可以抵减以后月份的销项税额；

纳税人原适用的税率低于财税〔2016〕140号文件所明确税目对应税率的，不调整申报，并从2016年12月份（税款所属期）起按照财税〔2016〕140号文件执行。

纳税人已就相关业务向购买方开具增值税专用发票的，应将增值税专用发票收回并重新开具；无法收回的不再调整。

——国家税务总局公告2016年第86号第二条

7.4.5 其他现代服务

（1）签证代理服务销售额的确定，开具普通发票。

纳税人提供签证代理服务，以取得的全部价款和价外费用，扣除向服务接受方收取并代为支付给外交部和外国驻华使（领）馆的签证费、认证费后的余额为销售额。向服务接受方收取并代为支付的签证费、认证费，不得开具增值税专用发票，可以开具增值税普通发票。

——国家税务总局公告2016年第69号第七条

（2）机器设备的维护保养服务按“其他现代服务”缴纳增值税。

纳税人对安装运行后的机器设备提供的维护保养服务，按照“其他现代服务”缴纳增值税。

——国家税务总局公告2018年第42号第六条第三款

（3）退票费、手续费等收入按“其他现代服务”缴纳增值税。

自2018年1月1日起，纳税人已售票但客户逾期未消费取得的运输逾期票证收入，按照“交通运输服务”缴纳增值税。纳税人为客户办理退票而向客户收取的退票费、手续费等收入，按照“其他现代服务”缴纳增值税。

——财税〔2017〕90号文件第二条

8 生活服务

8.1 生活服务税目注释

8.1.1 生活服务

生活服务，是指为满足城乡居民日常生活需求提供的各类服务活动。包括文化体育服务、教育医疗服务、旅游娱乐服务、餐饮住宿服务、居民日常服务和其他生活服务。

——《销售服务、无形资产、不动产注释》第一条第（七）项

8.1.2 文化体育服务

文化体育服务，包括文化服务和体育服务。

(1) 文化服务，是指为满足社会公众文化生活需求提供的各种服务。包括：文艺创作、文艺表演、文化比赛，图书馆的图书和资料借阅，档案馆的档案管理，文物及非物质遗产保护，组织举办宗教活动、科技活动、文化活动，提供游览场所。

(2) 体育服务，是指组织举办体育比赛、体育表演、体育活动，以及提供体育训练、体育指导、体育管理的业务活动。

——《销售服务、无形资产、不动产注释》第一条第（七）项第1点

8.1.3 教育医疗服务

教育医疗服务，包括教育服务和医疗服务。

(1) 教育服务，是指提供学历教育服务、非学历教育服务、教育辅助服务的业务活动。

学历教育服务，是指根据教育行政管理部门确定或者认可的招生和教学计划组织教学，并颁发相应学历证书的业务活动。包括初等教育、初级中等教育、高级中等教育、高等教育等。

非学历教育服务，包括学前教育、各类培训、演讲、讲座、报告会等。

教育辅助服务，包括教育测评、考试、招生等服务。

(2) 医疗服务，是指提供医学检查、诊断、治疗、康复、预防、保健、接生、计划生育、防疫服务等方面的服务，以及与这些服务有关的提供药品、医用材料器具、救护车、病房住宿和伙食的业务。

——《销售服务、无形资产、不动产注释》第一条第（七）项第2点

8.1.4 旅游娱乐服务

旅游娱乐服务，包括旅游服务和娱乐服务。

(1) 旅游服务，是指根据旅游者的要求，组织安排交通、游览、住宿、餐饮、购物、文娱、商务等服务的业务活动。

(2) 娱乐服务，是指为娱乐活动同时提供场所和服务的业务。

具体包括：歌厅、舞厅、夜总会、酒吧、台球、高尔夫球、保龄球、游艺（包括射击、狩猎、跑马、游戏机、蹦极、卡丁车、热气球、动力伞、射箭、飞镖）。

——《销售服务、无形资产、不动产注释》第一条第（七）项第3点

8.1.5 餐饮住宿服务

餐饮住宿服务，包括餐饮服务和住宿服务。

（1）餐饮服务，是指通过同时提供饮食和饮食场所的方式为消费者提供饮食消费服务的业务活动。

（2）住宿服务，是指提供住宿场所及配套服务等的活动。包括宾馆、旅馆、旅社、度假村和其他经营性住宿场所提供的住宿服务。

——《销售服务、无形资产、不动产注释》第一条第（七）项第4点

8.1.6 居民日常服务

居民日常服务，是指主要为满足居民个人及其家庭日常生活需求提供的服务，包括市容市政管理、家政、婚庆、养老、殡葬、照料和护理、救助救济、美容美发、按摩、桑拿、氧吧、足疗、沐浴、洗染、摄影扩印等服务。

——《销售服务、无形资产、不动产注释》第一条第（七）项第5点

8.1.7 其他生活服务

其他生活服务，是指除文化体育服务、教育医疗服务、旅游娱乐服务、餐饮住宿服务和居民日常服务之外的生活服务。

——《销售服务、无形资产、不动产注释》第一条第（七）项第6点

8.2 税率和征收率

根据财税〔2016〕36号文件附件1第十五条第（一）项规定，生活服务属于除该条第（二）项、第（三）项、第（四）项规定外，纳税人发生的应税行为，适用税率6%，跨境销售税率为零。

根据财税〔2016〕36号文件附件2第一条第（十五）项规定，境内的购买方为境外单位和个人扣缴增值税的，按照适用税率扣缴增值税。

8.3 简易计税方法

8.3.1 适用简易计税方法计税的生活服务

（一般纳税人发生下列应税行为可以选择适用简易计税方法计税：……）

电影放映服务、仓储服务、装卸搬运服务、收派服务和文化体育服务。

——财税〔2016〕36 号文件附件 2 第一条第（六）项第 3 点

8.3.2 提供教育辅助服务可以简易计税

一般纳税人提供教育辅助服务，可以选择简易计税方法按照 3%征收率计算缴纳增值税。

——财税〔2016〕140 号文件第十三条

8.3.3 城市电影放映服务适用简易计税方法

一般纳税人提供的城市电影放映服务，可以按现行政策规定，选择按照简易计税办法计算缴纳增值税。

——财税〔2019〕17 号文件第一条第二款

8.4 具体业务

8.4.1 生活服务

生活服务税率和征收率是怎么规定的？

答：一般纳税人提供生活服务适用税率为 6%；小规模纳税人以及一般纳税人选择适用简易计税办法计税的，征收率为 3%。

——税总纳便函〔2016〕71 号文件附件一第五项第 1 点

8.4.2 文化体育服务

（1）在游览场所经营项目。

纳税人在游览场所经营索道、摆渡车、电瓶车、游船等取得的收入，按照“文化体育服务”缴纳增值税。

——财税〔2016〕140 号文件第十一条

（2）财税〔2016〕140 号文件涉及的税目适用问题补充规定。

财税〔2016〕140 号文件第九、十、十一、十四、十五、十六条明确的税目适用问题，按以下方式处理：

不涉及税率适用问题的不调整申报；

纳税人原适用的税率高于财税〔2016〕140 号文件所明确税目对应税率的，多申报的销项税额可以抵减以后月份的销项税额；

纳税人原适用的税率低于财税〔2016〕140号文件所明确税目对应税率的，不调整申报，并从2016年12月份（税款所属期）起按照财税〔2016〕140号文件执行。

纳税人已就相关业务向购买方开具增值税专用发票的，应将增值税专用发票收回并重新开具；无法收回的不再调整。

——国家税务总局公告2016年第86号第二条

8.4.3 教育医疗服务

境外单位通过教育部考试中心及其直属单位在境内开展考试，教育部考试中心及其直属单位应以取得的考试费收入扣除支付给境外单位考试费后的余额为销售额，按提供“教育辅助服务”缴纳增值税；就代为收取并支付给境外单位的考试费统一扣缴增值税。教育部考试中心及其直属单位代为收取并支付给境外单位的考试费，不得开具增值税专用发票，可以开具增值税普通发票。

——国家税务总局公告2016年第69号第六条

8.4.4 旅游娱乐服务

（1）旅游服务的销售额确定及发票开具。

全面营改增后，旅行社提供旅游服务，其中机票款是否可以在计算销售额时扣除？

答：可以。根据《财政部 国家税务总局关于全面推开营业税改征增值税试点的通知》（财税〔2016〕36号）附件2的规定，试点纳税人提供旅游服务，可以选择以取得的全部价款和价外费用，扣除向旅游服务购买方收取并支付给其他单位或者个人的住宿费、餐饮费、交通费、签证费、门票费和支付给其他接团旅游企业的旅游费用后的余额为销售额。

选择上述办法计算销售额的试点纳税人，向旅游服务购买方收取并支付的上述费用，不得开具增值税专用发票，可以开具普通发票。

——税总纳便函〔2016〕71号文件附件一第五项第4点

营改增之后，旅游业开具发票有什么特殊规定？

答：根据《财政部国家税务总局关于全面推开营业税改征增值税试点的通知》（财税〔2016〕36号）附件2的规定，试点纳税人提供旅游服务，可以选择以取得的全部价款和价外费用，扣除向旅游服务购买方收取并支付给其他单位或者个人的住宿费、餐饮费、交通费、签证费、门票费和支付给其他接团旅游企业的旅游费用后的余额为销售额。

选择上述办法计算销售额的试点纳税人，向旅游服务购买方收取并支付的上述费用，不得开具增值税专用发票，可以开具普通发票。

——税总纳便函〔2016〕71号文件附件一第五条第6点

（2）旅游服务以交通费发票复印件作为扣除凭证。

纳税人提供旅游服务，将火车票、飞机票等交通费发票原件交付给旅游服务购买方而无法收回的，以交通费发票复印件作为差额扣除凭证。

——国家税务总局公告2016年第69号第九条

8.4.5 餐饮住宿服务

（1）餐饮业外卖食品按“餐饮服务”纳税。

提供餐饮服务的纳税人销售的外卖食品，按照“餐饮服务”缴纳增值税。

——财税〔2016〕140号文件第九条

（2）财税〔2016〕140号文件涉及的适用税目问题补充规定。

财税〔2016〕140号文件第九、十、十一、十四、十五、十六条明确的税目适用问题，按以下方式处理：

不涉及税率适用问题的不调整申报；

纳税人原适用的税率高于财税〔2016〕140号文件所明确税目对应税率的，多申报的销项税额可以抵减以后月份的销项税额；

纳税人原适用的税率低于财税〔2016〕140号文件所明确税目对应税率的，不调整申报，并从2016年12月份（税款所属期）起按照财税〔2016〕140号文件执行。

纳税人已就相关业务向购买方开具增值税专用发票的，应将增值税专用发票收回并重新开具；无法收回的不再调整。

——国家税务总局公告2016年第86号第二条

（3）餐饮业农产品进项税额抵扣。

餐饮行业增值税一般纳税人购进农业生产者自产农产品，可以使用国税机关监制的农产品收购发票，按照现行规定计算抵扣进项税额。

有条件的地区，应积极在餐饮行业推行农产品进项税额核定扣除办法，按照《财政部 国家税务总局关于在部分行业试行农产品增值税进项税额核定扣除办法的通知》（财税〔2012〕38号）有关规定计算抵扣进项税额。

——国家税务总局公告2016年第26号第一条

（4）出租酒店式公寓适用住宿服务税目。

纳税人以长（短）租形式出租酒店式公寓并提供配套服务的，按照住宿服务缴纳增值税。

——国家税务总局公告2016年第69号第五条

（5）现场制作食品并直接销售按“餐饮服务”纳税。

关于餐饮服务税目适用

纳税人现场制作食品并直接销售给消费者，按照“餐饮服务”缴纳增值税。

——国家税务总局公告 2019 年第 31 号第十二条

8.4.6 其他生活服务

纳税人提供植物养护服务，按照“其他生活服务”缴纳增值税。

——国家税务总局公告 2017 年第 11 号第五条

9 销售无形资产

9.1 销售无形资产税目注释

销售无形资产，是指转让无形资产所有权或者使用权的业务活动。无形资产，是指不具实物形态，但能带来经济利益的资产，包括技术、商标、著作权、商誉、自然资源使用权和其他权益性无形资产。

技术，包括专利技术和非专利技术。

自然资源使用权，包括土地使用权、海域使用权、探矿权、采矿权、取水权和其他自然资源使用权。

其他权益性无形资产，包括基础设施资产经营权、公共事业特许权、配额、经营权（包括特许经营权、连锁经营权、其他经营权）、经销权、分销权、代理权、会员权、席位权、网络游戏虚拟道具、域名、名称权、肖像权、冠名权、转会费等。

——《销售服务、无形资产、不动产注释》第二条

9.2 税　率

2018 年 5 月 1 日前，转让土地使用权适用税率 11%。

根据财税〔2018〕32 号文件第一条规定，2018 年 5 月 1 日至 2019 年 4 月 1 日期间，转让土地使用权适用税率 10%。

根据财政部、税务总局、海关总署公告 2019 年第 39 号第一条规定，2019 年 4 月 1 日起，转让土地使用权适用税率 9%。

根据财税〔2016〕36 号文件附件 2 第一条第（十五）项规定，转让土地使用权以

外的其他无形资产，属于除该条第（二）项、第（三）项、第（四）项规定外，纳税人发生的应税行为，适用税率6%。

财税〔2016〕36号文件附件2第一条第（十五）项规定，境内的购买方为境外单位和个人扣缴增值税的，按照适用税率扣缴增值税。

9.3 具体业务

9.3.1 转让补充耕地指标按销售无形资产缴纳增值税

纳税人通过省级土地行政主管部门设立的交易平台转让补充耕地指标，按照销售无形资产缴纳增值税，税率为6%。本公告所称补充耕地指标，是指根据《中华人民共和国土地管理法》及国务院土地行政主管部门《耕地占补平衡考核办法》的有关要求，经省级土地行政主管部门确认，用于耕地占补平衡的指标。

——国家税务总局公告2018年第42号第三条

9.3.2 非企业性单位提供服务、销售无形资产可简易计税

非企业性单位中的一般纳税人提供的研发和技术服务、信息技术服务、鉴证咨询服务，以及销售技术、著作权等无形资产，可以选择简易计税方法按照3%征收率计算缴纳增值税。

非企业性单位中的一般纳税人提供《营业税改征增值税试点过渡政策的规定》(财税〔2016〕36号）第一条第（二十六）项中的“技术转让、技术开发和与之相关的技术咨询、技术服务”，可以参照上述规定，选择简易计税方法按照3%征收率计算缴纳增值税。

——财税〔2016〕140号文件第十二条

10 销售不动产

10.1 销售不动产税目注释

销售不动产，是指转让不动产所有权的业务活动。不动产，是指不能移动或者移动后会引起性质、形状改变的财产，包括建筑物、构筑物等。

建筑物，包括住宅、商业营业用房、办公楼等可供居住、工作或者进行其他活动的建造物。

构筑物，包括道路、桥梁、隧道、水坝等建造物。

转让建筑物有限产权或者永久使用权的，转让在建的建筑物或者构筑物所有权的，以及在转让建筑物或者构筑物时一并转让其所占土地的使用权的，按照销售不动产缴纳增值税。

——《销售服务、无形资产、不动产注释》第三条

10.2 税 率

2018年5月1日之前，根据《增值税暂行条例》和财税〔2016〕36号文件规定，销售不动产增值税税率：11%。

2018年5月1日至2019年4月1日期间，根据财税〔2018〕32号文件规定，原适用17%和11%税率的，税率分别调整为16%、10%，销售不动产增值税税率：10%。

2019年4月1日后，根据财政部、税务总局、海关总署公告2019年第39号规定，原10%税率调整为9%，销售不动产增值税税率：9%。

财税〔2016〕36号文件附件2第一条第（十五）项规定，境内的购买方为境外单位和个人扣缴增值税的，按照适用税率扣缴增值税。

10.3 房地产开发

10.3.1 一般计税方法的房地产项目销售额

房地产开发企业中的一般纳税人销售其开发的房地产项目（选择简易计税方法的房地产老项目除外），以取得的全部价款和价外费用，扣除受让土地时向政府部门支付的土地价款后的余额为销售额。

房地产老项目，是指《建筑工程施工许可证》注明的合同开工日期在2016年4月30日前的房地产项目。

——财税〔2016〕36号文件附件2第一条第（三）项第10点

10.3.2 “向政府部门支付的土地价款”的解释

《营业税改征增值税试点有关事项的规定》（财税〔2016〕36号）第一条第（三）项第10点中“向政府部门支付的土地价款”，包括土地受让人向政府部门支付的征地和拆迁补偿费用、土地前期开发费用和土地出让收益等。

——财税〔2016〕140号文件第七条第一款

10.3.3 向其他单位或个人支付的拆迁补偿费用可在计算销售额时扣除

房地产开发企业中的一般纳税人销售其开发的房地产项目（选择简易计税方法的房地产老项目除外），在取得土地时向其他单位或个人支付的拆迁补偿费用也允许在计算销售额时扣除。纳税人按上述规定扣除拆迁补偿费用时，应提供拆迁协议、拆迁双方支付和取得拆迁补偿费用凭证等能够证明拆迁补偿费用真实性的材料。

——财税〔2016〕140号文件第七条第二款

10.3.4 向政府部门支付的土地价款可由项目公司扣除

房地产开发企业（包括多个房地产开发企业组成的联合体）受让土地向政府部门支付土地价款后，设立项目公司对该受让土地进行开发，同时符合下列条件的，可由项目公司按规定扣除房地产开发企业向政府部门支付的土地价款。

（一）房地产开发企业、项目公司、政府部门三方签订变更协议或补充合同，将土地受让人变更为项目公司；

（二）政府部门出让土地的用途、规划等条件不变的情况下，签署变更协议或补充合同时，土地价款总额不变；

（三）项目公司的全部股权由受让土地的房地产开发企业持有。

——财税〔2016〕140号文件第八条

10.3.5 财税〔2016〕140号文件第七、第八条的补充规定

房地产开发企业向政府部门支付的土地价款，以及向其他单位或个人支付的拆迁补偿费用，按照财税〔2016〕140号文件第七、八条规定，允许在计算销售额时扣除但未扣除的，从2016年12月份（税款所属期）起按照现行规定计算扣除。

——国家税务总局公告2016年第86号第一条

10.3.6 房地产开发企业一般纳税人老项目可简易计税

房地产开发企业中的一般纳税人，销售自行开发的房地产老项目，可以选择适用简易计税方法按照5%的征收率计税。

——财税〔2016〕36号文件附件2第一条第（八）项第7点

10.3.7 房地产开发企业小规模纳税人简易计税

房地产开发企业中的小规模纳税人，销售自行开发的房地产项目，按照5%的征收率计税。

——财税〔2016〕36号文件附件2第一条第（八）项第8点

10.3.8 房地产开发企业采取预收款方式销售按3%预缴增值税

房地产开发企业采取预收款方式销售所开发的房地产项目，在收到预收款时按照3%的预征率预缴增值税。

——财税〔2016〕36号文件附件2第一条第（八）项第8点

10.3.9 一般纳税人销售老不动产（不含自建）适用一般计税方法按5%预缴增值税

一般纳税人销售其2016年4月30日前取得的不动产（不含自建），适用一般计税方法计税的，以取得的全部价款和价外费用为销售额计算应纳税额。上述纳税人应以取得的全部价款和价外费用减去该项不动产购置原价或者取得不动产时的作价后的余额，按照5%的预征率在不动产所在地预缴税款后，向机构所在地主管税务机关进行纳税申报。

——财税〔2016〕36号文件附件2第一条第（十）项第一款

10.3.10 房地产开发企业销售老项目适用一般计税方法按3%预缴增值税

房地产开发企业中的一般纳税人销售房地产老项目，以及一般纳税人出租其2016年4月30日前取得的不动产，适用一般计税方法计税的，应以取得的全部价款和价外费用，按照3%的预征率在不动产所在地预缴税款后，向机构所在地主管税务机关进行纳税申报。

——财税〔2016〕36号文件附件2第一条第（十）项第二款

10.3.11 一般纳税人销售自建的老不动产适用一般计税方法按5%预缴增值税

一般纳税人销售其2016年4月30日前自建的不动产，适用一般计税方法计税的，应以取得的全部价款和价外费用为销售额计算应纳税额。纳税人应以取得的全部价款和价外费用，按照5%的预征率在不动产所在地预缴税款后，向机构所在地主管税务机关进行纳税申报。

——财税〔2016〕36号文件附件2第一条第（十）项第三款

10.3.12 房地产开发业务问答

1. 房地产开发企业开发的，开工日期在4月30日之前的同一《施工许可证》下的不同房产，如开发项目中既有普通住房，又有别墅，可以分别选择简易征收和一般计税方法吗？

答：不可以。同一房地产项目只能选择适用一种计税方法。

2. 房地产开发企业自行开发项目，如何判断是否属于老项目，以开工、完工还是产权登记时间为准？

答：根据《国家税务总局关于发布〈房地产开发企业销售自行开发的房地产项目增值税征收管理暂行办法〉的公告》（国家税务总局公告2016年第18号）的规定，房地产老项目，是指：（一）《建筑工程施工许可证》注明的合同开工日期在2016年4月30日前的房地产项目；（二）《建筑工程施工许可证》未注明合同开工日期或者未取得《建筑工程施工许可证》但建筑工程承包合同注明的开工日期在2016年4月30日前的建筑工程项目。

3. 房地产开发公司在本市跨区县从事的房地产开发项目，营改增后应在哪里申请办理防伪税控设备及领用发票？

答：应该在机构所在地办理。

4. 一般纳税人销售自行开发的房地产项目，在营改增之前已经申报了营业税但是没有开具发票，营改增之后有什么处理办法？

答：根据《国家税务总局关于发布〈房地产开发企业销售自行开发的房地产项目增值税征收管理暂行办法〉的公告》（国家税务总局公告2016年第18号）的规定，一般纳税人销售自行开发的房地产项目，其2016年4月30日前收取并已向主管地税机关申报缴纳营业税的预收款，未开具营业税发票的，可以开具增值税普通发票，不得开具增值税专用发票。

5. 营改增后，一般纳税人销售自行开发的房地产项目，预缴和申报都怎么操作？

答：根据《国家税务总局关于发布〈房地产开发企业销售自行开发的房地产项目增值税征收管理暂行办法〉的公告》（国家税务总局公告2016年第18号）的规定，一般纳税人采取预收款方式销售自行开发的房地产项目，应在取得预收款的次月纳税申报期，按照3%的预征率向主管国税机关预缴税款。

一般纳税人销售自行开发的房地产项目适用一般计税方法计税的，应按照规定的增值税纳税义务发生时间，以当期销售额和11%的适用税率计算当期应纳税额，抵减已预缴税款后，向主管国税机关申报纳税。未抵减完的预缴税款可以结转下期继续抵减。

一般纳税人销售自行开发的房地产项目适用简易计税方法计税的，应按照规定的增值税纳税义务发生时间，以当期销售额和5%的征收率计算当期应纳税额，抵减已预缴税款后，向主管国税机关申报纳税。未抵减完的预缴税款可以结转下期继续抵减。

——税总纳便函〔2016〕71号文件附件一第三项

10.3.13 围填海开发房地产项目简易计税

关于围填海开发房地产项目适用简易计税

房地产开发企业中的一般纳税人以围填海方式取得土地并开发的房地产项目，围填海工程《建筑工程施工许可证》或建筑工程承包合同注明的围填海开工日期在2016年4月30日前的，属于房地产老项目，可以选择适用简易计税方法按照5%的征收率计算缴纳增值税。

——国家税务总局公告2019年第31号第九条

10.4 具体业务（不包括房地产开发）

10.4.1 个人销售、转让、出租不动产

（1）个人转让住房缴纳增值税的情形。

个人转让住房，在2016年4月30日前已签订转让合同，2016年5月1日以后办理产权变更事项的，应缴纳增值税，不缴纳营业税。

——国家税务总局公告2016年第26号第二条

（2）其他个人销售不动产的简易征收。

其他个人销售其取得（不含自建）的不动产（不含其购买的住房），应以取得的全部价款和价外费用减去该项不动产购置原价或者取得不动产时的作价后的余额为销售额，按照5%的征收率计算应纳税额。

——财税〔2016〕36号文件附件2第一条第（八）项第11点

一般纳税人出租房屋，可否选择简易征收？

答：一般纳税人出租其2016年4月30日前取得的不动产，可以选择适用简易计税方法，按照5%的征收率计算应纳税额。

一般纳税人出租其2016年5月1日后取得的不动产，适用一般计税方法计税。

——税总纳便函〔2016〕71号文件附件一第五项第5点

（3）其他个人出租不动产按5%征收率计算应纳税额。

其他个人出租其取得的不动产（不含住房），应按照5%的征收率计算应纳税额。

——财税〔2016〕36号文件附件2第一条第（九）项第5点

（4）个人出租住房按5%征收率减按1.5%计算应纳税额。

个人出租住房，应按照5%的征收率减按1.5%计算应纳税额。

——财税〔2016〕36号文件附件2第一条第（九）项第6点

营改增之后，个人出租住房增值税征收率是多少？

答：根据《财政部国家税务总局关于全面推开营业税改征增值税试点的通知》（财税〔2016〕36号）附件2《营业税改征增值税试点有关事项的规定》规定，个人出租住房，应按照5%的征收率减按1.5%计算应纳税额。

——税总纳便函〔2016〕71号文件附件一第五项第2点

10.4.2 不动产销售、租赁

（1）销售不动产的预征。

一般纳税人销售其2016年4月30日前取得（不含自建）的不动产，可以选择适用简易计税方法，以取得的全部价款和价外费用减去该项不动产购置原价或者取得不动产时的作价后的余额为销售额，按照5%的征收率计算应纳税额。纳税人应按照上述计税方法在不动产所在地预缴税款后，向机构所在地主管税务机关进行纳税申报。

——财税〔2016〕36号文件附件2第一条第（八）项第1点

一般纳税人销售其2016年4月30日前自建的不动产，可以选择适用简易计税方法，以取得的全部价款和价外费用为销售额，按照5%的征收率计算应纳税额。纳税人应按照上述计税方法在不动产所在地预缴税款后，向机构所在地主管税务机关进行纳税申报。

——财税〔2016〕36号文件附件2第一条第（八）项第2点

一般纳税人销售其2016年5月1日后取得（不含自建）的不动产，应适用一般计税方法，以取得的全部价款和价外费用为销售额计算应纳税额。纳税人应以取得的全部价款和价外费用减去该项不动产购置原价或者取得不动产时的作价后的余额，按照5%的预征率在不动产所在地预缴税款后，向机构所在地主管税务机关进行纳税申报。

——财税〔2016〕36号文件附件2第一条第（八）项第3点

一般纳税人销售其2016年5月1日后自建的不动产，应适用一般计税方法，以取得的全部价款和价外费用为销售额计算应纳税额。纳税人应以取得的全部价款和价外费用，按照5%的预征率在不动产所在地预缴税款后，向机构所在地主管税务机关进行纳税申报。

——财税〔2016〕36号文件附件2第一条第（八）项第4点

小规模纳税人销售其取得（不含自建）的不动产（不含个体工商户销售购买的住房和其他个人销售不动产），应以取得的全部价款和价外费用减去该项不动产购置原价或者取得不动产时的作价后的余额为销售额，按照5%的征收率计算应纳税额。纳税人应按照上述计税方法在不动产所在地预缴税款后，向机构所在地主管税务机关进行纳税申报。

——财税〔2016〕36号文件附件2第一条第（八）项第5点

小规模纳税人销售其自建的不动产，应以取得的全部价款和价外费用为销售额，按照5%的征收率计算应纳税额。纳税人应按照上述计税方法在不动产所在地预缴税款后，向机构所在地主管税务机关进行纳税申报。

——财税〔2016〕36号文件附件2第一条第（八）项第6点

个体工商户销售购买的住房，应按照附件3《营业税改征增值税试点过渡政策的规定》第五条的规定征免增值税。纳税人应按照上述计税方法在不动产所在地预缴税款后，向机构所在地主管税务机关进行纳税申报。

——财税〔2016〕36号文件附件2第一条第（八）项第10点

（2）销售使用过的固定资产。

一般纳税人销售自己使用过的、纳入营改增试点之日前取得的固定资产，按照现行旧货相关增值税政策执行。

使用过的固定资产，是指纳税人符合《试点实施办法》第二十八条规定并根据财务会计制度已经计提折旧的固定资产。

——财税〔2016〕36号文件附件2第一条第（十四）项

（3）跨地区销售建筑服务、销售出租不动产暂停预缴的情形。

一般纳税人跨省（自治区、直辖市或者计划单列市）提供建筑服务或者销售、出租取得的与机构所在地不在同一省（自治区、直辖市或者计划单列市）的不动产，在机构所在地申报纳税时，计算的应纳税额小于已预缴税额，且差额较大的，由国家税务总局通知建筑服务发生地或者不动产所在地省级税务机关，在一定时期内暂停预缴增值税。

——财税〔2016〕36号文件附件2第一条第（十一）项

（4）不动产过户使用发票的联次。

纳税人销售其取得的不动产，自行开具或者税务机关代开增值税发票时，使用六联增值税专用发票或者五联增值税普通发票。纳税人办理产权过户手续需要使用发票的，可以使用增值税专用发票第六联或者增值税普通发票第三联。

——税总函〔2016〕190号文件

（5）不动产经营租赁服务。

1. 一般纳税人出租其2016年4月30日前取得的不动产，可以选择适用简易计税方法，按照5%的征收率计算应纳税额。纳税人出租其2016年4月30日前取得的与机构所在地不在同一县（市）的不动产，应按照上述计税方法在不动产所在地预缴税款后，向机构所在地主管税务机关进行纳税申报。

2. 公路经营企业中的一般纳税人收取试点前开工的高速公路的车辆通行费，可以选择适用简易计税方法，减按3%的征收率计算应纳税额。

试点前开工的高速公路，是指相关施工许可证明上注明的合同开工日期在2016年4月30日前的高速公路。

3. 一般纳税人出租其2016年5月1日后取得的、与机构所在地不在同一县（市）的不动产，应按照3%的预征率在不动产所在地预缴税款后，向机构所在地主管税务机关进行纳税申报。

4. 小规模纳税人出租其取得的不动产（不含个人出租住房），应按照5%的征收率计算应纳税额。纳税人出租与机构所在地不在同一县（市）的不动产，应按照上述计税方法在不动产所在地预缴税款后，向机构所在地主管税务机关进行纳税申报。

5. 其他个人出租其取得的不动产（不含住房），应按照5%的征收率计算应纳税额。

6. 个人出租住房，应按照5%的征收率减按1.5%计算应纳税额。

——财税〔2016〕36号文件附件2第一条第（九）项

（6）土地出租。

纳税人以经营租赁方式将土地出租给他人使用，按照不动产经营租赁服务缴纳增值税。

纳税人转让2016年4月30日前取得的土地使用权，可以选择适用简易计税方法，以取得的全部价款和价外费用减去取得该土地使用权的原价后的余额为销售额，按照5%的征收率计算缴纳增值税。

——财税〔2016〕47号文件第三条第（二）项

（7）租赁服务采取预收款方式的纳税义务发生时间。

《营业税改征增值税试点实施办法》（财税〔2016〕36号印发）第四十五条第（二）项修改为“纳税人提供租赁服务采取预收款方式的，其纳税义务发生时间为收到预收款的当天”。

——财税〔2017〕58号文件第二条

（8）租入固定资产、不动产进项税额准予抵扣。

自2018年1月1日起，纳税人租入固定资产、不动产，既用于一般计税方法计税项目，又用于简易计税方法计税项目、免征增值税项目、集体福利或者个人消费的，其进项税额准予从销项税额中全额抵扣。

——财税〔2017〕90 号文件第一条

（9）不得抵扣进项税额不动产可抵扣进项税额计算。

按照规定不得抵扣进项税额的不动产，发生用途改变，用于允许抵扣进项税额项目的，按照下列公式在改变用途的次月计算可抵扣进项税额。

可抵扣进项税额＝增值税扣税凭证注明或计算的进项税额×不动产净值率

——国家税务总局公告 2019 年第 14 号第七条

（10）租赁合同中约定免租期的不属于视同销售。

纳税人出租不动产，租赁合同中约定免租期的，不属于《营业税改征增值税试点实施办法》（财税〔2016〕36 号文件印发）第十四条规定的视同销售服务。

——国家税务总局公告 2016 年第 86 号第七条

10.4.3 转让不动产凭契税完税证差额扣除

现将纳税人转让不动产缴纳增值税差额扣除有关问题公告如下：

一、纳税人转让不动产，按照有关规定差额缴纳增值税的，如因丢失等原因无法提供取得不动产时的发票，可向税务机关提供其他能证明契税计税金额的完税凭证等资料，进行差额扣除。

二、纳税人以契税计税金额进行差额扣除的，按照下列公式计算增值税应纳税额：

（一）2016 年 4 月 30 日及以前缴纳契税的

增值税应纳税额＝[全部交易价格（含增值税）－契税计税金额（含营业税）]÷(1＋5%)×5%

（二）2016 年 5 月 1 日及以后缴纳契税的

增值税应纳税额＝[全部交易价格（含增值税）÷(1＋5%)－契税计税金额（不含增值税）]×5%

三、纳税人同时保留取得不动产时的发票和其他能证明契税计税金额的完税凭证等资料的，应当凭发票进行差额扣除。

本公告自发布之日起施行。此前已发生未处理的事项，按照本公告的规定执行。

——国家税务总局公告 2016 年第 73 号

10.5 专项管理办法

涉及销售不动产专项管理办法的文件主要有：

（1）《国家税务总局关于公布〈纳税人转让不动产增值税征收管理暂行办法〉的公告》（国家税务总局公告 2016 年第 14 号），自 2018 年 6 月 15 日起被《国家税务总局关于修改部分税收规范性文件的公告》（国家税务总局公告 2018 年第 31 号）修改。

（2）《国家税务总局关于发布〈纳税人提供不动产经营租赁服务增值税征收管理暂行办法〉的公告》（国家税务总局公告 2016 年第 16 号），自 2018 年 6 月 15 日起被《国家税务总局关于修改部分税收规范性文件的公告》（国家税务总局公告 2018 年第 31 号）修改。

（3）《国家税务总局关于发布〈房地产开发企业销售自行开发的房地产项目增值税征收管理暂行办法〉的公告》（国家税务总局公告 2016 年第 18 号），自 2018 年 6 月 15 日起被《国家税务总局关于修改部分税收规范性文件的公告》（国家税务总局公告 2018 年第 31 号）修改。

Tax Declaration and

Regulatory Guidelines of

Value-added Tax

第三篇 优惠篇

1 优惠基本制度

1.1 免征增值税的项目

下列项目免征增值税：

（一）农业生产者销售的自产农产品；

（二）避孕药品和用具；

（三）古旧图书；

（四）直接用于科学研究、科学试验和教学的进口仪器、设备；

（五）外国政府、国际组织无偿援助的进口物资和设备；

（六）由残疾人的组织直接进口供残疾人专用的物品；

（七）销售的自己使用过的物品。

除前款规定外，增值税的免税、减税项目由国务院规定。任何地区、部门均不得规定免税、减税项目。

——《增值税暂行条例》第十五条

条例第十五条规定的部分免税项目的范围，限定如下：

（一）第一款第（一）项所称农业，是指种植业、养殖业、林业、牧业、水产业。

农业生产者，包括从事农业生产的单位和个人。

农产品，是指初级农产品，具体范围由财政部、国家税务总局确定。

（二）第一款第（三）项所称古旧图书，是指向社会收购的古书和旧书。

（三）第一款第（七）项所称自己使用过的物品，是指其他个人自己使用过的物品。

——《增值税暂行条例实施细则》第三十五条

1.2 跨境应税行为

1.2.1 免税的销售服务和无形资产

境内的单位和个人销售的下列服务和无形资产免征增值税，但财政部和国家税务总局规定适用增值税零税率的除外：

（一）境外八项服务

下列服务：

1. 工程项目在境外的建筑服务。

2. 工程项目在境外的工程监理服务。

3. 工程、矿产资源在境外的工程勘察勘探服务。

4. 会议展览地点在境外的会议展览服务。

5. 存储地点在境外的仓储服务。

6. 标的物在境外使用的有形动产租赁服务。

7. 在境外提供的广播影视节目（作品）的播映服务。

8. 在境外提供的文化体育服务、教育医疗服务、旅游服务。

（二）出口货物的四项服务

为出口货物提供的邮政服务、收派服务、保险服务。

为出口货物提供的保险服务，包括出口货物保险和出口信用保险。

（三）境外消费的服务和无形资产

向境外单位提供的完全在境外消费的下列服务和无形资产：

1. 电信服务。

2. 知识产权服务。

3. 物流辅助服务（仓储服务、收派服务除外）。

4. 鉴证咨询服务。

5. 专业技术服务。

6. 商务辅助服务。

7. 广告投放地在境外的广告服务。

8. 无形资产。

（四）无运输工具的国际运输服务

以无运输工具承运方式提供的国际运输服务。

（五）境外金融服务

为境外单位之间的货币资金融通及其他金融业务提供的直接收费金融服务，且该服务与境内的货物、无形资产和不动产无关。

（六）其他服务

财政部和国家税务总局规定的其他服务。

——财税〔2016〕36号文件附件4第二条

1.2.2 “完全在境外消费”的解释

本规定所称完全在境外消费，是指：

（一）服务的实际接受方在境外，且与境内的货物和不动产无关。

（二）无形资产完全在境外使用，且与境内的货物和不动产无关。

（三）财政部和国家税务总局规定的其他情形。

——财税〔2016〕36号文件附件4第七条

1.2.3 发生的与香港、澳门、台湾有关的应税行为

境内单位和个人发生的与香港、澳门、台湾有关的应税行为，除本文另有规定外，参照上述规定执行。

——财税〔2016〕36号文件附件4第八条

1.2.4 免税、减税、零税率的选择权利

纳税人发生应税行为适用免税、减税规定的，可以放弃免税、减税，依照本办法的规定缴纳增值税。放弃免税、减税后，36个月内不得再申请免税、减税。

纳税人发生应税行为同时适用免税和零税率规定的，纳税人可以选择适用免税或者零税率。

——财税〔2016〕36号文件附件1第四十八条

境内的单位和个人销售适用增值税零税率的服务或无形资产的，可以放弃适用增值税零税率，选择免税或按规定缴纳增值税。放弃适用增值税零税率后，36个月内不得再申请适用增值税零税率。

——财税〔2016〕36号文件附件4第五条

1.2.5 增值税优惠政策执行期限

上述增值税优惠政策除已规定期限的项目和第五条政策外，其他均在营改增试点期间执行。如果试点纳税人在纳入营改增试点之日前已经按照有关政策规定享受了营业税税收优惠，在剩余税收优惠政策期限内，按照本规定享受有关增值税优惠。

——财税〔2016〕36号文件附件3第六条

1.2.6 营改增新老政策与香港、澳门、台湾有关的应税行为衔接

2016年4月30日前签订的合同，符合《财政部 国家税务总局关于将铁路运输和邮政业纳入营业税改征增值税试点的通知》（财税〔2013〕106号）附件4和《财政部 国家税务总局关于影视等出口服务适用增值税零税率政策的通知》（财税

〔2015〕118号）规定的零税率或者免税政策条件的，在合同到期前可以继续享受零税率或者免税政策。

——财税〔2016〕36号文件附件4第九条

1.3 起征点

1.3.1 增值税的起征点

增值税起征点的适用范围限于个人。

增值税起征点的幅度规定如下：

（一）销售货物的，为月销售额5 000～20 000元；

（二）销售应税劳务的，为月销售额5 000～20 000元；

（三）按次纳税的，为每次（日）销售额300～500元。

前款所称销售额，是指本细则第三十条第一款所称小规模纳税人的销售额。

省、自治区、直辖市财政厅（局）和国家税务局应在规定的幅度内，根据实际情况确定本地区适用的起征点，并报财政部、国家税务总局备案。

——《增值税暂行条例实施细则》第三十七条

增值税起征点幅度如下：

（一）按期纳税的，为月销售额5 000～20 000元（含本数）。

（二）按次纳税的，为每次（日）销售额300～500元（含本数）。

起征点的调整由财政部和国家税务总局规定。省、自治区、直辖市财政厅（局）和国家税务局应当在规定的幅度内，根据实际情况确定本地区适用的起征点，并报财政部和国家税务总局备案。

对增值税小规模纳税人中月销售额未达到2万元的企业或非企业性单位，免征增值税。2017年12月31日前，对月销售额2万元（含本数）至3万元的增值税小规模纳税人，免征增值税。

——财税〔2016〕36号文件附件1第五十条

1.3.2 未达到增值税起征点的免税

纳税人销售额未达到国务院财政、税务主管部门规定的增值税起征点的，免征增值税；达到起征点的，依照本条例规定全额计算缴纳增值税。

——《增值税暂行条例》第十七条

个人发生应税行为的销售额未达到增值税起征点的，免征增值税；达到起征点的，全额计算缴纳增值税。

增值税起征点不适用于登记为一般纳税人的个体工商户。

——财税〔2016〕36号文件附件1第四十九条

增值税小规模纳税人兼营营业税应税项目的，应当分别核算增值税应税项目的销售额和营业税应税项目的营业额，月销售额不超过3万元（按季纳税9万元）的，免征增值税；月营业额不超过3万元（按季纳税9万元）的，免征营业税。

——国家税务总局公告2014年第57号第二条

1.4 具体免税项目

1.4.1 托儿所、幼儿园提供的保育和教育服务

托儿所、幼儿园提供的保育和教育服务。

托儿所、幼儿园，是指经县级以上教育部门审批成立、取得办园许可证的实施0—6岁学前教育的机构，包括公办和民办的托儿所、幼儿园、学前班、幼儿班、保育院、幼儿院。

公办托儿所、幼儿园免征增值税的收入是指，在省级财政部门和价格主管部门审核报省级人民政府批准的收费标准以内收取的教育费、保育费。

民办托儿所、幼儿园免征增值税的收入是指，在报经当地有关部门备案并公示的收费标准范围内收取的教育费、保育费。

超过规定收费标准的收费，以开办实验班、特色班和兴趣班等为由另外收取的费用以及与幼儿入园挂钩的赞助费、支教费等超过规定范围的收入，不属于免征增值税的收入。

——财税〔2016〕36号文件附件3第一条第（一）项

1.4.2 养老机构提供的养老服务

养老机构提供的养老服务。

养老机构，是指依照民政部《养老机构设立许可办法》（民政部令第48号）设立并依法办理登记的为老年人提供集中居住和照料服务的各类养老机构；养老服务，是指上述养老机构按照民政部《养老机构管理办法》（民政部令第49号）的规定，为收住的老年人提供的生活照料、康复护理、精神慰藉、文化娱乐等服务。

——财税〔2016〕36号文件附件3第一条第（二）项

1.4.3 残疾人育养服务

残疾人福利机构提供的育养服务。

——财税〔2016〕36号文件附件3第一条第（三）项

1.4.4 婚介服务

婚姻介绍服务。

——财税〔2016〕36号文件附件3第一条第（四）项

1.4.5 殡葬服务

殡葬服务，是指收费标准由各地价格主管部门会同有关部门核定，或者实行政府指导价管理的遗体接运（含抬尸、消毒）、遗体整容、遗体防腐、存放（含冷藏）、火化、骨灰寄存、吊唁设施设备租赁、墓穴租赁及管理等服务。

——财税〔2016〕36号文件附件3第一条第（五）项

1.4.6 残疾人提供的服务

残疾人员本人为社会提供的服务。

——财税〔2016〕36号文件附件3第一条第（六）项

1.4.7 医疗机构提供的医疗服务

医疗机构提供的医疗服务。

医疗机构，是指依据国务院《医疗机构管理条例》（国务院令第149号）及卫生部《医疗机构管理条例实施细则》（卫生部令第35号）的规定，经登记取得《医疗机构执业许可证》的机构，以及军队、武警部队各级各类医疗机构。具体包括：各级各类医院、门诊部（所）、社区卫生服务中心（站）、急救中心（站）、城乡卫生院、护理院（所）、疗养院、临床检验中心，各级政府及有关部门举办的卫生防疫站（疾病控制中心）、各种专科疾病防治站（所），各级政府举办的妇幼保健所（站）、母婴保健机构、儿童保健机构，各级政府举办的血站（血液中心）等医疗机构。

本项所称的医疗服务，是指医疗机构按照不高于地（市）级以上价格主管部门会同同级卫生主管部门及其他相关部门制定的医疗服务指导价格（包括政府指导价和按照规定由供需双方协商确定的价格等）为就医者提供《全国医疗服务价格项目规范》所列的各项服务，以及医疗机构向社会提供卫生防疫、卫生检疫的服务。

——财税〔2016〕36号文件附件3第一条第（七）项

1.4.8 从事学历教育的学校提供的教育服务

从事学历教育的学校提供的教育服务。

1. 学历教育，是指受教育者经过国家教育考试或者国家规定的其他入学方式，进入国家有关部门批准的学校或者其他教育机构学习，获得国家承认的学历证书的教育形式。具体包括：

（1）初等教育：普通小学、成人小学。

（2）初级中等教育：普通初中、职业初中、成人初中。

（3）高级中等教育：普通高中、成人高中和中等职业学校（包括普通中专、成人中专、职业高中、技工学校）。

（4）高等教育：普通本专科、成人本专科、网络本专科、研究生（博士、硕士）、高等教育自学考试、高等教育学历文凭考试。

2. 从事学历教育的学校，是指：

（1）普通学校。

（2）经地（市）级以上人民政府或者同级政府的教育行政部门批准成立、国家承认其学员学历的各类学校。

（3）经省级及以上人力资源社会保障行政部门批准成立的技工学校、高级技工学校。

（4）经省级人民政府批准成立的技师学院。

上述学校均包括符合规定的从事学历教育的民办学校，但不包括职业培训机构等国家不承认学历的教育机构。

3. 提供教育服务免征增值税的收入，是指对列入规定招生计划的在籍学生提供学历教育服务取得的收入，具体包括：经有关部门审核批准并按规定标准收取的学费、住宿费、课本费、作业本费、考试报名费收入，以及学校食堂提供餐饮服务取得的伙食费收入。除此之外的收入，包括学校以各种名义收取的赞助费、择校费等，不属于免征增值税的范围。

学校食堂是指依照《学校食堂与学生集体用餐卫生管理规定》（教育部令第14号）管理的学校食堂。

——财税〔2016〕36号文件附件3第一条第（八）项

1.4.9 学生勤工俭学

学生勤工俭学提供的服务。

——财税〔2016〕36号文件附件3第一条第（九）项

1.4.10 农业领域相关服务

农业机耕、排灌、病虫害防治、植物保护、农牧保险以及相关技术培训业务，家禽、牲畜、水生动物的配种和疾病防治。

农业机耕，是指在农业、林业、牧业中使用农业机械进行耕作（包括耕耘、种植、收割、脱粒、植物保护等）的业务；排灌，是指对农田进行灌溉或者排涝的业务；病虫害防治，是指从事农业、林业、牧业、渔业的病虫害测报和防治的业务；农牧保险，是指为种植业、养殖业、牧业种植和饲养的动植物提供保险的业务；相关技术培训，是指与农业机耕、排灌、病虫害防治、植物保护业务相关以及为使农民获得农牧保险知识的技术培训业务；家禽、牲畜、水生动物的配种和疾病防治业务的免税范围，包括与该项服务有关的提供药品和医疗用具的业务。

——财税〔2016〕36号文件附件3第一条第（十）项

1.4.11 自有文化体育场所取得的第一道门票收入

纪念馆、博物馆、文化馆、文物保护单位管理机构、美术馆、展览馆、书画院、图书馆在自己的场所提供文化体育服务取得的第一道门票收入。

——财税〔2016〕36号文件附件3第一条第（十一）项

1.4.12 宗教场所取得的门票收入

寺院、宫观、清真寺和教堂举办文化、宗教活动的门票收入。

——财税〔2016〕36号文件附件3第一条项（十二）项

1.4.13 符合条件的政府性基金和行政事业性收费

行政单位之外的其他单位收取的符合《试点实施办法》第十条规定条件的政府性基金和行政事业性收费。

——财税〔2016〕36号文件附件3第一条第（十三）项

1.4.14 个人转让著作权

个人转让著作权。

——财税〔2016〕36号文件附件3第一条第（十四）项

1.4.15 个人销售自建自用住房

个人销售自建自用住房。

——财税〔2016〕36号文件附件3第一条第（十五）项

1.4.16 公共租赁住房经营管理单位出租公共租赁住房

2018年12月31日前，公共租赁住房经营管理单位出租公共租赁住房。

公共租赁住房，是指纳入省、自治区、直辖市、计划单列市人民政府及新疆生产建设兵团批准的公共租赁住房发展规划和年度计划，并按照《关于加快发展公共租赁住房的指导意见》（建保〔2010〕87号）和市、县人民政府制定的具体管理办法进行管理的公共租赁住房。

——财税〔2016〕36号文件附件3第一条第（十六）项

1.4.17 海峡两岸直航

台湾航运公司、航空公司从事海峡两岸海上直航、空中直航业务在大陆取得的运输收入。

台湾航运公司，是指取得交通运输部颁发的“台湾海峡两岸间水路运输许可证”且该许可证上注明的公司登记地址在台湾的航运公司。

台湾航空公司，是指取得中国民用航空局颁发的“经营许可”或者依据《海峡两岸空运协议》和《海峡两岸空运补充协议》规定，批准经营两岸旅客、货物和邮件不定期（包机）运输业务，且公司登记地址在台湾的航空公司。

——财税〔2016〕36号文件附件3第一条第（十七）项

1.4.18 国际货物运输代理服务

纳税人提供的直接或者间接国际货物运输代理服务。

1. 纳税人提供直接或者间接国际货物运输代理服务，向委托方收取的全部国际货物运输代理服务收入，以及向国际运输承运人支付的国际运输费用，必须通过金融机构进行结算。

2. 纳税人为大陆与香港、澳门、台湾地区之间的货物运输提供的货物运输代理服务参照国际货物运输代理服务有关规定执行。

3. 委托方索取发票的，纳税人应当就国际货物运输代理服务收入向委托方全额开具增值税普通发票。

——财税〔2016〕36号文件附件3第一条第（十八）项

1.4.19 七项利息收入

以下利息收入。

1. 2016年12月31日前，金融机构农户小额贷款。

小额贷款，是指单笔且该农户贷款余额总额在10万元（含本数）以下的贷款。

所称农户，是指长期（一年以上）居住在乡镇（不包括城关镇）行政管理区域内的住户，还包括长期居住在城关镇所辖行政村范围内的住户和户口不在本地而在本地居住一年以上的住户，国有农场的职工和农村个体工商户。位于乡镇（不包括城关镇）行政管理区域内和在城关镇所辖行政村范围内的国有经济的机关、团体、学校、企事业单位的集体户；有本地户口，但举家外出谋生一年以上的住户，无论是否保留承包耕地均不属于农户。农户以户为统计单位，既可以从事农业生产经营，也可以从事非农业生产经营。农户贷款的判定应以贷款发放时的承贷主体是否属于农户为准。

2. 国家助学贷款。

3. 国债、地方政府债。

4. 人民银行对金融机构的贷款。

5. 住房公积金管理中心用住房公积金在指定的委托银行发放的个人住房贷款。

6. 外汇管理部门在从事国家外汇储备经营过程中，委托金融机构发放的外汇贷款。

7. 统借统还业务中，企业集团或企业集团中的核心企业以及集团所属财务公司按不高于支付给金融机构的借款利率水平或者支付的债券票面利率水平，向企业集团或者集团内下属单位收取的利息。

统借方向资金使用单位收取的利息，高于支付给金融机构借款利率水平或者支付的债券票面利率水平的，应全额缴纳增值税。

统借统还业务，是指：

（1）企业集团或者企业集团中的核心企业向金融机构借款或对外发行债券取得资金后，将所借资金分拨给下属单位（包括独立核算单位和非独立核算单位，下同），并向下属单位收取用于归还金融机构或债券购买方本息的业务。

（2）企业集团向金融机构借款或对外发行债券取得资金后，由集团所属财务公司与企业集团或者集团内下属单位签订统借统还贷款合同并分拨资金，并向企业集团或者集团内下属单位收取本息，再转付企业集团，由企业集团统一归还金融机构或债券购买方的业务。

——财税〔2016〕36号文件附件3第一条第（十九）项

1.4.20 被撤销金融机构为清偿债务而销售

被撤销金融机构以货物、不动产、无形资产、有价证券、票据等财产清偿债务。

被撤销金融机构，是指经人民银行、银监会依法决定撤销的金融机构及其分设于各地的分支机构，包括被依法撤销的商业银行、信托投资公司、财务公司、金融租赁公司、城市信用社和农村信用社。除另有规定外，被撤销金融机构所属、附属企业，不享受被撤销金融机构增值税免税政策。

——财税〔2016〕36号文件附件3第一条第（二十）项

1.4.21 一年期以上人身保险的保费收入

保险公司开办的一年期以上人身保险产品取得的保费收入。

一年期以上人身保险，是指保险期间为一年期及以上返还本利的人寿保险、养老年金保险，以及保险期间为一年期及以上的健康保险。

人寿保险，是指以人的寿命为保险标的的人身保险。

养老年金保险，是指以养老保障为目的，以被保险人生存为给付保险金条件，并按约定的时间间隔分期给付生存保险金的人身保险。养老年金保险应当同时符合下列条件：

1. 保险合同约定给付被保险人生存保险金的年龄不得小于国家规定的退休年龄。
2. 相邻两次给付的时间间隔不得超过一年。

健康保险，是指以因健康原因导致损失为给付保险金条件的人身保险。

上述免税政策实行备案管理，具体备案管理办法按照《国家税务总局关于一年期以上返还性人身保险产品免征营业税审批事项取消后有关管理问题的公告》（国家税务总局公告2015年第65号）规定执行。

——财税〔2016〕36号文件附件3第一条第（二十一）项

1.4.22 金融商品转让收入

下列金融商品转让收入。

1. 合格境外投资者（QFII）委托境内公司在我国从事证券买卖业务。

2. 香港市场投资者（包括单位和个人）通过沪港通买卖上海证券交易所上市A股。

3. 对香港市场投资者（包括单位和个人）通过基金互认买卖内地基金份额。

4. 证券投资基金（封闭式证券投资基金，开放式证券投资基金）管理人运用基金买卖股票、债券。

5. 个人从事金融商品转让业务。

——财税〔2016〕36号文件附件3第一条第（二十二）项

1.4.23 金融同业往来利息收入

金融同业往来利息收入。

1. 金融机构与人民银行所发生的资金往来业务。包括人民银行对一般金融机构贷款，以及人民银行对商业银行的再贴现等。

2. 银行联行往来业务。同一银行系统内部不同行、处之间所发生的资金账务往来业务。

3. 金融机构间的资金往来业务。是指经人民银行批准，进入全国银行间同业拆借市场的金融机构之间通过全国统一的同业拆借网络进行的短期（一年以下含一年）无担保资金融通行为。

——财税〔2016〕36号文件附件3第一条第（二十三）项

1.4.24 担保机构担保或者再担保收入

担保机构担保或者再担保收入。

同时符合下列条件的担保机构从事中小企业信用担保或者再担保业务取得的收入（不含信用评级、咨询、培训等收入）3年内免征增值税：

1. 已取得监管部门颁发的融资性担保机构经营许可证，依法登记注册为企（事）业法人，实收资本超过2 000万元。

2. 平均年担保费率不超过银行同期贷款基准利率的50%。平均年担保费率＝本期担保费收入/(期初担保余额＋本期增加担保金额)×100%。

3. 连续合规经营2年以上，资金主要用于担保业务，具备健全的内部管理制度和为中小企业提供担保的能力，经营业绩突出，对受保项目具有完善的事前评估、事中监控、事后追偿与处置机制。

4. 为中小企业提供的累计担保贷款额占其两年累计担保业务总额的80%以上，单笔800万元以下的累计担保贷款额占其累计担保业务总额的50%以上。

5. 对单个受保企业提供的担保余额不超过担保机构实收资本总额的10%，且平均单笔担保责任金额最多不超过3 000万元人民币。

6. 担保责任余额不低于其净资产的3倍，且代偿率不超过2%。

担保机构免征增值税政策采取备案管理方式。符合条件的担保机构应到所在地县（市）主管税务机关和同级中小企业管理部门履行规定的备案手续，自完成备案手续之日起，享受3年免征增值税政策。3年免税期满后，符合条件的担保机构可按规定程序办理备案手续后继续享受该项政策。

具体备案管理办法按照《国家税务总局关于中小企业信用担保机构免征营业税审批事项取消后有关管理问题的公告》（国家税务总局公告2015年第69号）规定执行，其中税务机关的备案管理部门统一调整为县（市）级国家税务局。

——财税〔2016〕36号文件附件3第一条第（二十四）项

1.4.25 国家商品储备补贴收入

国家商品储备管理单位及其直属企业承担商品储备任务，从中央或者地方财政取得的利息补贴收入和价差补贴收入。

国家商品储备管理单位及其直属企业，是指接受中央、省、市、县四级政府有关部门（或者政府指定管理单位）委托，承担粮（含大豆）、食用油、棉、糖、肉、盐（限于中央储备）等6种商品储备任务，并按有关政策收储、销售上述6种储备商品，取得财政储备经费或者补贴的商品储备企业。利息补贴收入，是指国家商品储备管理单位及其直属企业因承担上述商品储备任务从金融机构贷款，并从中央或者地方财政取得的用于偿还贷款利息的贴息收入。价差补贴收入包括销售价差补贴收入和轮换价差补贴收入。销售价差补贴收入，是指按照中央或者地方政府指令销售上述储备商品时，由于销售收入小于库存成本而从中央或者地方财政获得的全额价差补贴收入。轮换价差补贴收入，是指根据要求定期组织政策性储备商品轮换而从中央或者地方财政取得的商品新陈品质价差补贴收入。

——财税〔2016〕36号文件附件3第一条第（二十五）项

1.4.26 技术转让、技术开发和与之相关的技术咨询、技术服务

纳税人提供技术转让、技术开发和与之相关的技术咨询、技术服务。

1. 技术转让、技术开发，是指《销售服务、无形资产、不动产注释》中“转让技术”、“研发服务”范围内的业务活动。技术咨询，是指就特定技术项目提供可行性论

证、技术预测、专题技术调查、分析评价报告等业务活动。

与技术转让、技术开发相关的技术咨询、技术服务，是指转让方（或者受托方）根据技术转让或者开发合同的规定，为帮助受让方（或者委托方）掌握所转让（或者委托开发）的技术，而提供的技术咨询、技术服务业务，且这部分技术咨询、技术服务的价款与技术转让或者技术开发的价款应当在同一张发票上开具。

2. 备案程序。试点纳税人申请免征增值税时，须持技术转让、开发的书面合同，到纳税人所在地省级科技主管部门进行认定，并持有关的书面合同和科技主管部门审核意见证明文件报主管税务机关备查。

——财税〔2016〕36号文件附件3第一条第（二十六）项

1.4.27 合同能源管理服务

同时符合下列条件的合同能源管理服务：

1. 节能服务公司实施合同能源管理项目相关技术，应当符合国家质量监督检验检疫总局和国家标准化管理委员会发布的《合同能源管理技术通则》（GB/T24915—2010）规定的技术要求。

2. 节能服务公司与用能企业签订节能效益分享型合同，其合同格式和内容，符合《中华人民共和国合同法》和《合同能源管理技术通则》（GB/T24915—2010）等规定。

——财税〔2016〕36号文件附件3第一条第（二十七）项

1.4.28 科普单位取得的门票收入

2017年12月31日前，科普单位的门票收入，以及县级及以上党政部门和科协开展科普活动的门票收入。

科普单位，是指科技馆、自然博物馆，对公众开放的天文馆（站、台）、气象台（站）、地震台（站），以及高等院校、科研机构对公众开放的科普基地。

科普活动，是指利用各种传媒以浅显的、让公众易于理解、接受和参与的方式，向普通大众介绍自然科学和社会科学知识，推广科学技术的应用，倡导科学方法，传播科学思想，弘扬科学精神的活动。

——财税〔2016〕36号文件附件3第一条第（二十八）项

1.4.29 学校举办进修班、培训班的收入

政府举办的从事学历教育的高等、中等和初等学校（不含下属单位），举办进修

班、培训班取得的全部归该学校所有的收入。

全部归该学校所有，是指举办进修班、培训班取得的全部收入进入该学校统一账户，并纳入预算全额上缴财政专户管理，同时由该学校对有关票据进行统一管理和开具。

举办进修班、培训班取得的收入进入该学校下属部门自行开设账户的，不予免征增值税。

——财税〔2016〕36号文件附件3第一条第（二十九）项

1.4.30 职业学校提供实习场所的自办、自营现代服务、生活服务收入

政府举办的职业学校设立的主要为在校学生提供实习场所、并由学校出资自办、由学校负责经营管理、经营收入归学校所有的企业，从事《销售服务、无形资产或者不动产注释》中“现代服务”（不含融资租赁服务、广告服务和其他现代服务）、“生活服务”（不含文化体育服务、其他生活服务和桑拿、氧吧）业务活动取得的收入。

——财税〔2016〕36号文件附件3第一条第（三十）项

1.4.31 家政服务企业员工制家政服务员的服务收入

家政服务企业由员工制家政服务员提供家政服务取得的收入。

家政服务企业，是指在企业营业执照的规定经营范围中包括家政服务内容的企业。

员工制家政服务员，是指同时符合下列3个条件的家政服务员：

1. 依法与家政服务企业签订半年及半年以上的劳动合同或者服务协议，且在该企业实际上岗工作。

2. 家政服务企业为其按月足额缴纳了企业所在地人民政府根据国家政策规定的基本养老保险、基本医疗保险、工伤保险、失业保险等社会保险。对已享受新型农村养老保险和新型农村合作医疗等社会保险或者下岗职工原单位继续为其缴纳社会保险的家政服务员，如果本人书面提出不再缴纳企业所在地人民政府根据国家政策规定的相应的社会保险，并出具其所在乡镇或者原单位开具的已缴纳相关保险的证明，可视同家政服务企业已为其按月足额缴纳了相应的社会保险。

3. 家政服务企业通过金融机构向其实际支付不低于企业所在地适用的经省级人民政府批准的最低工资标准的工资。

——财税〔2016〕36号文件附件3第一条第（三十一）项

1.4.32 福利彩票、体育彩票的发行收入

福利彩票、体育彩票的发行收入。

——财税〔2016〕36号文件附件3第一条第（三十二）项

1.4.33 军队空余房产租赁收入

军队空余房产租赁收入。

——财税〔2016〕36号文件附件3第一条第（三十三）项

1.4.34 房改售房收入

为了配合国家住房制度改革，企业、行政事业单位按房改成本价、标准价出售住房取得的收入。

——财税〔2016〕36号文件附件3第一条第（三十四）项

1.4.35 土地使用权转让给农业生产者

将土地使用权转让给农业生产者用于农业生产。

——财税〔2016〕36号文件附件3第一条第（三十五）项

1.4.36 因家庭财产分割而无偿转让不动产、土地使用权

涉及家庭财产分割的个人无偿转让不动产、土地使用权。

家庭财产分割，包括下列情形：离婚财产分割；无偿赠与配偶、父母、子女、祖父母、外祖父母、孙子女、外孙子女、兄弟姐妹；无偿赠与对其承担直接抚养或者赡养义务的抚养人或者赡养人；房屋产权所有人死亡，法定继承人、遗嘱继承人或者受遗赠人依法取得房屋产权。

——财税〔2016〕36号文件附件3第一条第（三十六）项

1.4.37 出让、归还土地使用权

土地所有者出让土地使用权和土地使用者将土地使用权归还给土地所有者。

——财税〔2016〕36号文件附件3第一条第（三十七）项

1.4.38 政府出让、转让或收回自然资源使用权

县级以上地方人民政府或自然资源行政主管部门出让、转让或收回自然资源使用权（不含土地使用权）。

——财税〔2016〕36 号文件附件 3 第一条第（三十八）项

1.4.39 随军家属就业

随军家属就业。

1. 为安置随军家属就业而新开办的企业，自领取税务登记证之日起，其提供的应税服务 3 年内免征增值税。

享受税收优惠政策的企业，随军家属必须占企业总人数的 60%（含）以上，并有军（含）以上政治和后勤机关出具的证明。

2. 从事个体经营的随军家属，自办理税务登记事项之日起，其提供的应税服务 3 年内免征增值税。

随军家属必须有师以上政治机关出具的可以表明其身份的证明。

按照上述规定，每一名随军家属可以享受一次免税政策。

——财税〔2016〕36 号文件附件 3 第一条第（三十九）项

1.4.40 军队转业干部就业

军队转业干部就业。

1. 从事个体经营的军队转业干部，自领取税务登记证之日起，其提供的应税服务 3 年内免征增值税。

2. 为安置自主择业的军队转业干部就业而新开办的企业，凡安置自主择业的军队转业干部占企业总人数 60%（含）以上的，自领取税务登记证之日起，其提供的应税服务 3 年内免征增值税。

享受上述优惠政策的自主择业的军队转业干部必须持有师以上部队颁发的转业证件。

——财税〔2016〕36 号文件附件 3 第一条第（四十）项

1.4.41 金融企业发放贷款 90 天后发生的应收未收利息

金融企业发放贷款后，自结息日起 90 天内发生的应收未收利息按现行规定缴纳增

值税，自结息日起90天后发生的应收未收利息暂不缴纳增值税，待实际收到利息时按规定缴纳增值税。

上述所称金融企业，是指银行（包括国有、集体、股份制、合资、外资银行以及其他所有制形式的银行）、城市信用社、农村信用社、信托投资公司、财务公司。

——财税〔2016〕36号文件附件3第四条

1.4.42 个人将购买2年以上（含2年）的住房对外销售

个人将购买不足2年的住房对外销售的，按照5%的征收率全额缴纳增值税；个人将购买2年以上（含2年）的住房对外销售的，免征增值税。上述政策适用于北京市、上海市、广州市和深圳市之外的地区。

个人将购买不足2年的住房对外销售的，按照5%的征收率全额缴纳增值税；个人将购买2年以上（含2年）的非普通住房对外销售的，以销售收入减去购买住房价款后的差额按照5%的征收率缴纳增值税；个人将购买2年以上（含2年）的普通住房对外销售的，免征增值税。上述政策仅适用于北京市、上海市、广州市和深圳市。

办理免税的具体程序、购买房屋的时间、开具发票、非购买形式取得住房行为及其他相关税收管理规定，按照《国务院办公厅转发建设部等部门关于做好稳定住房价格工作意见的通知》（国办发〔2005〕26号）、《国家税务总局 财政部 建设部关于加强房地产税收管理的通知》（国税发〔2005〕89号）和《国家税务总局关于房地产税收政策执行中几个具体问题的通知》（国税发〔2005〕172号）的有关规定执行。

——财税〔2016〕36号文件附件3第五条

1.5 兼营免税、减税项目的应分别核算增值税销售额

纳税人兼营免税、减税项目的，应当分别核算免税、减税项目的销售额；未分别核算销售额的，不得免税、减税。

——《增值税暂行条例》第十六条

1.6 放弃免税36个月内不得再申请

纳税人销售货物或者应税劳务适用免税规定的，可以放弃免税，依照条例的规定缴纳增值税。放弃免税后，36个月内不得再申请免税。

——《增值税暂行条例实施细则》第三十六条

1.7 即征即退

1.7.1 融资租赁税负超过3%的部分实行增值税即征即退

经人民银行、银监会或者商务部批准从事融资租赁业务的试点纳税人中的一般纳税人，提供有形动产融资租赁服务和有形动产融资性售后回租服务，对其增值税实际税负超过3%的部分实行增值税即征即退政策。商务部授权的省级商务主管部门和国家经济技术开发区批准的从事融资租赁业务和融资性售后回租业务的试点纳税人中的一般纳税人，2016年5月1日后实收资本达到1.7亿元的，从达到标准的当月起按照上述规定执行；2016年5月1日后实收资本未达到1.7亿元但注册资本达到1.7亿元的，在2016年7月31日前仍可按照上述规定执行，2016年8月1日后开展的有形动产融资租赁业务和有形动产融资性售后回租业务不得按照上述规定执行。

——财税〔2016〕36号文件附件3第二条第（二）项

1.7.2 增值税实际税负的计算

本规定所称增值税实际税负，是指纳税人当期提供应税服务实际缴纳的增值税额占纳税人当期提供应税服务取得的全部价款和价外费用的比例。

——财税〔2016〕36号文件附件3第二条第（三）项

2 行业优惠

2.1 农、林、牧、渔业

2.1.1 属于自产农产品免税范围的相关规定

（1）“农业生产者销售的自产农业产品”的解释。

《中华人民共和国增值税暂行条例》第十六条所列免税项目的第一项所称的“农业生产者销售的自产农业产品”，是指直接从事植物的种植、收割和动物的饲养、捕捞的单位和个人销售的注释所列的自产农业产品；对上述单位和个人销售的外购的农业产品，以及单位和个人外购农业产品生产、加工后销售的仍然属于注释所列的农业产品，不属于免税的范围，应当按照规定税率征收增值税。

——财税字〔1995〕52号文件第一条

（2）人工合成牛胚胎。

人工合成牛胚胎属于《农业产品征税范围注释》（财税字〔1995〕52号）第二条第（五）款规定的动物类“其他动物组织”，人工合成牛胚胎的生产过程属于农业生产，纳税人销售自产人工合成牛胚胎应免征增值税。

——国税函〔2010〕97号文件

（3）采取“公司＋农户”经营模式销售畜禽。

目前，一些纳税人采取“公司＋农户”经营模式从事畜禽饲养，即公司与农户签订委托养殖合同，向农户提供畜禽苗、饲料、兽药及疫苗等（所有权属于公司），农户饲养畜禽苗至成品后交付公司回收，公司将回收的成品畜禽用于销售。在上述经营模式下，纳税人回收再销售畜禽，属于农业生产者销售自产农产品，应根据《中华人民共和国增值税暂行条例》的有关规定免征增值税。

本公告中的畜禽是指属于《财政部 国家税务总局关于印发〈农业产品征税范围注释〉的通知》（财税字〔1995〕52号）文件中规定的农业产品。

——国家税务总局公告2013年第8号

（4）制种企业在两种生产经营模式下生产销售种子。

制种企业在下列生产经营模式下生产销售种子，属于农业生产者销售自产农业产品，应根据《中华人民共和国增值税暂行条例》有关规定免征增值税。

一、制种企业利用自有土地或承租土地，雇佣农户或雇工进行种子繁育，再经烘干、脱粒、风筛等深加工后销售种子。

二、制种企业提供亲本种子委托农户繁育并从农户手中收回，再经烘干、脱粒、风筛等深加工后销售种子。

——国家税务总局公告2010年第17号

（5）农民手工编织的竹芒藤柳坯具。

对于农民个人按照竹器企业提供样品规格，自产或购买竹、芒、藤、木条等，再通过手工简单编织成竹制或竹芒藤柳混合坯具的，属于自产农业初级产品，应当免征销售环节增值税。收购坯具的竹器企业可以凭开具的农产品收购凭证计算进项税额抵扣。

——国税函〔2005〕56号文件

（6）退耕还林还草补助粮。

按照国务院规定，退耕还林还草试点工作实行“退耕还林、封山绿化、以粮代赈，个体承包”的方针，对退耕户根据退耕面积由国家无偿提供粮食补助。因此，为粮食部门经营的退耕还林还草补助粮，凡符合国家规定标准的，比照“救灾救济粮”免征增值税。

——国税发〔2001〕131号文件

（7）农民专业合作社销售本社农业产品。

一、对农民专业合作社销售本社成员生产的农业产品，视同农业生产者销售自产农业产品免征增值税。

二、增值税一般纳税人从农民专业合作社购进的免税农业产品，可按13%的扣除率计算抵扣增值税进项税额。

三、对农民专业合作社向本社成员销售的农膜、种子、种苗、化肥、农药、农机，免征增值税。

四、对农民专业合作社与本社成员签订的农业产品和农业生产资料购销合同，免征印花税。

本通知所称农民专业合作社，是指依照《中华人民共和国农民专业合作社法》规定设立和登记的农民专业合作社。

——财税〔2008〕81号文件

提示

根据《财政部 国家税务总局关于对化肥恢复征收增值税政策的补充通知》（财税〔2015〕97号）第五条规定，财税〔2008〕81号文件第三条关于“化肥”的规定自2015年9月1日起停止执行。

2.1.2 不属于自产农产品免税范围的相关规定

（1）农业生产者用自产的茶青精制而成的精制茶。

农业生产者用自产的茶青再经筛分、风选、拣剔、碎块、干燥、匀堆等工序精制而成的精制茶，不得按照农业生产者销售的自产农业产品免税的规定执行，应当按照规定的税率征税。

——财税字〔1995〕52号文件第二条

（2）水洗猪鬃。

根据《财政部、国家税务总局关于印发〈农业产品征税范围注释〉的通知》（财税字〔1995〕52号）有关规定，水洗猪鬃是生猪鬃经过浸泡（脱脂）、打洗、分绒等加工过程生产的产品，已不属于农业产品征税范围，应按“洗净毛、洗净绒”征收增值税。

——国税函〔2006〕773号文件

2.1.3 农业生产资料免税、先征后返

1. 农业生产资料免税范围

下列货物免征增值税：

1. 农膜。

2. 生产销售的除尿素以外的氮肥、除磷酸二铵以外的磷肥、钾肥以及免税化肥为主要原料的复混肥（企业生产复混肥产品所用的免税化肥成本占原料中全部化肥成本的比重高于70%）。“复混肥”是指用化学方法或物理方法加工制成的氮、磷、钾三种养分中至少有两种养分标明量的肥料，包括仅用化学方法制成的复合肥和仅用物理方法制成的混配肥（也称惨合肥）。

3. 生产销售的阿维菌素、胺菊酯、百菌清、苯噻酰草胺、苄嘧磺隆、草除灵、吡虫啉、丙烯菊酯、哒螨灵、代森锰锌、稻瘟灵、敌百虫、丁草胺、啶虫脒、多抗霉素、二甲戊乐灵、二嗪磷、氟乐灵、高效氯氰菊酯、炔螨特、甲多丹、甲基硫菌灵、甲基异柳磷、甲（乙）基毒死婢、甲（乙）基嘧啶磷、精恶唑禾草灵、精喹禾灵、井冈霉素、咪鲜胺、灭多威、灭蝇胺、苜蓿银纹夜蛾核型多角体病毒、噻磺隆、三氟氯氰菊酯、三唑磷、三唑酮、杀虫单、杀虫双、顺式氯氰菊酯、涕灭威、烯唑醇、辛硫磷、辛酰溴苯精、异丙甲草胺、乙阿合剂、乙草胺、乙酰甲胺磷、莠去津。

4. 批发和零售的种子、种苗、化肥、农药、农机。

——财税〔2001〕113号文件第一条

提示

1. 根据《财政部 海关总署 国家税务总局关于农药税收政策的通知》（财税〔2003〕186号）规定，自2004年1月1日起，财税〔2001〕113号文件第一条第3项关于对国产农药免征生产环节增值税的政策停止执行。

2. 根据《财政部 海关总署 国家税务总局关于对化肥恢复征收增值税政策的通知》（财税〔2015〕90号）规定，自2015年9月1日起，财税〔2001〕113号文件第一条第2项和第4项“化肥”的规定废止。

2. 免税饲料产品范围及注释

免税饲料产品范围包括：

（一）单一大宗饲料。指以一种动物、植物、微生物或矿物质为来源的产品或其副产品。其范围仅限于糠麸、酒糟、鱼粉、草饲料、饲料级磷酸氢钙及除豆粕以外的菜子粕、棉子粕、向日葵粕、花生粕等粕类产品。

（二）混合饲料。指由两种以上单一大宗饲料、粮食、粮食副产品及料添加剂按照一定比例配置，其中单一大宗饲料、粮食及粮食副产品的参兑比例不低于95%的饲料。

（三）配合饲料。指根据不同的饲养对象，饲养对象的不同生长发育阶段的营养需要，将多种饲料原料按饲料配方经工业生产后，形成的能满足饲养动物全部营养需要

（除水分外）的饲料。

（四）复合预混料。指能够按照国家有关饲料产品的标准要求量，全面提供动物饲养相应阶段所需微量元素（4种或以上）、维生素（8种或以上），由微量元素、维生素、氨基酸和非营养性添加剂中任何两类或两类以上的组分与载体或稀释剂按一定比例配置的均匀混合物。

（五）浓缩饲料。指由蛋白质、复合预混料及矿物质等按一定比例配制的均匀混合物。

——财税〔2001〕121号文件第一条

3. 豆粕等粕类产品的征免规定

一、自2000年6月1日起，饲料产品分为征收增值税和免征增值税两类。

二、进口和国内生产的饲料，一律执行同样的征税或免税政策。

三、自2000年6月1日起，豆粕属于征收增值的饲料产品，进口或国内生产豆粕，均按13%的税率征收增值税。其他粕类属于免税饲料产品，免征收增值税，已征收入库的税款做退库处理。

四、为保护纳税人的经济利益，对纳税人2000年6月1日至9月30日期间销售的国内生产的豆粕以及在此期间定货并进口的豆粕，凭有效凭证，仍免征增值税，已征收入库的增值税给予退还。

五、自2000年6月1日起，《国家税务总局关于修改〈国家税务总局关于修订“饲料”注释及加强饲料征免增值税管理的通知〉的通知》（国税发〔2000〕93号）第二条的规定停止执行。

——财税〔2001〕30号文件

近接部分地区反映，各地对粕类产品征免增值税政策存在理解不一致的问题。经研究，现明确如下：

豆粕属于征收增值税的饲料产品，除豆粕以外的其他粕类饲料产品，均免征增值税。

——国税函〔2010〕75号文件

4. 精料补充料属于配合饲料，免征增值税

精料补充料属于《财政部 国家税务总局关于饲料产品免征增值税问题的通知》（财税〔2001〕121号，以下简称“通知”）文件中“配合饲料”范畴，可按照该通知及相关规定免征增值税。

精料补充料是指为补充草食动物的营养，将多种饲料和饲料添加剂按照一定比例配制的饲料。

本公告自2013年9月1日起执行。此前已发生并处理的事项，不再做调整；未处理的，按本公告规定执行。

——国家税务总局公告2013年第46号

5. 饲料级磷酸二氢钙产品按单一大宗饲料，免征增值税

近接部分地区询问，饲料级磷酸二氢钙产品用于水产品饲养、补充水产品所需的钙、磷等微量元素，与饲料级磷酸氢钙产品的生产用料、工艺等基本相同，是否应按照饲料级磷酸氢钙免税。现将饲料级磷酸二氢钙产品增值税政策通知如下：

一、对饲料级磷酸二氢钙产品可按照现行“单一大宗饲料”的增值税政策规定，免征增值税。

二、纳税人销售饲料级磷酸二氢钙产品，不得开具增值税专用发票；凡开具专用发票的，不得享受免征增值税政策，应照章全额缴纳增值税。

本通知自 2007 年 1 月 1 日起执行。

——国税函〔2007〕10 号文件

6. 饲用鱼油按单一大宗饲料，免征增值税

饲用鱼油是鱼粉生产过程中的副产品，主要用于水产养殖和肉鸡饲养，属于单一大宗饲料。经研究，自 2003 年 1 月 1 日起，对饲用鱼油产品按照现行“单一大宗饲料”的增值税政策规定，免予征收增值税。

——国税函〔2003〕1395 号文件

7. 矿物质微量元素舔砖按饲料，免征增值税

矿物质微量元素舔砖，是以四种以上微量元素、非营养性添加剂和载体为原料，经高压浓缩制成的块状预混物，可供牛、羊等牲畜直接食用，应按照“饲料”免征增值税。

——国税函〔2005〕1127 号文件

为支持国内畜牧业的发展并根据《财政部 国家税务总局关于豆粕等粕类产品征免增值税政策的通知》（财税〔2001〕30 号）第二条的有关规定，自 2007 年 1 月 1 日起，对进口的矿物质微量元素舔砖（税号 ex38249090）免征进口环节增值税。

矿物质微量元素舔砖是以四种以上微量元素、非营养性添加剂和载体为原料，经高压浓缩制成的块状预混物，供牛、羊等直接食用。

——财关税〔2006〕73 号文件

8. 氨化硝酸钙免征增值税

氨化硝酸钙属于氮肥。根据《财政部 国家税务总局关于若干农业生产资料征免增值税政策的通知》（财税〔2001〕113 号）第一条第二款规定，对氨化硝酸钙免征增值税。

——国税函〔2009〕430 号文件

9. 有机肥产品免征增值税

自 2008 年 6 月 1 日起，纳税人生产销售和批发、零售有机肥产品免征增值税。

——财税〔2008〕56 号文件第一条

（1）免税有机肥产品的范围。

享受上述免税政策的有机肥产品是指有机肥料、有机一无机复混肥料和生物有机肥。

（一）有机肥料

指来源于植物和（或）动物，施于土壤以提供植物营养为主要功能的含碳物料。

（二）有机—无机复混肥料

指由有机和无机肥料混合和（或）化合制成的含有一定量有机肥料的复混肥料。

（三）生物有机肥

指特定功能微生物与主要以动植物残体（如禽畜粪便、农作物秸秆等）为来源并经无害化处理、腐熟的有机物料复合而成的一类兼具微生物肥料和有机肥效应的肥料。

——财税〔2008〕56号文件第二条

（2）销售免税的有机肥产品不得开具专用发票。

纳税人销售免税的有机肥产品，应按规定开具普通发票，不得开具增值税专用发票。

——财税〔2008〕56号文件第四条

（3）生产、批发、零售有机肥产品的纳税人申请免税应提供的资料。

纳税人申请免征增值税，应向主管税务机关提供以下资料，凡不能提供的，一律不得免税。

（一）生产有机肥产品的纳税人。

1. 由农业部或省、自治区、直辖市农业行政主管部门批准核发的在有效期内的肥料登记证复印件，并出示原件。

2. 由肥料产品质量检验机构一年内出具的有机肥产品质量技术检测合格报告原件。出具报告的肥料产品质量检验机构须通过相关资质认定。

3. 在省、自治区、直辖市外销售有机肥产品的，还应提供在销售使用地省级农业行政主管部门办理备案的证明原件。

（二）批发、零售有机肥产品的纳税人。

1. 生产企业提供的在有效期内的肥料登记证复印件。

2. 生产企业提供的产品质量技术检验合格报告原件。

3. 在省、自治区、直辖市外销售有机肥产品的，还应提供在销售使用地省级农业行政主管部门办理备案的证明复印件。

——财税〔2008〕56号文件第五条

10. 不带动力的手扶拖拉机、三轮农用运输车属于农机，免税

不带动力的手扶拖拉机（也称“手扶拖拉机底盘”）和三轮农用运输车（指以单

缸柴油机为动力装置的三个车轮的农用运输车辆）属于“农机”，应按有关“农机”的增值税政策规定征免增值税。

——财税〔2002〕89号文件

11. 取消农药优惠政策

经国务院批准，现将有关农药的税收政策问题通知如下：

一、自2003年1月1日起，停止执行对部分列名进口农药（成药、原药）免征进口环节增值税的政策，已征收的保证金转为税款。

二、自2004年1月1日起，停止执行对部分进口农药原料及中间体进口环节增值税先征后返的政策。

三、自2004年1月1日起，《财政部 国家税务总局关于若干农业生产资料征免增值税政策通知》（财税〔2001〕113号）第一条第3项关于对国产农药免征生产环节增值税的政策停止执行。

——财税〔2003〕186号文件

12. 硝酸铵不再享受化肥产品免征增值税政策

自2007年2月1日起，硝酸铵适用的增值税税率统一调整为17%，同时不再享受化肥产品免征增值税政策。

——财税〔2007〕7号文件第一条

13. 不属于免税饲料的产品

（1）玉米浆、玉米皮、玉米纤维（又称喷浆玉米皮）和玉米蛋白粉。

根据现行增值税政策规定，玉米胚芽属于《农业产品征税范围注释》中初级农产品的范围，适用13%的增值税税率；玉米浆、玉米皮、玉米纤维（又称喷浆玉米皮）和玉米蛋白粉不属于初级农产品，也不属于《财政部 国家税务总局关于饲料产品免征增值税问题的通知》（财税〔2001〕121号）中免税饲料的范围，适用17%的增值税税率。

——国家税务总局公告2012年第11号

（2）膨化血粉、膨化肉粉、水解羽毛粉。

根据《财政部 国家税务总局关于饲料产品免征增值税问题的通知》（财税〔2001〕121号）及相关文件的规定，单一大宗饲料产品仅限于财税〔2001〕121号文件所列举的糠麸等饲料产品。膨化血粉、膨化肉粉、水解羽毛粉不属于现行增值税优惠政策所定义的单一大宗饲料产品，应对其照章征收增值税。混合饲料是指由两种以上单一大宗饲料、粮食、粮食副产品及饲料添加剂按照一定比例配置，其中单一大宗饲料、粮食及粮食副产品的掺兑比例不低于95%的饲料。添加其他成分的膨化血粉、膨化肉粉、水解羽毛粉等饲料产品，不符合现行增值税优惠政策有关混合饲料的定义，应对其照章征收增值税。

——国税函〔2009〕324号文件

（3）宠物饲料。

宠物饲料产品不属于免征增值税的饲料，应按照饲料产品13%的税率征收增值税。

——国税函〔2002〕812号文件

2.1.4 部分鲜活肉蛋产品流通环节免税

经国务院批准，自2012年10月1日起，免征部分鲜活肉蛋产品流通环节增值税。现将有关事项通知如下：

一、对从事农产品批发、零售的纳税人销售的部分鲜活肉蛋产品免征增值税。

免征增值税的鲜活肉产品，是指猪、牛、羊、鸡、鸭、鹅及其整块或者分割的鲜肉、冷藏或者冷冻肉，内脏、头、尾、骨、蹄、翅、爪等组织。

免征增值税的鲜活蛋产品，是指鸡蛋、鸭蛋、鹅蛋，包括鲜蛋、冷藏蛋以及对其进行破壳分离的蛋液、蛋黄和蛋壳。

上述产品中不包括《中华人民共和国野生动物保护法》所规定的国家珍贵、濒危野生动物及其鲜活肉类、蛋类产品。

二、从事农产品批发、零售的纳税人既销售本通知第一条规定的部分鲜活肉蛋产品又销售其他增值税应税货物的，应分别核算上述鲜活肉蛋产品和其他增值税应税货物的销售额；未分别核算的，不得享受部分鲜活肉蛋产品增值税免税政策。

——财税〔2012〕75号文件

2.1.5 商业企业批发肉、禽、蛋、水产品和蔬菜业务增值税先征后返政策停止执行

经国务院批准，自2001年1月1日起，对以下文件规定的商业企业批发肉、禽、蛋、水产品和蔬菜业务增值税先征后返政策停止执行：

一、《关于对商业企业批发肉、禽、蛋、水产品和蔬菜的业务实行“先征后返”的若干问题的通知》[（94）财税字第071号]

二、《关于继续对商业企业批发肉、禽、蛋、水产品和蔬菜的业务实行增值税先征后返政策问题的通知》（财税字〔1998〕31号）

三、《关于对商业企业批发肉、禽、蛋、水产品和蔬菜的业务如何征收增值税问题的通知》[（94）财预明电字第3号]

四、《关于商业企业批发肉、禽、蛋、水产品和蔬菜增值税先征后退有关预算管理问题的通知》（财预字〔1997〕108号）

根据上述文件规定享受优惠政策的企业，凡2000年度及以前尚未办理的税款返还

手续。应于2001年6月30日之前抓紧办理，逾期不再办理。

——财税〔2001〕46号文件

2.1.6 污水处理费免税

为了切实加强和改进城市供水、节水和水污染防治工作，促进社会经济的可持续发展，加快城市污水处理设施的建设步伐，根据《国务院关于加强城市供水节水和水污染防治工作的通知》（国发〔2000〕36号）的规定，对各级政府及主管部门委托自来水厂（公司）随水费收取的污水处理费，免征增值税。

本通知自2001年7月1日起执行，此前对上述污水处理费未征税的一律不再补征。

——财税〔2001〕97号文件

2.1.7 蔬菜流通环节免税

经国务院批准，自2012年1月1日起，免征蔬菜流通环节增值税。现将有关事项通知如下：

一、对从事蔬菜批发、零售的纳税人销售的蔬菜免征增值税。

蔬菜是指可作副食的草本、木本植物，包括各种蔬菜、菌类植物和少数可作副食的木本植物。蔬菜的主要品种参照《蔬菜主要品种目录》（见附件）执行。

经挑选、清洗、切分、晾晒、包装、脱水、冷藏、冷冻等工序加工的蔬菜，属于本通知所述蔬菜的范围。

各种蔬菜罐头不属于本通知所述蔬菜的范围。蔬菜罐头是指蔬菜经处理、装罐、密封、杀菌或无菌包装而制成的食品。

二、纳税人既销售蔬菜又销售其他增值税应税货物的，应分别核算蔬菜和其他增值税应税货物的销售额；未分别核算的，不得享受蔬菜增值税免税政策。

附件：蔬菜主要品种目录（略）

——财税〔2011〕137号文件

2.1.8 滴灌带和滴灌管产品免税

为节约水资源，促进农业节水灌溉，发展农业生产，经国务院批准，现将滴灌带和滴灌管产品有关增值税政策问题通知如下：

一、自2007年7月1日起，纳税人生产销售和批发、零售滴灌带和滴灌管产品免征增值税。

滴灌带和滴灌管产品是指农业节水滴灌系统专用的、具有制造过程中加工的孔口或其他出流装置、能够以滴状或连续流状出水的水带和水管产品。滴灌带和滴灌管产品按照国家有关质量技术标准要求进行生产，并与 PVC 管（主管）、PE 管（辅管）、承插管件、过滤器等部件组成为滴灌系统。

二、享受免税政策的纳税人应按照《中华人民共和国增值税暂行条例》及其实施细则等规定，单独核算滴灌带和滴灌管产品的销售额。未单独核算销售额的，不得免税。

三、纳税人销售免税的滴灌带和滴灌管产品，应一律开具普通发票，不得开具增值税专用发票。

四、生产滴灌带和滴灌管产品的纳税人申请办理免征增值税时，应向主管税务机关报送由产品质量检验机构出具的质量技术检测合格报告，出具报告的产品质量检验机构须通过省以上质量技术监督部门的相关资质认定。批发和零售滴灌带和滴灌管产品的纳税人申请办理免征增值税时，应向主管税务机关报送由生产企业提供的质量技术检测合格报告原件或复印件。未取得质量技术检测合格报告的，不得免税。

五、税务机关应加强对享受免税政策纳税人的后续管理，不定期对企业经营情况进行核实，凡经核实产品质量不符合有关质量技术标准要求的，应停止其继续享受免税政策的资格，依法恢复征税。

——财税〔2007〕83 号文件

2.1.9 农村电网维护费免税

根据国务院的指示精神，经研究决定，从 1998 年 1 月 1 日起，对农村电管站在收取电价时一并向用户收取的农村电网维护费（包括低压线路损耗和维护费以及电工经费）给予免征增值税的照顾。对 1998 年 1 月 1 日前未征收入库的增值税税款，不再征收入库。

——财税字〔1998〕47 号文件

据反映，部分地区的农村电管站改制后，农村电网维护费原由农村电管站收取改为由电网公司或者农电公司等其他单位收取（以下称其他单位）。对其他单位收取的农村电网维护费是否免征增值税问题，现明确如下：

根据《财政部 国家税务总局关于免征农村电网维护费增值税问题的通知》（财税字〔1998〕47 号）规定，对农村电管站在收取电价时一并向用户收取的农村电网维护费（包括低压线路损耗和维护费以及电工经费）免征增值税。鉴于部分地区农村电网维护费改由其他单位收取后，只是收费的主体发生了变化，收取方法、对象以及使用用途均未发生变化，为保持政策的一致性，对其他单位收取的农村电网维护费免征增值税，不得开具增值税专用发票。

——国税函〔2009〕591号文件

2.1.10 承包地流转给农业生产者用于农业生产免征增值税

自2016年5月1日至2017年6月30日，纳税人采取转包、出租、互换、转让、入股等方式将承包地流转给农业生产者用于农业生产，免征增值税。本通知下发前已征的增值税，可抵减以后月份应缴纳的增值税，或办理退税。

——财税〔2017〕90号文件第四条

纳税人采取转包、出租、互换、转让、入股等方式将承包地流转给农业生产者用于农业生产，免征增值税。

——财税〔2017〕58号文件第四条

2.1.11 动物诊疗服务免税

动物诊疗机构提供的动物疾病预防、诊断、治疗和动物绝育手术等动物诊疗服务，属于《营业税改征增值税试点过渡政策的规定》（财税〔2016〕36号附件3）第一条第十项所称“家禽、牲畜、水生动物的配种和疾病防治”。

……

动物诊疗机构，是指依照《动物诊疗机构管理办法》（农业部令第19号公布，农业部令2016年第3号、2017年第8号修改）规定，取得动物诊疗许可证，并在规定的诊疗活动范围内开展动物诊疗活动的机构。

——国家税务总局公告2019年第45号第五条

2.2 采矿业

2.2.1 抽采销售煤层气实行增值税先征后退

对煤层气抽采企业的增值税一般纳税人抽采销售煤层气实行增值税先征后退政策。先征后退税款由企业专项用于煤层气技术的研究和扩大再生产，不征收企业所得税。

煤层气是指赋存于煤层及其围岩中与煤炭资源伴生的非常规天然气，也称煤矿瓦斯。

煤层气抽采企业应将享受增值税先征后退政策的业务和其他业务分别核算，不能分别准确核算的，不得享受增值税先征后退政策。

煤层气抽采企业增值税先征后退政策由财政部驻各地财政监察专员办事处根据财

政部、国家税务总局、中国人民银行《关于税制改革后对某些企业实行“先征后退”有关预算管理问题的暂行规定的通知》（〔94〕财预字第55号）的规定办理。

——财税〔2007〕16号文件第一条

2.2.2 销售含有伴生金的货物免征增值税

《财政部 国家税务总局关于黄金税收政策问题的通知》（财税〔2002〕142号）第一条所称伴生金，是指黄金矿砂以外的其他矿产品、冶炼中间产品和其他可以提炼黄金的原料中所伴生的黄金。

纳税人销售含有伴生金的货物并申请伴生金免征增值税的，应当出具伴生金含量的有效证明，分别核算伴生金和其他成分的销售额。

本公告自2011年2月1日起执行。此前执行与本公告不一致的，按照本公告的规定调整。

——国家税务总局公告2011年第8号

2.3 制造业

2.3.1 变性燃料乙醇增值税实行先征后退

根据国家发展改革委、财政部等八部委联合下发的《关于印发〈车用乙醇汽油扩大试点方案〉和〈车用乙醇汽油扩大试点工作实施细则〉的通知》（发改工业〔2004〕230号）的有关规定，现将变性燃料乙醇定点生产企业生产用于调配车用乙醇汽油的变性燃料乙醇消费税、增值税政策通知如下：

一、对吉林燃料乙醇有限责任公司、河南天冠集团、安徽丰原生物化学股份有限公司和黑龙江华润酒精有限公司生产用于调配车用乙醇汽油的变性燃料乙醇免征消费税，以前年度已征的消费税退还给企业。

二、对上述四个企业生产用于调配车用乙醇汽油的变性燃料乙醇，增值税实行先征后退办法，具体由财政部驻当地财政监察专员办事处按照（94）财预字第55号文件的规定办理。

——财税〔2005〕174号文件

2.3.2 利用外购石脑油和燃料油生产乙烯芳烃类产品实行增值税退税

为解决因石脑油、燃料油征收消费税形成的增值税进项税额无法抵扣的问题，经国务院批准，决定对外购（含进口，下同）石脑油、燃料油生产乙烯、芳烃类化工产品的企业实行增值税退税政策。现将有关事项通知如下：

一、自2014年3月1日起，对外购用于生产乙烯、芳烃类化工产品（以下称特定化工产品）的石脑油、燃料油（以下称2类油品），且使用2类油品生产特定化工产品的产量占本企业用石脑油、燃料油生产各类产品总量的50%（含）以上的企业，其外购2类油品的价格中消费税部分对应的增值税额，予以退还。

$$\text{予以退还的增值税额}=\text{已缴纳消费税的2类油品数量}\times\text{2类油品消费税单位税额}\times 17\%$$

二、对符合本通知第一条规定条件的企业，在2014年2月28日前形成的增值税期末留抵税额，可在不超过其购进2类油品的价格中消费税部分对应的增值税的规模下，申请一次性退还。

2类油品的价格中消费税部分对应的增值税，根据国家对2类油品开征消费税以来企业购进的已缴纳消费税的2类油品数量和消费税单位税额计算。

增值税期末留抵税额，根据主管税务机关认可的增值税纳税申报表的金额计算。

三、退还增值税的申请和审批

符合本通知第一条规定条件的企业，应于每月纳税申报期结束后10个工作日内向主管税务机关申请退税。

企业申请退税时，应提交下列资料：购进合同、进口协议、增值税专用发票、进口货物报关单，海关进口增值税专用缴款书、外购的2类油品已缴纳消费税的证明材料等购进2类油品相关的资料。

主管税务机关接到企业申请后，应认真审核企业提供的相关资料和申请退还的增值税额的正确与否，审核无误后，由县（区、市）级主管税务机关审批。

四、企业收到退税款项的当月，应将退税额从增值税进项税额中转出，未按规定转出的，按《中华人民共和国税收征收管理法》有关规定承担相应法律责任。

五、退还的增值税税额由中央和地方按照现行增值税分享比例共同负担。

六、各地财政、税务机关应密切跟踪政策执行情况，对发现的问题，及时向财政部和国家税务总局反馈。

——财税〔2014〕17号文件

2.3.3 民航国际航班使用进口保税航空燃油优惠政策停止执行

随着交通运输业营业税改征增值税改革在全国范围内实施，航空公司购进航空燃油所含的增值税将允许抵扣。经国务院批准，现将民航国际航班使用进口保税航空燃油增值税政策调整如下：

自2013年8月1日起，对中国航空油料有限责任公司在北京首都国际机场、天津滨海国际机场、广州新白云国际机场、重庆江北国际机场、杭州萧山国际机场、青岛流亭国际机场、南京禄口国际机场、上海虹桥机场、成都双流国际机场、厦门高崎国际机场、郑州新郑国际机场等11个机场设立的航空油料保税仓库，上海浦东国际机场航空油料有限责任公司在上海浦东国际机场设立的航空油料保税仓库和深圳承远航空油料有限公司在深圳宝安国际机场设立的航空油料保税仓库，销售给民航国际航班的进口保税航空燃油恢复征收增值税，原免征增值税的政策停止执行。

《财政部 国家税务总局关于民航国际航班使用保税航空燃油有关税收事宜的通知》（财税〔2004〕218号）、《财政部 国家税务总局关于重庆江北等5家机场民航国际航班使用进口保税航空燃油有关税收政策的通知》（财税〔2011〕123号）和《财政部 国家税务总局关于成都双流等3个机场民航国际航班使用保税航空燃油有关税收政策的通知》（财税〔2013〕1号）同时废止。

——财税〔2013〕42号文件

2.3.4 实施合同能源管理项目的转让应税货物免征增值税

节能服务公司实施符合条件的合同能源管理项目，将项目中的增值税应税货物转让给用能企业，暂免征收增值税。

本条所称“符合条件”是指同时满足以下条件：

1. 节能服务公司实施合同能源管理项目相关技术应符合国家质量监督检验检疫总局和国家标准化管理委员会发布的《合同能源管理技术通则》（GB/T24915—2010）规定的技术要求；

2. 节能服务公司与用能企业签订《节能效益分享型》合同，其合同格式和内容，符合《合同法》和国家质量监督检验检疫总局和国家标准化管理委员会发布的《合同能源管理技术通则》（GB/T24915—2010）等规定。

——财税〔2010〕110号文件第一条

2.3.5 国产抗艾滋病病毒药品免征增值税

各省、自治区、直辖市、计划单列市财政厅（局）、国家税务局，新疆生产建设兵团财务局：

为继续支持艾滋病防治工作，经国务院批准，现将国产抗艾滋病病毒药品增值税政策通知如下：

一、自2016年1月1日至2018年12月31日，继续对国产抗艾滋病病毒药品免征生产环节和流通环节增值税（国产抗艾滋病病毒药物品种清单见附件）。

二、享受上述免征增值税政策的国产抗艾滋病病毒药品，为国家卫生计生委委托中国疾病预防控制中心通过公开招标方式统一采购、各省（自治区、直辖市）艾滋病药品管理部门分散签约支付的抗艾滋病病毒药品。药品生产企业申请办理免税时，应向主管税务机关提交加盖企业公章的药品供货合同复印件、中标通知书复印件及中国政府网中标公告。

三、抗艾滋病病毒药品的生产企业和流通企业应分别核算免税药品和其他货物的销售额；未分别核算的，不得享受增值税免税政策。

四、纳税人销售本通知规定的享受免税政策的国产抗艾滋病病毒药品，如果已向购买方开具了增值税专用发票，应将专用发票追回后方可就已售药品申请办理免税。凡专用发票无法追回的，一律按照规定征收增值税，不予免税。

附件：国产抗艾滋病病毒药物品种清单（略）

——财税〔2016〕97号文件

2.3.6 生产销售黄金免征增值税

黄金生产和经营单位销售黄金（不包括以下品种：成色为AU9999、AU9995、AU999、AU995；规格为50克、100克、1公斤、3公斤、12.5公斤的黄金，以下简称标准黄金）和黄金矿砂（含伴生金），免征增值税；进口黄金（含标准黄金）和黄金矿砂免征进口环节增值税。

——财税〔2002〕142号文件第一条

2.3.7 白银生产环节征收增值税

根据国务院关于白银管理体制改革的指示，现就白银产品有关增值税政策规定如下：

自2000年1月1日起，对企业生产销售的银精矿含银、其他有色金属精矿含银、冶炼中间产品含银及成品银恢复征收增值税。

——国税发〔2000〕51号文件

2.3.8 铂金及其制品增值税政策

为规范铂金交易，加强铂金交易的税收管理，经国务院批准，现将铂金及铂金制品的税收政策明确如下：

一、对进口铂金免征进口环节增值税。

二、对中博世金科贸有限责任公司通过上海黄金交易所销售的进口铂金，以上海黄金交易所开具的《上海黄金交易所发票》（结算联）为依据，实行增值税即征即退政策。采取按照进口铂金价格计算退税的办法，具体如下：

即征即退的税额计算公式：

进口铂金平均单价＝[∑（当月进口铂金报关单价×当月进口铂金数量）＋上月末库存进口铂金总价值]÷（当月进口铂金数量＋上月末库存进口铂金数量）

金额＝销售数量×进口铂金平均单价÷(1＋17％)

即征即退的税额＝金额×17％

中博世金科贸有限责任公司进口的铂金没有通过上海黄金交易所销售的，不得享受增值税即征即退政策。

三、中博世金科贸有限责任公司通过上海黄金交易所销售的进口铂金，由上海黄金交易所主管税务机关按照实际成交价格代开增值税专用发票。增值税专用发票中的单价、金额和税额的计算公式为：

单价＝实际成交单价÷(1＋17％)

金额＝成交数量×单价

税额＝金额×17％

实际成交单价是指不含黄金交易所收取的手续费的单位价格。

四、国内铂金生产企业自产自销的铂金也实行增值税即征即退政策。

五、对铂金制品加工企业和流通企业销售的铂金及其制品仍按现行规定征收增值税。

六、铂金出口不退税；出口铂金制品，对铂金原料部分的进项增值税不实行出口退税，只对铂金制品加工环节的加工费按规定退税率退税。

七、铂金首饰消费税的征收环节由现行在生产环节和进口环节征收改为在零售环节征收，消费税税率调整为5％。具体征收管理比照财政部、国家税务总局《关于调整金银首饰消费税纳税环节有关问题的通知》[（94）财税字第95号]和国家税务总局关于印发《金银首饰消费税征收管理办法的通知》规定执行。

八、对黄金交易所收取的手续费等收入照章征收营业税。

九、黄金交易所铂金交易的增值税征收管理及增值税专用发票管理由国家税务总局另行制定。

十、本通知自2003年5月1日起执行。

——财税〔2003〕86号文件

提示

根据《财政部 国家税务总局关于出口货物劳务增值税和消费税政策的通知》（财税〔2012〕39号）规定，自2012年7月1日起，财税〔2003〕86号文件第六条废止。

2.3.9 飞机维修劳务增值税实际税负超过6%的部分即征即退

为支持飞机维修行业的发展，决定自2000年1月1日起对飞机维修劳务增值税实际税负超过6%的部分实行由税务机关即征即退的政策。

——财税〔2000〕102号文件

2.3.10 铁路货车修理免征增值税

为支持我国铁路建设，经国务院批准，从2001年1月1日起对铁路系统内部单位为本系统修理货车的业务免征增值税。

——财税〔2001〕54号文件

2.3.11 2018年退还部分行业增值税留抵税额

为助力经济高质量发展，2018年对部分行业增值税期末留抵税额予以退还。现将有关事项通知如下：

一、退还期末留抵税额的行业企业范围

退还增值税期末留抵税额的行业包括装备制造等先进制造业、研发等现代服务业和电网企业，具体范围如下：

（一）装备制造等先进制造业和研发等现代服务业。

按照国民经济行业分类，装备制造等先进制造业和研发等现代服务业包括专用设备制造业、研究和试验发展等18个大类行业，详见附件《2018年退还增值税期末留抵税额行业目录》。纳税人所属行业根据税务登记的国民经济行业确定，并优先选择以下范围内的纳税人：

1.《中国制造2025》明确的新一代信息技术、高档数控机床和机器人、航空航天装备、海洋工程装备及高技术船舶、先进轨道交通装备、节能与新能源汽车、电力装备、农业机械装备、新材料、生物医药及高性能医疗器械等10个重点领域。

2. 高新技术企业、技术先进型服务企业和科技型中小企业。

（二）电网企业

取得电力业务许可证（输电类、供电类）的全部电网企业。

二、退还期末留抵税额的纳税人条件

退还期末留抵税额纳税人的纳税信用等级为A级或B级。

三、退还期末留抵税额的计算

纳税人向主管税务机关申请退还期末留抵税额，当期退还的期末留抵税额，以纳税人申请退税上期的期末留抵税额和退还比例计算，并以纳税人2017年底期末留抵税额为上限。具体如下：

（一）可退还的期末留抵税额＝纳税人申请退税上期的期末留抵税额×退还比例

退还比例按下列方法计算：

1. 2014年12月31日前（含）办理税务登记的纳税人，退还比例为2015年、2016年和2017年三个年度已抵扣的增值税专用发票、海关进口增值税专用缴款书、解缴税款完税凭证注明的增值税额占同期全部已抵扣进项税额的比重。

2. 2015年1月1日后（含）办理税务登记的纳税人，退还比例为实际经营期间内已抵扣的增值税专用发票、海关进口增值税专用缴款书、解缴税款完税凭证注明的增值税额占同期全部已抵扣进项税额的比重。

（二）当可退还的期末留抵税额不超过2017年底期末留抵税额时，当期退还的期末留抵税额为可退还的期末留抵税额。当可退还的期末留抵税额超过2017年底期末留抵税额时，当期退还的期末留抵税额为2017年底期末留抵税额。

四、工作要求

（一）各省（包括自治区、直辖市、计划单列市，下同）财政和税务部门要根据财政部和税务总局确定的各省2018年装备制造等先进制造业、研发等现代服务业退还期末留抵税额规模，顺应国家宏观政策导向，兼顾不同规模、类型企业，确定本省退还期末留抵税额的纳税人，于2018年8月31日前将纳税人名单及拟退税金额报财政部和税务总局备案。

各省2018年装备制造等先进制造业、研发等现代服务业退还期末留抵税额规模由财政部和税务总局另行通知。各省电网企业的期末留抵税额，按本通知规定计算当期退还的期末留抵税额，据实退还。

（二）各省财政和税务部门务必高度重视此项工作，周密筹划、统筹推进，实施过程中应加强监测分析，做好宣传解释等工作，确保退还期末留抵税额平稳、有序推进，于2018年9月30日前完成退还期末留抵税额工作。

（三）2018年10月31日前，各省财政和税务部门报送退还期末留抵税额工作总结，包括完成情况、工作方法、成效、建议等。政策执行过程中遇到重大问题及时向财政部和税务总局报告。

——财税〔2018〕70号文件

2.3.12 部分先进制造业增值税期末留抵退税

为进一步推进制造业高质量发展，现将部分先进制造业纳税人退还增量留抵税额有关政策公告如下：

一、自2019年6月1日起，同时符合以下条件的部分先进制造业纳税人，可以自2019年7月及以后纳税申报期向主管税务机关申请退还增量留抵税额：

1. 增量留抵税额大于零；

2. 纳税信用等级为A级或者B级；

3. 申请退税前36个月未发生骗取留抵退税、出口退税或虚开增值税专用发票情形；

4. 申请退税前36个月未因偷税被税务机关处罚两次及以上；

5. 自2019年4月1日起未享受即征即退、先征后返（退）政策。

二、本公告所称部分先进制造业纳税人，是指按照《国民经济行业分类》，生产并销售非金属矿物制品、通用设备、专用设备及计算机、通信和其他电子设备销售额占全部销售额的比重超过50%的纳税人。

上述销售额比重根据纳税人申请退税前连续12个月的销售额计算确定；申请退税前经营期不满12个月但满3个月的，按照实际经营期的销售额计算确定。

三、本公告所称增量留抵税额，是指与2019年3月31日相比新增加的期末留抵税额。

四、部分先进制造业纳税人当期允许退还的增量留抵税额，按照以下公式计算：

允许退还的增量留抵税额＝增量留抵税额×进项构成比例

进项构成比例，为2019年4月至申请退税前一税款所属期内已抵扣的增值税专用发票（含税控机动车销售统一发票）、海关进口增值税专用缴款书、解缴税款完税凭证注明的增值税额占同期全部已抵扣进项税额的比重。

五、部分先进制造业纳税人申请退还增量留抵税额的其他规定，按照《财政部 税务总局 海关总署关于深化增值税改革有关政策的公告》（财政部 税务总局 海关总署公告2019年第39号，以下称39号公告）执行。

六、除部分先进制造业纳税人以外的其他纳税人申请退还增量留抵税额的规定，继续按照39号公告执行。

七、符合39号公告和本公告规定的纳税人向其主管税务机关提交留抵退税申请。对符合留抵退税条件的，税务机关在完成退税审核后，开具税收收入退还书，直接送交同级国库办理退库。税务机关按期将退税清单送交同级财政部门。各部门应加强配合，密切协作，确保留抵退税工作稳妥有序。

——财政部、税务总局公告2019年第84号

关于部分先进制造业增值税期末留抵退税

自2019年6月1日起，符合《财政部 税务总局关于明确部分先进制造业增值税期末留抵退税政策的公告》（财政部 税务总局公告2019年第84号）规定的纳税人申请退还增量留抵税额，应按照《国家税务总局关于办理增值税期末留抵税额退税有关事项的公告》（国家税务总局公告2019年第20号）的规定办理相关留抵退税业务。《退（抵）税申请表》（国家税务总局公告2019年第20号附件）修订并重新发布（附件1）。

——国家税务总局公告2019年第31号第三条

2.4 电力、热力及水生产和供应业

2.4.1 装机容量超过100万千瓦的水力发电站销售自产电力产品增值税实际税负超过规定部分实行即征即退

装机容量超过100万千瓦的水力发电站（含抽水蓄能电站）销售自产电力产品，自2013年1月1日至2015年12月31日，对其增值税实际税负超过8%的部分实行即征即退政策；自2016年1月1日至2017年12月31日，对其增值税实际税负超过12%的部分实行即征即退政策。

本通知所称的装机容量，是指单站发电机组额定装机容量的总和。该额定装机容量包括项目核准（审批）机关依权限核准（审批）的水力发电站总装机容量（含分期建设和扩机），以及后续因技术改造升级等原因经批准增加的装机容量。

——财税〔2014〕10号文件

2.4.2 销售自产的利用太阳能生产的电力产品实行增值税即征即退

为鼓励利用太阳能发电，促进相关产业健康发展，根据国务院批示精神，现将光伏发电增值税政策通知如下：

自2013年10月1日至2015年12月31日，对纳税人销售自产的利用太阳能生产的电力产品，实行增值税即征即退50%的政策。

——财税〔2013〕66号文件

2.4.3 核力发电企业生产销售电力产品实行先征后退政策

（一）核力发电企业生产销售电力产品，自核电机组正式商业投产次月起15个年度内，统一实行增值税先征后退政策，返还比例分三个阶段逐级递减。具体返还比例为：

1. 自正式商业投产次月起5个年度内，返还比例为已入库税款的75%；2. 自正式商业投产次月起的第6至第10个年度内，返还比例为已入库税款的70%；3. 自正式商业投产次月起的第11至第15个年度内，返还比例为已入库税款的55%；4. 自正式商业投产次月起满15个年度以后，不再实行增值税先征后退政策。

（二）核力发电企业采用按核电机组分别核算增值税退税额的办法，企业应分别核算核电机组电力产品的销售额，未分别核算或不能准确核算的，不得享受增值税先征后退政策。单台核电机组增值税退税额可以按以下公式计算：

（三）原已享受增值税先征后退政策但该政策已于2007年内到期的核力发电企业，自该政策执行到期后次月起按上述统一政策核定剩余年度相应的返还比例；对2007年内新投产的核力发电企业，自核电机组正式商业投产日期的次月起按上述统一政策执行。

——财税〔2008〕38号文件第一条

2.4.4 对大亚湾核电站销售的电力实行增值税特殊政策

大亚湾核电站和广东核电投资有限公司在2014年12月31日前继续执行以下政策，不适用本通知第一、二条规定的政策：

（一）对大亚湾核电站销售给广东核电投资有限公司的电力免征增值税。

（二）对广东核电投资有限公司销售给广东电网公司的电力实行增值税先征后退政策，并免征城市维护建设税和教育费附加。

（三）对大亚湾核电站出售给香港核电投资有限公司的电力及广东核电投资有限公司转售给香港核电投资有限公司的大亚湾核电站生产的电力免征增值税。

（四）自2008年1月1日起财政部和国家税务总局《关于广东大亚湾核电站有关税收政策问题的通知》（财税字〔1998〕173号）停止执行。

——财税〔2008〕38号文件第三条

2.4.5 增值税先征后退具体操作办法

增值税先征后退具体操作办法由财政部驻当地财政监察专员办事处按《财政部 国家税务总局 中国人民银行关于税制改革后对某些企业实行“先征后退”有关预算管理问题的暂行规定的通知》（（94）财预字第55号）有关规定办理。

——财税〔2008〕38号文件第四条

2.4.6 农村电网维护费免征增值税

根据《财政部 国家税务总局关于免征农村电网维护费增值税问题的通知》（财税字

〔1998〕47号）规定，对农村电管站在收取电价时一并向用户收取的农村电网维护费（包括低压线路损耗和维护费以及电工经费）免征增值税。鉴于部分地区农村电网维护费改由其他单位收取后，只是收费的主体发生了变化，收取方法、对象以及使用用途均未发生变化，为保持政策的一致性，对其他单位收取的农村电网维护费免征增值税，不得开具增值税专用发票。

——国税函〔2009〕591号文件

2.4.7 销售自产的利用风力生产的电力产品实行增值税即征即退

自2015年7月1日起，对纳税人销售自产的利用风力生产的电力产品，实行增值税即征即退50%的政策。

——财税〔2015〕74号文件

2.4.8 采暖费收入免征增值税

为支持居民供热采暖，现将“三北”地区供热企业（以下称供热企业）增值税、房产税、城镇土地使用税政策通知如下：

一、自2019年1月1日至2020年供暖期结束，对供热企业向居民个人（以下称居民）供热取得的采暖费收入免征增值税。

向居民供热取得的采暖费收入，包括供热企业直接向居民收取的、通过其他单位向居民收取的和由单位代居民缴纳的采暖费。

免征增值税的采暖费收入，应当按照《中华人民共和国增值税暂行条例》第十六条的规定单独核算。通过热力产品经营企业向居民供热的热力产品生产企业，应当根据热力产品经营企业实际从居民取得的采暖费收入占该经营企业采暖费总收入的比例，计算免征的增值税。

本条所称供暖期，是指当年下半年供暖开始至次年上半年供暖结束的期间。

二、……

三、本通知所称供热企业，是指热力产品生产企业和热力产品经营企业。热力产品生产企业包括专业供热企业、兼营供热企业和自供热单位。

四、本通知所称“三北”地区，是指北京市、天津市、河北省、山西省、内蒙古自治区、辽宁省、大连市、吉林省、黑龙江省、山东省、青岛市、河南省、陕西省、甘肃省、青海省、宁夏回族自治区和新疆维吾尔自治区。

——财税〔2019〕38号文件

2.4.9 农村居民自来水、污水处理费免征增值税

对饮水工程运营管理单位向农村居民提供生活用水取得的自来水销售收入，免征增值税。

——财税〔2016〕19号文件第四条

为了切实加强和改进城市供水、节水和水污染防治工作，促进社会经济的可持续发展，加快城市污水处理设施的建设步伐，根据《国务院关于加强城市供水节水和水污染防治工作的通知》（国发〔2000〕36号）的规定，对各级政府及主管部门委托自来水厂（公司）随水费收取的污水处理费，免征增值税。

——财税〔2001〕97号文件

2.5 批发和零售业（含进口、边贸）

2.5.1 国有粮食购销企业销售粮食免征增值税实施备案管理

根据《国务院关于取消和调整一批行政审批项目等事项的决定》（国发〔2015〕11号），承担粮食收储任务的国有粮食购销企业销售粮食免征增值税的审核确定工作程序已取消。经商财政部、国家粮食局，现将其后续管理事项公告如下：

一、承担粮食收储任务的国有粮食购销企业销售粮食享受免征增值税优惠政策时，其涉及的审核确定工作程序取消，改为备案管理。

二、享受免征增值税优惠政策的国有粮食购销企业（以下统称纳税人），按以下规定，分别向所在地县（市）税务局及同级粮食管理部门备案。

（一）纳税人应在享受税收优惠政策的首个纳税申报期内，将备案材料送所在地县（市）税务局及同级粮食管理部门备案。

（二）纳税人在符合减免税条件期间内，备案资料内容不发生变化的，可进行一次性备案。

（三）纳税人提交的备案资料内容发生变化，如仍符合免税规定，应在发生变化的次月纳税申报期内，向所在地县（市）税务局及同级粮食管理部门进行变更备案。如不再符合免税规定，应当停止享受免税，按照规定进行纳税申报。

三、纳税人对备案资料的真实性和合法性承担责任。

四、纳税人提交的备案资料包括以下内容：

（一）免税的项目、依据、范围、期限等；

（二）免税依据的相关法律、法规、规章和规范性文件要求报送的材料。

五、所在地县（市）税务局及同级粮食管理部门对纳税人提供的备案材料的完整性进行审核，不改变纳税人真实申报的责任。

六、本公告施行前，纳税人享受免征增值税优惠政策已经履行了相关审核确定程序的，可不再办理资料备案。但本公告施行后，纳税人免税条件、内容发生改变的，则应按本公告规定，重新办理享受优惠政策备案手续。

七、各省、自治区、直辖市和计划单列市税务局，可按本公告规定，补充制定本地区承担粮食收储任务的国有粮食购销企业享受免征增值税优惠政策审核确定工作程序取消后的后续管理措施。

八、本公告自公布之日起施行。《财政部 国家税务总局关于粮食企业增值税征免问题的通知》（财税字〔1999〕198号）第一条中“免征增值税的国有粮食购销企业，由县（市）国家税务局会同同级财政、粮食部门审核确定”内容同时废止。

特此公告。

——国家税务总局公告2015年第42号

2.5.2 经营粮油免征增值税

一、国有粮食购销企业必须按顺价原则销售粮食。对承担粮食收储任务的国有粮食购销企业销售的粮食免征增值税。

二、对其他粮食企业经营粮食，除下列项目免征增值税外，一律征收增值税。

（一）军队用粮：指凭军用粮票和军粮供应证按军供价供应中国人民解放军和中国人民武装警察部队的粮食。

（二）救灾救济粮：指经县（含）以上人民政府批准，凭救灾救济粮食（证）按规定的销售价格向需救助的灾民供应的粮食。

（三）水库移民口粮：指经县（含）以上人民政府批准，凭水库移民口粮票（证）按规定的销售价格供应给水库移民的粮食。

三、对销售食用植物油业务，除政府储备食用植物油的销售继续免征增值税外，一律照章征收增值税。

——财税字〔1999〕198号文件

2.5.3 毛坯钻石免征进口环节增值税

纳税人自上海钻石交易所销往国内市场的毛坯钻石，免征进口环节增值税。

——财税〔2006〕65号文件第一条

2.5.4 严格执行税法规定，不得实行边境贸易“双倍抵扣”

一、依照《中华人民共和国税收征收管理法》第3条、第33条的规定，各级税务机关应当严格执行现行税收法律、法规，不得擅自制定税收政策。其他部门、单位或个人擅自作出的与现行税收法律、行政法规相抵触的决定，税务机关不得执行，并应向上级税务机关报告。对违反规定擅自执行的单位和人员，应依照有关规定追究相关责任人的责任。

二、各地应对进口环节增值税抵扣情况进行全面检查，立即停止执行“双倍抵扣”政策。进口货物减免的进口环节增值税税款，一律不得作为下一环节进项税额计算抵扣。

三、总局将对边境贸易地区增值税抵扣情况进行不定期检查，发现有继续执行“双倍抵扣”等不规范政策的，将严肃处理。

——国税函〔2004〕830号文件

2.5.5 销售边销茶免征增值税

现将继续执行边销茶增值税政策公告如下：

一、自2019年1月1日起至2020年12月31日，对边销茶生产企业（企业名单见附件）销售自产的边销茶及经销企业销售的边销茶免征增值税。

本公告所称边销茶，是指以黑毛茶、老青茶、红茶末、绿茶为主要原料，经过发酵、蒸制、加压或者压碎、炒制，专门销往边疆少数民族地区的紧压茶、方包茶（马茶）。

二、在本公告发布之前已征的按上述规定应予免征的增值税税款，可抵减纳税人以后月份应缴纳的增值税税款或予以退还。已向购买方开具增值税专用发票的，应将专用发票追回后方可办理免税。无法追回专用发票的，不予免税。

——财政部、税务总局公告2019年第83号

2.6 交通运输、仓储和邮政业

2.6.1 储备大豆免征增值税

《财政部 国家税务总局关于粮食企业增值税征免问题的通知》（财税字〔1999〕198号）第一条规定的增值税免税政策适用范围由粮食扩大到粮食和大豆，并可对免税业

务开具增值税专用发票。

——财税〔2014〕38号第一条文件

2.6.2 青藏铁路运输服务免征增值税

青藏铁路公司提供的铁路运输服务免征增值税。

——财税〔2016〕39号文件第六条

2.6.3 运输疫情防控重点保障物资取得的收入免征增值税

对纳税人运输疫情防控重点保障物资取得的收入，免征增值税。

疫情防控重点保障物资的具体范围，由国家发展改革委、工业和信息化部确定。

——财政部、税务总局公告2020年第8号第三条

2.6.4 提供公共交通运输服务、生活服务、快递收派服务取得的收入免征增值税

对纳税人提供公共交通运输服务、生活服务，以及为居民提供必需生活物资快递收派服务取得的收入，免征增值税。

公共交通运输服务的具体范围，按照《营业税改征增值税试点有关事项的规定》（财税〔2016〕36号印发）执行。

生活服务、快递收派服务的具体范围，按照《销售服务、无形资产、不动产注释》（财税〔2016〕36号印发）执行。

——财政部、税务总局公告2020年第8号第五条

2.7 信息传输、软件和信息技术服务业

2.7.1 软件产品增值税政策

一、软件产品增值税政策

（一）增值税一般纳税人销售其自行开发生产的软件产品，按17%税率征收增值税后，对其增值税实际税负超过3%的部分实行即征即退政策。

（二）增值税一般纳税人将进口软件产品进行本地化改造后对外销售，其销售的软件产品可享受本条第一款规定的增值税即征即退政策。

本地化改造是指对进口软件产品进行重新设计、改进、转换等，单纯对进口软件

产品进行汉字化处理不包括在内。

（三）纳税人受托开发软件产品，著作权属于受托方的征收增值税，著作权属于委托方或属于双方共同拥有的不征收增值税；对经过国家版权局注册登记，纳税人在销售时一并转让著作权、所有权的，不征收增值税。

二、软件产品界定及分类

本通知所称软件产品，是指信息处理程序及相关文档和数据。软件产品包括计算机软件产品、信息系统和嵌入式软件产品。嵌入式软件产品是指嵌入在计算机硬件、机器设备中并随其一并销售，构成计算机硬件、机器设备组成部分的软件产品。

三、满足下列条件的软件产品，经主管税务机关审核批准，可以享受本通知规定的增值税政策：

1. 取得省级软件产业主管部门认可的软件检测机构出具的检测证明材料；

2. 取得软件产业主管部门颁发的《软件产品登记证书》或著作权行政管理部门颁发的《计算机软件著作权登记证书》。

四、软件产品增值税即征即退税额的计算

（一）软件产品增值税即征即退税额的计算方法：

即征即退税额＝当期软件产品增值税应纳税额－当期软件产品销售额×3%

当期软件产品增值税应纳税额＝当期软件产品销项税额－当期软件产品可抵扣进项税额

当期软件产品销项税额＝当期软件产品销售额×17%

（二）嵌入式软件产品增值税即征即退税额的计算：

1. 嵌入式软件产品增值税即征即退税额的计算方法

即征即退税额＝当期嵌入式软件产品增值税应纳税额－当期嵌入式软件产品销售额×3%

当期嵌入式软件产品增值税应纳税额＝当期嵌入式软件产品销项税额－当期嵌入式软件产品可抵扣进项税额

当期嵌入式软件产品销项税额＝当期嵌入式软件产品销售额×17%

2. 当期嵌入式软件产品销售额的计算公式

当期嵌入式软件产品销售额＝当期嵌入式软件产品与计算机硬件、机器设备销售额合计－当期计算机硬件、机器设备销售额

计算机硬件、机器设备销售额按照下列顺序确定：

①按纳税人最近同期同类货物的平均销售价格计算确定；

②按其他纳税人最近同期同类货物的平均销售价格计算确定；

③按计算机硬件、机器设备组成计税价格计算确定。

计算机硬件、机器设备组成计税价格＝计算机硬件、机器设备成本×（1＋10％）。

五、按照上述办法计算，即征即退税额大于零时，税务机关应按规定，及时办理退税手续。

六、增值税一般纳税人在销售软件产品的同时销售其他货物或者应税劳务的，对于无法划分的进项税额，应按照实际成本或销售收入比例确定软件产品应分摊的进项税额；对专用于软件产品开发生产设备及工具的进项税额，不得进行分摊。纳税人应将选定的分摊方式报主管税务机关备案，并自备案之日起一年内不得变更。

专用于软件产品开发生产的设备及工具，包括但不限于用于软件设计的计算机设备、读写打印器具设备、工具软件、软件平台和测试设备。

七、对增值税一般纳税人随同计算机硬件、机器设备一并销售嵌入式软件产品，如果适用本通知规定按照组成计税价格计算确定计算机硬件、机器设备销售额的，应当分别核算嵌入式软件产品与计算机硬件、机器设备部分的成本。凡未分别核算或者核算不清的，不得享受本通知规定的增值税政策。

八、各省、自治区、直辖市、计划单列市税务机关可根据本通知规定，制定软件产品增值税即征即退的管理办法。主管税务机关可对享受本通知规定增值税政策的纳税人进行定期或不定期检查。纳税人凡弄虚作假骗取享受本通知规定增值税政策的，税务机关除根据现行规定进行处罚外，自发生上述违法违规行为年度起，取消其享受本通知规定增值税政策的资格，纳税人三年内不得再次申请。

——财税〔2011〕100号文件

2.7.2 动漫产业增值税政策

各省、自治区、直辖市、计划单列市财政厅（局）、国家税务局、地方税务局，新疆生产建设兵团财政局：

为促进我国动漫产业发展，继续实施动漫产业增值税政策。现将有关事项通知如下：

一、自2018年1月1日至2018年4月30日，对动漫企业增值税一般纳税人销售其自主开发生产的动漫软件，按照17％的税率征收增值税后，对其增值税实际税负超过3％的部分，实行即征即退政策。

二、自2018年5月1日至2020年12月31日，对动漫企业增值税一般纳税人销售其自主开发生产的动漫软件，按照16％的税率征收增值税后，对其增值税实际税负超过3％的部分，实行即征即退政策。

三、动漫软件出口免征增值税。

四、动漫软件，按照《财政部 国家税务总局关于软件产品增值税政策的通知》（财税〔2011〕100号）中软件产品相关规定执行。

动漫企业和自主开发、生产动漫产品的认定标准和认定程序，按照《文化部 财政部 国家税务总局关于印发〈动漫企业认定管理办法（试行）〉的通知》（文市发〔2008〕51号）的规定执行。

五、《财政部 国家税务总局关于动漫产业增值税和营业税政策的通知》（财税〔2013〕98号）到期停止执行。

——财税〔2018〕38号文件

2.7.3 集成电路企业采购设备增值税期末留抵税额可退还

为落实《国务院关于印发进一步鼓励软件产业和集成电路产业发展若干政策的通知》（国发〔2011〕4号）有关要求，解决集成电路重大项目企业采购设备引起的增值税进项税额占用资金问题，决定对其因购进设备形成的增值税期末留抵税额予以退还。现将有关事项通知如下：

一、对国家批准的集成电路重大项目企业（具体名单见附件）因购进设备形成的增值税期末留抵税额（以下称购进设备留抵税额）准予退还。购进的设备应属于《中华人民共和国增值税暂行条例实施细则》第二十一条第二款规定的固定资产范围。

二、准予退还的购进设备留抵税额的计算

企业当期购进设备进项税额大于当期增值税纳税申报表“期末留抵税额”的，当期准予退还的购进设备留抵税额为期末留抵税额；企业当期购进设备进项税额小于当期增值税纳税申报表“期末留抵税额”的，当期准于退还的购进设备留抵税额为当期购进设备进项税额。

当期购进设备进项税额，是指企业取得的按照现行规定允许在当期抵扣的增值税专用发票或海关进口增值税专用缴款书（限于2009年1月1日及以后开具的）上注明的增值税额。

三、退还购进设备留抵税额的申请和审批

（一）企业应于每月申报期结束后10个工作日内向主管税务机关申请退还购进设备留抵税额。

主管税务机关接到企业申请后，应审核企业提供的增值税专用发票或海关进口增值税专用缴款书是否符合现行政策规定，其注明的设备名称与企业实际购进的设备是否一致，申请退还的购进设备留抵税额是否正确。审核无误后，由县（区、市）级主管税务机关审批。

（二）企业收到退税款项的当月，应将退税额从增值税进项税额中转出。未转出的，按照《中华人民共和国税收征收管理法》有关规定承担相应法律责任。

（三）企业首次申请退还购进设备留抵税额时，可将2009年以来形成的购进设备留抵税额，按照上述规定一次性申请退还。

四、退还的购进设备留抵税额由中央和地方按照现行增值税分享比例共同负担。

五、本通知自2011年11月1日起执行。

——财税〔2011〕107号文件

2.8 金融业

2.8.1 熊猫普制金币

（1）熊猫普制金币免征增值税。

一、熊猫普制金币是指由黄金制成并同时符合以下条件的法定货币：

1. 由中国人民银行发行；

2. 生产质量为普制；

3. 正面主体图案为天坛祈年殿，并刊国名、年号。背面主体图案为熊猫，并刊面额、规格及成色。规格包括1盎司、1/2盎司、1/4盎司、1/10盎司和1/20盎司，对应面额分别为500元、200元、100元、50元、20元。黄金成色为99.9%。

二、纳税人的具体条件以及熊猫普制金币免征增值税的具体管理办法由国家税务总局另行制定。

三、文到之日前，纳税人已缴纳的应予免征的增值税税款，可在今后增值税应纳税额中抵减，或者按规定办理退库。纳税人已向购买方开具了增值税专用发票的，应将增值税专用发票追回后方可申请免税；凡增值税专用发票未追回的，不予免税。

——财税〔2012〕97号文件

（2）熊猫普制金币免征增值税管理办法（试行）。

一、为加强熊猫普制金币增值税管理，根据《中华人民共和国税收征收管理法》、《中华人民共和国增值税暂行条例》、《国家税务总局关于印发〈税收减免管理办法（试行）〉的通知》（国税发〔2005〕129号）及有关税收政策规定，制定本办法。

二、下列纳税人销售熊猫普制金币免征增值税：

（一）中国人民银行下属中国金币总公司（以下简称金币公司）及其控股子公司。

（二）经中国银行业监督管理委员会批准，允许开办个人黄金买卖业务的金融机构。

（三）经金币公司批准，获得“中国熊猫普制金币授权经销商”资格，并通过金币交易系统销售熊猫普制金币的纳税人。

第一批符合条件的纳税人名单附后。

三、免征增值税的熊猫普制金币是指2012年（含）以后发行的熊猫普制金币。

四、纳税人既销售免税的熊猫普制金币又销售其他增值税应税货物的，应分别核算免税的熊猫普制金币和其他增值税应税货物的销售额；未分别核算的，不得享受熊猫普制金币增值税免税政策。销售熊猫普制金币免税收入不得开具增值税专用发票。

五、申请享受本办法规定的熊猫普制金币增值税优惠政策的纳税人，应当在初次申请时按照要求向主管税务机关提交以下资料办理免税备案手续：

（一）纳税人税务登记证原件及复印件；

（二）属于“中国熊猫普制金币授权经销商”的纳税人应提供相关资格证书原件及复印件和《中国熊猫普制金币经销协议》原件及复印件；金融机构应提供中国银行业监督管理委员会批准其开办个人黄金买卖业务的相关批件材料。

六、纳税人办理熊猫普制金币免税备案手续时，主管税务机关应当根据以下情况分别做出处理：

（一）报送的材料不详或存在错误，应当即时告知并允许纳税人更正；

（二）报送的材料不齐或不符合法定形式的，应当在5个工作日内告知纳税人需要补正的全部内容；

（三）报送的材料齐全、符合规定的，或者纳税人按照税务机关的要求补正报送全部材料的，应当受理纳税人的备案，并将有关材料原件退还纳税人。

七、属于“中国熊猫普制金币授权经销商”的纳税人应在办理熊猫普制金币免税备案以后每年2月15日前将以下材料报主管税务机关备查：

（一）上一年度从金币交易系统中出具的《金币交易系统熊猫普制金币销售汇总表》及明细（加盖纳税人的财务专用章）；

（二）上一年度从金币交易系统中出具的《金币交易系统熊猫普制金币采购及库存汇总表》（加盖纳税人的财务专用章）；

（三）上一年度销售熊猫普制金币开具的销售发票记账联复印件。

八、属于金融机构的纳税人应在办理熊猫普制金币免税备案以后每年2月15日前将以下材料报主管税务机关备查：

（一）上一年度从金币交易系统中出具的《金币交易系统熊猫普制金币采购汇总表》及明细（加盖纳税人的财务专用章）；

（二）上一年度销售熊猫普制金币开具的销售发票记账联复印件。

九、税务机关应对享受本办法规定增值税政策的纳税人进行定期或不定期检查。发现问题的，税务机关应根据现行规定对其进行处理，且自纳税人发生违规行为年度起，取消其享受本办法规定增值税政策的资格。

十、各地税务机关在对熊猫普制金币免征增值税的过程中如发现问题，应及时上报国家税务总局。

十一、本办法自2012年1月1日起执行。

——国家税务总局公告2013年第6号

提示

根据《国家税务总局关于公布全文失效废止和部分条款废止的税收规范性文件目录的公告》(财税〔2006〕65号)规定，自2016年5月29日起上文中“《国家税务总局关于印发税收减免管理办法（试行）的通知》(国税发〔2005〕129号)”废止。

2.8.2 货物期货、黄金期货

(1) 上海期货交易所开展的期货保税交割业务。

一、期货保税交割是指以海关特殊监管区域或场所内处于保税监管状态的货物为期货实物交割标的物的期货实物交割。

二、上海期货交易所的会员和客户通过上海期货交易所交易的期货保税交割标的物，仍按保税货物暂免征收增值税。

期货保税交割的销售方，在向主管税务机关申报纳税时，应出具当期期货保税交割的书面说明及上海期货交易所交割单、保税仓单等资料。

三、非保税货物发生的期货实物交割仍按《国家税务总局关于下发〈货物期货征收增值税具体办法〉的通知》(国税发〔1994〕244号）的规定执行。

——财税〔2010〕108号文件

(2) 黄金期货交易。

一、上海期货交易所会员和客户通过上海期货交易所销售标准黄金（持上海期货交易所开具的《黄金结算专用发票》)，发生实物交割但未出库的，免征增值税；发生实物交割并已出库的，由税务机关按照实际交割价格代开增值税专用发票，并实行增值税即征即退的政策，同时免征城市维护建设税和教育费附加。增值税专用发票中的单价、金额和税额的计算公式分别如下：

单价＝实际交割单价÷(1＋增值税税率)

金额＝数量×单价

税额＝金额×税率

实际交割单价是指不含上海期货交易所收取的手续费的单位价格。

其中，标准黄金是指：成色为AU9999、AU9995、AU999、AU995；规格为50克、100克、1公斤、3公斤、12.5公斤的黄金。

二、上海期货交易所黄金期货交易的增值税征收管理办法及增值税专用发票管理办法由国家税务总局另行制订。

——财税〔2008〕5号文件

（3）出口黄金。

一、停止执行《财政部、国家税务总局、中国人民银行关于人民银行配售黄金征税问题的通知》[（94）财税字第018号]第四条的有关规定。

二、对按国际市场价格配售的黄金免征增值税，银行不开具增值税专用发票。

三、对出口黄金及出口金饰品的黄金原料部分不再予以出口退税，对此前已经报关出口的仍按原规定办理退税。

——财税〔2000〕3号文件

（4）原油和铁矿石期货保税交割业务。

根据国务院批复精神，现将原油和铁矿石期货保税交割业务有关增值税政策通知如下：

一、上海国际能源交易中心股份有限公司的会员和客户通过上海国际能源交易中心股份有限公司交易的原油期货保税交割业务，大连商品交易所的会员和客户通过大连商品交易所交易的铁矿石期货保税交割业务，暂免征收增值税。

二、期货保税交割的销售方，在向主管税务机关申报纳税时，应出具当期期货保税交割的书面说明、上海国际能源交易中心股份有限公司或大连商品交易所的交割结算单、保税仓单等资料。

三、上述期货交易中实际交割的原油和铁矿石，如果发生进口或者出口的，统一按照现行货物进出口税收政策执行。非保税货物发生的期货实物交割仍按《国家税务总局关于下发〈货物期货征收增值税具体办法〉的通知》（国税发〔1994〕244号）的规定执行。

四、本通知自2015年4月1日起执行。

——财税〔2015〕35号文件

（5）对外开放的货物期货品种保税交割业务免征增值税。

自2018年11月30日至2023年11月29日，对经国务院批准对外开放的货物期货品种保税交割业务，暂免征收增值税。

上述期货交易中实际交割的货物，如果发生进口或者出口的，统一按照现行货物进出口税收政策执行。非保税货物发生的期货实物交割仍按《国家税务总局关于下发〈货物期货征收增值税具体办法〉的通知》（国税发〔1994〕244号）的规定执行。

——财政部、税务总局公告2020年第12号

2.8.3 RQFII经营业务取得收入免征增值税

人民币合格境外投资者（RQFII）委托境内公司在我国从事证券买卖业务，以及经

人民银行认可的境外机构投资银行间本币市场取得的收入属于《过渡政策的规定》第一条第（二十二）款所称的金融商品转让收入。

银行间本币市场包括货币市场、债券市场以及衍生品市场。

——财税〔2016〕70号文件第四条

2.8.4 金融同业往来利息收入免征增值税

金融机构开展下列业务取得的利息收入，属于《营业税改征增值税试点过渡政策的规定》（财税〔2016〕36号，以下简称《过渡政策的规定》）第一条第（二十三）项所称的金融同业往来利息收入：

（一）同业存款。

同业存款，是指金融机构之间开展的同业资金存入与存出业务，其中资金存入方仅为具有吸收存款资格的金融机构。

（二）同业借款。

同业借款，是指法律法规赋予此项业务范围的金融机构开展的同业资金借出和借入业务。此条款所称“法律法规赋予此项业务范围的金融机构”主要是指农村信用社之间以及在金融机构营业执照列示的业务范围中有反映为“向金融机构借款”业务的金融机构。

（三）同业代付。

同业代付，是指商业银行（受托方）接受金融机构（委托方）的委托向企业客户付款，委托方在约定还款日偿还代付款项本息的资金融通行为。

（四）买断式买入返售金融商品。

买断式买入返售金融商品，是指金融商品持有人（正回购方）将债券等金融商品卖给债券购买方（逆回购方）的同时，交易双方约定在未来某一日期，正回购方再以约定价格从逆回购方买回相等数量同种债券等金融商品的交易行为。

（五）持有金融债券。

金融债券，是指依法在中华人民共和国境内设立的金融机构法人在全国银行间和交易所债券市场发行的、按约定还本付息的有价证券。

（六）同业存单。

同业存单，是指银行业存款类金融机构法人在全国银行间市场上发行的记账式定期存款凭证。

——财税〔2016〕70号文件第一条

商业银行购买央行票据、与央行开展货币掉期和货币互存等业务属于《过渡政策的规定》第一条第（二十三）款第1项所称的金融机构与人民银行所发生的资金往来业务。

——财税〔2016〕70号文件第二条

境内银行与其境外的总机构、母公司之间，以及境内银行与其境外的分支机构、全资子公司之间的资金往来业务属于《过渡政策的规定》第一条第（二十三）款第2项所称的银行联行往来业务。

——财税〔2016〕70号文件第三条

2.8.5 小额贷款利息收入免征增值税

2016年12月31日前，中和农信项目管理有限公司和中国扶贫基金会举办的农户自立服务社（中心）以及中和农信项目管理有限公司独资成立的小额贷款公司从事农户小额贷款取得的利息收入，免征增值税。

所称小额贷款，是指单笔且该农户贷款余额总额在10万元（含）以下的贷款。

所称农户，是指长期（一年以上）居住在乡镇（不包括城关镇）行政管理区域内的住户，还包括长期居住在城关镇所辖行政村范围内的住户和户口不在本地而在本地居住一年以上的住户，国有农场的职工和农村个体工商户。位于乡镇（不包括城关镇）行政管理区域内和在城关镇所辖行政村范围内的国有经济的机关、团体、学校、企事业单位的集体户；有本地户口，但举家外出谋生一年以上的住户，无论是否保留承包耕地均不属于农户。农户以户为统计单位，既可以从事农业生产经营，也可以从事非农业生产经营。农户贷款的判定应以贷款发放时的承贷主体是否属于农户为准。

——财税〔2016〕39号文件第八条

2.8.6 收购、承接和处置剩余不良资产过程中开展的业务免征增值税

中国信达资产管理股份有限公司、中国华融资产管理股份有限公司、中国长城资产管理公司和中国东方资产管理公司及各自经批准分设于各地的分支机构（以下称资产公司），在收购、承接和处置剩余政策性剥离不良资产和改制银行剥离不良资产过程中开展的以下业务，免征增值税：

（一）接受相关国有银行的不良债权，借款方以货物、不动产、无形资产、有价证券和票据等抵充贷款本息的，资产公司销售、转让该货物、不动产、无形资产、有价证券、票据以及利用该货物、不动产从事的融资租赁业务。

（二）接受相关国有银行的不良债权取得的利息。

（三）资产公司所属的投资咨询类公司，为本公司收购、承接、处置不良资产而提

供的资产、项目评估和审计服务。

中国长城资产管理公司和中国东方资产管理公司如经国务院批准改制后，继承其权利、义务的主体及其分支机构处置剩余政策性剥离不良资产和改制银行剥离不良资产，比照上述政策执行。

上述政策性剥离不良资产，是指资产公司按照国务院规定的范围和额度，以账面价值进行收购的相关国有银行的不良资产。

上述改制银行剥离不良资产，是指资产公司按照《中国银行和中国建设银行改制过程中可疑类贷款处置管理办法》（财金〔2004〕53号）、《中国工商银行改制过程中可疑类贷款处置管理办法》（银发〔2005〕148号）规定及中国交通银行股份制改造时国务院确定的不良资产的范围和额度收购的不良资产。

上述处置不良资产，是指资产公司按照有关法律、行政法规，为使不良资产的价值得到实现而采取的债权转移的措施，具体包括运用出售、置换、资产重组、债转股、证券化等方法对贷款及其抵押品进行处置。

资产公司（含中国长城资产管理公司和中国东方资产管理公司如经国务院批准改制后继承其权利、义务的主体）除收购、承接、处置本通知规定的政策性剥离不良资产和改制银行剥离不良资产业务外，从事其他经营业务应一律依法纳税。

除另有规定者外，资产公司所属、附属企业，不得享受资产公司免征增值税的政策。

——财税〔2016〕39号文件第九条

2.8.7 社保基金金融商品转让收入免征增值税

全国社会保障基金理事会、全国社会保障基金投资管理人运用全国社会保障基金买卖证券投资基金、股票、债券取得的金融商品转让收入，免征增值税。

——财税〔2016〕39号文件第十条

2.8.8 特定国际航运保险业务免征增值税

对下列国际航运保险业务免征增值税：

1. 注册在上海、天津的保险企业从事国际航运保险业务。

2. 注册在深圳市的保险企业向注册在前海深港现代服务业合作区的企业提供国际航运保险业务。

3. 注册在平潭的保险企业向注册在平潭的企业提供国际航运保险业务。

——财税〔2016〕39号文件第十一条

2.8.9 贴现、转贴现业务利息收入免征增值税

自2018年1月1日起，金融机构开展贴现、转贴现业务，以其实际持有票据期间取得的利息收入作为贷款服务销售额计算缴纳增值税。此前贴现机构已就贴现利息收入全额缴纳增值税的票据，转贴现机构转贴现利息收入继续免征增值税。

——财税〔2017〕58号文件第五条

2.8.10 境外机构投资境内债券利息收入暂免征收增值税

为进一步推动债券市场对外开放，现将有关税收政策通知如下：

自2018年11月7日起至2021年11月6日止，对境外机构投资境内债券市场取得的债券利息收入暂免征收企业所得税和增值税。

上述暂免征收企业所得税的范围不包括境外机构在境内设立的机构、场所取得的与该机构、场所有实际联系的债券利息。

——财税〔2018〕108号文件

2.8.11 贷款服务取得的利息收入和金融商品转让收入免征增值税

对社保基金会及养老基金投资管理机构在国务院批准的投资范围内，运用养老基金投资过程中，提供贷款服务取得的全部利息及利息性质的收入和金融商品转让收入，免征增值税。

——财税〔2018〕95号文件第一条

对社保基金会、社保基金投资管理人在运用社保基金投资过程中，提供贷款服务取得的全部利息及利息性质的收入和金融商品转让收入，免征增值税。

——财税〔2018〕94号文件第一条

2.8.12 金融机构小微企业贷款利息收入免征增值税

为进一步加大对小微企业的支持力度，现将金融机构小微企业贷款利息收入免征增值税政策通知如下：

一、自2018年9月1日至2020年12月31日，对金融机构向小型企业、微型企业和个体工商户发放小额贷款取得的利息收入，免征增值税。金融机构可以选择以下两种方法之一适用免税：

（一）对金融机构向小型企业、微型企业和个体工商户发放的，利率水平不高于人民银行同期贷款基准利率150%（含本数）的单笔小额贷款取得的利息收入，免征增值税；高于人民银行同期贷款基准利率150%的单笔小额贷款取得的利息收入，按照现行政策规定缴纳增值税。

（二）对金融机构向小型企业、微型企业和个体工商户发放单笔小额贷款取得的利息收入中，不高于该笔贷款按照人民银行同期贷款基准利率150%（含本数）计算的利息收入部分，免征增值税；超过部分按照现行政策规定缴纳增值税。

金融机构可按会计年度在以上两种方法之间选定其一作为该年的免税适用方法，一经选定，该会计年度内不得变更。

提示

根据《财政部、税务总局关于明确国有农用地出租等增值税政策的公告》（财政部、税务总局公告2020年第2号）第五条规定，自2019年8月20日起，将《财政部税务总局关于金融机构小微企业贷款利息收入免征增值税政策的通知》（财税〔2018〕91号）第一条“人民银行同期贷款基准利率”修改为“中国人民银行授权全国银行间同业拆借中心公布的贷款市场报价利率”。

二、本通知所称金融机构，是指经人民银行、银保监会批准成立的已通过监管部门上一年度“两增两控”考核的机构（2018年通过考核的机构名单以2018年上半年实现“两增两控”目标为准），以及经人民银行、银保监会、证监会批准成立的开发银行及政策性银行、外资银行和非银行业金融机构。“两增两控”是指单户授信总额1 000万元以下（含）小微企业贷款同比增速不低于各项贷款同比增速，有贷款余额的户数不低于上年同期水平，合理控制小微企业贷款资产质量水平和贷款综合成本（包括利率和贷款相关的银行服务收费）水平。金融机构完成“两增两控”情况，以银保监会及其派出机构考核结果为准。

三、本通知所称小型企业、微型企业，是指符合《中小企业划型标准规定》（工信部联企业〔2011〕300号）的小型企业和微型企业。其中，资产总额和从业人员指标均以贷款发放时的实际状态确定；营业收入指标以贷款发放前12个自然月的累计数确定，不满12个自然月的，按照以下公式计算：

营业收入（年）=企业实际存续期间营业收入/企业实际存续月数×12

四、本通知所称小额贷款，是指单户授信小于1 000万元（含本数）的小型企业、微型企业或个体工商户贷款；没有授信额度的，是指单户贷款合同金额且贷款余额在1 000万元（含本数）以下的贷款。

五、金融机构应将相关免税证明材料留存备查，单独核算符合免税条件的小额贷款利息收入，按现行规定向主管税务机构办理纳税申报；未单独核算的，不得免征增值税。

金融机构应依法依规享受增值税优惠政策，一经发现存在虚报或造假骗取本项税收优惠情形的，停止享受本通知有关增值税优惠政策。

金融机构应持续跟踪贷款投向，确保贷款资金真正流向小型企业、微型企业和个体工商户，贷款的实际使用主体与申请主体一致。

六、银保监会按年组织开展免税政策执行情况督察，并将督察结果及时通报财税主管部门。鼓励金融机构发放小微企业信用贷款，减少抵押担保的中间环节，切实有效降低小微企业综合融资成本。

各地税务部门要加强免税政策执行情况后续管理，对金融机构开展小微金融免税政策专项检查，发现问题的，按照现行税收法律法规进行处理，并将有关情况逐级上报国家税务总局（货物和劳务税司）。

财政部驻各地财政监察专员办要组织开展免税政策执行情况专项检查。

七、金融机构向小型企业、微型企业及个体工商户发放单户授信小于100万元（含本数），或者没有授信额度，单户贷款合同金额且贷款余额在100万元（含本数）以下的贷款取得的利息收入，可继续按照《财政部 税务总局关于支持小微企业融资有关税收政策的通知》（财税〔2017〕77号）的规定免征增值税。

——财税〔2018〕91号文件

2.8.13 转让创新企业CDR取得的差价收入免征增值税

对个人投资者转让创新企业CDR取得的差价收入，暂免征收增值税。

对单位投资者转让创新企业CDR取得的差价收入，按金融商品转让政策规定征免增值税。

自试点开始之日起，对公募证券投资基金（封闭式证券投资基金、开放式证券投资基金）管理人运营基金过程中转让创新企业CDR取得的差价收入，三年内暂免征收增值税。

对合格境外机构投资者（QFII）、人民币合格境外机构投资者（RQFII）委托境内公司转让创新企业CDR取得的差价收入，暂免征收增值税。

——财政部、税务总局、证监会公告2019年第52号第三条

2.9 租赁和商务服务业

一次性收取租金形式取得租金收入月摊租金未超10万元免征增值税。

《中华人民共和国增值税暂行条例实施细则》第九条所称的其他个人，采取一次性

收取租金形式出租不动产取得的租金收入，可在对应的租赁期内平均分摊，分摊后的月租金收入未超过10万元的，免征增值税。

——国家税务总局公告2019年第4号第四条

2.10 教育

学历教育服务取得的收入免征增值税。

境外教育机构与境内从事学历教育的学校开展中外合作办学，提供学历教育服务取得的收入免征增值税。中外合作办学，是指中外教育机构按照《中华人民共和国中外合作办学条例》（国务院令第372号）的有关规定，合作举办的以中国公民为主要招生对象的教育教学活动。上述“学历教育”“从事学历教育的学校”“提供学历教育服务取得的收入”的范围，按照《营业税改征增值税试点过渡政策的规定》（财税〔2016〕36号文件附件3）第一条第（八）项的有关规定执行。

——国家税务总局公告2018年第42号第一条

2.11 卫生和社会工作

2.11.1 血站供应给医疗机构的临床用血免征增值税

对血站供应给医疗机构的临床用血免征增值税。

——财税字〔1999〕264号文件第二条

2.11.2 非营利性医疗机构取得的收入免征增值税

对非营利性医疗机构按照国家规定的价格取得的医疗服务收入，免征各项税收。不按照国家规定价格取得的医疗服务收入不得享受这项政策。

对非营利性医疗机构自产自用的制剂，免征增值税。

非营利性医疗机构的药房分离为独立的药品零售企业，应按规定征收各项税收。

——财税〔2000〕42号文件第一条

2.11.3 疾病控制机构和妇幼保健机构取得的收入免征增值税

对疾病控制机构和妇幼保健机构等卫生机构按照国家规定的价格取得的卫生服务收入（含疫苗接种和调拨、销售收入），免征各项税收。

——财税〔2000〕42号文件第三条

2.11.4 提供社区养老、托育、家政服务取得的收入免征增值税

（一）提供社区养老、托育、家政服务取得的收入，免征增值税。

——财政部、税务总局、发展改革委、民政部、商务部、卫生健康委公告 2019 年第 76 号第一条第（一）项

2.11.5 提供家政服务取得的收入免征增值税

符合下列条件的家政服务企业提供家政服务取得的收入，比照《营业税改征增值税试点过渡政策的规定》（财税〔2016〕36 号附件）第一条第（三十一）项规定，免征增值税。

（一）与家政服务员、接受家政服务的客户就提供家政服务行为签订三方协议；

（二）向家政服务员发放劳动报酬，并对家政服务员进行培训管理；

（三）通过建立业务管理系统对家政服务员进行登记管理。

——财政部、税务总局、发展改革委、民政部、商务部、卫生健康委公告 2019 年第 76 号第四条

2.12 文化、体育和娱乐

2.12.1 销售电影拷贝收入、转让电影版权收入、电影发行收入以及农村电影放映收入免征增值税

对电影主管部门（包括中央、省、地市及县级）按照各自职能权限批准从事（含成员企业）、电影制片厂及其他电影企业取得的销售电影拷贝（含数字拷贝）收入、转让电影版权（包括转让和许可使用）收入、电影发行收入以及在农村取得的电影放映收入，免征增值税。

——财税〔2019〕17 号文件第一条第一款

2.12.2 有线数字电视基本收视维护费和农村有线电视基本收视费免征增值税

对广播电视运营服务企业收取的有线数字电视基本收视维护费和农村有线电视基本收视费，免征增值税。

——财税〔2019〕17 号文件第二条

2.12.3 党报、党刊发行收入和印刷收入免征增值税

党报、党刊将其发行、印刷业务及相应的经营性资产剥离组建的文化企业，自注册之日起所取得的党报、党刊发行收入和印刷收入免征增值税。

——财税〔2019〕16号文件第一条第（三）项

2.12.4 出版物在出版环节及其印刷、制作业务执行增值税先征后退

自2018年1月1日起至2020年12月31日，执行下列增值税先征后退政策。

（一）对下列出版物在出版环节执行增值税100%先征后退的政策：

1. 中国共产党和各民主党派的各级组织的机关报纸和机关期刊，各级人大、政协、政府、工会、共青团、妇联、残联、科协的机关报纸和机关期刊，新华社的机关报纸和机关期刊，军事部门的机关报纸和机关期刊。

上述各级组织不含其所属部门。机关报纸和机关期刊增值税先征后退范围掌握在一个单位一份报纸和一份期刊以内。

2. 专为少年儿童出版发行的报纸和期刊，中小学的学生课本。

3. 专为老年人出版发行的报纸和期刊。

4. 少数民族文字出版物。

5. 盲文图书和盲文期刊。

6. 经批准在内蒙古、广西、西藏、宁夏、新疆五个自治区内注册的出版单位出版的出版物。

7. 列入本通知附件1的图书、报纸和期刊。

（二）对下列出版物在出版环节执行增值税先征后退50%的政策：

1. 各类图书、期刊、音像制品、电子出版物，但本通知第一条第（一）项规定执行增值税100%先征后退的出版物除外。

2. 列入本通知附件2的报纸。

（三）对下列印刷、制作业务执行增值税100%先征后退的政策：

1. 对少数民族文字出版物的印刷或制作业务。

2. 列入本通知附件3的新疆维吾尔自治区印刷企业的印刷业务。

——财税〔2018〕53号文件第一条

2.12.5 图书批发、零售环节免征增值税

自2018年1月1日起至2020年12月31日，免征图书批发、零售环节增值税。

——财税〔2018〕53号文件第二条

2.12.6 科普单位的门票收入免征增值税

自2018年1月1日起至2020年12月31日，对科普单位的门票收入，以及县级及以上党政部门和科协开展科普活动的门票收入免征增值税。

——财税〔2018〕53号文件第三条

2.12.7 享受增值税先征后退政策纳税人需具备的条件

享受本通知第一条第（一）项、第（二）项规定的增值税先征后退政策的纳税人，必须是具有相关出版物出版许可证的出版单位（含以“租型”方式取得专有出版权进行出版物印刷发行的出版单位）。承担省级及以上出版行政主管部门指定出版、发行任务的单位，因进行重组改制等原因尚未办理出版、发行许可证变更的单位，经财政部驻各地财政监察专员办事处（以下简称财政监察专员办事处）商省级出版行政主管部门核准，可以享受相应的增值税先征后退政策。

纳税人应将享受上述税收优惠政策的出版物在财务上实行单独核算，不进行单独核算的不得享受本通知规定的优惠政策。违规出版物、多次出现违规的出版单位及图书批发零售单位不得享受本通知规定的优惠政策，上述违规出版物、出版单位及图书批发零售单位的具体名单由省级及以上出版行政主管部门及时通知相应财政监察专员办事处和主管税务机关。

——财税〔2018〕53号文件第四条

2.12.8 已享受增值税退税政策的电子出版物不得申请先征后退

已按软件产品享受增值税退税政策的电子出版物不得再按本通知申请增值税先征后退政策。

——财税〔2018〕53号文件第五条

3 资源、资产

3.1 承包地流转给农业生产者用于农业生产免征增值税

纳税人采取转包、出租、互换、转让、入股等方式将承包地流转给农业生产者用于农业生产，免征增值税。

——财税〔2017〕58号文件第四条

3.2 符合条件的合同能源管理项目转让给用能企业暂免征收增值税

节能服务公司实施符合条件的合同能源管理项目，将项目中的增值税应税货物转让给用能企业，暂免征收增值税。

本条所称“符合条件”是指同时满足以下条件：

1. 节能服务公司实施合同能源管理项目相关技术应符合国家质量监督检验检疫总局和国家标准化管理委员会发布的《合同能源管理技术通则》(GB/T24915—2010) 规定的技术要求；

2. 节能服务公司与用能企业签订《节能效益分享型》合同，其合同格式和内容，符合《合同法》和国家质量监督检验检疫总局和国家标准化管理委员会发布的《合同能源管理技术通则》(GB/T24915—2010) 等规定。

——财税〔2010〕110号文件第一条

3.3 资源综合利用产品和劳务增值税优惠

3.3.1 资源综合利用产品和劳务增值税即征即退

为了落实国务院精神，进一步推动资源综合利用和节能减排，规范和优化增值税政策，决定对资源综合利用产品和劳务增值税优惠政策进行整合和调整。现将有关政策统一明确如下：

一、纳税人销售自产的资源综合利用产品和提供资源综合利用劳务（以下称销售综合利用产品和劳务），可享受增值税即征即退政策。具体综合利用的资源名称、综合利用产品和劳务名称、技术标准和相关条件、退税比例等按照本通知所附《资源综合利用产品和劳务增值税优惠目录》(以下简称《目录》) 的相关规定执行。

二、纳税人从事《目录》所列的资源综合利用项目，其申请享受本通知规定的增值税即征即退政策时，应同时符合下列条件：

（一）属于增值税一般纳税人。

（二）销售综合利用产品和劳务，不属于国家发展改革委《产业结构调整指导目录》中的淘汰类、限制类项目。

（三）销售综合利用产品和劳务，不属于环境保护部《环境保护综合名录》中的“高污染、高环境风险”产品或者重污染工艺。

（四）综合利用的资源，属于环境保护部《国家危险废物名录》列明的危险废物的，应当取得省级及以上环境保护部门颁发的《危险废物经营许可证》，且许可经营范围包括该危险废物的利用。

（五）纳税信用等级不属于税务机关评定的C级或D级。

纳税人在办理退税事宜时，应向主管税务机关提供其符合本条规定的上述条件以及《目录》规定的技术标准和相关条件的书面声明材料，未提供书面声明材料或者出具虚假材料的，税务机关不得给予退税。

三、已享受本通知规定的增值税即征即退政策的纳税人，自不符合本通知第二条规定的条件以及《目录》规定的技术标准和相关条件的次月起，不再享受本通知规定的增值税即征即退政策。

四、已享受本通知规定的增值税即征即退政策的纳税人，因违反税收、环境保护的法律法规受到处罚（警告或单次1万元以下罚款除外）的，自处罚决定下达的次月起36个月内，不得享受本通知规定的增值税即征即退政策。

五、纳税人应当单独核算适用增值税即征即退政策的综合利用产品和劳务的销售额和应纳税额。未单独核算的，不得享受本通知规定的增值税即征即退政策。

六、各省、自治区、直辖市、计划单列市税务机关应于每年2月底之前在其网站上，将本地区上一年度所有享受本通知规定的增值税即征即退政策的纳税人，按下列项目予以公示：纳税人名称、纳税人识别号，综合利用的资源名称、数量，综合利用产品和劳务名称。

七、本通知自2015年7月1日起执行。《财政部 国家税务总局关于资源综合利用及其他产品增值税政策的通知》（财税［2008］156号）、《财政部 国家税务总局关于资源综合利用及其他产品增值税政策的补充的通知》（财税［2009］163号）、《财政部 国家税务总局关于调整完善资源综合利用及劳务增值税政策的通知》（财税［2011］115号）、《财政部 国家税务总局关于享受资源综合利用增值税优惠政策的纳税人执行污染物排放标准的通知》（财税［2013］23号）同时废止。上述文件废止前，纳税人因主管部门取消《资源综合利用认定证书》，或者因环保部门不再出具环保核查证明文件的原因，未能办理相关退（免）税事宜的，可不以《资源综合利用认定证书》或环保核查证明文件作为享受税收优惠政策的条件，继续享受上述文件规定的优惠政策。

——财税〔2015〕78号文件

提示

根据《财政部、税务总局关于资源综合利用增值税政策的公告》（财政部、税务总局公告2019年第90号）第三条规定，自2019年10月24日起，财税〔2015〕78号文件第二条第二项中，“《产业结构调整指导目录》中的禁止类、限制类项目”修改为“《产业结构调整指导目录》中的淘汰类、限制类项目”。

3.3.2 资源综合利用产品和劳务增值税优惠目录

资源综合利用产品和劳务增值税优惠目录

类别	序号	综合利用的资源名称	综合利用产品和劳务名称	技术标准和相关条件	退税比例
一、共、伴生矿产资源	1.1	油母页岩	页岩油	产品原料95%以上来自所列资源。	70%
	1.2	煤炭开采过程中产生的煤层气（煤矿瓦斯）	电力	产品燃料95%以上来自所列资源。	100%
	1.3	油田采油过程中产生的油污泥（浮渣）	乳化油调和剂、防水卷材辅料产品	产品原料70%以上来自所列资源。	70%
二、废渣、废水（液）、废气	2.1	废渣	砖瓦（不含烧结普通砖）、砌块、陶粒、墙板、管材（管桩）、混凝土、砂浆、道路井盖、道路护栏、防火材料、耐火材料（镁铬砖除外）、保温材料、矿（岩）棉、微晶玻璃、U型玻璃	产品原料70%以上来自所列资源。	70%
	2.2	废渣	水泥、水泥熟料	1. 42.5及以上等级水泥的原料20%以上来自所列资源，其他水泥、水泥熟料的原料40%以上来自所列资源； 2. 纳税人符合《水泥工业大气污染物排放标准》（GB4915—2013）规定的技术要求。	70%
	2.3	建（构）筑废物、煤矸石	建筑砂石骨料	1. 产品原料90%以上来自所列资源； 2. 产品以建（构）筑废物为原料的，符合《混凝土用再生粗骨料》（GB/T 25177—2010）或《混凝土和砂浆用再生细骨料》（GB/T 25176—2010）的技术要求；以煤矸石为原料的，符合《建设用砂》（GB/T 14684—2011）或《建设用卵石、碎石》（GB/T 14685—2011）规定的技术要求。	50%
	2.4	粉煤灰、煤矸石	氧化铝、活性硅酸钙、瓷绝缘子、煅烧高岭土	氧化铝、活性硅酸钙生产原料25%以上来自所列资源，瓷绝缘子生产原料中煤矸石所占比重30%以上，煅烧高岭土生产原料中煤矸石所占比重90%以上。	50%

续表

类别	序号	综合利用的资源名称	综合利用产品和劳务名称	技术标准和相关条件	退税比例
二、废渣、废水（液）、废气	2.5	煤矸石、煤泥、石煤、油母页岩	电力、热力	1. 产品燃料60%以上来自所列资源； 2. 纳税人符合《火电厂大气污染物排放标准》（GB13223—2011）和国家发展改革委、环境保护部、工业和信息化部《电力（燃煤发电企业）行业清洁生产评价指标体系》规定的技术要求。	50%
	2.6	氧化铝赤泥、电石渣	氧化铁、氢氧化钠溶液、铝酸钠、铝酸三钙、脱硫剂	1. 产品原料90%以上来自所列资源； 2. 生产过程中不产生二次废渣。	50%
	2.7	废旧石墨	石墨异形件、石墨块、石墨粉、石墨增碳剂	1. 产品原料90%以上来自所列资源； 2. 纳税人符合《工业炉窑大气污染物排放标准》（GB9078—1996）规定的技术要求。	50%
	2.8	垃圾以及利用垃圾发酵产生的沼气	电力、热力	1. 产品燃料80%以上来自所列资源； 2. 纳税人符合《火电厂大气污染物排放标准》（GB13223—2011）或《生活垃圾焚烧污染控制标准》（GB18485—2014）规定的技术要求。	100%
	2.9	退役军用发射药	涂料用硝化棉粉	产品原料90%以上来自所列资源。	50%
	2.10	废旧沥青混凝土	再生沥青混凝土	1. 产品原料30%以上来自所列资源； 2. 产品符合《再生沥青混凝土》（GB/T 25033—2010）规定的技术要求。	50%
	2.11	蔗渣	蔗渣浆、蔗渣刨花板和纸	1. 产品原料70%以上来自所列资源； 2. 生产蔗渣浆及各类纸的纳税人符合国家发展改革委、环境保护部、工业和信息化部《制浆造纸行业清洁生产评价指标体系》规定的技术要求。	50%
	2.12	废矿物油	润滑油基础油、汽油、柴油等工业油料	1. 产品原料90%以上来自所列资源； 2. 纳税人符合《废矿物油回收利用污染控制技术规范》（HJ 607—2011）规定的技术要求。	50%

续表

类别	序号	综合利用的资源名称	综合利用产品和劳务名称	技术标准和相关条件	退税比例
二、废渣、废水（液）、废气	2.13	环己烷氧化废液	环氧环己烷、正戊醇、醇醚溶剂	1. 产品原料90%以上来自所列资源； 2. 纳税人必须通过ISO9000、ISO14000认证。	50%
	2.14	污水处理厂出水、工业排水（矿井水）、生活污水、垃圾处理厂渗透（滤）液等	再生水	1. 产品原料100%来自所列资源； 2. 产品符合《再生水水质标准》（SL368—2006）规定的技术要求。	50%
	2.15	废弃酒糟和酿酒底锅水，淀粉、粉丝加工废液、废渣	蒸汽、活性炭、白碳黑、乳酸、乳酸钙、沼气、饲料、植物蛋白	产品原料80%以上来自所列资源。	70%
	2.16	含油污水、有机废水、污水处理后产生的污泥，油田采油过程中产生的油污泥（浮渣），包括利用上述资源发酵产生的沼气	微生物蛋白、干化污泥、燃料、电力、热力	产品原料或燃料90%以上来自所列资源，其中利用油田采油过程中产生的油污泥（浮渣）生产燃料的，原料60%以上来自所列资源。	70%
	2.17	煤焦油、荒煤气（焦炉煤气）	柴油、石脑油	1. 产品原料95%以上来自所列资源； 2. 纳税人必须通过ISO9000、ISO14000认证。	50%
	2.18	燃煤发电厂及各类工业企业生产过程中产生的烟气、高硫天然气	石膏、硫酸、硫酸铵、硫磺	1. 产品原料95%以上来自所列资源； 2. 石膏的二水硫酸钙含量85%以上，硫酸的浓度15%以上，硫酸铵的总氮含量18%以上。	50%
	2.19	工业废气	高纯度二氧化碳、工业氢气、甲烷	1. 产品原料95%以上来自所列资源； 2. 高纯度二氧化碳产品符合（GB10621—2006），工业氢气产品符合（GB/T3634.1—2006），甲烷产品符合（HG/T 3633—1999）规定的技术要求。	70%
	2.20	工业生产过程中产生的余热、余压	电力、热力	产品原料100%来自所列资源。	100%
三、再生资源	3.1	废旧电池及其拆解物	金属及镍钴锰氢氧化物、镍钴锰酸锂、氯化钴	1. 产品原料中95%以上利用上述资源； 2. 镍钴锰氢氧化物符合《镍、钴、锰三元素复合氢氧化物》（GB/T26300—2010）规定的技术要求。	30%

续表

类别	序号	综合利用的资源名称	综合利用产品和劳务名称	技术标准和相关条件	退税比例
三、再生资源	3.2	废显（定）影液、废胶片、废像纸、废感光剂等废感光材料	银	1. 产品原料95%以上来自所列资源； 2. 纳税人必须通过ISO9000、ISO14000认证。	30%
	3.3	废旧电机、废旧电线电缆、废铝制易拉罐、报废汽车、报废摩托车、报废船舶、废旧电器电子产品、废旧太阳能光伏器件、废旧灯泡（管），及其拆解物	经冶炼、提纯生产的金属及合金（不包括铁及铁合金）	1. 产品原料70%来自所列资源； 2. 法律、法规或规章对相关废旧产品拆解规定了资质条件的，纳税人应当取得相应的资质。	30%
	3.4	废催化剂、电解废弃物、电镀废弃物、废旧线路板、烟尘灰、湿法泥、熔炼渣、线路板蚀刻废液、锡箔纸灰	经冶炼、提纯或化合生产的金属、合金及金属化合物（不包括铁及铁合金），冰晶石	1. 产品原料70%来自所列资源； 2. 纳税人必须通过ISO9000、ISO14000认证。	30%
	3.5	报废汽车、报废摩托车、报废船舶、废旧电器电子产品、废旧农机具、报废机器设备、废旧生活用品、工业边角余料、建筑拆解物等产生或拆解出来的废钢铁	炼钢炉料	1. 产品原料95%以上来自所列资源； 2. 炼钢炉料符合《废钢铁》（GB4223－2004）规定的技术要求； 3. 法律、法规或规章对相关废旧产品拆解规定了资质条件的，纳税人应当取得相应的资质； 4. 纳税人符合工业和信息化部《废钢铁加工行业准入条件》的相关规定； 5. 炼钢炉料的销售对象应为符合工业和信息化部《钢铁行业规范条件》或《铸造行业准入条件》并公告的钢铁企业或铸造企业。	30%
	3.6	稀土产品加工废料，废弃稀土产品及拆解物	稀土金属及稀土氧化物	1. 产品原料95%以上来自所列资源； 2. 纳税人符合国家发展改革委、环境保护部、工业和信息化部《稀土冶炼行业清洁生产评价指标体系》规定的技术要求。	30%

续表

类别	序号	综合利用的资源名称	综合利用产品和劳务名称	技术标准和相关条件	退税比例
三、再生资源	3.7	废塑料、废旧聚氯乙烯（PVC）制品、废铝塑（纸铝、纸塑）复合纸包装材料	汽油、柴油、石油焦、碳黑、再生纸浆、铝粉、塑木（木塑）制品、（汽车、摩托车、家电、管材用）改性再生专用料、化纤用再生聚酯专用料、瓶用再生聚对苯二甲酸乙二醇酯（PET）树脂及再生塑料制品	1. 产品原料70%以上来自所列资源； 2. 化纤用再生聚酯专用料杂质含量低于0.5mg/g、水分含量低于1%，瓶用再生聚对苯二甲酸乙二醇酯（PET）树脂乙醛质量分数小于等于1ug/g； 3. 纳税人必须通过ISO9000、ISO14000认证。	50%
	3.8	废纸、农作物秸秆	纸浆、秸秆浆和纸	1. 产品原料70%以上来自所列资源； 2. 废水排放符合《制浆造纸工业水污染物排放标准》（GB3544—2008）规定的技术要求； 3. 纳税人符合《制浆造纸行业清洁生产评价指标体系》规定的技术要求； 4. 纳税人必须通过ISO9000、ISO14000认证。	50%
	3.9	废旧轮胎、废橡胶制品	胶粉、翻新轮胎、再生橡胶	1. 产品原料95%以上来自所列资源； 2. 胶粉符合（GB/T19208—2008）规定的技术要求；翻新轮胎符合（GB7037—2007）、（GB14646—2007）或（HG/T3979—2007）规定的技术要求；再生橡胶符合（GB/T13460—2008）规定的技术要求； 3. 纳税人必须通过ISO9000、ISO14000认证。	50%
	3.10	废弃天然纤维、化学纤维及其制品	纤维纱及织布、无纺布、毡、粘合剂及再生聚酯产品	产品原料90%以上来自所列资源。	50%
	3.11	人发	档发	产品原料90%以上来自所列资源。	70%
	3.12	废玻璃	玻璃熟料	1. 产品原料95%以上来自所列资源； 2. 产品符合《废玻璃分类》（SB/T 10900—2012）的技术要求； 3. 纳税人符合《废玻璃回收分拣技术规范》（SB/T11108—2014）规定的技术要求。	70%

续表

类别	序号	综合利用的资源名称	综合利用产品和劳务名称	技术标准和相关条件	退税比例
四、农林剩余物及其他	4.1	餐厨垃圾、畜禽粪便、稻壳、花生壳、玉米芯、油茶壳、棉籽壳、三剩物、次小薪材、农作物秸秆、蔗渣，以及利用上述资源发酵产生的沼气	生物质压块、沼气等燃料，电力、热力	1. 产品原料或者燃料80%以上来自所列资源； 2. 纳税人符合《锅炉大气污染物排放标准》（GB13271—2014）、《火电厂大气污染物排放标准》（GB13223—2011）或《生活垃圾焚烧污染控制标准》（GB18485—2001）规定的技术要求。	100%
	4.2	三剩物、次小薪材、农作物秸秆、沙柳	纤维板、刨花板，细木工板、生物炭、活性炭、栲胶、水解酒精、纤维素、木质素、木糖、阿拉伯糖、糠醛、箱板纸	产品原料95%以上来自所列资源。	70%
	4.3	废弃动物油和植物油	生物柴油、工业级混合油	1. 产品原料70%以上来自所列资源； 2. 工业级混合油的销售对象须为化工企业。	70%
五、资源综合利用劳务	5.1	垃圾处理、污泥处理处置劳务			70%
	5.2	污水处理劳务		污水经加工处理后符合《城镇污水处理厂污染物排放标准》（GB18918—2002）规定的技术要求或达到相应的国家或地方水污染物排放标准中的直接排放限值。	70%
	5.3	工业废气处理劳务		经治理、处理后符合《大气污染物综合排放标准》（GB 16297—1996）规定的技术要求或达到相应的国家或地方水污染物排放标准中的直接排放限值。	70%

备注：

1. 概念和定义。

“纳税人”，是指从事表中所列的资源综合利用项目的增值税一般纳税人。

“废渣”，是指采矿选矿废渣、冶炼废渣、化工废渣和其他废渣。其中，采矿选矿废渣，是指在矿产资源开采加工过程中产生的煤矸石、粉末、粉尘和污泥；冶炼废渣，是指转炉渣、电炉渣、铁合金炉渣、氧化铝赤泥和有色金属灰渣，但不包括高炉水渣；化工废渣，是指硫铁矿渣、硫铁矿煅烧渣、硫酸渣、硫石膏、磷石膏、磷矿煅烧渣、含氰废渣、电石渣、磷肥渣、硫磺渣、碱渣、含钡废渣、铬渣、盐泥、总溶剂渣、黄磷渣、柠檬酸渣、脱硫石膏、氟石膏、钛石膏和废石膏模；其他废渣，是指粉煤灰、燃煤炉渣、江河（湖、海、渠）道淤泥、淤沙、建筑垃圾、废玻璃、污水处理厂处理污水产生的污泥。

“蔗渣”，是指以甘蔗为原料的制糖生产过程中产生的含纤维50%左右的固体废弃物。

“再生水”，是指对污水处理厂出水、工业排水（矿井水）、生活污水、垃圾处理厂渗透（滤）液等水源进行回收，经适当处理后达到一定水质标准，并在一定范围内重复利用的水资源。

“冶炼”，是指通过焙烧、熔炼、电解以及使用化学药剂等方法把原料中的金属提取出来，减少金属中所含的杂质或增加金属中某种成分，炼成所需要的金属。冶炼包括火法冶炼、湿法提取或电化学沉积。

“烟尘灰”，是指金属冶炼厂火法冶炼过程中，为保护环境经除尘器（塔）收集的粉灰状及泥状残料物。

“湿法泥”，是指湿法冶炼生产排出的污泥，经集中环保处置后产生的中和渣，且具有一定回收价值的污泥状废弃物。

“熔炼渣”，是指有色金属火法冶炼过程中，由于比重的差异，金属成分因比重大沉底形成金属锭，而比重较小的硅、铁、钙等化合物浮在金属表层形成的废渣。

“农作物秸秆”，是指农业生产过程中，收获了粮食作物（指稻谷、小麦、玉米、薯类等）、油料作物（指油菜籽、花生、大豆、葵花籽、芝麻籽、胡麻籽等）、棉花、麻类、糖料、烟叶、药材、花卉、蔬菜和水果等以后残留的茎秆。

“三剩物”，是指采伐剩余物（指枝丫、树梢、树皮、树叶、树根及藤条、灌木等）、造材剩余物（指造材截头）和加工剩余物（指板皮、板条、木竹截头、锯沫、碎单板、木芯、刨花、木块、篾黄、边角余料等）。

“次小薪材”，是指次加工材（指材质低于针、阔叶树加工用原木最低等级但具有一定利用价值的次加工原木，按《次加工原木》（LY/T1369—2011）标准执行）、小径材（指长度在2米以下或径级8厘米以下的小原木条、松木杆、脚手杆、杂木杆、短原木等）和薪材。

“垃圾”，是指城市生活垃圾、农作物秸杆、树皮废渣、污泥、合成革及化纤废弃物、病死畜禽等养殖废弃物等垃圾。

“垃圾处理”，是指运用填埋、焚烧、综合处理和回收利用等形式，对垃圾进行减量化、资源化和无害化处理处置的业务。

“污水处理”，是指将污水（包括城镇污水和工业废水）处理后达到《城镇污水处理厂污染物排放标准》（GB18918—2002），或达到相应的国家或地方水污染物排放标准中的直接排放限值的业务。其中，城镇污水是指城镇居民生活污水，机关、学校、医院、商业服务机构及各种公共设施排水，以及允许排入城镇污水收集系统的工业废水和初期雨水。工业废水是指工业生产过程中产生的，不允许排入城镇污水收集系统的废水和废液。

“污泥处理处置”，是指对污水处理后产生的污泥进行稳定化、减量化和无害化处理处置的业务。

2. 综合利用的资源比例计算方式。

(1) 综合利用的资源占生产原料或者燃料的比重，以重量比例计算。其中，水泥、水泥熟料原料中掺兑废渣的比重，按以下方法计算：

①对经生料烧制和熟料研磨阶段生产的水泥，其掺兑废渣比例计算公式为：掺兑废渣比例＝（生料烧制阶段掺兑废渣数量＋熟料研磨阶段掺兑废渣数量）÷（除废渣以外的生料数量＋生料烧制和熟料研磨阶段掺兑废渣数量＋其他材料数量）×100%；

②对外购水泥熟料采用研磨工艺生产的水泥，其掺兑废渣比例计算公式为：掺兑废渣比例＝熟料研磨阶段掺兑废渣数量÷（熟料数量＋熟料研磨阶段掺兑废渣数量＋其他材料数量）×100%；

③对生料烧制的水泥熟料，其掺兑废渣比例计算公式为：掺兑废渣比例＝生料烧制阶段掺兑废渣数量÷（除废渣以外的生料数量＋生料烧制阶段掺兑废渣数量＋其他材料数量）×100%。

(2) 综合利用的资源为余热、余压的，按其占生产电力、热力消耗的能源比例计算。

3. 表中所列综合利用产品，应当符合相应的国家或行业标准。既有国家标准又有行业标准的，应当符合相对高的标准；没有国家标准或行业标准的，应当符合按规定向质量技术监督部门备案的企业标准。

表中所列各类国家标准、行业标准，如在执行过程中有更新、替换，统一按最新的国家标准、行业标准执行。

4. 表中所称“以上”均含本数。

——财税〔2015〕78号文件附件

3.3.3 磷石膏资源综合利用增值税政策

自2019年9月1日起，纳税人销售自产磷石膏资源综合利用产品，可享受增值税即征即退政策，退税比例为70%。

本公告所称磷石膏资源综合利用产品，包括墙板、砂浆、砌块、水泥添加剂、建筑石膏、α型高强石膏、Ⅱ型无水石膏、嵌缝石膏、粘结石膏、现浇混凝土空心结构用石膏模盒、抹灰石膏、机械喷涂抹灰石膏、土壤调理剂、喷筑墙体石膏、装饰石膏材料、磷石膏制硫酸，且产品原料40%以上来自磷石膏。

纳税人利用磷石膏生产水泥、水泥熟料，继续按照《财政部 国家税务总局关于印发〈资源综合利用产品和劳务增值税优惠目录〉的通知》（财税〔2015〕78号，以下称财税〔2015〕78号文件）附件《资源综合利用产品和劳务增值税优惠目录》2.2“废渣”项目执行。

纳税人适用磷石膏资源综合利用增值税即征即退政策的其他有关事项，按照财税

〔2015〕78号文件执行。

——财政部、税务总局公告2019年第90号第一条

3.3.4 “废玻璃”项目退税比例调整为70%

自2019年9月1日起，将财税〔2015〕78号文件附件《资源综合利用产品和劳务增值税优惠目录》3.12“废玻璃”项目退税比例调整为70%。

——财政部、税务总局公告2019年第90号第二条

3.3.5 《产业结构调整指导目录》中的“禁止类、限制类项目”修改为“淘汰类、限制类项目”

《财政部 国家税务总局关于新型墙体材料增值税政策的通知》（财税〔2015〕73号，以下称财税〔2015〕73号文件）第二条第一项和财税〔2015〕78号文件第二条第二项中，“《产业结构调整指导目录》中的禁止类、限制类项目”修改为“《产业结构调整指导目录》中的淘汰类、限制类项目”。

——财政部、税务总局公告2019年第90号第三条

3.3.6 “高污染、高环境风险”产品的解释

财税〔2015〕73号文件第二条第二项和财税〔2015〕78号文件第二条第三项中“高污染、高环境风险”产品，是指在《环境保护综合名录》中标注特性为“GHW/GHF”的产品，但纳税人生产销售的资源综合利用产品满足“GHW/GHF”例外条款规定的技术和条件的除外。

——财政部、税务总局公告2019年第90号第四条

3.4 再生资源增值税优惠

3.4.1 取消废旧物资免征增值税等政策

取消“废旧物资回收经营单位销售其收购的废旧物资免征增值税”和“生产企业增值税一般纳税人购入废旧物资回收经营单位销售的废旧物资，可按废旧物资回收经营单位开具的由税务机关监制的普通发票上注明的金额，按10%计算抵扣进项税额”的政策。

——财税〔2008〕157号文件第一条

3.4.2 个人销售自己使用过的废旧物品免征增值税，原印有“废旧物资”字样的专用发票停止使用

单位和个人销售再生资源，应当依照《中华人民共和国增值税暂行条例》（以下简称增值税条例）、《中华人民共和国增值税暂行条例实施细则》及财政部、国家税务总局的相关规定缴纳增值税。但个人（不含个体工商户）销售自己使用过的废旧物品免征增值税。增值税一般纳税人购进再生资源，应当凭取得的增值税条例及其细则规定的扣税凭证抵扣进项税额，原印有“废旧物资”字样的专用发票停止使用，不再作为增值税扣税凭证抵扣进项税额。

——财税〔2008〕157号文件第二条

3.4.3 符合条件的增值税一般纳税人销售再生资源实行增值税先征后退

在2010年底以前，对符合条件的增值税一般纳税人销售再生资源缴纳的增值税实行先征后退政策。

（一）适用退税政策的纳税人范围。

适用退税政策的增值税一般纳税人应当同时满足以下条件：

1. 按照《再生资源回收管理办法》（商务部令2007年第8号）第七条、第八条规定应当向有关部门备案的，已经按照有关规定备案；

2. 有固定的再生资源仓储、整理、加工场地；

3. 通过金融机构结算的再生资源销售额占全部再生资源销售额的比重不低于80%。

4. 自2007年1月1日起，未因违反《中华人民共和国反洗钱法》、《中华人民共和国环境保护法》、《中华人民共和国税收征收管理法》、《中华人民共和国发票管理办法》或者《再生资源回收管理办法》受到刑事处罚或者县级以上工商、商务、环保、税务、公安机关相应的行政处罚（警告和罚款除外）。

（二）退税比例。

对符合退税条件的纳税人2009年销售再生资源实现的增值税，按70%的比例退回给纳税人；对其2010年销售再生资源实现的增值税，按50%的比例退回给纳税人。

（三）纳税人申请退税时，除按有关规定提交的相关资料外，应提交下列资料：

1. 按照《再生资源回收管理办法》第七条、第八条规定应当向有关部门备案的，商务主管部门核发的备案登记证明的复印件；

2. 再生资源仓储、整理、加工场地的土地使用证和房屋产权证或者其租赁合同的

复印件；

3. 通过金融机构结算的再生资源销售额及全部再生资源销售额的有关数据及资料。为保护纳税人的商业秘密，不要求纳税人提交其与客户通过银行交易的详细记录，对于有疑问的，可到纳税人机构所在地等场所进行现场核实。

4. 自2007年1月1日起，未因违反《中华人民共和国反洗钱法》、《中华人民共和国环境保护法》、《中华人民共和国税收征收管理法》、《中华人民共和国发票管理办法》或者《再生资源回收管理办法》受到刑事处罚或者县级以上工商、商务、环保、税务、公安机关相应的行政处罚（警告和罚款除外）的书面申明。

（四）退税业务由财政部驻当地财政监察专员办事处及负责初审和复审的财政部门按照本通知及相关规定办理。

1. 退税申请办理时限。(1) 纳税人一般按季申请退税，申请退税金额较大的，也可以按月申请，具体时限由财政部驻当地财政监察专员办事处确定；(2) 负责初审的财政机关应当在收到退税申请之日起10个工作日内，同时向负责复审和终审的财政机关提交初审意见；(3) 负责复审的财政机关应当在收到初审意见之日起5个工作日内向负责终审的财政机关提交复审意见；(4) 负责终审的财政机关是财政部驻当地财政监察专员办事处，其应当在收到复审意见之日的10个工作日内完成终审并办理妥当有关退税手续。

2. 负责初审的财政机关对于纳税人第一次申请退税的，应当在上报初审意见前派人到现场审核有关条件的满足情况；有特殊原因不能做到的，应在提交初审意见后2个月内派人到现场审核有关条件的满足情况，发现有不满足条件的，及时通知负责复审或者终审的财政机关。

3. 负责初审、复审的财政机关应当定期（自收到纳税人第一次退税申请之日起至少每12个月一次）向同级公安、商务、环保和税务部门及人民银行对纳税人申明的内容进行核实，对经查实的与申明不符的问题要严肃处理。凡问题在初次申请退税之日前发生的，应当追缴纳税人此前骗取的退税款，根据《财政违法行为处罚处分条例》的相关规定进行处罚，并取消其以后申请享受本通知规定退税政策的资格；凡问题在初次申请退税之日后发生的，取消其刑事处罚和行政处罚生效之日起申请享受本通知规定退税政策的资格。

——财税〔2008〕157号文件第四条

3.4.4 报废船舶拆解和报废机动车拆解企业适用再生资源增值税政策

报废船舶拆解和报废机动车拆解企业，适用本通知的各项规定。

——财税〔2008〕157号文件第五条

3.4.5 “再生资源”的解释

本通知所称再生资源，是指《再生资源回收管理办法》（商务部令2007年第8号）第二条所称的再生资源，即在社会生产和生活消费过程中产生的，已经失去原有全部或部分使用价值，经过回收、加工处理，能够使其重新获得使用价值的各种废弃物。上述加工处理，仅指清洗、挑选、整理等简单加工。

——财税〔2008〕157号文件第六条

3.4.6 “通过金融机构结算”的解释

财税〔2008〕157号第四条第（一）款“通过金融机构结算”，是指纳税人销售再生资源时按照中国人民银行《关于印发〈支付结算办法〉的通知》（银发〔1997〕393号）规定的票据、信用卡和汇兑、托收承付、委托收款等结算方式进行货币给付及其资金清算。

纳税人销售再生资源发生的应收账款，应在纳税人按照银发〔1997〕393号文件规定进行资金清算后方可计入通过金融机构结算的再生资源销售额。

纳税人销售再生资源按照银发〔1997〕393号文件规定取得的预收货款，应在销售实现后方可计入通过金融机构结算的再生资源销售额。

纳税人之间发生的互抵货款，不应计入通过金融机构计算的再生资源销售额。

纳税人通过金融机构结算的再生资源销售额占全部再生资源销售额的比重是否不低于80%的要求，应按纳税人退税申请办理时限（按月、按季等）进行核定。

——财税〔2009〕119号文件第一条

3.4.7 再生资源的具体范围

财税〔2008〕157号文件所称再生资源的具体范围，操作时按照2008年底以前税务机关批准适用免征增值税政策的再生资源的具体范围执行，但必须符合财税〔2008〕157号文件第六条的规定，其中加工处理仅限于清洗、挑选、破碎、切割、拆解、打包等改变再生资源密度、湿度、长度、粗细、软硬等物理性状的简单加工。

——财税〔2009〕119号文件第二条

3.4.8 享受退税政策的日期

财税〔2008〕157号文件第四条第（一）款规定按照《再生资源回收管理办法》

（商务部令 2007 年第 8 号）第七条、第八条规定应当向有关部门备案的，应当自备案当月 1 日起享受退税政策。

——财税〔2009〕119 号文件第三条

3.4.9 再生资源收购凭证、扣税凭证或销售发票应注明购进或销售的再生资源的具体种类

纳税人申请退税时提供的 2009 年 10 月 1 日以后开具的再生资源收购凭证、扣税凭证或销售发票，除符合现行发票管理有关规定外，还应注明购进或销售的再生资源的具体种类（从废旧金属、报废电子产品、报废机电设备及其零部件、废造纸原料、废轻化工原料、废塑料、废玻璃和其他再生资源等 8 类之中选择填写），否则不得享受退税。

——财税〔2009〕119 号文件第四条

3.5 销售使用过的固定资产

3.5.1 销售自己使用过的固定资产的增值税政策

纳税人销售自己使用过的固定资产，适用简易办法依照 3%征收率减按 2%征收增值税政策的，可以放弃减税，按照简易办法依照 3%征收率缴纳增值税，并可以开具增值税专用发票。

——国家税务总局公告 2015 年第 90 号第二条

3.5.2 一般纳税人销售自己使用过的固定资产减按 2%征收率征收增值税

将《国家税务总局关于一般纳税人销售自己使用过的固定资产增值税有关问题的公告》（国家税务总局公告 2012 年第 1 号）中“可按简易办法依 4%征收率减半征收增值税”，修改为“可按简易办法依 3%征收率减按 2%征收增值税”。

——国家税务总局公告 2014 年第 36 号第五条

3.6 新型墙体材料

3.6.1 新型墙体材料实行增值税即征即退

为加快推广新型墙体材料，促进能源节约和耕地保护，现就部分新型墙体材料增

值税政策明确如下：

一、对纳税人销售自产的列入本通知所附《享受增值税即征即退政策的新型墙体材料目录》（以下简称《目录》）的新型墙体材料，实行增值税即征即退50%的政策。

二、纳税人销售自产的《目录》所列新型墙体材料，其申请享受本通知规定的增值税优惠政策时，应同时符合下列条件：

（一）销售自产的新型墙体材料，不属于国家发展和改革委员会《产业结构调整指导目录》中的淘汰类、限制类项目。

（二）销售自产的新型墙体材料，不属于环境保护部《环境保护综合名录》中的“高污染、高环境风险”产品或者重污染工艺。

（三）纳税信用等级不属于税务机关评定的C级或D级。

纳税人在办理退税事宜时，应向主管税务机关提供其符合上述条件的书面声明材料，未提供书面声明材料或者出具虚假材料的，税务机关不得给予退税。

三、已享受本通知规定的增值税即征即退政策的纳税人，自不符合本通知第二条规定条件的次月起，不再享受本通知规定的增值税即征即退政策。

四、纳税人应当单独核算享受本通知规定的增值税即征即退政策的新型墙体材料的销售额和应纳税额。未按规定单独核算的，不得享受本通知规定的增值税即征即退政策。

五、各省、自治区、直辖市、计划单列市税务机关应于每年2月底之前在其网站上，将享受本通知规定的增值税即征即退政策的纳税人按下列项目予以公示：纳税人名称、纳税人识别号、新型墙体材料的名称。

六、已享受本通知规定的增值税即征即退政策的纳税人，因违反税收、环境保护的法律法规受到处罚（警告或单次1万元以下罚款除外），自处罚决定下达的次月起36个月内，不得享受本通知规定的增值税即征即退政策。

七、《目录》所列新型墙体材料适用的国家标准、行业标准，如在执行过程中有更新、替换，统一按新的国家标准、行业标准执行。

八、本通知自2015年7月1日起执行。

——财税〔2015〕73号文件

3.6.2 享受增值税即征即退政策的新型墙体材料

一、砖类

（一）非粘土烧结多孔砖（符合GB13544—2011技术要求）和非粘土烧结空心砖（符合GB13545—2014技术要求）

（二）承重混凝土多孔砖（符合GB25779—2010技术要求）和非承重混凝土空心砖

（符合 GB/T24492—2009 技术要求）

（三）蒸压粉煤灰多孔砖（符合 GB26541—2011 技术要求）、蒸压泡沫混凝土砖（符合 GB/T29062—2012 技术要求）。

（四）烧结多孔砖（仅限西部地区，符合 GB13544—2011 技术要求）和烧结空心砖（仅限西部地区，符合 GB13545—2014 技术要求）。

二、砌块类

（一）普通混凝土小型空心砌块（符合 GB/T8239—2014 技术要求）。

（二）轻集料混凝土小型空心砌块（符合 GB/T15229—2011 技术要求）。

（三）烧结空心砌块（以煤矸石、江河湖淤泥、建筑垃圾、页岩为原料，符合 GB13545—2014 技术要求）和烧结多孔砌块（以页岩、煤矸石、粉煤灰、江河湖淤泥及其他固体废弃物为原料，符合 GB13544—2011 技术要求）

（四）蒸压加气混凝土砌块（符合 GB11968—2006 技术要求）、蒸压泡沫混凝土砌块（符合 GB/T29062—2012 技术要求）。

（五）石膏砌块（以脱硫石膏、磷石膏等化学石膏为原料，符合 JC/T698—2010 技术要求）。

（六）粉煤灰混凝土小型空心砌块（符合 JC/T862—2008 技术要求）

三、板材类

（一）蒸压加气混凝土板（符合 GB15762—2008 技术要求）。

（二）建筑用轻质隔墙条板（符合 GB/T23451—2009 技术要求）和建筑隔墙用保温条板（符合 GB/T23450—2009 技术要求）。

（三）外墙外保温系统用钢丝网架模塑聚苯乙烯板（符合 GB26540—2011 技术要求）

（四）石膏空心条板（符合 JC/T829—2010 技术要求）。

（五）玻璃纤维增强水泥轻质多孔隔墙条板（简称 GRC 板，符合 GB/T19631—2005 技术要求）。

（六）建筑用金属面绝热夹芯板（符合 GB/T23932—2009 技术要求）。

（七）建筑平板。其中：纸面石膏板（符合 GB/T9775—2008 技术要求）；纤维增强硅酸钙板（符合 JC/T564.1—2008、JC/T564.2—2008 技术要求）；纤维增强低碱度水泥建筑平板（符合 JC/T626—2008 技术要求）；维纶纤维增强水泥平板（符合 JC/T671—2008 技术要求）；纤维水泥平板（符合 JC/T412.1－2006、JC/T412.2—2006 技术要求）。

四、符合国家标准、行业标准和地方标准的混凝土砖、烧结保温砖（砌块）（以页岩、煤矸石、粉煤灰、江河湖淤泥及其他固体废弃物为原料，加入成孔材料焙烧而成）、中空钢网内模隔墙、复合保温砖（砌块）、预制复合墙板（体），聚氨酯硬泡复合板及以专用聚氨酯为材料的建筑墙体。

——财税〔2015〕73号文件附件

4 企业、单位、项目优惠

4.1 钻石、黄金交易所

4.1.1 自上海钻石交易所销售的毛坯钻石免征进口环节增值税，销售成品钻石实行即征即退

纳税人自上海钻石交易所销往国内市场的毛坯钻石，免征进口环节增值税；纳税人自上海钻石交易所销往国内市场的成品钻石，进口环节增值税实际税负超过4%的部分由海关实行即征即退。进入国内环节，纳税人凭海关开具的完税凭证注明的增值税额抵扣进项税金。

纳税人自上海钻石交易所销往国内市场的钻石实行进口环节增值税免征和即征即退政策后，销往国内市场的钻石，在出上海钻石交易所时，海关按照现行规定依法实施管理。

——财税〔2006〕65号文件第一条

4.1.2 出口的部分钻石免征增值税

出口企业出口的以下钻石产品免征增值税，相应的进项税额不予退税或抵扣，须转入成本。具体产品的范围是：税则序列号为71021000、71023100、71023900、71042010、71049091、71051010、71131110、71131911、71131991、71132010、71162000。

各地税务机关要注意含有钻石的产品的出口动态，凡发现企业出口产品含钻石且价值比重较大，同时不属于以上所列产品范围，以及执行中发现其他问题的，应及时报告财政部、国家税务总局。

——财税〔2006〕65号文件第二条

4.1.3 成品钻石通过上海钻石交易所销售免征增值税，进入上海钻石交易所时视同出口

对国内加工的成品钻石，通过上海钻石交易所销售的，在国内销售环节免征增值税；不通过上海钻石交易所销售的，在国内销售环节按17%的税率征收增值税。

对国内加工的成品钻石，进入上海钻石交易所时视同出口，不予退税，自上海钻石交易所再次进入国内市场，其进口环节增值税实际税负超过4%的部分，由海关实行即征即退。

——财税〔2006〕65号文件第四条

4.1.4 通过黄金交易所销售标准黄金未发生实物交割免征增值税，发生实物交割实行增值税即征即退

黄金交易所会员单位通过黄金交易所销售标准黄金（持有黄金交易所开具的《黄金交易结算凭证》），未发生实物交割的，免征增值税；发生实物交割的，由税务机关按照实际成交价格代开增值税专用发票，并实行增值税即征即退的政策，同时免征城市维护建设税、教育费附加。增值税专用发票中的单价、金额和税额的计算公式分别为：

单价＝实际成交单价÷(1＋增值税税率)

金额＝数量×单价

税额＝金额×税率

实际成交单价是指不含黄金交易所收取的手续费的单位价格。

纳税人不通过黄金交易所销售的标准黄金不享受增值税即征即退和免征城市维护建设税、教育费附加政策。

——财税〔2002〕142号文件第二条

4.2 企业集团

4.2.1 邮政普遍服务和邮政特殊服务免征增值税

中国邮政集团公司及其所属邮政企业提供的邮政普遍服务和邮政特殊服务，免征增值税。

——财税〔2016〕39号文件第七条

4.2.2 资金无偿借贷行为免征增值税

自2019年2月1日至2020年12月31日，对企业集团内单位（含企业集团）之间的资金无偿借贷行为，免征增值税。

——财税〔2019〕20号文件第三条

4.3 小微企业

4.3.1 2013年8月1日至2014年9月30日规定

为进一步扶持小微企业发展，经国务院批准，自2013年8月1日起，对增值税小规模纳税人中月销售额不超过2万元的企业或非企业性单位，暂免征收增值税；对营业税纳税人中月营业额不超过2万元的企业或非企业性单位，暂免征收营业税。

——财税〔2013〕52号文件

4.3.2 2014年10月1日至2017年12月31日规定

为进一步加大对小微企业的税收支持力度，经国务院批准，自2014年10月1日起至2015年12月31日，对月销售额2万元（含本数，下同）至3万元的增值税小规模纳税人，免征增值税；对月营业额2万元至3万元的营业税纳税人，免征营业税。

——财税〔2014〕71号文件

为继续支持小微企业发展、推动创业就业，经国务院批准，《财政部、国家税务总局关于进一步支持小微企业增值税和营业税政策的通知》（财税〔2014〕71号）规定的增值税和营业税政策继续执行至2017年12月31日。

——财税〔2015〕96号文件

增值税小规模纳税人和营业税纳税人，月销售额或营业额不超过3万元（含3万元，下同）的，按照上述文件规定免征增值税或营业税。其中，以1个季度为纳税期限的增值税小规模纳税人和营业税纳税人，季度销售额或营业额不超过9万元的，按照上述文件规定免征增值税或营业税。

——国家税务总局公告2014年第57号

4.3.3 2018年1月1日至2018年12月31日规定

增值税小规模纳税人应分别核算销售货物或者加工、修理修配劳务的销售额和销售服务、无形资产的销售额。增值税小规模纳税人销售货物或者加工、修理修配劳务月销售额不超过3万元（按季纳税9万元），销售服务、无形资产月销售额不超过3万元（按季纳税9万元）的，自2018年1月1日起至2020年12月31日，可分别享受小微企业暂免征收增值税优惠政策。

——国家税务总局公告2017年第52号

提示

根据《财政部 税务总局关于实施小微企业普惠性税收减免政策的通知》（财税〔2019〕13号）规定，上述公告自2019年1月1日起全文废止。

4.3.4 2019年1月1日至2021年12月31日规定

为贯彻落实党中央、国务院决策部署，进一步支持小微企业发展，现就实施小微企业普惠性税收减免政策有关事项通知如下：

对月销售额10万元以下（含本数）的增值税小规模纳税人，免征增值税。

上述小型微利企业是指从事国家非限制和禁止行业，且同时符合年度应纳税所得额不超过300万元、从业人数不超过300人、资产总额不超过5 000万元等三个条件的企业。

从业人数，包括与企业建立劳动关系的职工人数和企业接受的劳务派遣用工人数。所称从业人数和资产总额指标，应按企业全年的季度平均值确定。具体计算公式如下：

季度平均值=(季初值+季末值)÷2

全年季度平均值=全年各季度平均值之和÷4

年度中间开业或者终止经营活动的，以其实际经营期作为一个纳税年度确定上述相关指标。

——财税〔2019〕13号文件

4.4 孵化器、科技园、大学园

4.4.1 2016年1月1日至2018年12月31日适用的规定

（1）科技企业孵化器税收优惠。

经国务院批准，现就科技企业孵化器（含众创空间，以下简称孵化器）有关税收政策通知如下：

一、自2016年1月1日至2018年12月31日，对符合条件的孵化器自用以及无偿或通过出租等方式提供给孵化企业使用的房产、土地，免征房产税和城镇土地使用税；自2016年1月1日至2016年4月30日，对其向孵化企业出租场地、房屋以及提供孵化服务的收入，免征营业税；在营业税改征增值税试点期间，对其向孵化企业出租场地、房屋以及提供孵化服务的收入，免征增值税。

二、符合非营利组织条件的孵化器的收入，按照企业所得税法及其实施条例和有关税收政策规定享受企业所得税优惠政策。

三、享受本通知规定的房产税、城镇土地使用税以及营业税、增值税优惠政策的孵化器，应同时符合以下条件：

（一）孵化器需符合国家级科技企业孵化器条件。国务院科技行政主管部门负责发布国家级科技企业孵化器名单。

（二）孵化器应将面向孵化企业出租场地、房屋以及提供孵化服务的业务收入在财务上单独核算。

（三）孵化器提供给孵化企业使用的场地面积（含公共服务场地）应占孵化器可自主支配场地面积的75%以上（含75%）。孵化企业数量应占孵化器内企业总数量的75%以上（含75%）。

公共服务场地是指孵化器提供给孵化企业共享的活动场所，包括公共餐厅、接待室、会议室、展示室、活动室、技术检测室和图书馆等非盈利性配套服务场地。

四、本通知所称“孵化企业”应当同时符合以下条件：

（一）企业注册地和主要研发、办公场所必须在孵化器的孵化场地内。

（二）新注册企业或申请进入孵化器前企业成立时间不超过2年。

（三）企业在孵化器内孵化的时间不超过48个月。纳入“创新人才推进计划”及“海外高层次人才引进计划”的人才或从事生物医药、集成电路设计、现代农业等特殊领域的创业企业，孵化时间不超过60个月。

（四）符合《中小企业划型标准规定》所规定的小型、微型企业划型标准。

（五）单一在孵企业入驻时使用的孵化场地面积不大于1 000平方米。从事航空航天等特殊领域的在孵企业，不大于3 000平方米。

（六）企业产品（服务）属于科学技术部、财政部、国家税务总局印发的《国家重点支持的高新技术领域》规定的范围。

五、本通知所称“孵化服务”是指为孵化企业提供的属于营业税“服务业”税目中“代理业”“租赁业”和“其他服务业”中的咨询和技术服务范围内的服务，改征增值税后是指为孵化企业提供的“经纪代理”“经营租赁”“研发和技术”“信息技术”和“鉴证咨询”等服务。

六、省级科技行政主管部门负责定期核实孵化器是否符合本通知规定的各项条件，并报国务院科技行政主管部门审核确认。国务院科技行政主管部门审核确认后向纳税人出具证明材料，列明用于孵化的房产和土地的地址、范围、面积等具体信息，并发送给国务院税务主管部门。

纳税人持相应证明材料向主管税务机关备案，主管税务机关按照《税收减免管理办法》等有关规定，以及国务院科技行政主管部门发布的符合本通知规定条件的孵化器名单信息，办理税收减免。

请遵照执行。

——财税〔2016〕89号文件

(2) 国家大学科技园税收优惠。

经国务院批准，现就国家大学科技园（以下简称科技园）有关税收政策通知如下：

一、自2016年1月1日至2018年12月31日，对符合条件的科技园自用以及无偿或通过出租等方式提供给孵化企业使用的房产、土地，免征房产税和城镇土地使用税；自2016年1月1日至2016年4月30日，对其向孵化企业出租场地、房屋以及提供孵化服务的收入，免征营业税；在营业税改征增值税试点期间，对其向孵化企业出租场地、房屋以及提供孵化服务的收入，免征增值税。

二、符合非营利组织条件的科技园的收入，按照企业所得税法及其实施条例和有关税收政策规定享受企业所得税优惠政策。

三、享受本通知规定的房产税、城镇土地使用税以及营业税、增值税优惠政策的科技园，应当同时符合以下条件：

（一）科技园符合国家大学科技园条件。国务院科技和教育行政主管部门负责发布国家大学科技园名单。

（二）科技园将面向孵化企业出租场地、房屋以及提供孵化服务的业务收入在财务上单独核算。

（三）科技园提供给孵化企业使用的场地面积（含公共服务场地）占科技园可自主支配场地面积的60%以上（含60%），孵化企业数量占科技园内企业总数量的75%以上（含75%）。

公共服务场地是指科技园提供给孵化企业共享的活动场所，包括公共餐厅、接待室、会议室、展示室、活动室、技术检测室和图书馆等非营利性配套服务场地。

四、本通知所称"孵化企业"应当同时符合以下条件：

（一）企业注册地及主要研发、办公场所在科技园的工作场地内。

（二）新注册企业或申请进入科技园前企业成立时间不超过3年。

（三）企业在科技园内孵化的时间不超过48个月。海外高层次创业人才或从事生物医药、集成电路设计等特殊领域的创业企业，孵化时间不超过60个月。

（四）符合《中小企业划型标准规定》所规定的小型、微型企业划型标准。

（五）单一在孵企业使用的孵化场地面积不超过1 000平方米。从事航空航天、现代农业等特殊领域的单一在孵企业，不超过3 000平方米。

（六）企业产品（服务）属于科学技术部、财政部、国家税务总局印发的《国家重点支持的高新技术领域》规定的范围。

五、本通知所称"孵化服务"是指为孵化企业提供的属于营业税"服务业"税目中"代理业"、"租赁业"和"其他服务业"中的咨询和技术服务范围内的服务，改征增值税后是指为孵化企业提供的“经纪代理”、“经营租赁”、“研发和技术”、“信息技术”和“鉴证咨询”等服务。

六、国务院科技和教育行政主管部门负责组织对科技园是否符合本通知规定的各项条件定期进行审核确认，并向纳税人出具证明材料，列明纳税人用于孵化的房产和土地的地址、范围、面积等具体信息，并发送给国务院税务主管部门。

纳税人持相应证明材料向主管税务机关备案，主管税务机关按照《税收减免管理办法》等有关规定，以及国务院科技和教育行政主管部门发布的符合本通知规定条件的科技园名单信息，办理税收减免。

——财税〔2016〕98号文件

4.4.2 2019年1月1日至2021年12月31日适用的规定

为进一步鼓励创业创新，现就科技企业孵化器、大学科技园、众创空间有关税收政策通知如下：

一、自2019年1月1日至2021年12月31日，对国家级、省级科技企业孵化器、大学科技园和国家备案众创空间自用以及无偿或通过出租等方式提供给在孵对象使用的房产、土地，免征房产税和城镇土地使用税；对其向在孵对象提供孵化服务取得的收入，免征增值税。

本通知所称孵化服务是指为在孵对象提供的经纪代理、经营租赁、研发和技术、信息技术、鉴证咨询服务。

二、国家级、省级科技企业孵化器、大学科技园和国家备案众创空间应当单独核算孵化服务收入。

三、国家级科技企业孵化器、大学科技园和国家备案众创空间认定和管理办法由国务院科技、教育部门另行发布；省级科技企业孵化器、大学科技园认定和管理办法由省级科技、教育部门另行发布。

本通知所称在孵对象是指符合前款认定和管理办法规定的孵化企业、创业团队和个人。

四、国家级、省级科技企业孵化器、大学科技园和国家备案众创空间应按规定申报享受免税政策，并将房产土地权属资料、房产原值资料、房产土地租赁合同、孵化协议等留存备查，税务部门依法加强后续管理。

2018年12月31日以前认定的国家级科技企业孵化器、大学科技园，自2019年1月1日起享受本通知规定的税收优惠政策。2019年1月1日以后认定的国家级、省级科技企业孵化器、大学科技园和国家备案众创空间，自认定之日次月起享受本通知规定的税收优惠政策。2019年1月1日以后被取消资格的，自取消资格之日次月起停止享受本通知规定的税收优惠政策。

五、科技、教育和税务部门应建立信息共享机制，及时共享国家级、省级科技企业孵化器、大学科技园和国家备案众创空间相关信息，加强协调配合，保障优惠政策落实到位。

——财税〔2018〕120号文件

4.5 促进残疾人就业税收政策

4.5.1 促进残疾人就业增值税优惠

为继续发挥税收政策促进残疾人就业的作用，进一步保障残疾人权益，经国务院批准，决定对促进残疾人就业的增值税政策进行调整完善。现将有关政策通知如下：

一、对安置残疾人的单位和个体工商户（以下称纳税人），实行由税务机关按纳税人安置残疾人的人数，限额即征即退增值税的办法。

安置的每位残疾人每月可退还的增值税具体限额，由县级以上税务机关根据纳税人所在区县（含县级市、旗，下同）适用的经省（含自治区、直辖市、计划单列市，下同）人民政府批准的月最低工资标准的4倍确定。

二、享受税收优惠政策的条件

（一）纳税人（除盲人按摩机构外）月安置的残疾人占在职职工人数的比例不低于25%（含25%），并且安置的残疾人人数不少于10人（含10人）；

盲人按摩机构月安置的残疾人占在职职工人数的比例不低于25%（含25%），并且安置的残疾人人数不少于5人（含5人）。

（二）依法与安置的每位残疾人签订了一年以上（含一年）的劳动合同或服务协议。

（三）为安置的每位残疾人按月足额缴纳了基本养老保险、基本医疗保险、失业保险、工伤保险和生育保险等社会保险。

（四）通过银行等金融机构向安置的每位残疾人，按月支付了不低于纳税人所在区县适用的经省人民政府批准的月最低工资标准的工资。

三、《财政部 国家税务总局关于教育税收政策的通知》（财税〔2004〕39号）第一条第7项规定的特殊教育学校举办的企业，只要符合本通知第二条第（一）项第一款规定的条件，即可享受本通知第一条规定的增值税优惠政策。这类企业在计算残疾人人数时可将在企业上岗工作的特殊教育学校的全日制在校学生计算在内，在计算企业在职职工人数时也要将上述学生计算在内。

四、纳税人中纳税信用等级为税务机关评定的C级或D级的，不得享受本通知第一条、第三条规定的政策。

五、纳税人按照纳税期限向主管国税机关申请退还增值税。本纳税期已交增值税额不足退还的，可在本纳税年度内以前纳税期已交增值税扣除已退增值税的余额中退还，仍不足退还的可结转本纳税年度内以后纳税期退还，但不得结转以后年度退还。纳税期限不为按月的，只能对其符合条件的月份退还增值税。

六、本通知第一条规定的增值税优惠政策仅适用于生产销售货物，提供加工、修理修配劳务，以及提供营改增现代服务和生活服务税目（不含文化体育服务和娱乐服务）范围的服务取得的收入之和，占其增值税收入的比例达到50%的纳税人，但不适用于上述纳税人直接销售外购货物（包括商品批发和零售）以及销售委托加工的货物取得的收入。

纳税人应当分别核算上述享受税收优惠政策和不得享受税收优惠政策业务的销售额，不能分别核算的，不得享受本通知规定的优惠政策。

七、如果既适用促进残疾人就业增值税优惠政策，又适用重点群体、退役士兵、随军家属、军转干部等支持就业的增值税优惠政策的，纳税人可自行选择适用的优惠政策，但不能累加执行。一经选定，36个月内不得变更。

八、残疾人个人提供的加工、修理修配劳务，免征增值税。

九、税务机关发现已享受本通知增值税优惠政策的纳税人，存在不符合本通知第二条、第三条规定条件，或者采用伪造或重复使用残疾人证、残疾军人证等手段骗取本通知规定的增值税优惠的，应将纳税人发生上述违法违规行为的纳税期内按本通知已享受到的退税全额追缴入库，并自发现当月起36个月内停止其享受本通知规定的各项税收优惠。

十、本通知有关定义

（一）残疾人，是指法定劳动年龄内，持有《中华人民共和国残疾人证》或者《中华人民共和国残疾军人证（1至8级）》的自然人，包括具有劳动条件和劳动意愿的精神残疾人。

（二）残疾人个人，是指自然人。

（三）在职职工人数，是指与纳税人建立劳动关系并依法签订劳动合同或者服务协议的雇员人数。

（四）特殊教育学校举办的企业，是指特殊教育学校主要为在校学生提供实习场所、并由学校出资自办、由学校负责经营管理、经营收入全部归学校所有的企业。

十一、本通知规定的增值税优惠政策的具体征收管理办法，由国家税务总局制定。

十二、本通知自2016年5月1日起执行，《财政部 国家税务总局关于促进残疾人就业税收优惠政策的通知》（财税〔2007〕92号）、《财政部 国家税务总局关于将铁路运输和邮政业纳入营业税改征增值税试点的通知》（财税〔2013〕106号）附件3第二条第（二）项同时废止。纳税人2016年5月1日前执行财税〔2007〕92号和财税

〔2013〕106 号文件发生的应退未退的增值税余额，可按照本通知第五条规定执行。

——财税〔2016〕52 号文件

4.5.2 安置残疾人单位可同时享受多项增值税优惠

安置残疾人单位既符合促进残疾人就业增值税优惠政策条件，又符合其他增值税优惠政策条件的，可同时享受多项增值税优惠政策，但年度申请退还增值税总额不得超过本年度内应纳增值税总额。

本公告自 2011 年 12 月 1 日起执行。

——国家税务总局公告 2011 年第 61 号

4.5.3 促进残疾人就业增值税优惠政策管理办法

第一条 为加强促进残疾人就业增值税优惠政策管理，根据《财政部 国家税务总局关于促进残疾人就业增值税优惠政策的通知》（财税〔2016〕52 号）、《国家税务总局关于发布〈税收减免管理办法〉的公告》（国家税务总局公告 2015 年第 43 号）及有关规定，制定本办法。

第二条 纳税人享受安置残疾人增值税即征即退优惠政策，适用本办法规定。

本办法所指纳税人，是指安置残疾人的单位和个体工商户。

第三条 纳税人首次申请享受税收优惠政策，应向主管税务机关提供以下备案资料：

（一）《税务资格备案表》。

（二）安置的残疾人的《中华人民共和国残疾人证》或者《中华人民共和国残疾军人证（1 至 8 级）》复印件，注明与原件一致，并逐页加盖公章。安置精神残疾人的，提供精神残疾人同意就业的书面声明以及其法定监护人签字或印章的证明精神残疾人具有劳动条件和劳动意愿的书面材料。

（三）安置的残疾人的身份证明复印件，注明与原件一致，并逐页加盖公章。

第四条 主管税务机关受理备案后，应将全部《中华人民共和国残疾人证》或者《中华人民共和国残疾军人证（1 至 8 级）》信息以及所安置残疾人的身份证明信息录入征管系统。

第五条 纳税人提供的备案资料发生变化的，应于发生变化之日起 15 日内就变化情况向主管税务机关办理备案。

第六条 纳税人申请退还增值税时，需报送如下资料：

（一）《退（抵）税申请审批表》。

（二）《安置残疾人纳税人申请增值税退税声明》（见附件）。

（三）当期为残疾人缴纳社会保险费凭证的复印件及由纳税人加盖公章确认的注明缴纳人员、缴纳金额、缴纳期间的明细表。

（四）当期由银行等金融机构或纳税人加盖公章的按月为残疾人支付工资的清单。

特殊教育学校举办的企业，申请退还增值税时，不提供资料（三）和资料（四）。

第七条　纳税人申请享受税收优惠政策，应对报送资料的真实性和合法性承担法律责任。主管税务机关对纳税人提供资料的完整性和增值税退税额计算的准确性进行审核。

第八条　主管税务机关受理退税申请后，查询纳税人的纳税信用等级，对符合信用条件的，审核计算应退增值税额，并按规定办理退税。

第九条　纳税人本期应退增值税额按以下公式计算：

$$\text{本期应退增值税额}=\text{本期所含月份每月应退增值税额之和}$$

$$\text{月应退增值税额}=\text{纳税人本月安置残疾人员人数}\times\text{本月月最低工资标准的4倍}$$

月最低工资标准，是指纳税人所在区县（含县级市、旗）适用的经省（含自治区、直辖市、计划单列市）人民政府批准的月最低工资标准。

纳税人本期已缴增值税额小于本期应退税额不足退还的，可在本年度内以前纳税期已缴增值税额扣除已退增值税额的余额中退还，仍不足退还的可结转本年度内以后纳税期退还。年度已缴增值税额小于或等于年度应退税额的，退税额为年度已缴增值税额；年度已缴增值税额大于年度应退税额的，退税额为年度应退税额。年度已缴增值税额不足退还的，不得结转以后年度退还。

第十条　纳税人新安置的残疾人从签订劳动合同并缴纳社会保险的次月起计算，其他职工从录用的次月起计算；安置的残疾人和其他职工减少的，从减少当月计算。

第十一条　主管税务机关应于每年2月底之前，在其网站或办税服务厅，将本地区上一年度享受安置残疾人增值税优惠政策的纳税人信息，按下列项目予以公示：纳税人名称、纳税人识别号、法人代表、计算退税的残疾人职工人次等。

第十二条　享受促进残疾人就业增值税优惠政策的纳税人，对能证明或印证符合政策规定条件的相关材料负有留存备查义务。纳税人在税务机关后续管理中不能提供相关材料的，不得继续享受优惠政策。税务机关应追缴其相应纳税期内已享受的增值税退税，并依照税收征管法及其实施细则的有关规定处理。

第十三条　各地税务机关要加强税收优惠政策落实情况的后续管理，对纳税人进行定期或不定期检查。检查发现纳税人不符合财税〔2016〕52号文件规定的，按有关规定予以处理。

第十四条　本办法实施前已办理税收优惠资格备案的纳税人，主管税务机关应检查其已备案资料是否满足本办法第三条规定，残疾人信息是否已按第四条规定录入信息系统，如有缺失，应要求纳税人补充报送备案资料，补录信息。

第十五条 各省、自治区、直辖市和计划单列市国家税务局，应定期或不定期在征管系统中对残疾人信息进行比对，发现异常的，按相关规定处理。

第十六条 本办法自2016年5月1日起施行。

——国家税务总局公告2016年第33号

4.5.4 不符合残疾人就业优惠条件的减税追征

《财政部 国家税务总局关于促进残疾人就业税收优惠政策的通知》（财税〔2007〕92号）和《财政部 国家税务总局关于促进残疾人就业增值税优惠政策的通知》（财税〔2016〕52号）的实质要求是一致的。重庆驰成金属冶炼有限公司享受税收优惠政策，应对报送资料的真实性和合法性负责。无论适用财税〔2007〕92号文件还是财税〔2016〕52号文件，如税务机关发现该企业存在“挂名未上岗”或其他情形导致不符合促进残疾人就业税收优惠政策适用条件的，应将其发生相应违法违规行为年度内实际享受到的减（退）税款全额追缴入库。

——税总函〔2016〕609号文件

4.6 金融、保险

4.6.1 一年期以上返还性人身保险产品免征增值税

保险公司开办一年期以上返还性人身保险产品，按照以下规定执行：

（一）保险公司开办一年期以上返还性人身保险产品，在保险监管部门出具备案回执或批复文件前依法取得的保费收入，属于《财政部 国家税务总局关于一年期以上返还性人身保险产品营业税免税政策的通知》（财税〔2015〕86号）第一条、《营业税改征增值税试点过渡政策的规定》（财税〔2016〕36号印发）第一条第（二十一）项规定的保费收入。

保险公司符合财税〔2015〕86号第一条、第二条规定免税条件，且未列入财政部、税务总局发布的免征营业税名单的，可向主管税务机关办理备案手续。

保险公司开办一年期以上返还性人身保险产品，在列入财政部和税务总局发布的免征营业税名单或办理免税备案手续后，此前已缴纳营业税中尚未抵减或退还的部分，可抵减以后月份应缴纳的增值税。

——财税〔2019〕20号文件第四条

4.6.2 享受税收优惠政策的主体

享受税收优惠政策的主体是指经中国人民银行依法决定撤销的金融机构及其分设于各地的分支机构，包括被依法撤销的商业银行、信托投资公司、财务公司、金融租赁公司、城市信用社和农村信用社。除另有规定者外，被撤销的金融机构所属、附属企业，不享受本通知规定的被撤销金融机构的税收优惠政策。

——财税〔2003〕141 号文件第一条

4.6.3 被撤销金融机构相关增值税政策

（1）被撤销金融机构财产用来清偿债务时免征增值税。

被撤销金融机构清理和处置财产可享受以下税收优惠政策：

1. 对被撤销金融机构接收债权、清偿债务过程中签订的产权转移书据，免征印花税。

2. 对被撤销金融机构清算期间自有的或从债务方接收的房地产、车辆，免征房产税、城镇土地使用税和车船使用税。

3. 对被撤销金融机构在清算过程中催收债权时，接收债务方土地使用权、房屋所有权所发生的权属转移免征契税。

4. 对被撤销金融机构财产用来清偿债务时，免征被撤销金融机构转让货物、不动产、无形资产、有价证券、票据等应缴纳的增值税、营业税、城市维护建设税、教育费附加和土地增值税。

——财税〔2003〕141 号文件第二条

（2）处置前持续经营的经济业务所发生的应纳税款应按规定予以缴纳。

除第二条规定者外，被撤销金融机构在清算开始后、清算资产被处置前持续经营的经济业务所发生的应纳税款应按规定予以缴纳。

——财税〔2003〕141 号文件第三条

（3）应缴未缴国家的税金及其他款项应按照法律法规规定的清偿顺序予以缴纳。

被撤销金融机构的应缴未缴国家的税金及其他款项应按照法律法规规定的清偿顺序予以缴纳。

——财税〔2003〕141 号文件第四条

4.6.4 提供融资担保取得的担保费收入、再担保费收入免征增值税

自 2018 年 1 月 1 日至 2019 年 12 月 31 日，纳税人为农户、小型企业、微型企业及

个体工商户借款、发行债券提供融资担保取得的担保费收入，以及为上述融资担保（以下称“原担保”）提供再担保取得的再担保费收入，免征增值税。再担保合同对应多个原担保合同的，原担保合同应全部适用免征增值税政策。否则，再担保合同应按规定缴纳增值税。

纳税人应将相关免税证明材料留存备查，单独核算符合免税条件的融资担保费和再担保费收入，按现行规定向主管税务机关办理纳税申报；未单独核算的，不得免征增值税。

农户，是指长期（一年以上）居住在乡镇（不包括城关镇）行政管理区域内的住户，还包括长期居住在城关镇所辖行政村范围内的住户和户口不在本地而在本地居住一年以上的住户，国有农场的职工。位于乡镇（不包括城关镇）行政管理区域内和在城关镇所辖行政村范围内的国有经济的机关、团体、学校、企事业单位的集体户；有本地户口，但举家外出谋生一年以上的住户，无论是否保留承包耕地均不属于农户。农户以户为统计单位，既可以从事农业生产经营，也可以从事非农业生产经营。农户担保、再担保的判定应以原担保生效时的被担保人是否属于农户为准。

小型企业、微型企业，是指符合《中小企业划型标准规定》（工信部联企业〔2011〕300号）的小型企业和微型企业。其中，资产总额和从业人员指标均以原担保生效时的实际状态确定；营业收入指标以原担保生效前12个自然月的累计数确定，不满12个自然月的，按照以下公式计算：

营业收入(年)＝企业实际存续期间营业收入/企业实际存续月数×12

《财政部 税务总局关于全面推开营业税改征增值税试点的通知》（财税〔2016〕36号）附件3《营业税改征增值税试点过渡政策的规定》第一条第（二十四）款规定的中小企业信用担保增值税免税政策自2018年1月1日起停止执行。纳税人享受中小企业信用担保增值税免税政策在2017年12月31日前未满3年的，可以继续享受至3年期满为止。

——财税〔2017〕90号文件第六条

4.6.5 发放小额贷款取得的利息收入免征增值税

一、自2017年12月1日至2019年12月31日，对金融机构向农户、小型企业、微型企业及个体工商户发放小额贷款取得的利息收入，免征增值税。金融机构应将相关免税证明材料留存备查，单独核算符合免税条件的小额贷款利息收入，按现行规定向主管税务机构办理纳税申报；未单独核算的，不得免征增值税。《财政部税务总局关于延续支持农村金融发展有关税收政策的通知》（财税〔2017〕44号）第一条相应废止。

二、自2018年1月1日至2020年12月31日，对金融机构与小型企业、微型企业签订的借款合同免征印花税。

三、本通知所称农户，是指长期（一年以上）居住在乡镇（不包括城关镇）行政管理区域内的住户，还包括长期居住在城关镇所辖行政村范围内的住户和户口不在本地而在本地居住一年以上的住户，国有农场的职工。位于乡镇（不包括城关镇）行政管理区域内和在城关镇所辖行政村范围内的国有经济的机关、团体、学校、企事业单位的集体户；有本地户口，但举家外出谋生一年以上的住户，无论是否保留承包耕地均不属于农户。农户以户为统计单位，既可以从事农业生产经营，也可以从事非农业生产经营。农户贷款的判定应以贷款发放时的借款人是否属于农户为准。

本通知所称小型企业、微型企业，是指符合《中小企业划型标准规定》（工信部联企业〔2011〕300号）的小型企业和微型企业。其中，资产总额和从业人员指标均以贷款发放时的实际状态确定；营业收入指标以贷款发放前12个自然月的累计数确定，不满12个自然月的，按照以下公式计算：

营业收入(年)＝企业实际存续期间营业收入/企业实际存续月数×12

本通知所称小额贷款，是指单户授信小于100万元（含本数）的农户、小型企业、微型企业或个体工商户贷款；没有授信额度的，是指单户贷款合同金额且贷款余额在100万元（含本数）以下的贷款。

——财税〔2017〕77号文件

4.7 扶贫货物捐赠免征增值税

为支持脱贫攻坚，现就扶贫货物捐赠免征增值税政策公告如下：

一、自2019年1月1日至2022年12月31日，对单位或者个体工商户将自产、委托加工或购买的货物通过公益性社会组织、县级及以上人民政府及其组成部门和直属机构，或直接无偿捐赠给目标脱贫地区的单位和个人，免征增值税。在政策执行期限内，目标脱贫地区实现脱贫的，可继续适用上述政策。

“目标脱贫地区”包括832个国家扶贫开发工作重点县、集中连片特困地区县（新疆阿克苏地区6县1市享受片区政策）和建档立卡贫困村。

二、在2015年1月1日至2018年12月31日期间已发生的符合上述条件的扶贫货物捐赠，可追溯执行上述增值税政策。

三、在本公告发布之前已征收入库的按上述规定应予免征的增值税税款，可抵减纳税人以后月份应缴纳的增值税税款或者办理税款退库。已向购买方开具增值税专用发票的，应将专用发票追回后方可办理免税。无法追回专用发票的，不予免税。

四、各地扶贫办公室与税务部门要加强沟通，明确当地“目标脱贫地区”具体范围，确保政策落实落地。

——国务院扶贫办公告2019年第55号

4.8 生产、生活性服务业加计抵减

4.8.1 生产、生活性服务业按当期可抵扣进项税额加计10%

自2019年4月1日至2021年12月31日，允许生产、生活性服务业纳税人按照当期可抵扣进项税额加计10%，抵减应纳税额（以下称加计抵减政策）。

（一）本公告所称生产、生活性服务业纳税人，是指提供邮政服务、电信服务、现代服务、生活服务（以下称四项服务）取得的销售额占全部销售额的比重超过50%的纳税人。四项服务的具体范围按照《销售服务、无形资产、不动产注释》（财税〔2016〕36号印发）执行。

2019年3月31日前设立的纳税人，自2018年4月至2019年3月期间的销售额（经营期不满12个月的，按照实际经营期的销售额）符合上述规定条件的，自2019年4月1日起适用加计抵减政策。

2019年4月1日后设立的纳税人，自设立之日起3个月的销售额符合上述规定条件的，自登记为一般纳税人之日起适用加计抵减政策。

纳税人确定适用加计抵减政策后，当年内不再调整，以后年度是否适用，根据上年度销售额计算确定。

纳税人可计提但未计提的加计抵减额，可在确定适用加计抵减政策当期一并计提。

（二）纳税人应按照当期可抵扣进项税额的10%计提当期加计抵减额。按照现行规定不得从销项税额中抵扣的进项税额，不得计提加计抵减额；已计提加计抵减额的进项税额，按规定作进项税额转出的，应在进项税额转出当期，相应调减加计抵减额。计算公式如下：

$$\text{当期计提加计抵减额}=\text{当期可抵扣进项税额}\times 10\%$$

$$\begin{matrix}\text{当期可抵减}\\\text{加计抵减额}\end{matrix}=\begin{matrix}\text{上期末加计}\\\text{抵减额余额}\end{matrix}+\begin{matrix}\text{当期计提}\\\text{加计抵减额}\end{matrix}-\begin{matrix}\text{当期调减}\\\text{加计抵减额}\end{matrix}$$

（三）纳税人应按照现行规定计算一般计税方法下的应纳税额（以下称抵减前的应纳税额）后，区分以下情形加计抵减：

1. 抵减前的应纳税额等于零的，当期可抵减加计抵减额全部结转下期抵减；

2. 抵减前的应纳税额大于零，且大于当期可抵减加计抵减额的，当期可抵减加计抵减额全额从抵减前的应纳税额中抵减；

3. 抵减前的应纳税额大于零，且小于或等于当期可抵减加计抵减额的，以当期可

抵减加计抵减额抵减应纳税额至零。未抵减完的当期可抵减加计抵减额，结转下期继续抵减。

（四）纳税人出口货物劳务、发生跨境应税行为不适用加计抵减政策，其对应的进项税额不得计提加计抵减额。

纳税人兼营出口货物劳务、发生跨境应税行为且无法划分不得计提加计抵减额的进项税额，按照以下公式计算：

不得计提加计抵减额的进项税额＝当期无法划分的全部进项税额×当期出口货物劳务和发生跨境应税行为的销售额÷当期全部销售额

（五）纳税人应单独核算加计抵减额的计提、抵减、调减、结余等变动情况。骗取适用加计抵减政策或虚增加计抵减额的，按照《中华人民共和国税收征收管理法》等有关规定处理。

（六）加计抵减政策执行到期后，纳税人不再计提加计抵减额，结余的加计抵减额停止抵减。

——财政部、税务总局、海关总署公告 2019 年第 39 号第七条

4.8.2 生活性服务业按当期可抵扣进项税额加计 15%

现就生活性服务业增值税加计抵减有关政策公告如下：

一、2019 年 10 月 1 日至 2021 年 12 月 31 日，允许生活性服务业纳税人按照当期可抵扣进项税额加计 15%，抵减应纳税额（以下称加计抵减 15%政策）。

二、本公告所称生活性服务业纳税人，是指提供生活服务取得的销售额占全部销售额的比重超过 50%的纳税人。生活服务的具体范围按照《销售服务、无形资产、不动产注释》（财税〔2016〕36 号印发）执行。

2019 年 9 月 30 日前设立的纳税人，自 2018 年 10 月至 2019 年 9 月期间的销售额（经营期不满 12 个月的，按照实际经营期的销售额）符合上述规定条件的，自 2019 年 10 月 1 日起适用加计抵减 15%政策。

2019 年 10 月 1 日后设立的纳税人，自设立之日起 3 个月的销售额符合上述规定条件的，自登记为一般纳税人之日起适用加计抵减 15%政策。

纳税人确定适用加计抵减 15%政策后，当年内不再调整，以后年度是否适用，根据上年度销售额计算确定。

三、生活性服务业纳税人应按照当期可抵扣进项税额的 15%计提当期加计抵减额。按照现行规定不得从销项税额中抵扣的进项税额，不得计提加计抵减额；已按照 15%计提加计抵 减额的进项税额，按规定作进项税额转出的，应在进项税额转出当期，相应调减加计抵减额。计算公式如下：

当期计提加计抵减额＝当期可抵扣进项税额×15％

$$\text{当期可抵减加计抵减额}=\text{上期末加计抵减额余额}+\text{当期计提加计抵减额}-\text{当期调减加计抵减额}$$

四、纳税人适用加计抵减政策的其他有关事项，按照《关于深化增值税改革有关政策的公告》（财政部 税务总局 海关总署公告2019年第39号）等有关规定执行。

——财政部、税务总局公告2019年第87号

4.8.3 加计抵减政策适用范围

关于加计抵减

（一）《财政部 税务总局 海关总署关于深化增值税改革有关政策的公告》（财政部 税务总局 海关总署公告2019年第39号）第七条关于加计抵减政策适用所称“销售额”，包括纳税申报销售额、稽查查补销售额、纳税评估调整销售额。其中，纳税申报销售额包括一般计税方法销售额，简易计税方法销售额，免税销售额，税务机关代开发票销售额，免、抵、退办法出口销售额，即征即退项目销售额。

稽查查补销售额和纳税评估调整销售额，计入查补或评估调整当期销售额确定适用加计抵减政策；适用增值税差额征收政策的，以差额后的销售额确定适用加计抵减政策。

（二）2019年3月31日前设立，且2018年4月至2019年3月期间销售额均为零的纳税人，以首次产生销售额当月起连续3个月的销售额确定适用加计抵减政策。

2019年4月1日后设立，且自设立之日起3个月的销售额均为零的纳税人，以首次产生销售额当月起连续3个月的销售额确定适用加计抵减政策。

（三）经财政部和国家税务总局或者其授权的财政和税务机关批准，实行汇总缴纳增值税的总机构及其分支机构，以总机构本级及其分支机构的合计销售额，确定总机构及其分支机构适用加计抵减政策。

——国家税务总局公告2019年第31号第二条

4.8.4 首次确认适用加计抵减政策需提交《适用15%加计抵减政策的声明》

符合《财政部 税务总局关于明确生活性服务业增值税加计抵减政策的公告》（财政部 税务总局公告2019年第87号）规定的生活性服务业纳税人，应在年度首次确认适用15％加计抵减政策时，通过电子税务局（或前往办税服务厅）提交《适用15％加计抵减政策的声明》（见附件）。

——国家税务总局公告2019年第33号第一条

4.8.5 适用15%加计抵减政策的声明

适用15%加计抵减政策的声明

纳税人名称：________________

纳税人识别号（统一社会信用代码）：________________

本纳税人符合《财政部 税务总局关于明确生活性服务业增值税加计抵减政策的公告》（财政部 税务总局公告2019年第87号）规定，确定适用加计抵减政策。行业属于（按照销售额占比最高的生活服务业子项勾选，只能选择其一）：

行业	选项
生活服务业	——
其中：1. 文化艺术业	
2. 体育业	
3. 教育	
4. 卫生	
5. 旅游业	
6. 娱乐业	
7. 餐饮业	
8. 住宿业	
9. 居民服务业	
10. 其他生活服务业	

本纳税人用于判断是否符合加计抵减政策条件的销售额占比计算期为______年______月至______年______月，此期间提供生活服务销售额合计______元，全部销售额______元，占比为______%。

以上声明根据实际经营情况作出，我确定它是真实的、准确的、完整的。

（纳税人签章）

年 月 日

——国家税务总局公告2019年第33号附件

4.9 捐赠疫情货物免征增值税

单位和个体工商户将自产、委托加工或购买的货物，通过公益性社会组织和县级以上人民政府及其部门等国家机关，或者直接向承担疫情防治任务的医院，无偿捐赠用于应对新型冠状病毒感染的肺炎疫情的，免征增值税、消费税、城市维护建设税、教育费附加、地方教育附加。

——财政部、税务总局公告2020年第9号第三条

5 社会、组织、机构、群体优惠

5.1 养老机构、医疗卫生机构

5.1.1 养老机构免征增值税

《营业税改征增值税试点过渡政策的规定》(财税〔2016〕36号印发)第一条第(二)项中的养老机构，包括依照《中华人民共和国老年人权益保障法》依法办理登记，并向民政部门备案的为老年人提供集中居住和照料服务的各类养老机构。

——财税〔2019〕20号文件第一条

5.1.2 医疗机构提供的各项规定服务免征增值税

自2019年2月1日至2020年12月31日，医疗机构接受其他医疗机构委托，按照不高于地(市)级以上价格主管部门会同同级卫生主管部门及其他相关部门制定的医疗服务指导价格(包括政府指导价和按照规定由供需双方协商确定的价格等)，提供《全国医疗服务价格项目规范》所列的各项服务，可适用《营业税改征增值税试点过渡政策的规定》(财税〔2016〕36号印发)第一条第(七)项规定的免征增值税政策。

——财税〔2019〕20号文件第二条

5.1.3 国产抗艾滋病病毒药品免征增值税

为继续支持艾滋病防治工作，现将国产抗艾滋病病毒药品增值税政策公告如下：

一、自2019年1月1日至2020年12月31日，继续对国产抗艾滋病病毒药品免征生产环节和流通环节增值税(国产抗艾滋病病毒药物品种清单见附件)。

二、享受上述免征增值税政策的国产抗艾滋病病毒药品，须为各省(自治区、直辖市)艾滋病药品管理部门按照政府采购有关规定采购的，并向艾滋病病毒感染者和病人免费提供的抗艾滋病病毒药品。药品生产企业和流通企业应将药品供货合同留存，以备税务机关查验。

三、抗艾滋病病毒药品的生产企业和流通企业应分别核算免税药品和其他货物的销售额；未分别核算的，不得享受增值税免税政策。

四、在本公告发布之前已征收入库的按上述规定应予免征的增值税税款，可抵减纳税人以后月份应缴纳的增值税税款或者办理税款退库。已向购买方开具增值税专用发票的，应将专用发票追回后方可办理免税。无法追回专用发票的，不予免税。

特此公告。

附件：国产抗艾滋病病毒药物品种清单

序号	药物品种
1	齐多夫定
2	拉米夫定
3	奈韦拉平
4	依非韦伦
5	替诺福韦
6	洛匹那韦
7	利托那韦
8	阿巴卡韦

国产抗艾滋病病毒药物，包括上表中所列药物及其制剂，以及由两种或三种药物组成的复合制剂。

——财政部、税务总局公告 2019 年第 73 号

5.1.4 非营利性医疗机构取得的收入免征增值税

关于非营利性医疗机构的税收政策

（一）对非营利性医疗机构按照国家规定的价格取得的医疗服务收入，免征各项税收。不按照国家规定价格取得的医疗服务收入不得享受这项政策。

医疗服务是指医疗服务机构对患者进行检查、诊断、治疗、康复和提供预防保健、接生、计划生育方面的服务，以及与这些服务有关的提供药品、医用材料器具、救护车、病房住宿和伙食的业务（下同）。

（二）对非营利性医疗机构从事非医疗服务取得的收入，如租赁收入、财产转让收入、培训收入、对外投资收入等应按规定征收各项税收。非营利性医疗机构将取得的非医疗服务收入，直接用于改善医疗卫生服务条件的部分，经税务部门审核批准可抵扣其应纳税所得额，就其余额征收企业所得税。

（三）对非营利性医疗机构自产自用的制剂，免征增值税。

（四）非营利性医疗机构的药房分离为独立的药品零售企业，应按规定征收各项税收。

（五）对非营利性医疗机构自用的房产、土地、车船，免征房产税、城镇土地使用税和车船使用税。

——财税〔2000〕42 号文件第一条

5.1.5 营利性医疗机构自产自用的制剂免征增值税

关于营利性医疗机构的税收政策

（一）对营利性医疗机构取得的收入，按规定征收各项税收。但为了支持营利性医疗机构的发展，对营利性医疗机构取得的收入，直接用于改善医疗卫生条件的，自其取得执业登记之日起，3年内给予下列优惠：对其取得的医疗服务收入免征营业税；对其自产自用的制剂免征增值税；对营利性医疗机构自用的房产、土地、车船免征房产税、城镇土地使用税和车船使用税。3年免税期满后恢复征税。

（二）对营利性医疗机构的药房分离为独立的药品零售企业，应按规定征收各项税收。

——财税〔2000〕42号文件第二条

5.1.6 疾病控制机构和妇幼保健机构等卫生机构的税收政策

关于疾病控制机构和妇幼保健机构等卫生机构的税收政策

（一）对疾病控制机构和妇幼保健机构等卫生机构按照国家规定的价格取得的卫生服务收入（含疫苗接种和调拨、销售收入），免征各项税收。不按照国家规定的价格取得的卫生服务收入不得享受这项政策。对疾病控制机构和妇幼保健等卫生机构取得的其他经营收入如直接用于改善本卫生机构卫生服务条件的，经税务部门审核批准可抵扣其应纳税所得额，就其余额征收企业所得税。

（二）对疾病控制机构和妇幼保健机构等卫生机构自用的房产、土地、车船，免征房产税、城镇土地使用税和车船使用税。

医疗机构需要书面向卫生行政主管部门申明其性质，按《医疗机构管理条例》进行设置审批和登记注册，并由接受其登记注册的卫生行政部门核定，在执业登记中注明“非营利性医疗机构”和“营利性医疗机构”。

上述医疗机构具体包括：各级各类医院、门诊部（所）、社区卫生服务中心（站）、急救中心（站）、城乡卫生院、护理院（所）、疗养院、临床检验中心等。上述疾病控制、妇幼保健等卫生机构具体包括：各级政府及有关部门举办的卫生防疫站（疾病控制中心）、各种专科疾病防治站（所），各级政府举办的妇幼保健所（站）、母婴保健机构、儿童保健机构等，各级政府举办的血站（血液中心）。

——财税〔2000〕42号文件第三条

5.1.7 血站供应给医疗机构的临床用血免征增值税

一、鉴于血站是采集和提供临床用血，不以营利为目的的公益性组织，又属于财政拨补事业费的单位，因此，对血站自用的房产和土地房产税和城镇土地使用税。

二、对血站供应给医疗机构的临床用血免征增值税。

三、本通知所称血站，是指根据《中华人民共和国献血法》的规定，由国务院或省级人民政府卫生行政部门批准的，从事采集、提供临床用血，不以营利为目的公益性组织。

四、本通知自1999年11月1日起执行。在此之前已征收入库的税款不再退还，未征收入库的税款也不再征缴。

——财税字〔1999〕264号文件

5.1.8 卫生防疫站调拨或发放的免费防疫苗不征收增值税

对卫生防疫站调拨或发放的由政府财政负担的免费防疫苗不征收增值税。

——国税函〔1999〕191号文件

5.2 军队、军工系统、公安、司法部门

5.2.1 军队系统内部调拨或销售的特定物资免征增值税

根据国阅〔1994〕42号纪要确定的对军品和军队企业继续给予减免流转税照顾的原则精神，现对军队系统所属企业征免增值税问题通知如下：

军队系统所属企业生产并按军品作价原则作价在军队系统内部调拨或销售的钢材、木材、水泥、煤炭、营具、药品、锅炉、缝纫机械免征增值税。对外销售的一律照章征收增值税。

——财税字〔1997〕135号文件

5.2.2 军队内部调拨供应物资免征增值税

一、军队物资供应机构（是指在银行开设账户，单独办理结算业务的各级物资主管部门、物资供应站、物资仓库、军需材料供应站、军需材料仓库，下同）可以持单位名称、业务范围、银行账号等有关证明材料到主管税务机关直接办理税务登记和增值税一般纳税人认定手续，领购、使用增值税专用发票和普通发票，并按规定缴纳增值税。

二、军队物资供应机构在军队系统（包括军队各级机关、部队、院校、医院、科研文化单位、干休所、仓库、供应站、企业化工厂、军办厂矿、农场、马场、招待所

等各类单位）内部调拨供应物资，原则上使用军队的物资调拨计价单，军队内部调拨供应物资免征增值税。其中调拨供应给军队企业化工厂、军办厂矿等单位的生产用物资，购货方要求开具增值税专用发票，可予开具增值税专用发票，但开具增值税专用发票的销售收入均应按规定缴纳增值税。

三、军队物资供应机构应根据要求对一九九三年十月三十一日库存物资进行全面清理核实，作为一九九四年期初库存，于一九九四年六月一日前报主管税务部门备案。

四、有关新旧税制的衔接问题，按我局下发的有关规定办理。

五、一九九四年一月一日以后至军队物资供应机构办理一般纳税人认定前、购进货物所取得进货发票，一律不再计算抵扣税款，但可向供货企业调换增值税专用发票，并可按增值税专用发票上注明的税款扣税。

六、办理一般纳税人认定的军队物资供应机构，必须对征、免税业务分别进行核算，否则按规定征税。

——国税发〔1994〕121 号文件

5.2.3 军队物资期初存货备案时间

各省、自治区、直辖市税务局，各计划单列市税务局：

根据财税字〔1994〕011 号文件的规定，五月七日，我局以国税发〔1994〕121 号发出了《关于军队物资供应机构征收增值税有关问题的通知》，对军队物资供应机构征免增值税问题作出了具体规定。但由于文件下发时间推迟，原规定军队物资供应机构在九四年六月一日将期初库存物资核实报主管税务部门备案，有关部门反映来不及办理。为了让军队物资供应机构有足够时间进行期初存货的清理核实工作，现将报主管税务机关的时间由六月一日前改为七月一日前。特此通知，请遵照执行。

——国税发〔1994〕129 号文件

5.2.4 军队、军工系统增值税优惠

（一）军队系统（包括人民武装警察部队）

1. 军队系统的下列企事业单位，可以按本规定享受税收优惠照顾：

（1）军需工厂（指纳入总后勤部统一管理，由总后勤部授予代号经国家税务总局审查核实的企业化工厂）；

（2）军马场；

（3）军办农场（林厂、茶厂）；

（4）军办厂矿；

（5）军队院校、医院、科研文化单位、物资供销、仓库、修理等事业单位。

2. 军队系统各单位生产、销售、供应的应税货物应当按规定征收增值税。但为部队生产的武警及其零配件、弹药、军训器材、部队装备（指人被装、军械装备、马装具，下同），免征增值税。军需工厂、物资供销单位生产、销售、调拨给公安系统和国家安全系统的民警服装，免征增值税；对外销售的，按规定征收增值税。供军内使用的应与对外销售的分开核算，否则，按对外销售征税。

3. 军需工厂之间为生产军品而互相协作的产品免征增值税。

4. 军队系统各单位从事加工、修理修配武器及其零配件、弹药、军训器材、部队装备的业务收入，免征增值税。

（二）军工系统（指电子工业部、中国核工业总公司、中国航天工业总公司、中国航空工业总公司、中国兵器工业总公司、中国船舶工业总公司）

1. 军工系统所属军事工厂（包括科研单位）生产销售的应税货物应当按规定征收增值税。但对列入军工主管部门军品生产计划并按照军品作价原则销售给军队、人民武装警察部队和军事工厂的军品，免征增值税。

2. 军事工厂生产销售给公安系统、司法系统和国家安全系统的武器装备免征增值税。

3. 军事工厂之间为了生产军品而相互提供货物以及为了制造军品相互提供的专用非标准设备、工具、模具、量具等免征增值税；对军工系统以外销售的，按规定征收增值税。

（三）除军工、军队系统企业以外的一般工业生产的军品，只对枪、炮、雷、弹、军用舰艇、飞机、坦克、雷达、电台、舰艇用柴油机、各种炮用瞄准具和瞄准镜，一律在总装企业就总装成品免征增值税。

（四）军队、军工系统各单位经总后勤部和国防科工委批准进口的专用设备、仪器仪表及其零配件，免征进口环节增值税，军队工系统各单位进口其他货物，应按规定征收进口环节增值税。

军队、军工系统各单位将进口的免税货物转售给军队、军工系统以外的，应按规定征收增值税。

——财税字〔1994〕11号文件第一条

5.2.5 军工企业股份制改造销售军品免征增值税

为了落实国家深化国防科技工业投资体制改革的要求，保证军品免征增值税政策顺利执行，保持税负公平，现将有关军工企业股份制改造相关军品增值税政策通知如下：

对于原享受军品免征增值税政策的军工集团全资所属企业，按照《国防科工委关于印发〈军工企业股份制改造实施暂行办法〉的通知》（科工改〔2007〕1366号）的有关规定，改制为国有独资（或国有全资）、国有绝对控股、国有相对控股的有限责任公司或股份有限公司，所生产销售的军品可按照《财政部国家税务总局关于军队、军工系统所属单位征收流转税、资源税问题的通知》（财税字〔1994〕11号）的规定，继续免征增值税。

本通知自2008年1月1日起执行。各地在执行中发现问题，应及时上报财政部、国家税务总局。

请遵照执行。

——财税〔2007〕172号文件

5.2.6 公安、司法部门所属单位销售内部使用产品免征增值税

经报国务院批准，现对公安司法部门所属企业和单位生产销售货物征免增值税问题规定如下：

一、公安部所属研究所、公安侦察保卫器材厂研制生产的列明代号的侦察保卫器材产品（每年新增部分报国家税务总局审核批准后下发）凡销售给公安、司法以及国家安全系统使用的，免征增值税；销售给其他单位的，按规定征收增值税。

二、劳动工厂生产的民警服装销售给公安、司法以及国家安全系统使用的，免征增值税；销售给其他单位的，按规定征收增值税。

请遵照执行。

——财税字〔1994〕29号文件

5.3 内资研发机构和外资研发中心

5.3.1 研发机构采购设备退还增值税

为了鼓励科学研究和技术开发，促进科技进步，继续对内资研发机构和外资研发中心采购国产设备全额退还增值税。现将有关事项公告如下：

一、适用采购国产设备全额退还增值税政策的内资研发机构和外资研发中心包括：

（一）科技部会同财政部、海关总署和税务总局核定的科技体制改革过程中转制为企业和进入企业的主要从事科学研究和技术开发工作的机构；

（二）国家发展改革委会同财政部、海关总署和税务总局核定的国家工程研究

中心；

（三）国家发展改革委会同财政部、海关总署、税务总局和科技部核定的企业技术中心；

（四）科技部会同财政部、海关总署和税务总局核定的国家重点实验室（含企业国家重点实验室）和国家工程技术研究中心；

（五）科技部核定的国务院部委、直属机构所属从事科学研究工作的各类科研院所，以及各省、自治区、直辖市、计划单列市科技主管部门核定的本级政府所属从事科学研究工作的各类科研院所；

（六）科技部会同民政部核定或者各省、自治区、直辖市、计划单列市及新疆生产建设兵团科技主管部门会同同级民政部门核定的科技类民办非企业单位；

（七）工业和信息化部会同财政部、海关总署、税务总局核定的国家中小企业公共服务示范平台（技术类）；

（八）国家承认学历的实施专科及以上高等学历教育的高等学校（以教育部门户网站公布名单为准）；

（九）符合本公告第二条规定的外资研发中心；

（十）财政部会同国务院有关部门核定的其他科学研究机构、技术开发机构和学校。

二、外资研发中心，根据其设立时间，应分别满足下列条件：

（一）2009 年 9 月 30 日及其之前设立的外资研发中心，应同时满足下列条件：

1. 研发费用标准：（1）对外资研发中心，作为独立法人的，其投资总额不低于 500 万美元；作为公司内设部门或分公司的非独立法人的，其研发总投入不低于 500 万美元；（2）企业研发经费年支出额不低于 1 000 万元。

2. 专职研究与试验发展人员不低于 90 人。

3. 设立以来累计购置的设备原值不低于 1 000 万元。

（二）2009 年 10 月 1 日及其之后设立的外资研发中心，应同时满足下列条件：

1. 研发费用标准：作为独立法人的，其投资总额不低于 800 万美元；作为公司内设部门或分公司的非独立法人的，其研发总投入不低于 800 万美元。

2. 专职研究与试验发展人员不低于 150 人。

3. 设立以来累计购置的设备原值不低于 2 000 万元。

外资研发中心须经商务主管部门会同有关部门按照上述条件进行资格审核认定。具体审核认定办法见附件 1。在 2018 年 12 月 31 日（含）以前，初次取得退税资格或通过资格复审未满 2 年的，可继续享受至 2 年期满。

三、经核定的内资研发机构、外资研发中心，发生重大涉税违法失信行为的，不得享受退税政策。具体退税管理办法由税务总局会同财政部另行制定。相关研发机构的牵头核定部门应及时将内资研发机构、外资研发中心的新设、变更及撤销名单函告同级税务部门，并注明相关资质起止时间。

四、本公告的有关定义。

（一）本公告所述“投资总额”，是指商务主管部门发放的外商投资企业批准证书或设立、变更备案回执等文件所载明的金额。

（二）本公告所述“研发总投入”，是指外商投资企业专门为设立和建设本研发中心而投入的资产，包括即将投入并签订购置合同的资产（应提交已采购资产清单和即将采购资产的合同清单）。

（三）本公告所述“研发经费年支出额”，是指近两个会计年度研发经费年均支出额；不足两个完整会计年度的，可按外资研发中心设立以来任意连续 12 个月的实际研发经费支出额计算；现金与实物资产投入应不低于 60%。

（四）本公告所述“专职研究与试验发展人员”，是指企业科技活动人员中专职从事基础研究、应用研究和试验发展三类项目活动的人员，包括直接参加上述三类项目活动的人员以及相关专职科技管理人员和为项目提供资料文献、材料供应、设备的直接服务人员，上述人员须与外资研发中心或其所在外商投资企业签订 1 年以上劳动合同，以外资研发中心提交申请的前一日人数为准。

（五）本公告所述“设备”，是指为科学研究、教学和科技开发提供必要条件的实验设备、装置和器械。在计算累计购置的设备原值时，应将进口设备和采购国产设备的原值一并计入，包括已签订购置合同并于当年内交货的设备（应提交购置合同清单及交货期限），上述采购国产设备应属于本公告《科技开发、科学研究和教学设备清单》所列设备（见附件 2）。对执行中国产设备范围存在异议的，由主管税务机关逐级上报税务总局商财政部核定。

五、本公告规定的税收政策执行期限为 2019 年 1 月 1 日至 2020 年 12 月 31 日，具体从内资研发机构和外资研发中心取得退税资格的次月 1 日起执行。《财政部 商务部 国家税务总局关于继续执行研发机构采购设备增值税政策的通知》（财税〔2016〕121 号）同时废止。

——财政部、商务部、税务总局公告 2019 年第 91 号

5.3.2 外资研发中心采购国产设备退税资格审核认定办法

为落实好外资研发中心（包括独立法人和非独立法人研发中心，以下简称研发中心）采购国产设备相关税收政策，特制定以下资格审核认定办法：

一、资格条件的审核

（一）各省、自治区、直辖市、计划单列市及新疆生产建设兵团商务主管部门会同

同级财政、税务部门（以下简称审核部门），根据本地情况，制定审核流程和具体办法。研发中心应按本通知有关要求向其所在地商务主管部门提交申请材料。

（二）商务主管部门牵头召开审核部门联席会议，对研发中心上报的申请材料进行审核，按照本通知正文第二条所列条件和本审核认定办法要求，确定符合退税资格条件的研发中心名单。

（三）经审核，对符合退税资格条件的研发中心，由审核部门以公告形式联合发布，并将名单抄送商务部（外资司）、财政部（税政司）、国家税务总局（货物和劳务税司）备案。对不符合有关规定的，由商务主管部门根据联席会议的决定出具书面审核意见，并说明理由。上述公告或审核意见应在审核部门受理申请之日起45个工作日之内做出。

（四）审核部门每两年对已获得退税资格的研发中心进行资格复审。对于不再符合条件的研发中心取消其享受退税优惠政策的资格。

二、需报送的材料

研发中心申请采购国产设备退税资格，应提交以下材料：

（一）研发中心采购国产设备退税资格申请书和审核表；

（二）研发中心为独立法人的，应提交外商投资企业批准证书或设立、变更备案回执及营业执照复印件；研发中心为非独立法人的，应提交其所在外商投资企业的外商投资企业批准证书或设立、变更备案回执及营业执照复印件；

（三）验资报告及上一年度审计报告复印件；

（四）研发费用支出明细、设备购置支出明细和清单以及通知规定应提交的材料；

（五）专职研究与试验发展人员名册（包括姓名、工作岗位、劳动合同期限、联系方式）；

（六）审核部门要求提交的其他材料。

三、相关工作的管理

（一）在公告发布后，列入公告名单的研发中心，可按有关规定直接向其所在地税务部门申请办理采购国产设备退税手续。

（二）审核部门在共同审核认定研发中心资格的过程中，可到研发中心查阅有关资料，了解情况，核实其报送的申请材料的真实性。同时应注意加强对研发中心的政策指导和服务，提高工作效率。

（三）省级商务主管部门应将《外资研发中心采购设备免、退税资格审核表》有关信息及时录入外商投资综合管理信息系统研发中心选项。

——财政部、商务部、税务总局公告2019年第91号附件1

5.3.3 外资研发中心采购设备免、退税资格审核表

编码：

<table>
<tr><td>研发中心名称</td><td colspan="6"></td></tr>
<tr><td>设立批准/备案机关</td><td colspan="6"></td></tr>
<tr><td>组织机构代码/统一社会信用代码</td><td colspan="2"></td><td colspan="2">研发中心设立日期</td><td colspan="2">年 月 日</td></tr>
<tr><td>研发中心性质</td><td colspan="6">□独立法人 □分公司 □内设部门</td></tr>
<tr><td>联 系 人</td><td></td><td>电话</td><td colspan="2"></td><td>传真</td><td></td></tr>
<tr><td>经营范围</td><td colspan="6"></td></tr>
<tr><td>研发领域
（可多选）</td><td colspan="6">□电子□生物医药□新能源□新材料□环保□汽车□化工□农业□软件开发□专用设备□轻工□其他</td></tr>
<tr><td>投资总额/研发总投入
（万美元）</td><td colspan="2"></td><td colspan="2">专职研究与试验发展人员人数</td><td colspan="2"></td></tr>
<tr><td>研发经费年支出额
（万元）</td><td colspan="2"></td><td colspan="2">已缴税金（元）</td><td colspan="2"></td></tr>
<tr><td rowspan="3">累计采购设备原值
（万元）</td><td colspan="2">进口设备</td><td colspan="4"></td></tr>
<tr><td colspan="2">采购国产设备</td><td colspan="4"></td></tr>
<tr><td colspan="2">总计</td><td colspan="4"></td></tr>
<tr><td colspan="7">以下由审核部门填写</td></tr>
<tr><td>审核意见</td><td colspan="5"></td><td>□通过
□未通过</td></tr>
<tr><td rowspan="2">各部门签字
（盖章）</td><td colspan="2">商务</td><td colspan="2">财政</td><td>海关</td><td>税务</td></tr>
<tr><td colspan="2">年 月 日</td><td colspan="2">年 月 日</td><td>年 月 日</td><td>年 月 日</td></tr>
<tr><td>公告日期</td><td colspan="6">年 月 日</td></tr>
</table>

注：1. 外资研发中心为分公司或内设机构的，企业名称和组织机构代码/统一社会信用代码均填写其所在外商投资企业。

2. 币种以表内标注为准，金额根据当年人民币汇率平均价计算。

3. 已缴税金为自 2019 年 1 月 1 日起，外资研发中心采购符合条件的设备所缴纳的增值税。

——财政部、商务部、税务总局公告 2019 年第 91 号附件 1 的附

5.3.4 科技开发、科学研究和教学设备清单

科技开发、科学研究和教学设备，是指符合《中华人民共和国增值税暂行条例实施细则》（财政部 国家税务总局令第 50 号）第二十一条“固定资产”的相关规定，为

科学研究、教学和科技开发提供必要条件的实验设备、装置和器械（不包括中试设备）。具体包括以下四类：

一、实验环境方面

（一）教学实验仪器及装置；

（二）教学示教、演示仪器及装置；

（三）超净设备（如换气、灭菌、纯水、净化设备等）；

（四）特殊实验环境设备（如超低温、超高温、高压、低压、强腐蚀设备等）；

（五）特殊电源、光源设备；

（六）清洗循环设备；

（七）恒温设备（如水浴、恒温箱、灭菌仪等）；

（八）小型粉碎、研磨制备设备。

二、样品制备设备和装置

（一）特种泵类（如分子泵、离子泵、真空泵、蠕动泵、蜗轮泵、干泵等）；

（二）培养设备（如培养箱、发酵罐等）；

（三）微量取样设备（如取样器、精密天平等）；

（四）分离、纯化、浓缩设备（如离心机、层析、色谱、萃取、结晶设备、旋转蒸发器等）；

（五）气体、液体、固体混合设备（如旋涡混合器等）；

（六）制气设备、气体压缩设备；

（七）专用制样设备（如切片机、压片机、镀膜机、减薄仪、抛光机等），实验用注射、挤出、造粒、膜压设备，实验室样品前处理设备。

三、实验室专用设备

（一）特殊照相和摄影设备（如水下、高空、高温、低温等）；

（二）科研飞机、船舶用关键设备；

（三）特种数据记录设备（如大幅面扫描仪、大幅面绘图仪、磁带机、光盘机等）；

（四）材料科学专用设备（如干胶仪、特种坩埚、陶瓷、图形转换设备、制版用干板、特种等离子体源、离子源、外延炉、扩散炉、溅射仪、离子刻蚀机，材料实验机等），可靠性试验设备，微电子加工设备，通信模拟仿真设备，通信环境试验设备；

（五）小型熔炼设备（如真空、粉末、电渣等），特殊焊接设备；

（六）小型染整、纺丝试验专用设备；

（七）电生理设备。

四、计算机工作站，中型、大型计算机。

——财政部、商务部、税务总局公告2019年第91号附件2

5.4 校办企业、高校公寓、高校食堂

5.4.1 校办企业生产的应税货物免征增值税

校办企业生产的应税货物，凡用于本校教学、科研方面的，经严格审核确认后，免征增值税。

——财税〔2000〕92号文件第一条

5.4.2 高校学生公寓住宿费收入免征增值税

对按照国家规定的收费标准向学生收取的高校学生公寓住宿费收入，自2016年1月1日至2016年4月30日，免征营业税；自2016年5月1日起，在营改增试点期间免征增值税。

——财税〔2016〕82号文件第二条

5.4.3 高校学生食堂取得的餐饮服务收入免征增值税

对高校学生食堂为高校师生提供餐饮服务取得的收入，自2016年1月1日至2016年4月30日，免征营业税；自2016年5月1日起，在营改增试点期间免征增值税。

——财税〔2016〕82号文件第三条

5.4.4 “高校学生公寓”“高校学生食堂”的解释

本通知所述“高校学生公寓”，是指为高校学生提供住宿服务，按照国家规定的收费标准收取住宿费的学生公寓。

“高校学生食堂”，是指依照《学校食堂与学生集体用餐卫生管理规定》（教育部令第14号）管理的高校学生食堂。

——财税〔2016〕82号文件第四条

5.4.5 已征应予免征增值税可抵减以后月份增值税或退还

文到之日前，已征的按照本通知规定应予免征的房产税和印花税，分别从纳税人以后应缴纳的房产税和印花税中抵减或者予以退还；已征的应予免征的营业税，予以

退还；已征的应予免征的增值税，可抵减纳税人以后月份应缴纳的增值税或予以退还。

——财税〔2016〕82号文件第五条

5.5 涉外机构

5.5.1 外国政府和国际组织无偿援助项目在华采购物资免征增值税

外国政府和国际组织无偿援助项目在华采购物资免征增值税的主要文件规定有：

(1)《财政部、国家税务总局、对外贸易经济合作部关于外国政府和国际组织无偿援助项目在华采购物资免征增值税问题的通知》(财税〔2002〕第2号)；

(2)《财政部、国家税务总局关于外国政府和国际组织无偿援助项目在华采购物资免征增值税的补充通知》(财税〔2005〕第13号)。

5.5.2 外国驻华使（领）馆及其馆员在华购买货物和服务增值税退税政策

外国驻华使（领）馆及其馆员在华购买货物和服务增值税退税的主要文件规定有：

(1)《财政部 国家税务总局关于外国驻华使（领）馆及其馆员在华购买货物和服务增值税退税政策的通知》(财税〔2016〕51号)，根据《财政部 税务总局关于外国驻华使（领）馆及其馆员在华购买货物和服务增值税退税政策有关问题的补充通知》(财税〔2017〕74号)，自2017年10月1日起，该文件第三条第2点和第四条停止执行。

(2)《国家税务总局、外交部关于发布〈外国驻华使（领）馆及其馆员在华购买货物和服务增值税退税管理办法〉的公告》(国家税务总局、外交部公告2016年第58号)，根据《国家税务总局、外交部关于外国驻华使（领）馆及其馆员在华购买货物和服务增值税退税管理有关问题的公告》(国家税务总局、外交部公告2017年第39号)规定，自2017年10月1日起，该文件第二条第（三）项废止；根据《国家税务总局关于修改部分税收规范性文件的公告》(国家税务总局公告2018年第31号)规定，自2018年6月15日起，该文件中的"北京市国家税务局"修改为"北京市税务局"。

(3)《财政部 税务总局关于外国驻华使（领）馆及其馆员在华购买货物和服务增值税退税政策有关问题的补充通知》(财税〔2017〕74号)。

(4)《国家税务总局、外交部关于外国驻华使（领）馆及其馆员在华购买货物和服务增值税退税管理有关问题的公告》(国家税务总局、外交部公告2017年第39号)。

5.5.3 外商投资企业购买国产设备退税政策停止执行

一、自2009年1月1日起，对外商投资企业在投资总额内采购国产设备可全额退还国产设备增值税的政策停止执行。下列文件及条款同时废止：

（一）《国家税务总局关于印发〈外商投资企业采购国产设备退税管理试行办法〉的通知》（国税发〔1997〕171号）；

（二）《财政部国家税务总局关于出口货物退（免）税若干具体问题的通知》（财税〔2004〕116号）第一条；

（三）《财政部国家税务总局关于调整外商投资项目购买国产设备退税政策范围的通知》（财税〔2006〕61号）；

（四）《国家税务总局国家发展和改革委员会关于印发〈外商投资项目采购国产设备退税管理试行办法〉的通知》（国税发〔2006〕111号）；

（五）《国家税务总局关于外商投资企业以包工包料方式委托承建企业购买国产设备退税问题的通知》（国税函〔2007〕637号）。

二、为保证政策调整平稳过渡，外商投资企业在2009年6月30日以前（含本日，下同）购进的国产设备，在增值税专用发票稽核信息核对无误的情况下，可选择按原规定继续执行增值税退税政策，但应当同时符合下列条件：

（一）2008年11月9日以前获得《符合国家产业政策的外商投资项目确认书》，并已于2008年12月31日以前在主管税务机关备案；

（二）2009年6月30日以前实际购进国产设备并开具增值税专用发票，且已在主管税务机关申报退税；

（三）购进的国产设备已列入《项目采购国产设备清单》。

三、外商投资企业购进的已享受增值税退税政策国产设备的增值税额，不得再作为进项税额抵扣销项税额。

四、外商投资企业购进的已享受增值税退税政策的国产设备，由主管税务机关负责监管，监管期为5年。在监管期内，如果企业性质变更为内资企业，或者发生转让、赠送等设备所有权转让情形，或者发生出租、再投资等情形的，应当向主管退税机关补缴已退税款，应补税款按以下公式计算：

应补税款＝国产设备净值×适用税率

国产设备净值是指企业按照财务会计制度计提折旧后计算的设备净值。

——财税〔2008〕176号文件

5.5.4 美国ABS船级社船检服务免征增值税

美国ABS船级社在非营利宗旨不变、中国船级社在美国享受同等免税待遇的前提下，在中国境内提供的船检服务免征增值税。

——财税〔2016〕39号文件第五条

5.6 社会团体收取的会费免征增值税

自2016年5月1日起，社会团体收取的会费，免征增值税。本通知下发前已征的增值税，可抵减以后月份应缴纳的增值税，或办理退税。

社会团体，是指依照国家有关法律法规设立或登记并取得《社会团体法人登记证书》的非营利法人。会费，是指社会团体在国家法律法规、政策许可的范围内，依照社团章程的规定，收取的个人会员、单位会员和团体会员的会费。

社会团体开展经营服务性活动取得的其他收入，一律照章缴纳增值税。

——财税〔2017〕90号文件第八条

5.7 自主就业退役士兵创业就业税收政策

为进一步扶持自主就业退役士兵创业就业，现将有关税收政策通知如下：

一、自主就业退役士兵从事个体经营的，自办理个体工商户登记当月起，在3年（36个月，下同）内按每户每年12 000元为限额依次扣减其当年实际应缴纳的增值税、城市维护建设税、教育费附加、地方教育附加和个人所得税。限额标准最高可上浮20%，各省、自治区、直辖市人民政府可根据本地区实际情况在此幅度内确定具体限额标准。

纳税人年度应缴纳税款小于上述扣减限额的，减免税额以其实际缴纳的税款为限；大于上述扣减限额的，以上述扣减限额为限。纳税人的实际经营期不足1年的，应当按月换算其减免税限额。换算公式为：减免税限额＝年度减免税限额÷12×实际经营月数。城市维护建设税、教育费附加、地方教育附加的计税依据是享受本项税收优惠政策前的增值税应纳税额。

二、企业招用自主就业退役士兵，与其签订1年以上期限劳动合同并依法缴纳社会保险费的，自签订劳动合同并缴纳社会保险当月起，在3年内按实际招用人数予以定额依次扣减增值税、城市维护建设税、教育费附加、地方教育附加和企业所得税优惠。定额标准为每人每年6 000元，最高可上浮50%，各省、自治区、直辖市人民政府可根据本地区实际情况在此幅度内确定具体定额标准。

企业按招用人数和签订的劳动合同时间核算企业减免税总额，在核算减免税总额内每月依次扣减增值税、城市维护建设税、教育费附加和地方教育附加。企业实际应缴纳的增值税、城市维护建设税、教育费附加和地方教育附加小于核算减免税总额的，以实际应缴纳的增值税、城市维护建设税、教育费附加和地方教育附加为限；实际应缴纳的增值税、城市维护建设税、教育费附加和地方教育附加大于核算减免税总额的，以核算减免税总额为限。

纳税年度终了，如果企业实际减免的增值税、城市维护建设税、教育费附加和地方教育附加小于核算减免税总额，企业在企业所得税汇算清缴时以差额部分扣减企业所得税。当年扣减不完的，不再结转以后年度扣减。

自主就业退役士兵在企业工作不满 1 年的，应当按月换算减免税限额。计算公式为：企业核算减免税总额＝∑每名自主就业退役士兵本年度在本单位工作月份÷12×具体定额标准。

城市维护建设税、教育费附加、地方教育附加的计税依据是享受本项税收优惠政策前的增值税应纳税额。

三、本通知所称自主就业退役士兵是指依照《退役士兵安置条例》（国务院 中央军委令第 608 号）的规定退出现役并按自主就业方式安置的退役士兵。

本通知所称企业是指属于增值税纳税人或企业所得税纳税人的企业等单位。

四、自主就业退役士兵从事个体经营的，在享受税收优惠政策进行纳税申报时，注明其退役军人身份，并将《中国人民解放军义务兵退出现役证》《中国人民解放军士官退出现役证》或《中国人民武装警察部队义务兵退出现役证》《中国人民武装警察部队士官退出现役证》留存备查。

企业招用自主就业退役士兵享受税收优惠政策的，将以下资料留存备查：1. 招用自主就业退役士兵的《中国人民解放军义务兵退出现役证》《中国人民解放军士官退出现役证》或《中国人民武装警察部队义务兵退出现役证》《中国人民武装警察部队士官退出现役证》；2. 企业与招用自主就业退役士兵签订的劳动合同（副本），为职工缴纳的社会保险费记录；3. 自主就业退役士兵本年度在企业工作时间表（见附件）。

五、企业招用自主就业退役士兵既可以适用本通知规定的税收优惠政策，又可以适用其他扶持就业专项税收优惠政策的，企业可以选择适用最优惠的政策，但不得重复享受。

六、本通知规定的税收政策执行期限为 2019 年 1 月 1 日至 2021 年 12 月 31 日。纳税人在 2021 年 12 月 31 日享受本通知规定税收优惠政策未满 3 年的，可继续享受至 3 年期满为止。《财政部 税务总局 民政部关于继续实施扶持自主就业退役士兵创业就业有关税收政策的通知》（财税〔2017〕46 号）自 2019 年 1 月 1 日起停止执行。

退役士兵以前年度已享受退役士兵创业就业税收优惠政策满 3 年的，不得再享受本通知规定的税收优惠政策；以前年度享受退役士兵创业就业税收优惠政策未满 3 年且符合本通知规定条件的，可按本通知规定享受优惠至 3 年期满。

各地财政、税务、退役军人事务部门要加强领导、周密部署，把扶持自主就业退役士兵创业就业工作作为一项重要任务，主动做好政策宣传和解释工作，加强部门间的协调配合，确保政策落实到位。同时，要密切关注税收政策的执行情况，对发现的问题及时逐级向财政部、税务总局、退役军人部反映。

——财税〔2019〕21号文件

5.8 毕业、失业重点群体创业就业税收政策

为进一步支持和促进重点群体创业就业，现将有关税收政策通知如下：

一、建档立卡贫困人口、持《就业创业证》（注明“自主创业税收政策”或“毕业年度内自主创业税收政策”）或《就业失业登记证》（注明“自主创业税收政策”）的人员，从事个体经营的，自办理个体工商户登记当月起，在3年（36个月，下同）内按每户每年12000元为限额依次扣减其当年实际应缴纳的增值税、城市维护建设税、教育费附加、地方教育附加和个人所得税。限额标准最高可上浮20%，各省、自治区、直辖市人民政府可根据本地区实际情况在此幅度内确定具体限额标准。

纳税人年度应缴纳税款小于上述扣减限额的，减免税额以其实际缴纳的税款为限；大于上述扣减限额的，以上述扣减限额为限。

上述人员具体包括：1. 纳入全国扶贫开发信息系统的建档立卡贫困人口；2. 在人力资源社会保障部门公共就业服务机构登记失业半年以上的人员；3. 零就业家庭、享受城市居民最低生活保障家庭劳动年龄内的登记失业人员；4. 毕业年度内高校毕业生。高校毕业生是指实施高等学历教育的普通高等学校、成人高等学校应届毕业的学生；毕业年度是指毕业所在自然年，即1月1日至12月31日。

二、企业招用建档立卡贫困人口，以及在人力资源社会保障部门公共就业服务机构登记失业半年以上且持《就业创业证》或《就业失业登记证》（注明“企业吸纳税收政策”）的人员，与其签订1年以上期限劳动合同并依法缴纳社会保险费的，自签订劳动合同并缴纳社会保险当月起，在3年内按实际招用人数予以定额依次扣减增值税、城市维护建设税、教育费附加、地方教育附加和企业所得税优惠。定额标准为每人每年6000元，最高可上浮30%，各省、自治区、直辖市人民政府可根据本地区实际情况在此幅度内确定具体定额标准。城市维护建设税、教育费附加、地方教育附加的计税依据是享受本项税收优惠政策前的增值税应纳税额。

按上述标准计算的税收扣减额应在企业当年实际应缴纳的增值税、城市维护建设税、教育费附加、地方教育附加和企业所得税税额中扣减，当年扣减不完的，不得结转下年使用。

本通知所称企业是指属于增值税纳税人或企业所得税纳税人的企业等单位。

三、国务院扶贫办在每年1月15日前将建档立卡贫困人口名单及相关信息提供给人力资源社会保障部、税务总局，税务总局将相关信息转发给各省、自治区、直辖市

税务部门。人力资源社会保障部门依托全国扶贫开发信息系统核实建档立卡贫困人口身份信息。

四、企业招用就业人员既可以适用本通知规定的税收优惠政策，又可以适用其他扶持就业专项税收优惠政策的，企业可以选择适用最优惠的政策，但不得重复享受。

五、本通知规定的税收政策执行期限为2019年1月1日至2021年12月31日。纳税人在2021年12月31日享受本通知规定税收优惠政策未满3年的，可继续享受至3年期满为止。《财政部 税务总局 人力资源社会保障部关于继续实施支持和促进重点群体创业就业有关税收政策的通知》（财税〔2017〕49号）自2019年1月1日起停止执行。

本通知所述人员，以前年度已享受重点群体创业就业税收优惠政策满3年的，不得再享受本通知规定的税收优惠政策；以前年度享受重点群体创业就业税收优惠政策未满3年且符合本通知规定条件的，可按本通知规定享受优惠至3年期满。

各地财政、税务、人力资源社会保障部门、扶贫办要加强领导、周密部署，把大力支持和促进重点群体创业就业工作作为一项重要任务，主动做好政策宣传和解释工作，加强部门间的协调配合，确保政策落实到位。同时，要密切关注税收政策的执行情况，对发现的问题及时逐级向财政部、税务总局、人力资源社会保障部、国务院扶贫办反映。

——财税〔2019〕22号文件

6 小规模纳税人

6.1 免征增值税的情形

6.1.1 月销售额未超过10万元免征增值税

小规模纳税人发生增值税应税销售行为，合计月销售额未超过10万元（以1个季度为1个纳税期的，季度销售额未超过30万元，下同）的，免征增值税。

——国家税务总局公告2019年第4号第一条第一款

6.1.2 扣除销售不动产的销售额后未超过10万元免征增值税

小规模纳税人发生增值税应税销售行为，合计月销售额超过10万元，但扣除本期发生的销售不动产的销售额后未超过10万元的，其销售货物、劳务、服务、无形资产取得的销售额免征增值税。

——国家税务总局公告2019年第4号第一条第二款

6.1.3 增值税差额征税小规模纳税人以差额后的销售额确定免征增值税

适用增值税差额征税政策的小规模纳税人，以差额后的销售额确定是否可以享受本公告规定的免征增值税政策。

——国家税务总局公告2019年第4号第二条第一款

6.1.4 一次性收取租金形式取得租金收入平摊的月租金未超过10万元免征增值税

《中华人民共和国增值税暂行条例实施细则》第九条所称的其他个人，采取一次性收取租金形式出租不动产取得的租金收入，可在对应的租赁期内平均分摊，分摊后的月租金收入未超过10万元的，免征增值税。

——国家税务总局公告2019年第4号第四条

6.1.5 其他个人销售不动产免征增值税

小规模纳税人中的单位和个体工商户销售不动产，应按其纳税期、本公告第六条以及其他现行政策规定确定是否预缴增值税；其他个人销售不动产，继续按照现行规定征免增值税。

——国家税务总局公告2019年第4号第七条

6.1.6 经营期不足一个纳税期的小规模纳税人免征增值税

关于经营期不足一个纳税期的小规模纳税人免税政策适用

自2019年1月1日起，以1个季度为纳税期限的增值税小规模纳税人，因在季度中间成立或注销而导致当期实际经营期不足1个季度，当期销售额未超过30万元的，免征增值税。《国家税务总局关于全面推开营业税改征增值税试点有关税收征收管理事项的公告》（国家税务总局公告2016年第23号发布，国家税务总局公告2018年第31号修改）第六条第（三）项同时废止。

——国家税务总局公告2019年第31号第四条

6.2 可申请退还增值税的情形

6.2.1 月销售额未超过10万元的当期无须预缴税款，已预缴税款的可申请退还

按照现行规定应当预缴增值税税款的小规模纳税人，凡在预缴地实现的月销售额未超过10万元预缴税款。本公告下发前已预缴税款的，可以向预缴地主管税务机关申请退还。

——国家税务总局公告2019年第4号第六条

6.2.2 月销售额未超过10万元因开具专票已缴纳的税款可申请退还

小规模纳税人月销售额未超过10万元的，当期因开具增值税专用发票已经缴纳的税款，在增值税专用发票全部联次追回或者按规定开具红字专用发票后，可以向主管税务机关申请退还。

——国家税务总局公告2019年第4号第八条

6.2.3 销售额未超过10万元因代开普票已经缴纳的税款可申请退还

小规模纳税人2019年1月份销售额未超过10万元（以1个季度为1个纳税期的，2019年第一季度销售额未超过30万元），但当期因代开普通发票已经缴纳的税款，可以在办理纳税申报时向主管税务机关申请退还。

——国家税务总局公告2019年第4号第九条

6.3 其他增值税政策

6.3.1 增值税差额征税小规模纳税人免税销售额的填写

《增值税纳税申报表（小规模纳税人适用）》中的“免税销售额”相关栏次，填写差额后的销售额。

——国家税务总局公告2019年第4号第二条第二款

6.3.2 转登记纳税人减征优惠生效时间

关于纳税人类别变化时减征政策适用时间的确定

缴纳资源税、城市维护建设税、房产税、城镇土地使用税、印花税、耕地占用税、教育费附加和地方教育附加的增值税一般纳税人按规定转登记为小规模纳税人的，自成为小规模纳税人的当月起适用减征优惠。增值税小规模纳税人按规定登记为一般纳税人的，自一般纳税人生效之日起不再适用减征优惠；增值税年应税销售额超过小规模纳税人标准应当登记为一般纳税人而未登记，经税务机关通知，逾期仍不办理登记的，自逾期次月起不再适用减征优惠。

——国家税务总局公告 2019 年第 5 号第二条

6.3.3 减征优惠办理方式

关于减征优惠的办理方式

纳税人自行申报享受减征优惠，不需额外提交资料。

——国家税务总局公告 2019 年第 5 号第三条

6.3.4 未及时享受减征优惠可依法申请退税或者抵减以后纳税期的应纳税款

关于纳税人未及时享受减征优惠的处理方式

纳税人符合条件但未及时申报享受减征优惠的，可依法申请退税或者抵减以后纳税期的应纳税款。

——国家税务总局公告 2019 年第 5 号第四条

7 备案、备查管理

7.1 五项免征增值税优惠审批改备案

纳税人享受下列增值税优惠政策，其涉及的税收审核、审批工作程序取消，改为备案管理。

（一）承担粮食收储任务的国有粮食企业、经营免税项目的其他粮食经营企业以及有政府储备食用植物油销售业务企业免征增值税的审核。

（二）拍卖行拍卖免税货物免征增值税的审批。

（三）随军家属就业免征增值税的审批。

（四）自主择业的军队转业干部就业免征增值税的审批。

（五）自谋职业的城镇退役士兵就业免征增值税的审批。

——国家税务总局公告 2015 年第 38 号第一条

7.2 销售粮食免征增值税审批改为备案

承担粮食收储任务的国有粮食购销企业销售粮食享受免征增值税优惠政策时，其涉及的审核确定工作程序取消，改为备案管理。

——国家税务总局公告2015年第42号第一条

7.3 境外提供建筑服务办理免税备案资料

境内的单位和个人为施工地点在境外的工程项目提供建筑服务，按照《国家税务总局关于发布〈营业税改征增值税跨境应税行为增值税免税管理办法（试行）〉的公告》（国家税务总局公告2016年第29号）第八条规定办理免税备案手续时，凡与发包方签订的建筑合同注明施工地点在境外的，可不再提供工程项目在境外的其他证明材料。

——国家税务总局公告2016年第69号第一条

7.4 境外提供旅游服务办理免税备案资料

境内的单位和个人在境外提供旅游服务，按照国家税务总局公告2016年第29号第八条规定办理免税备案手续时，以下列材料之一作为服务地点在境外的证明材料：

（一）旅游服务提供方派业务人员随同出境的，出境业务人员的出境证件首页及出境记录页复印件。

出境业务人员超过2人的，只需提供其中2人的出境证件复印件。

（二）旅游服务购买方的出境证件首页及出境记录页复印件。

旅游服务购买方超过2人的，只需提供其中2人的出境证件复印件。

——国家税务总局公告2016年第69号第二条

7.5 国际运输服务办理免税备案资料

享受国际运输服务免征增值税政策的境外单位和个人，到主管税务机关办理免税备案时，提交的备案资料包括：

（一）关于纳税人基本情况和业务介绍的说明；

（二）依据的税收协定或国际运输协定复印件。

——国家税务总局公告2016年第69号第三条

7.6 改进优惠备案方式，由报送税务机关改为纳税人留存备查

改进纳税人优惠备案和合同备案。改进各税种优惠备案方式，基本实现税收优惠资料由报送税务机关改为纳税人留存备查，减轻纳税人备案负担。简化建筑业企业选择简易计税备案事项。取消非居民企业源泉扣缴合同备案环节，优化对外支付备案程序。

——税总发〔2017〕101号文件第二条第（一）项第4点

7.7 跨境应税行为免征增值税备案改备查

纳税人发生跨境应税行为，按照《国家税务总局关于发布〈营业税改征增值税跨境应税行为增值税免税管理办法（试行）〉的公告》（国家税务总局公告2016年第29号）的规定办理免税备案手续后发生的相同跨境应税行为，不再办理备案手续。纳税人应当完整保存相关免税证明材料备查。纳税人在税务机关后续管理中不能提供上述材料的，不得享受相关免税政策，对已享受的减免税款应予补缴，并依照《中华人民共和国税收征收管理法》的有关规定处理。

——国家税务总局公告2017年第30号第一条

7.8 疫情重点物资生产企业、无偿捐赠单位免征增值税申报资料留存备查

纳税人按照8号公告和《财政部 税务总局关于支持新型冠状病毒感染的肺炎疫情防控有关捐赠税收政策的公告》（2020年第9号，以下简称“9号公告”）有关规定享受免征增值税、消费税优惠的，可自主进行免税申报，无需办理有关免税备案手续，但应将相关证明材料留存备查。

——国家税务总局公告2020年第4号第二条第一款

Tax Declaration and Regulatory Guidelines of Value-added Tax

第四篇 增值税一般纳税人申报实务

1 房地产开发业务发生（交易事实）情况

1.1 A房地产公司经营范围及开发情况

A房地产公司2015年9月与B建筑公司签订一期西湖楼项目施工协议，工程款1亿元（不含税）。受让土地出让金0.8亿元。一期西湖楼住宅项目于2016年4月30日全部竣工。2016年5月1日至5月31日，全部完成销售，总售价1.4亿元。

A房地产公司2019年4月与B建筑公司签订二期东湖楼项目施工协议，工程款1.09亿元（含税）。工期：2019年4月开始施工至2020年8月底全部竣工。协议约定施工内容包括取得土地后的土地开发、主体施工及其他建筑服务。二期东湖楼住宅项目，2020年8月1日至8月30日全部销售完成。二期开发面积：根据房地产勘察测绘所提供实测总建筑面积证明为20 000平方米，地上10层为住宅，地下2层为人防工程。可售面积证书中批复商品房销售面积17 000平方米，其余不可出售的面积为3 000平方米。

A房地产开发公司的一期项目，由于销售在2016年5月实现，属于增值税申报项目。一期项目属于销售2016年4月30日前开发的老项目。销售额1.4亿元，可选择简易计税方法，按5%的征收率计税。

A房地产开发公司的二期项目，2019年4月至2020年8月为开发期，为了方便讲解，我们假设2019年4月1日以后发生的开发成本，均在2020年8月支付并取得发票，与实现销售在同一个月份。下面我们讨论A房地产公司2020年9月份的纳税申报。

1.2 本期购进业务发生情况

业务一：2020年8月，境内购进小汽车一辆作为公司商务用车，金额300 000.00元，增值税税率13%，进项税额39 000.00元，取得增值税专用发票。

业务二：2020年8月，购进办公室一套，含税价格3 270 000.00元，取得税率为9%增值税专用发票。

业务三：施工成本。A房地产公司2019年4月与B建筑公司签订二期东湖楼住宅项目施工协议，含税价款109 000 000.00元。施工内容包括取得土地后的土地开发、主体施工及其他建筑服务。A房地产公司依据工程预算及结算明细资料有关凭证，确认截至2020年8月，二期东湖楼住宅项目不含税工程总成本为100 000 000.00元。假定

2020 年 8 月以转账方式支付，同月取得 B 建筑公司开具的增值税专用发票。

业务四：房地产开发利息支出。根据金融机构贷款利息证明和借款合同，确认贷款利息支出 6 300 000.00 元，取得增值税普通发票。

业务五：受让政府出让土地。A 房地产公司二期开发土地地价款 16 000 000.00 元。单位提供了“×号土地出让合同”及××房地［地］字×号地价缴款证明，经确认，东湖楼住宅项目已向国有土地资源和房屋管理局交纳地价款 16 000 000.00 元，并取得省级以上（含省级）财政部门监（印）制的财政票据。

业务六：2020 年 8 月 1 日初次购买增值税税控系统专用设备，取得增值税专用发票，金额 10 000.00 元，进项税额 1 300.00 元。

提示

A 房地产公司二期东湖楼住宅项目选择按一般计税方法计税，可抵扣的进项税额为工程成本 100 000 000.00×9%＝9 000 000.00（元）；利息支出 6 300 000.00 元属于贷款服务，属于不得从销项税额中抵扣的进项税额；支付的地价款 16 000 000.00 元可从销售额中抵减。

1.3 本期销售业务发生情况

业务七：销售使用过的专用设备，含税价 103 000.00 元，开具普通发票。适用征收率 3%，减按 2%征收率缴纳增值税。不含税价 100 000.00 元。应纳税额 3 000.00 元，减征后应纳税额 2 000.00 元。

业务八：转让商品房销售。截至 2020 年 8 月 16 日，已出售面积为 16 000 平方米。东湖楼住宅项目出售的商品住宅取得销售收入 132 800 000.00 元，全部为货币收入。

业务九：奖励本单位职工 1 000 平方米确认视同销售。按东湖楼住宅项目平均销售价格每平方米 8 300.00 元计算，视同销售收入为 8 300 000.00 元。计算过程：1 000×8 300.00＝8 300 000.00（元）。

全部销售收入合计为 141 100 000.00 元。计算过程：全部销售收入＝非普通住宅转让收入＋视同销售收入＝132 800 000.00＋8 300 000.00＝141 100 000.00（元）。

A 房地产公司二期东湖楼住宅项目选择按一般计税方法计税，应确认的销项税额为：（含税销售收入 141 100 000.00－地价款 16 000 000.00)/1.09×9%＝10 329 357.79（元）。

业务十：假设 A 房地产公司二期东湖项目于 2020 年 8 月进行预售，收到预收房款 30 000 000.00 元。

预征税款计算：A 房地产公司二期东湖项目预收房款 30 000 000.00 元，应换算成不含税价格进行增值税预缴，具体计算过程为：

应预缴税额＝预收款 30 000 000.00 元/(1＋9％) ×3％

＝825 688.07（元）

提示

房地产开发企业采取预收款方式销售所开发的房地产项目，在收到预收款时按照3％的预征率预缴增值税。

1.4 增值税纳税申报表及附表的填写顺序

纳税申报表的填写顺序如下：

(1) 附列资料（二）(本期进项税额明细)；

(2) 附列资料（一）(本期销售情况明细)；

(3) 附列资料（三）(服务、不动产和无形资产扣除项目明细)；

(4) 附列资料（四）(税额抵减情况表)；

(5) 增值税一般纳税人纳税申报表；

(6) 增值税减免税申报明细表；

(7) 增值税预缴税款表。

说明：本篇在介绍主表及附表的填报时，按上述填写顺序进行讲解。

2 《增值税纳税申报表附列资料（二)》(本期进项税额明细）填报

2.1 《增值税纳税申报表附列资料（二)》(本期进项税额明细）填报情况说明

2.1.1 本期购进业务审核情况

1. 交易处理情况

A 房地产公司已办理购进汽车的产权登记手续，《机动车行驶证》所有人为 A 房地产公司。其他几项购进不需要办理产权登记程序。

A 房地产公司已办理购进办公用房的产权登记手续，所有人为 A 房地产公司。

2. 会计处理情况

根据“应交税费——应交增值税（进项税额）”明细账记录，本期发生下列购进业务：

业务一：2020 年 8 月，境内购进小汽车一辆作为公司商务用车，金额 300 000.00 元，增值税税率 13％，进项税额 39 000.00 元，取得增值税专用发票。

业务二：2020 年 8 月，购进办公室一套，含税价格 3 270 000.00 元，取得税率为 9%的增值税专用发票。

借：固定资产——不动产　3 000 000.00

　　应交税费——应交增值税（进项税额）　270 000.00

　贷：银行存款　3 270 000.00

提示

根据《国家税务总局关于深化增值税改革有关事项的公告》（国家税务总局公告 2019 年第 14 号）规定，自 2019 年 4 月 1 日起，《不动产进项税额分期抵扣暂行办法》（国家税务总局公告 2016 年第 15 号发布）废止。自 2019 年 4 月 1 日起购买的可抵扣进项税额的不动产可一次性抵扣。

根据《财政部、税务总局、海关总署关于深化增值税改革有关政策的公告》（财政部、税务总局、海关总署公告 2019 年第 39 号）第五条规定，自 2019 年 4 月 1 日起，纳税人取得不动产或者不动产在建工程的进项税额不再分 2 年抵扣。此前按照上述规定尚未抵扣完毕的待抵扣进项税额，可自 2019 年 4 月税款所属期起从销项税额中抵扣。

业务三：施工成本。A 房地产公司 2019 年 4 月与 B 建筑公司签订二期东湖楼住宅项目施工协议，含税价款 109 000 000.00 元。施工内容包括取得土地后的土地开发、主体施工及其他建筑服务。A 房地产公司依据工程预算及结算明细资料有关凭证，确认截至 2020 年 8 月，二期东湖楼住宅项目不含税工程总成本为 100 000 000.00 元。假定 2020 年 8 月以转账方式支付，同月取得 B 建筑公司开具的增值税专用发票。

提示

A 房地产公司二期东湖楼住宅项目选择按一般计税方法计税，可抵扣的进项税额为：工程成本 100 000 000.00×9%＝9 000 000.00（元）；业务四利息支出 6 300 000.00 元属于贷款服务，属于不得从销项税额中抵扣的进项税额；业务五支付的地价款 16 000 000.00 元可从销售额中抵减。

3. 税务处理情况

（1）取得不动产进项税额抵扣。

根据财政部、税务总局、海关总署公告 2019 年第 39 号第五条规定，自 2019 年 4 月 1 日起，纳税人取得不动产或者不动产在建工程的进项税额不再分 2 年抵扣。此前按照上述规定尚未抵扣完毕的待抵扣进项税额，可自 2019 年 4 月税款所属期起从销项税额中抵扣。

根据国家税务总局公告 2019 年第 14 号规定，自 2019 年 4 月 1 日起，《不动产进项税额分期抵扣暂行办法》（国家税务总局公告 2016 年第 15 号发布）废止。自 2019 年 4

月1日起购买的可抵扣进项税额的不动产可一次性抵扣。

（2）本期发生购进业务用于应税项目，进项税额准予当期扣除。

《增值税纳税申报表附列资料（二）》（本期进项税额明细）的数据来源为会计记录及购进业务增值税专用发票抵扣联。经审核，未发现取得不合规发票的情形。

2.1.2 申报抵扣的进项税额项目

（1）认证相符的税控增值税专用发票项目：份数15份，金额103 300 000.00元，税额9 309 000.00元。

填报数据来源：上述业务一、业务二、业务三。

（2）其他扣税凭证项目：未发生。

（3）本期用于购建不动产的扣税凭证项目：份数5份，金额3 000 000.00元，税额270 000.00元。

填报数据来源：上述业务二。

（4）本期用于抵扣的旅客运输服务扣税凭证项目：未发生。

（5）外贸企业进项税额抵扣证明项目：未发生。

（6）当期申报抵扣进项税额合计项目：份数15份，金额103 300 000.00元，税额9 309 000.00元。

2.1.3 进项税额转出额项目

本期进项税额转出额项目：未发生。

2.1.4 待抵扣进项税额项目

（1）认证相符的增值税专用发票项目：未发生。

（2）其他扣税凭证项目：未发生。

2.1.5 其他项目

（1）本期认证相符的增值税专用发票项目：未发生。

（2）代扣代缴税额项目：未发生。

2.2 《增值税纳税申报表附列资料（二）》（本期进项税额明细）填报情况

《增值税纳税申报表附列资料（二）》填报如下（见表4-1）：

表 4-1 **增值税纳税申报表附列资料（二）**

（本期进项税额明细）

税款所属时间：年　　月　日至　　年　　月　　日

纳税人名称：（公章）　　　　　　　　　　　　　　　　　　　　金额单位：元角分

一、申报抵扣的进项税额				
项目	栏次	份数	金额	税额
（一）认证相符的增值税专用发票	1=2+3	15	103 300 000.00	9 309 000.00
其中：本期认证相符且本期申报抵扣	2	15	103 300 000.00	9 309 000.00
前期认证相符且本期申报抵扣	3			
（二）其他扣税凭证	4=5+6+7+8a+8b			
其中：海关进口增值税专用缴款书	5			
农产品收购发票或者销售发票	6			
代扣代缴税收缴款凭证	7		—	
加计扣除农产品进项税额	8a	—	—	
其他	8b			
（三）本期用于购建不动产的扣税凭证	9	3	3 000 000.00	270 000.00
（四）本期用于抵扣的旅客运输服务扣税凭证	10			
（五）外贸企业进项税额抵扣证明	11	—	—	
当期申报抵扣进项税额合计	12=1+4+11	15	103 300 000.00	9 309 000.00

二、进项税额转出额		
项目	栏次	税额
本期进项税额转出额	13=14 至 23 之和	
其中：免税项目用	14	
集体福利、个人消费	15	
非正常损失	16	
简易计税方法征税项目用	17	
免抵退税办法不得抵扣的进项税额	18	
纳税检查调减进项税额	19	
红字专用发票信息表注明的进项税额	20	
上期留抵税额抵减欠税	21	
上期留抵税额退税	22	
其他应作进项税额转出的情形	23	

三、待抵扣进项税额				
项目	栏次	份数	金额	税额
（一）认证相符的增值税专用发票	24	—	—	—
期初已认证相符但未申报抵扣	25			
本期认证相符且本期未申报抵扣	26			
期末已认证相符但未申报抵扣	27			
其中：按照税法规定不允许抵扣	28			
（二）其他扣税凭证	29=30 至 33 之和			
其中：海关进口增值税专用缴款书	30			
农产品收购发票或者销售发票	31			
代扣代缴税收缴款凭证	32		—	
其他	33			
	34			

四、其他				
项目	栏次	份数	金额	税额
本期认证相符的增值税专用发票	35			
代扣代缴税额	36	—	—	

3 《增值税纳税申报表附列资料（一）》（本期销售情况明细）填报

3.1 《增值税纳税申报表附列资料（一）》（本期销售情况明细）填报情况说明

3.1.1 本期销售业务审核情况

1. 会计处理情况

根据销售明细账记录，业务八、业务九为一般计税方法计税项目，业务七为简易计税方法计税项目。

业务七：销售使用过的专用设备，含税价 103 000.00 元，开具普通发票。适用征收率 3%，减按 2%征收率缴纳增值税。不含税价 100 000.00 元。应纳税额 3 000.00 元，减征后应纳税额 2 000.00 元。

业务八：转让商品房销售。截至 2020 年 8 月 16 日，已出售面积为 16 000 平方米；东湖楼住宅项目出售的商品住宅取得销售收入 132 800 000.00 元，全部为货币收入。

业务九：奖励本单位职工 1 000 平方米确认视同销售。按东湖楼住宅项目平均销售价格每平方米 8 300.00 元计算，视同销售收入为 8 300 000.00 元。计算过程：1 000×8 300.00＝8 300 000.00（元）。

全部销售收入合计为 141 100 000.00 元。计算过程：全部销售收入＝非普通住宅转让收入＋视同销售收入＝132 800 000.00＋8 300 000.00＝141 100 000.00（元）。

提示

房地产开发企业采取预收款方式销售所开发的房地产项目，在收到预收款时按照 3%的预征率预缴增值税。

A 房地产公司二期东湖楼住宅项目选择按一般计税方法计税，应确认的销项税额为：(含税销售收入 141 100 000.00－地价款 16 000 000.00)/1.09×9%＝10 329 357.80（元）。

自 2019 年 4 月 1 日起，房地产开发企业适用 9%的增值税税率，相关的会计处理如下：

借：银行存款　　141 100 000.00

　贷：主营业务收入　　129 449 541.28（141 100 000.00/1.09）

　　应交税费——应交增值税（销项税额）

　　11 650 458.72（141 100 000.00/1.09×0.09）

借：应交税费——应交增值税（抵减销项税额）

　　1 321 100.91（16 000 000.00/1.09×0.09）

　贷：主营业务成本　　1 321 100.91

2. 税务处理情况

(1) 销售使用过的固定资产。

根据《国家税务总局关于简并增值税征收率有关问题的公告》(国家税务总局公告2014年第36号)规定，自2014年7月1日起，增值税一般纳税人销售使用过的固定资产(进项税未抵扣)，可按简易办法依3%征收率减按2%征收增值税，同时不得开具增值税专用发票。

根据《增值税暂行条例》第十条规定，用于简易计税方法计税项目的进项税额不得从销项税额中抵扣，因此销售方销售使用过的固定资产时该部分用于简易计税方法计算的固定资产所对应的购进时的进项税额应当转出，不得从销项税额中扣除，但是购进该使用过的固定资产的购买方取得符合进项抵扣条件的增值税专用发票可以用于抵扣。

业务七为简易计税方法计税项目，销售使用过的专用设备适用征收率3%，减按2%征收率缴纳增值税。不含税价100 000.00元。应纳税额3 000.00元，减征后纳税额2 000.00元。

(2) 房地产老项目简易计税。

根据《国家税务总局关于发布〈房地产开发企业销售自行开发的房地产项目增值税征收管理暂行办法〉的公告》(国家税务总局公告2016年第18号)的规定，房地产老项目，是指：①《建筑工程施工许可证》注明的合同开工日期在2016年4月30日前的房地产项目；②《建筑工程施工许可证》未注明合同开工日期或者未取得《建筑工程施工许可证》但建筑工程承包合同注明的开工日期在2016年4月30日前的建筑工程项目。

根据财税〔2016〕36号文件附件2第一条第(八)项规定，房地产开发企业中的一般纳税人，销售自行开发的房地产老项目，可以选择适用简易计税方法按照5%的征收率计税。

A房地产公司为一般纳税人，销售一期开发项目为房地产老项目，可选择简易计税方法，按5%的征收率计税。销售二期开发项目，可选择一般计税方法。

3.1.2 一般计税方法计税项目

(1) 全部征税项目：9%税率的服务、不动产和无形资产项目，开具增值税专用发票的销售额129 449 541.28元、销项(应纳)税额11 650 458.72元，开具其他发票项目0元，未开具发票项目0元，纳税检查调整项目0元，服务、不动产和无形资产扣除项目本期实际扣除金额16 000 000.00元，扣除后含税(免税)销售额125 100 000.00元，扣除后销项(应纳)税额10 329 357.79元。

填报数据来源：上述业务八、业务九。

（2）即征即退项目：未发生。

提示

A房地产公司二期东湖楼住宅项目选择按一般计税方法计税，根据上述数据资料，扣除后销项（应纳）税额计算过程为：

（含税销售收入141 100 000.00－地价款16 000 000.00）/1.09×9%

＝125 100 000.00/1.09×9%

＝114 770 642.20×9%

＝10 329 357.79（元）

3.1.3 简易计税方法计税项目

（1）全部征税项目：3%征收率的货物及加工修理修配劳务项目，开具其他发票销售额100 000.00元、销项（应纳）税额3 000.00元。

填报数据来源：上述业务七。

（2）即征即退项目：未发生。

提示

2016年5月，A房地产公司一期西湖楼项目含税销售额1.4亿元，选择按简易计税方法计税，申报时应填写至《增值税纳税申报表附列资料（一）》中“二、简易计税方法计税”“全部征税项目”“5%征收率的服务、不动产和无形资产”行次相关列次。

3.1.4 免抵退税项目

（1）货物及加工修理修配劳务项目：未发生。

（2）服务、不动产和无形资产项目：未发生。

3.1.5 免税项目

（1）货物及加工修理修配劳务项目：未发生。

（2）服务、不动产和无形资产项目：未发生。

3.2 《增值税纳税申报表附列资料（一）》（本期销售情况明细）填报情况

《增值税纳税申报表附列资料（一）》（本期销售情况明细）填报如下（见表4－2）：

表 4－2

增值税纳税申报表附列资料（一）

（本期销售情况明细）

税款所属时间：　年　月　日至　年　月　日

纳税人名称：（公章）

金额单位：元至角分

项目及栏次				开具增值税专用发票		开具其他发票		未开具发票		纳税检查调整		合计			服务、不动产和无形资产扣除项目本期实际扣除金额	扣除后	
				销售额	销项（应纳）税额	销售额	销项（应纳）税额	销售额	销项（应纳）税额	销售额	销项（应纳）税额	销售额	销项（应纳）税额	价税合计		含税（免税）销售额	销项（应纳）税额
				1	2	3	4	5	6	7	8	9＝1＋3＋5＋7	10＝2＋4＋6＋8	11＝9＋10	12	13＝11－12	14＝13÷(100%＋税率或征收率)×税率或征收率
一、一般计税方法计税	全部征税项目	13%税率的货物及加工修理修配劳务	1										—	—	—	—	
		13%税率的服务、不动产和无形资产	2											—	—	—	—
		9%税率的货物及加工修理修配劳务	3														
		9%税率的服务、不动产和无形资产	4	129 449 541.28	11 650 458.72							129 449 541.28	11 650 458.72	141 100 000.00	16 000 000.00	125 100 000.00	10 329 357.79
		6%税率	5											—	—	—	—

续表

项目及栏次				开具增值税专用发票		开具其他发票		未开具发票		纳税检查调整		合计			服务、不动产和无形资产扣除项目本期实际扣除金额	扣除后	
				销售额	销项（应纳）税额	销售额	销项（应纳）税额	销售额	销项（应纳）税额	销售额	销项（应纳）税额	销售额	销项（应纳）税额	价税合计		含税（免税）销售额	销项（应纳）税额
				1	2	3	4	5	6	7	8	9＝1＋3＋5＋7	10＝2＋4＋6＋8	11＝9＋10	12	13＝11－12	14＝13÷（100%＋税率或征收率）×税率或征收率
一、一般计税方法计税	其中：即征即退项目	即征即退货物及加工修理修配劳务	6											—	—	—	—
		即征即退服务、不动产和无形资产	7											—	—	—	—
二、简易计税方法计税	全部征税项目	6%征收率	8														
		5%征收率的货物及加工修理修配劳务	9a														
		5%征收率的服务、不动产和无形资产	9b														
		4%征收率	10														
		3%征收率的货物及加工修理修配劳务	11			100 000.00	3 000.00					100 000.00	3 000.00	—	—	—	—
		3%征收率的服务、不动产和无形资产	12														
		预征率（%）	13a														
		预征率（%）	13b														
		预征率（%）	13c														

续表

项目及栏次		开具增值税专用发票		开具其他发票		未开具发票		纳税检查调整		合计			服务、不动产和无形资产扣除项目本期实际扣除金额	扣除后	
		销售额	销项（应纳）税额	销售额	销项（应纳）税额	销售额	销项（应纳）税额	销售额	销项（应纳）税额	销售额	销项（应纳）税额	价税合计		含税（免税）销售额	销项（应纳）税额
		1	2	3	4	5	6	7	8	9＝1＋3＋5＋7	10＝2＋4＋6＋8	11＝9＋10	12	13＝11－12	14＝13÷(100%＋税率或征收率)×税率或征收率
二、简易计税方法计税 其中：即征即退项目 即征即退货物及加工修理修配劳务	14	—	—	—	—	—	—	—	—			—	—	—	—
二、简易计税方法计税 其中：即征即退项目 即征即退服务、不动产和无形资产	15	—	—	—	—	—	—	—	—		—		—	—	—
三、免抵退税 货物及加工修理修配劳务	16	—	—		—		—	—	—		—	—	—	—	—
三、免抵退税 服务、不动产和无形资产	17	—	—		—		—	—	—		—				—
四、免税 货物及加工修理修配劳务	18				—		—	—	—		—	—	—	—	—
四、免税 服务、不动产和无形资产	19	—	—			—				—					

4 《增值税纳税申报表附列资料（三）》（服务、不动产和无形资产扣除项目明细）填报

4.1 《增值税纳税申报表附列资料（三）》（服务、不动产和无形资产扣除项目明细）填报情况说明

4.1.1 服务、不动产和无形资产扣除业务审核情况

1. 会计处理情况

业务五：受让政府出让土地。A房地产公司二期开发土地地价款16 000 000.00元。单位提供了“×号土地出让合同”及××房地［地］字×号地价缴款证明，经确认，东湖楼住宅项目已向国有土地资源和房屋管理局交纳地价款16 000 000.00元，并取得省级以上（含省级）财政部门监（印）制的财政票据。

2. 税务处理情况

A房地产公司二期东湖楼住宅项目选择按一般计税方法计税，应确认的销项税额为：

（含税销售收入141 100 000.00－地价款16 000 000.00）/1.09×9%

＝125 100 000.00/1.09×9%

＝114 770 642.20×9%

＝10 329 357.79（元）

提示

房地产开发企业中的一般纳税人销售其开发的房地产项目（选择简易计税方法的房地产老项目除外），以取得的全部价款和价外费用，扣除受让土地时向政府部门支付的土地价款后的余额为销售额。

4.1.2 服务、不动产和无形资产扣除项目填报情况

1. 13%税率的项目

13%税率的项目：未发生。

2. 9%税率的项目

9%税率的项目：本期服务、不动产和无形资产价税合计额（免税销售额）141 100 000.00元，服务、不动产和无形资产扣除项目期初余额0元，本期发

生额 16 000 000.00 元，本期应扣除金额 16 000 000.00 元，本期实际扣除金额 16 000 000.00 元，期末余额 0 元。

填报数据来源：上述业务五，A 房地产公司二期开发土地地价款 16 000 000.00 元。

3. 6%税率的项目（不含金融商品转让）

6%税率的项目（不含金融商品转让）：未发生。

4. 6%税率的金融商品转让项目

6%税率的金融商品转让项目：未发生。

5. 5%征收率的项目

5%征收率的项目：未发生。

6. 3%征收率的项目

3%征收率的项目：未发生。

7. 免抵退税的项目

免抵退税的项目：未发生。

8. 免税的项目

免税的项目：未发生。

4.2 《增值税纳税申报表附列资料（三）》（服务、不动产和无形资产扣除项目明细）填报情况

《增值税纳税申报表附列资料（三）》（服务、不动产和无形资产扣除项目明细）填报如下（见表 4-3）：

表 4-3　增值税纳税申报表附列资料（三）
（服务、不动产和无形资产扣除项目明细）

税款所属时间：　年　月　日至　年　月　日

纳税人名称：（公章）　　金额单位：元至角分

项目及栏次		本期服务、不动产和无形资产价税合计额（免税销售额）	服务、不动产和无形资产扣除项目				
			期初余额	本期发生额	本期应扣除金额	本期实际扣除金额	期末余额
		1	2	3	4=2+3	5(5≤1 且 5≤4)	6=4-5
13%税率的项目	1						
9%税率的项目	2	141 100 000.00		16 000 000.00	16 000 000.00	16 000 000.00	
6%税率的项目（不含金融商品转让）	3						
6%税率的金融商品转让项目	4						
5%征收率的项目	5						

3%征收率的项目	6						
免抵退税的项目	7						
免税的项目	8						

5 《增值税纳税申报表附列资料（四）》（税额抵减情况表）填报

5.1 《增值税纳税申报表附列资料（四）》（税额抵减情况表）填报情况说明

5.1.1 本期税额抵减业务审核情况

1. 会计处理情况

业务六：2020 年 8 月 1 日初次购买增值税税控系统专用设备，取得增值税专用发票，金额 10 000.00 元，进项税额 1 300.00 元。

业务十：假设 A 房地产公司二期东湖项目于 2020 年 8 月进行预售，收到预收房款 30 000 000.00 元。

预征税款计算：A 房地产公司二期东湖项目预收房款 30 000 000.00 元，应换算成不含税价格进行增值税预缴，具体计算过程为：

应预缴税额＝预收款 30 000 000.00 元/（1＋9%）×3%

＝825 688.07（元）

2. 税务处理情况

（1）增值税税控系统专用设备和技术维护费用抵减增值税税额。

根据《财政部、国家税务总局关于增值税税控系统专用设备和技术维护费用抵减增值税税额有关政策的通知》（财税〔2012〕15 号）规定，增值税纳税人 2011 年 12 月 1 日（含，下同）以后初次购买增值税税控系统专用设备（包括分开票机）支付的费用，可凭购买增值税税控系统专用设备取得的增值税专用发票，在增值税应纳税额中全额抵减（抵减额为价税合计额），不足抵减的可结转下期继续抵减。

（2）预缴增值税。

根据国家税务总局公告 2016 年第 18 号第十条规定，一般纳税人采取预收款方式销售自行开发的房地产项目，应在收到预收款时按照 3%的预征率预缴增值税。

根据国家税务总局公告 2016 年第 18 号第十一条规定，应预缴税款按照以下公式计算：

应预缴税款＝预收款÷(1＋适用税率或征收率)×3%

适用一般计税方法计税的，按照 11%的适用税率计算；适用简易计税方法计税的，按照5%的征收率计算。

根据财税〔2016〕36号文件附件2第一条第（八）项规定，房地产开发企业采取预收款方式销售所开发的房地产项目，在收到预收款时按照3%的预征率预缴增值税。

（3）加计抵减。

如果A房地产公司涉及四项服务取得的销售额占全部销售额的比重超过50%，可根据《财政部、税务总局、海关总署关于深化增值税改革有关政策的公告》（财政部、税务总局、海关总署公告2019年第39号）第七条执行加计抵减政策。

提示

财政部、税务总局、海关总署公告2019年第39号第七条规定如下：

“自2019年4月1日至2021年12月31日，允许生产、生活性服务业纳税人按照当期可抵扣进项税额加计10%，抵减应纳税额（以下称加计抵减政策）。

（一）本公告所称生产、生活性服务业纳税人，是指提供邮政服务、电信服务、现代服务、生活服务（以下称四项服务）取得的销售额占全部销售额的比重超过50%的纳税人。四项服务的具体范围按照《销售服务、无形资产、不动产注释》（财税〔2016〕36号印发）执行。

2019年3月31日前设立的纳税人，自2018年4月至2019年3月期间的销售额（经营期不满12个月的，按照实际经营期的销售额）符合上述规定条件的，自2019年4月1日起适用加计抵减政策。

2019年4月1日后设立的纳税人，自设立之日起3个月的销售额符合上述规定条件的，自登记为一般纳税人之日起适用加计抵减政策。

纳税人确定适用加计抵减政策后，当年内不再调整，以后年度是否适用，根据上年度销售额计算确定。

纳税人可计提但未计提的加计抵减额，可在确定适用加计抵减政策当期一并计提。

（二）纳税人应按照当期可抵扣进项税额的10%计提当期加计抵减额。按照现行规定不得从销项税额中抵扣的进项税额，不得计提加计抵减额；已计提加计抵减额的进项税额，按规定作进项税额转出的，应在进项税额转出当期，相应调减加计抵减额。计算公式如下：

当期计提加计抵减额＝当期可抵扣进项税额×10%

当期可抵减加计抵减额＝上期末加计抵减额余额＋当期计提加计抵减额－当期调减加计抵减额

（三）纳税人应按照现行规定计算一般计税方法下的应纳税额（以下称抵减前的应纳税额）后，区分以下情形加计抵减：

1. 抵减前的应纳税额等于零的，当期可抵减加计抵减额全部结转下期抵减；

2. 抵减前的应纳税额大于零，且大于当期可抵减加计抵减额的，当期可抵减加计抵减额全额从抵减前的应纳税额中抵减；

3. 抵减前的应纳税额大于零，且小于或等于当期可抵减加计抵减额的，以当期可抵减加计抵减额抵减应纳税额至零。未抵减完的当期可抵减加计抵减额，结转下期继续抵减。

（四）纳税人出口货物劳务、发生跨境应税行为不适用加计抵减政策，其对应的进项税额不得计提加计抵减额。

纳税人兼营出口货物劳务、发生跨境应税行为且无法划分不得计提加计抵减额的进项税额，按照以下公式计算：

不得计提加计抵减额的进项税额＝当期无法划分的全部进项税额×当期出口货物劳务和发生跨境应税行为的销售额÷当期全部销售额

（五）纳税人应单独核算加计抵减额的计提、抵减、调减、结余等变动情况。骗取适用加计抵减政策或虚增加计抵减额的，按照《中华人民共和国税收征收管理法》等有关规定处理。

（六）加计抵减政策执行到期后，纳税人不再计提加计抵减额，结余的加计抵减额停止抵减。”

5.1.2 税额抵减项目填报情况

1. 增值税税控系统专用设备费及技术维护费项目

增值税税控系统专用设备费及技术维护费抵减项目：期初余额 0 元，本期发生额 11 300.00 元，本期应抵减税额 11 300.00 元，本期实际抵减税额 11 300.00 元，期末余额 0 元。

填报数据来源：上述业务六。

2. 分支机构预征缴纳税款项目

分支机构预征缴纳税款项目：未发生。

3. 建筑服务预征缴纳税款项目

建筑服务预征缴纳税款项目：未发生。

4. 销售不动产预征缴纳税款项目

销售不动产预征缴纳税款项目：期初余额填写 0 元，本期发生额填写 825 688.07 元，本期应抵减税额填写 825 688.07 元，本期实际抵减税额填写 825 688.07 元，期末余额写 0 元。

填数据来源：上述业务十。

5. 出租不动产预征缴纳税款项目

出租不动产预征缴纳税款项目：未发生。

5.1.3 加计抵减项目填报情况

1. 一般项目加计抵减额计算

一般项目加计抵减额计算：未发生。

2. 即征即退项目加计抵减额计算

即征即退项目加计抵减额计算：未发生。

5.2 《增值税纳税申报表附列资料（四）》（税额抵减情况表）填报情况

《增值税纳税申报表附列资料（四）》（税额抵减情况表）填报如下（见表4-4）：

表4-4 增值税纳税申报表附列资料（四）

（税额抵减情况表）

税款所属时间：　　年　月　日至　　年　月　日

纳税人名称：（公章）　　　　金额单位：元至角分

<table>
<tr><td colspan="8">一、税额抵减情况</td></tr>
<tr><td rowspan="2">序号</td><td rowspan="2">抵减项目</td><td>期初余额</td><td>本期发生额</td><td>本期应抵减税额</td><td>本期实际抵减税额</td><td colspan="2">期末余额</td></tr>
<tr><td>1</td><td>2</td><td>3=1+2</td><td>4≤3</td><td colspan="2">5=3-4</td></tr>
<tr><td>1</td><td>增值税税控系统专用设备费及技术维护费</td><td></td><td>11 300.00</td><td>11 300.00</td><td>11 300.00</td><td colspan="2"></td></tr>
<tr><td>2</td><td>分支机构预征缴纳税款</td><td></td><td></td><td></td><td></td><td colspan="2"></td></tr>
<tr><td>3</td><td>建筑服务预征缴纳税款</td><td></td><td></td><td></td><td></td><td colspan="2"></td></tr>
<tr><td>4</td><td>销售不动产预征缴纳税款</td><td></td><td>825 688.07</td><td>825 688.07</td><td>825 688.07</td><td colspan="2"></td></tr>
<tr><td>5</td><td>出租不动产预征缴纳税款</td><td></td><td></td><td></td><td></td><td colspan="2"></td></tr>
<tr><td colspan="8">二、加计抵减情况</td></tr>
<tr><td rowspan="2">序号</td><td rowspan="2">加计抵减项目</td><td>期初余额</td><td>本期发生额</td><td>本期调减额</td><td>本期可抵减额</td><td>本期实际抵减额</td><td>期末余额</td></tr>
<tr><td>1</td><td>2</td><td>3</td><td>4=1+2-3</td><td>5</td><td>6=4-5</td></tr>
<tr><td>6</td><td>一般项目加计抵减额计算</td><td></td><td></td><td></td><td></td><td></td><td></td></tr>
<tr><td>7</td><td>即征即退项目加计抵减额计算</td><td></td><td></td><td></td><td></td><td></td><td></td></tr>
<tr><td>8</td><td>合计</td><td></td><td></td><td></td><td></td><td></td><td></td></tr>
</table>

6 《增值税纳税申报表（一般纳税人适用）》填报

6.1 《增值税纳税申报表（一般纳税人适用）》填报情况说明

6.1.1 销售额

（1）第1栏“按适用税率计税销售额”，一般项目本月数129 449 541.28元。

数据来源：《增值税纳税申报表附列资料（一）》（本期销售情况明细）第9列第1至5行之和－第9列第6、7行之和，即（129 449 541.28元－0元）。

（2）第5栏“按简易办法计税销售额”，一般项目本月数100 000.00元。

数据来源：《增值税纳税申报表附列资料（一）》（本期销售情况明细）第9列第8至13b行之和－第9列第14、15行之和，即（100 000.00元－0元）。

6.1.2 税款计算

（1）第11栏“销项税额”，一般项目本月数10 329 357.79元。

数据来源：《增值税纳税申报表附列资料（一）》（本期销售情况明细）（第10列第1、3行之和－10列第6行）＋(第14列第2、4、5行之和－14列第7行)，即（0元－0元)＋(10 329 357.79元－0元)。

（2）第12栏“进项税额”，一般项目本月数9 309 000.00元。

数据来源：《增值税纳税申报表附列资料（二）》（本期进项税额明细）第12栏“税额”，即9 309 000.00元。

提示

《增值税纳税申报表（一般纳税人适用）》第12栏“进项税额”的金额，应根据企业经营业务范围，结合《增值税纳税申报表附列资料（二）》（本期进项税额明细）第12栏“当期申报抵扣进项税额合计”税额的数据分析填报。

对于享受管道运输服务税负超过3%和融资租赁税负超过3%享受即征即退的企业，应将其该两项业务的本期申报抵扣的税额，填写至该表第12栏“进项税额”“即征即退项目”“本月数”中；将《增值税纳税申报表附列资料（二）》（本期进项税额明细）第12栏“当期申报抵扣进项税额合计”税额与该表第12栏“进项税额”“一般项目”“本月数”的差额，填写至该表第12栏“进项税额”“即征即退项目”“本月数”。

A房地产公司是房地产开发企业，不从事上述两项即征即退项目的经营。2020年9月，A房地产公司将《增值税纳税申报表附列资料（二）》（本期进项税额明细）第12栏"当期申报抵扣进项税额合计"的税额9 309 000.00元，填入该表第12栏"进项税额""一般项目""本月数"中。

（3）第17栏"应抵扣税额合计"，一般项目本月数9 309 000.00元。

数据来源：应抵扣税额合计（本月数）＝本表第12栏＋第13栏－第14栏－第15栏＋第16栏＝9 309 000.00（元）。

（4）第18栏"实际抵扣税额"，一般项目本月数9 309 000.00元。

（5）第19栏"应纳税额"，一般项目本月数1 020 357.79元。

数据来源：应纳税额本月数＝第11栏－第18栏＝1 020 357.79（元）。

（6）第21栏"简易办法计算的应纳税额"，一般项目本月数3 000.00元。

数据来源：《增值税纳税申报表附列资料（一）》（本期销售情况明细）（第10列第8、9a、10、11行之和－第10列第14行）＋（第14列第9b、12、13a、13b行之和－第14列第15行），即（3 000.00元－0元）＋（0元－0元）。

营业税改征增值税的纳税人，服务、不动产和无形资产按规定汇总计算缴纳增值税的分支机构，应将预征增值税额填入本栏。预征增值税额＝应预征增值税的销售额×预征率。

（7）第23栏"应纳税额减征额"，一般项目本月数12 300.00元。

数据来源：第23栏"应纳税额减征额"：填写纳税人本期按照税法规定减征的增值税应纳税额。包含按照规定可在增值税应纳税额中全额抵减的增值税税控系统专用设备费用以及技术维护费。

当本期减征额小于或等于第19栏"应纳税额"与第21栏"简易计税办法计算的应纳税额"之和时，按本期减征额实际填写；当本期减征额大于第19栏"应纳税额"与第21栏"简易计税办法计算的应纳税额"之和时，按本期第19栏与第21栏之和填写。本期减征额不足抵减部分结转下期继续抵减。

（8）第24栏"应纳税额合计"，一般项目本月数1 011 057.79元。应纳税额合计＝第19栏"应纳税额"一般项目本月数1 020 357.79元＋第21栏"简易计税办法计算的应纳税额"一般项目本月数3 000.00元－第23栏"应纳税额减征额"一般项目本月数12 300.00元。

6.1.3 税款缴纳

（1）第27栏"本期已缴税额"，一般项目本月数825 688.07元。

数据来源：第27栏"本期已缴税额"＝第28栏①"分次预缴税额"＋第29栏②"出口开具专用缴款书预缴税额"＋第30栏③"本期缴纳上期应纳税额"＋第31栏④

“本期缴纳欠缴税额”＝825 688.07（元）。

（2）第28栏①“分次预缴税额”，一般项目本月数825 688.07元。

数据来源：销售不动产并按规定预缴增值税的纳税人，其可以从本期增值税应纳税额中抵减的已缴纳的税款，按当期实际可抵减数填入本栏，不足抵减部分结转下期继续抵减。

（3）第32栏“期末未缴税额（多缴为负数）”，一般项目本月数185 369.72元。

数据来源：期末未缴税额＝本表第24栏＋第25栏＋第26栏－第27栏，即185 369.72元。

（4）第34栏“本期应补（退）税额”，一般项目本月数185 369.72元。

数据来源：本期应补（退）税额＝本表第24栏－第28栏－第29栏，即185 369.72元。

6.2 《增值税纳税申报表（一般纳税人适用）》填报情况

《增值税纳税申报表（一般纳税人适用）》填报如下（见表4－5）。

7 《增值税减免税申报明细表》填报

7.1 《增值税减免税申报明细表》填报情况说明

7.1.1 本期减免税业务审核情况

1. 会计处理情况

业务六：2020年8月1日初次购买增值税税控系统专用设备，取得增值税专用发票，金额10 000.00元，进项税额1 300.00元。

业务七：销售使用过的专用设备，含税价103 000.00元，开具普通发票。适用征收率3%，减按2%征收率缴纳增值税。不含税价100 000.00元。应纳税额3 000.00元，减征后应纳税额2 000.00元。

2. 税务处理情况

（1）增值税税控系统专用设备和技术维护费用抵减增值税税额。

根据《财政部、国家税务总局关于增值税税控系统专用设备和技术维护费用抵减增值税税额有关政策的通知》（财税〔2012〕15号）规定，增值税纳税人2011年12月1日（含，下同）以后初次购买增值税税控系统专用设备（包括分开票机）支付的费用，可凭购买增值税税控系统专用设备取得的增值税专用发票，在增值税应纳税额中全额抵减（抵减额为价税合计额），不足抵减的可结转下期继续抵减。

表 4-5

增值税纳税申报表
（一般纳税人适用）

根据国家税收法律法规及增值税相关规定制定本表。纳税人不论有无销售额，均应按税务机关核定的纳税期限填写本表，并向当地税务机关申报。

税款所属时间：自　年　月　日至　年　月　日　　填表日期：　年　月　日　　金额单位：元至角分

纳税人识别号				所属行业：	
纳税人名称	（公章）	法定代表人姓名		注册地址		生产经营地址	
开户银行及账号		登记注册类型			电话号码	

项目		栏次	一般项目		即征即退项目	
			本月数	本年累计	本月数	本年累计
销售额	（一）按适用税率计税销售额	1	129 449 541.28			
	其中：应税货物销售额	2				
	应税劳务销售额	3				
	纳税检查调整的销售额	4				
	（二）按简易办法计税销售额	5	100 000.00			
	其中：纳税检查调整的销售额	6				
	（三）免、抵、退办法出口销售额	7			—	—
	（四）免税销售额	8			—	—
	其中：免税货物销售额	9			—	—
	免税劳务销售额	10			—	—
税款计算	销项税额	11	10 329 357.79			
	进项税额	12	9 309 000.00			
	上期留抵税额	13				—
	进项税额转出	14				
	免、抵、退应退税额	15			—	—
	按适用税率计算的纳税检查应补缴税额	16			—	—
	应抵扣税额合计	17=12+13−14−15+16	9 309 000.00	—		—
	实际抵扣税额	18（如17<11，则为17，否则为11）	9 309 000.00			

税款计算	应纳税额	19=11−18	1 020 357.79			
	期末留抵税额	20=17−18	—			—
	简易计税办法计算的应纳税额	21	3 000.00			
	按简易计税办法计算的纳税检查应补缴税额	22			—	—
	应纳税额减征额	23	12 300.00			
	应纳税额合计	24=19+21−23	1 011 057.79			
税款缴纳	期初未缴税额（多缴为负数）	25				
	实收出口开具专用缴款书退税额	26			—	—
	本期已缴税额	27=28+29+30+31	825 688.07			
	①分次预缴税额	28	825 688.07	—		—
	②出口开具专用缴款书预缴税额	29		—	—	—
	③本期缴纳上期应纳税额	30				
	④本期缴纳欠缴税额	31				
	期末未缴税额（多缴为负数）	32=24+25+26−27	185 369.72			
	其中：欠缴税额（≥0）	33=25+26−27	—	—		—
	本期应补（退）税额	34=24−28−29	185 369.72	—		—
	即征即退实际退税额	35	—	—		
	期初未缴查补税额	36			—	—
	本期入库查补税额	37			—	—
	期末未缴查补税额	38=16+22+36−37	—		—	—

授权声明	如果你已委托代理人申报，请填写下列资料： 为代理一切税务事宜，现授权 （地址）　　为本纳税人的代理申报人，任何与本申报表有关的往来文件，都可寄予此人。 授权人签字：	申报人声明	本纳税申报表是根据国家税收法律法规及相关规定填报的，我确定它是真实的、可靠的、完整的。 声明人签字：

主管税务机关：　　　　接收人：　　　　接收日期：

（2）销售使用过的固定资产。

纳税人销售自己使用过的固定资产，适用简易办法依照3%征收率减按2%征收增值税政策的，可以放弃减税，按照简易办法依照3%征收率缴纳增值税，并可以开具增值税专用发票。

7.1.2 减税项目

第1栏“合计”，期初余额0元，本期发生额12 300.00元，本期应抵减税额12 300.00元，本期实际抵减税额12 300.00元，期末余额0元。

第4列“本期实际抵减税额”合计栏数据来源：《增值税纳税申报表（一般纳税人适用）》第23行“一般项目”列“本月数”。

第2栏“增值税税控系统专用设备费及技术维护费”，期初余额0.00元，本期发生额11 300.00元，本期应抵减税额11 300.00元，本期实际抵减税额11 300.00元，期末余额0元。

第3栏“销售使用过的固定资产”，期初余额0.00元，本期发生额1 000.00元，本期应抵减税额1 000.00元，本期实际抵减税额1 000.00元，期末余额0元。

7.1.3 免税项目

免税项目：未发生。

7.2 《增值税减免税申报明细表》填报情况

《增值税减免税申报明细表》填报如下（见表4－6）：

表4－6 **增值税减免税申报明细表**

税款所属时间：自　　年　月　日至　　年　月　日

纳税人名称（公章）：　　　　金额单位：元至角分

一、减税项目						
减税性质代码及名称	栏次	期初余额	本期发生额	本期应抵减税额	本期实际抵减税额	期末余额
		1	2	3＝1＋2	4≤3	5＝3－4
合计	1		12 300.00	12 300.00	12 300.00	
增值税税控系统专用设备费及技术维护费	2		11 300.00	11 300.00	11 300.00	
销售使用过的固定资产	3		1 000.00	1 000.00	1 000.00	

	4					
	5					
	6					
二、免税项目						
免税性质代码及名称	栏次	免征增值税项目销售额	免税销售额扣除项目本期实际扣除金额	扣除后免税销售额	免税销售额对应的进项税额	免税额
		1	2	3＝1－2	4	5
合计	7					
出口免税	8		—	—	—	—
其中：跨境服务	9		—	—	—	—
	10					
	11					
	12					
	13					
	14					
	15					
	16					

8 《增值税预缴税款表》填报

8.1 《增值税预缴税款表》填报情况说明

8.1.1 本期预缴增值税业务审核情况

业务十：假设A房地产公司二期东湖项目于2020年8月进行预售，收到预收房款30 000 000.00元。

预征税款计算：A房地产公司二期东湖项目预收房款30 000 000.00元，应换算成不含税价格进行增值税预缴，具体计算过程为：

应预缴税额＝预收款30 000 000.00元/（1＋9％）×3％

＝825 688.07（元）

8.1.2 建筑服务预征项目

建筑服务预征项目：未发生。

8.1.3 销售不动产预征项目

销售不动产预征项目，销售额 30 000 000.00 元，扣除金额 0 元，预征率 3%，预征税额 825 688.07 元。

8.1.4 出租不动产预征项目

出租不动产预征项目：未发生。

8.2 《增值税预缴税款表》填报情况

《增值税预缴税款表》填报如下（见表 4-7）：

表 4-7　　增值税预缴税款表

税款所属时间：　　年　　月　　日至　　年　　月　　日

纳税人识别号：□□□□□□□□□□□□□□□□□□□□　是否适用一般计税方法　是□ 否□

<table>
<tr><td>纳税人名称：
（公章）</td><td></td><td></td><td></td><td>金额单位：
元（列至角分）</td><td></td></tr>
<tr><td colspan="2">项目编号</td><td></td><td>项目名称</td><td colspan="2"></td></tr>
<tr><td colspan="2">项目地址</td><td colspan="4"></td></tr>
<tr><td colspan="2" rowspan="2">预征项目和栏次</td><td>销售额</td><td>扣除金额</td><td>预征率</td><td>预征税额</td></tr>
<tr><td>1</td><td>2</td><td>3</td><td>4</td></tr>
<tr><td>建筑服务</td><td>1</td><td></td><td></td><td></td><td></td></tr>
<tr><td>销售不动产</td><td>2</td><td>30 000 000.00</td><td></td><td>3%</td><td>825 688.07</td></tr>
<tr><td>出租不动产</td><td>3</td><td></td><td></td><td></td><td></td></tr>
<tr><td></td><td>4</td><td></td><td></td><td></td><td></td></tr>
<tr><td></td><td>5</td><td></td><td></td><td></td><td></td></tr>
<tr><td>合计</td><td>6</td><td></td><td></td><td></td><td></td></tr>
<tr><td>授权声明</td><td colspan="2">如果你已委托代理人填报，请填写下列资料：
为代理一切税务事宜，现授权　　　　（地址）　　　　为本次纳税人的代理填报人，任何与本表有关的往来文件，都可寄予此人。
授权人签字：</td><td>填表人申明</td><td colspan="2">以上内容是真实的、可靠的、完整的。
纳税人签字：</td></tr>
</table>

Tax Declaration and
Regulatory Guidelines of
Value-added Tax

第五篇　增值税
小规模纳税人
申报实务

1 A公司发生（交易事实）情况

1.1 A公司购销业务发生情况

A公司为小规模纳税人，2019年8月发生下列业务：

业务一：2019年8月1日初次购买增值税税控系统专用设备，取得增值税专用发票，价税合计10 000.00元。

业务二：2019年8月10日提供纳税鉴证服务，含税销售额1 030 000.00元，由税务机关代开增值税专用发票。

业务三：2019年8月15日提供纳税咨询服务，含税销售额1 030 000.00元，开具增值税普通发票。

业务四：2019年8月5日取得展会代理收入103 000.00元（含税），支付第三方场租费、场地搭建费、广告费、食宿费、门票费等费用82 400.00元，取得差价收入20 600.00元，开具增值税普通发票。

业务五：2019年8月15日销售使用过的专用设备，含税价103 000.00元，开具普通发票。适用征收率3%，减按2%征收率缴纳增值税。不含税价100 000.00元。应纳税额3 000.00元，减征后应纳税额2 000.00元。

1.2 增值税纳税申报表及附表的填写顺序

纳税申报表的填写顺序如下：

(1)《增值税纳税申报表（小规模纳税人适用）附列资料》；

(2)《增值税减免税申报明细表》；

(3)《增值税纳税申报表（小规模纳税人适用）》。

说明：本篇在介绍主表及附表的填报时，按上述填写顺序进行讲解。

2 《增值税纳税申报表（小规模纳税人适用）附列资料》填报

2.1 《增值税纳税申报表（小规模纳税人适用）附列资料》填报情况说明

2.1.1 服务扣除项目审核情况

1. 会计处理情况

业务二：2019年8月10日提供纳税鉴证服务，含税销售额1 030 000.00元，由税务机关代开增值税专用发票。

业务三：2019 年 8 月 15 日提供纳税咨询服务，含税销售额 1 030 000.00 元，开具增值税普通发票。

业务四：2019 年 8 月 5 日取得展会代理收入 103 000.00 元（含税），支付第三方场租费、场地搭建费、广告费、食宿费、门票费等费用 82 400.00 元，取得差价收入 20 600.00 元，开具增值税普通发票。

2. 税务处理情况

（1）业务四发生的展会代理服务属于“销售服务的范围”的“现代服务”中“商务辅助服务”下的“经纪代理服务”。适用 6%税率，按差额计税方法缴纳增值税。具体理由如下：

第一，征税范围确认。展会代理是否属于增值税征税范围？根据现行有效文件规定，增值税不征税项目不包括展会代理业务。因此，展会代理业务属于增值税征税范围。

第二，征税范围的大类确认。展会代理属于增值税征税范围的哪个大类？增值税征税项目有五个大类：销售货物、劳务，销售服务，销售无形资产，销售不动产。经分析，展会代理应属于销售服务大类。

第三，征税范围的中类确认。展会代理属于销售服务范围的哪个中类？销售服务范围有八个中类，具体包括：销售服务、交通运输服务、邮政服务、电信服务、建筑服务、金融服务、现代服务、生活服务。经分析，展会代理应属于现代服务中类。

第四，征税范围的小类确认。展会代理属于现代服务范围的哪个小类？现代服务范围有九个小类，具体包括：研发和技术服务、信息技术服务、文化创意服务、物流辅助服务、租赁服务、鉴证咨询服务、广播影视服务、商务辅助服务、其他现代服务。经分析，展会代理应属于商务辅助服务小类。

第五，征税范围的事项确认。展会代理属于商务辅助服务范围中的哪个事项？商务辅助服务有四个事项，具体包括企业管理服务、经纪代理服务、人力资源服务、安全保护服务。经分析，展会代理应属于经纪代理服务事项。

第六，征税范围的项目或税目确认。展会代理属于经纪代理服务范围中的哪个项目或税目？经纪代理服务有三个项目或税目，具体包括各类经纪、中介、代理服务。

第七，销售额的计算。根据财税〔2016〕36 号文件附件 2 第一条第（三）项规定，“经纪代理服务，以取得的全部价款和价外费用，扣除向委托方收取并代为支付的政府性基金或者行政事业性收费后的余额为销售额。向委托方收取的政府性基金或者行政事业性收费，不得开具增值税专用发票”，因此，展会代理可按经纪代理服务差额计税方法计算增值税，业务四发生支付第三方费用 82 400.00 元为本期可扣除额，取得差价收入 20 600.00 元按 6%税率计算增值税。

（2）其他业务均取得合规发票，未发现取得不合规发票的情形。

2.1.2 应税行为（3%征收率）扣除额计算

应税行为（3%征收率）扣除额计算，期初余额 0 元，本期发生额 2 163 000.00 元，本期扣除额 82 400.00 元，期末余额 2 080 600.00 元。

本期发生额数据来源：业务二销售额＋业务三销售额＋业务四销售额＝2 163 000.00 元（1 030 000.00 元＋1 030 000.00 元＋103 000.00 元）。

2.1.3 应税行为（3%征收率）计税销售额计算

应税行为（3%征收率）计税销售额计算，全部含税收入 2 163 000.00 元，本期扣除额 82 400.00 元，含税销售额 2 080 600.00 元，不含税销售额 2 020 000.00 元。

第 8 栏“不含税销售额”＝第 7 栏“含税销售额”÷1.03，与《增值税纳税申报表（小规模纳税人适用）》第 1 栏“应征增值税不含税销售额”“本期数”“服务、不动产和无形资产”栏数据一致。

2.1.4 应税行为（5%征收率）扣除额计算

应税行为（5%征收率）扣除额计算项目：未发生。

2.1.5 应税行为（5%征收率）计税销售额计算

应税行为（5%征收率）计税销售额计算项目：未发生。

2.2 《增值税纳税申报表（小规模纳税人适用）附列资料》填报情况

《增值税纳税申报表（小规模纳税人适用）附列资料》填报如下（见表 5－1）：

表 5－1　增值税纳税申报表（小规模纳税人适用）附列资料

税款所属期：　　年　月　日至　　年　月　日　　　　填表日期：　　年　月　日

纳税人名称（公章）：　　　　金额单位：元至角分

应税行为（3%征收率）扣除额计算			
期初余额	本期发生额	本期扣除额	期末余额
1	2	3（3≤1＋2 之和，且 3≤5）	4＝1＋2－3
0.00	2 163 000.00	82 400.00	2 080 600.00

应税行为（3%征收率）计税销售额计算			
全部含税收入（适用3%征收率）	本期扣除额	含税销售额	不含税销售额
5	6=3	7=5-6	8=7÷1.03
2 163 000.00	82 400.00	2 080 600.00	2 020 000.00
应税行为（5%征收率）扣除额计算			
期初余额	本期发生额	本期扣除额	期末余额
9	10	11（11≤9+10之和，且11≤13）	12=9+10-11
应税行为（5%征收率）计税销售额计算			
全部含税收入（适用5%征收率）	本期扣除额	含税销售额	不含税销售额
13	14=11	15=13-14	16=15÷1.05

3 《增值税减免税申报明细表》填报

3.1 《增值税减免税申报明细表》填报情况说明

3.1.1 本期减免税业务审核情况

1. 会计处理情况

业务一：2019年8月1日初次购买增值税税控系统专用设备，取得增值税专用发票，价税合计10 000.00元。

业务五：2019年8月15日销售使用过的专用设备，含税价103 000.00元，开具普通发票。适用征收率3%，减按2%征收率缴纳增值税。不含税价100 000.00元。应纳税额3 000.00元，减征后应纳税额2 000.00元。

2. 税务处理情况

（1）初次购买增值税税控系统专用设备抵减增值税应纳税额。

增值税纳税人2011年12月1日（含，下同）以后初次购买增值税税控系统专用设备（包括分开票机）支付的费用，可凭购买增值税税控系统专用设备取得的增值税专用发票，在增值税应纳税额中全额抵减（抵减额为价税合计额），不足抵减的可结转下期继续抵减。

业务一，2019 年 8 月 1 日初次购买增值税税控系统专用设备，取得增值税专用发票，价税合计 10 000.00 元可全额抵减增值税应纳税额，不足抵减的可结转下期继续抵减。

（2）销售使用过的固定资产减按 2%征收率征收增值税。

小规模纳税人（除其他个人外，下同）销售自己使用过的固定资产，减按 2%征收率征收增值税。

小规模纳税人销售自己使用过的除固定资产以外的物品，应按 3%的征收率征收增值税。

业务二，销售使用过的专用设备，适用简易办法依照 3%征收率减按 2%征收增值税政策，计算应纳税额 3 000.00 元，减征后应纳税额 2 000.00 元。

3.1.2 减税项目

1. 合计

第 1 栏“合计”，期初余额 0 元，本期发生额 11 000.00 元，本期应抵减税额 11 000.00 元，本期实际抵减税额 11 000.00 元，期末余额 0 元。

2. 增值税税控系统专用设备费及技术维护费

第 2 栏“增值税税控系统专用设备费及技术维护费”，期初余额 0 元，本期发生额 10 000.00 元，本期应抵减税额 10 000.00 元，本期实际抵减税额 10 000.00 元，期末余额 0 元。

3. 销售使用过的固定资产

第 3 栏“销售使用过的固定资产”，期初余额 0.00 元，本期发生额 1 000.00 元，本期应抵减税额 1 000.00 元，本期实际抵减税额 1 000.00 元，期末余额 0 元。

3.1.3 免税项目

免税项目：未发生。

3.2 《增值税减免税申报明细表》填报情况

《增值税减免税申报明细表》填报如下（见表 5－2）：

表 5-2　增值税减免税申报明细表

税款所属时间：自　　年　　月　　日至　　年　　月　　日

纳税人名称（公章）：　　　　　　　　　　　　　　　　　　金额单位：元至角分

一、减税项目						
减税性质代码及名称	栏次	期初余额	本期发生额	本期应抵减税额	本期实际抵减税额	期末余额
		1	2	3=1+2	4≤3	5=3-4
合计	1	0.00	11 000.00	11 000.00	11 000.00	0.00
增值税税控系统专用设备费及技术维护费	2	0.00	10 000.00	10 000.00	10 000.00	0.00
销售使用过的固定资产	3	0.00	1 000.00	1 000.00	1 000.00	0.00
	4					
	5					
	6					
二、免税项目						
免税性质代码及名称	栏次	免征增值税项目销售额	免税销售额扣除项目本期实际扣除金额	扣除后免税销售额	免税销售额对应的进项税额	免税额
		1	2	3=1-2	4	5
合计	7					
出口免税	8		—	—	—	—
其中：跨境服务	9		—	—	—	—
	10					
	11					
	12					
	13					
	14					
	15					
	16					

4 《增值税纳税申报表（小规模纳税人适用）》填报

4.1 《增值税纳税申报表（小规模纳税人适用）》填报情况说明

4.1.1 计税依据填报

（1）第 1 栏“应征增值税不含税销售额（3%征收率）”，服务、不动产和无形资产本期数 2 020 000.00 元。

数据来源：纳税人发生适用 3%征收率的应税行为且有扣除项目的，本栏填写扣除后的不含税销售额，与当期《增值税纳税申报表（小规模纳税人适用）附列资料》第 8 栏数据一致，即 2 020 000.00 元。

（2）第 2 栏“税务机关代开的增值税专用发票不含税销售额”，服务、不动产和无形资产本期数 1 000 000.00 元。

数据来源：业务二，2019 年 8 月 10 日提供纳税鉴证服务，含税销售额 1 030 000.00 元，不含税销售额 1 000 000.00 元，由税务机关代开增值税专用发票。

（3）第 3 栏“税控器具开具的普通发票不含税销售额”，服务、不动产和无形资产本期数 1 020 000.00 元。

数据来源：业务三，2019 年 8 月 15 日提供纳税咨询服务，含税销售额 1 030 000.00 元，开具增值税普通发票。

业务四，2019 年 8 月 5 日取得展会代理收入 103 000.00 元（含税），支付第三方场租费、场地搭建费、广告费、食宿费、门票费等费用 82 400.00 元，取得差价收入 20 600.00 元。

服务、不动产和无形资产本期数 1 020 000.00 元=（业务三不含税销售额 1 000 000.00 元+业务四取得差价不含税收入 20 000.00 元）。

（4）第 7 栏“销售使用过的固定资产不含税销售额”，货物及劳务本期数 100 000.00 元。

数据来源：业务五，2019 年 8 月 15 日销售使用过的专用设备，含税价 103 000.00 元，开具普通发票。适用征收率 3%，减按 2%征收率缴纳增值税。不含税价 100 000.00 元。应纳税额 3 000.00 元，减征后应纳税额 2 000.00 元。

（5）第 8 栏“税控器具开具的普通发票不含税销售额”，货物及劳务本期数 100 000.00 元。

4.1.2 税款计算填报

（1）第 15 栏“本期应纳税额”，货物及劳务本期数 3 000.00 元，服务、不动产和无形资产本期数 60 600.00 元。

货物及劳务本期数本期应纳税额数据来源：业务五，销售使用过的固定资产，按 3%征收率计算增值税应纳税额 3 000.00 元。

服务、不动产和无形资产本期应纳税额数据来源：第 1 栏应征增值税不含税销售额（3%征收率）项目，服务、不动产和无形资产本期数：2 020 000.00 元×3%，即 60 600.00 元。

（2）第 16 栏“本期应纳税额减征额”，货物及劳务本期数 1 000.00 元，服务、不动产和无形资产本期数 10 000.00 元。

货物及劳务本期数数据来源：小规模纳税人（除其他个人外，下同）销售自己使用过的固定资产，减按 2%征收率缴纳增值税。按 3%征收率计算应纳税额 3 000.00 元，按 2%征收率计算应纳税额 2 000.00 元，二者差额 1 000.00 元为减征额。

服务、不动产和无形资产本期数数据来源：初次购买增值税专用设备，价税合计 10 000.00 元，可全额抵减。

（3）第 20 栏“应纳税额合计”，货物及劳务本期数 2 000.00 元，服务、不动产和无形资产本期数 50 600.00 元。

数据来源：本表第 20 栏＝本表第 15 栏－本表第 16 栏。

（4）第 22 栏“本期应补（退）税额”，货物及劳务本期数 2 000.00 元，服务、不动产和无形资产本期数 50 600.00 元。

数据来源：本表第 22 栏＝本表第 20 栏－本表第 21 栏。

4.2 《增值税纳税申报表（小规模纳税人适用）》填报情况

《增值税纳税申报表（小规模纳税人适用）》填报如下（见表 5－3）：

表 5－3 **增值税纳税申报表**

（小规模纳税人适用）

纳税人识别号：□□□□□□□□□□□□□□□□□□□□

纳税人名称（公章）： 金额单位：元至角分

税款所属期： 年 月 日至 年 月 日 填表日期： 年 月 日

	项目	栏次	本期数		本年累计	
			货物及劳务	服务、不动产和无形资产	货物及劳务	服务、不动产和无形资产
一、计税依据	（一）应征增值税不含税销售额（3%征收率）	1		2 020 000.00		
	税务机关代开的增值税专用发票不含税销售额	2		1 000 000.00		
	税控器具开具的普通发票不含税销售额	3		1 020 000.00		
	（二）应征增值税不含税销售额（5%征收率）	4	—		—	
	税务机关代开的增值税专用发票不含税销售额	5	—		—	
	税控器具开具的普通发票不含税销售额	6	—		—	

续表

<table>
<tr><td rowspan="2" colspan="2">项目</td><td rowspan="2">栏次</td><td colspan="2">本期数</td><td colspan="2">本年累计</td></tr>
<tr><td>货物及劳务</td><td>服务、不动产和无形资产</td><td>货物及劳务</td><td>服务、不动产和无形资产</td></tr>
<tr><td rowspan="8">一、计税依据</td><td>（三）销售使用过的固定资产不含税销售额</td><td>7（7≥8）</td><td>100 000.00</td><td>—</td><td></td><td>—</td></tr>
<tr><td>其中：税控器具开具的普通发票不含税销售额</td><td>8</td><td>100 000.00</td><td>—</td><td></td><td>—</td></tr>
<tr><td>（四）免税销售额</td><td>9＝10＋11＋12</td><td></td><td></td><td></td><td></td></tr>
<tr><td>其中：小微企业免税销售额</td><td>10</td><td></td><td></td><td></td><td></td></tr>
<tr><td>未达起征点销售额</td><td>11</td><td></td><td></td><td></td><td></td></tr>
<tr><td>其他免税销售额</td><td>12</td><td></td><td></td><td></td><td></td></tr>
<tr><td>（五）出口免税销售额</td><td>13（13≥14）</td><td></td><td></td><td></td><td></td></tr>
<tr><td>其中：税控器具开具的普通发票销售额</td><td>14</td><td></td><td></td><td></td><td></td></tr>
<tr><td rowspan="8">二、税款计算</td><td>本期应纳税额</td><td>15</td><td>3 000.00</td><td>60 600.00</td><td></td><td></td></tr>
<tr><td>本期应纳税额减征额</td><td>16</td><td>1 000.00</td><td>10 000.00</td><td></td><td></td></tr>
<tr><td>本期免税额</td><td>17</td><td></td><td></td><td></td><td></td></tr>
<tr><td>其中：小微企业免税额</td><td>18</td><td></td><td></td><td></td><td></td></tr>
<tr><td>未达起征点免税额</td><td>19</td><td></td><td></td><td></td><td></td></tr>
<tr><td>应纳税额合计</td><td>20＝15－16</td><td>2 000.00</td><td>50 600.00</td><td></td><td></td></tr>
<tr><td>本期预缴税额</td><td>21</td><td></td><td></td><td>—</td><td>—</td></tr>
<tr><td>本期应补（退）税额</td><td>22＝20－21</td><td>2 000.00</td><td>50 600.00</td><td>—</td><td>—</td></tr>
<tr><td colspan="2">纳税人或代理人声明：</td><td colspan="5">如纳税人填报，由纳税人填写以下各栏：</td></tr>
<tr><td colspan="2" rowspan="3">本纳税申报表是根据国家税收法律法规及相关规定填报的，我确定它是真实的、可靠的、完整的。</td><td colspan="5">办税人员：　　财务负责人：
法定代表人：　　联系电话：</td></tr>
<tr><td colspan="5">如委托代理人填报，由代理人填写以下各栏：</td></tr>
<tr><td colspan="5">代理人名称（公章）：　　经办人：　　联系电话：</td></tr>
</table>

主管税务机关：　　接收人：　　接收日期：

附录

增值税法规政策一览

1.《国务院关于废止〈中华人民共和国营业税暂行条例〉和修改〈中华人民共和国增值税暂行条例〉的决定》（国务院令第 691 号，2017 年 11 月 19 日）

2.《国家税务总局关于修改〈中华人民共和国增值税暂行条例实施细则〉和〈中华人民共和国营业税暂行条例实施细则〉的决定》（财政部令第 65 号，2011 年 10 月 28 日）

3.《国家税务总局关于支持个体工商户复工复业等税收征收管理事项的公告》（国家税务总局公告 2020 年第 5 号，2020 年 2 月 29 日）

4.《财政部 税务总局关于支持个体工商户复工复业增值税政策的公告》（财政部税务总局公告 2020 年第 13 号，2020 年 2 月 28 日）

5.《财政部 税务总局关于支持货物期货市场对外开放增值税政策的公告》（财政部税务总局公告 2020 年第 12 号，2020 年 2 月 18 日）

6.《国家税务总局关于支持新型冠状病毒感染的肺炎疫情防控有关税收征收管理事项的公告》（国家税务总局公告 2020 年第 4 号，2020 年 2 月 10 日）

7.《财政部 税务总局关于支持新型冠状病毒感染的肺炎疫情防控有关捐赠税收政策的公告》（财政部 税务总局公告 2020 年第 9 号，2020 年 2 月 6 日）

8.《财政部 税务总局关于支持新型冠状病毒感染的肺炎疫情防控有关税收政策的公告》（财政部 税务总局公告 2020 年第 8 号，2020 年 2 月 6 日）

9.《财政部 税务总局关于明确国有农用地出租等增值税政策的公告》（财政部 税务总局公告 2020 年第 2 号，2020 年 1 月 20 日）

10.《国家税务总局关于开展网络平台道路货物运输企业代开增值税专用发票试点工作的通知》（税总函〔2019〕405 号，2019 年 12 年 31 日）

11.《财政部 商务部 税务总局关于继续执行研发机构采购设备增值税政策的公告》（财政部 商务部 税务总局公告 2019 年第 91 号，2019 年 11 月 11 日）

12.《财政部 税务总局关于资源综合利用增值税政策的公告》（财政部 税务总局公告 2019 年第 90 号，2019 年 10 月 24 日）

13.《国家税务总局关于增值税发票管理等有关事项的公告》（国家税务总局公告 2019 年第 33 号，2019 年 10 月 9 日）

14.《财政部 税务总局关于民用航空发动机、新支线飞机和大型客机税收政策的公告》（财政部 税务总局公告 2019 年第 88 号，2019 年 10 月 8 日）

15.《财政部 国家税务总局关于明确生活性服务业增值税加计抵减政策的公告》（财政部 税务总局公告 2019 年第 87 号，2019 年 9 月 30 日）

16.《国家税务总局关于国内旅客运输服务进项税抵扣等增值税征管问题的公告》（国家税务总局公告 2019 年第 31 号，2019 年 9 月 16 日）

17.《财政部 税务总局关于明确部分先进制造业增值税期末留抵退税政策的公告》（财政部 税务总局公告 2019 年第 84 号，2019 年 8 月 31 日）

18.《财政部 税务总局关于继续执行边销茶增值税政策的公告》（财政部 税务总局公告 2019 年第 83 号，2019 年 8 月 28 日）

19.《国家税务总局 财政部 海关总署关于在综合保税区推广增值税一般纳税人资格试点的公告》（国家税务总局公告 2019 年第 29 号，2019 年 8 月 8 日）

20.《国家税务局支持脱贫攻坚税收优惠政策指引》（国家税务局，2019 年 8 月 13 日）

21.《国家税务总局关于公布取消一批税务证明事项以及废止和修改部分规章规范性文件的决定》（国家税务总局令第 48 号，2019 年 7 月 24 日）

22.《财政部 税务总局 发展改革委 民政部 商务部 卫生健康委关于养老、托育、家政等社区家庭服务业税费优惠政策的公告》（财政部、税务总局、发展改革委、民政部、商务部、卫生健康委公告 2019 年第 76 号，2019 年 6 月 28 日）

23.《财政部 税务总局关于延续免征国产抗艾滋病病毒药品增值税政策的公告》（财政部 税务总局公告 2019 年第 73 号，2019 年 6 月 5 日）

24.《财政部 税务总局 证监会关于创新企业境内发行存托凭证试点阶段有关税收政策的公告》（财政部、税务总局、证监会公告 2019 年第 52 号，2019 年 4 月 3 日）

25.《财政部 税务总局 海关总署关于深化增值税改革有关政策的公告》（财政部、税务总局、海关总署公告 2019 年第 39 号，2019 年 3 月 20 日）

26.《国家税务总局关于办理增值税期末留抵税额退税有关事项的公告》（国家税务总局公告 2019 年第 20 号，2019 年 4 月 30 日）

27.《财政部 税务总局 国务院扶贫办关于扶贫货物捐赠免征增值税政策的公告》（财政部 税务总局 国务院扶贫办公告 2019 年第 55 号，2019 年 4 月 10 日）

28.《财政部 税务总局关于延续供热企业增值税 房产税 城镇土地使用税优惠政策的通知》（财税〔2019〕38 号，2019 年 4 月 3 日）

29.《国家税务总局关于深化增值税改革有关事项的公告》（国家税务总局公告 2019 年第 14 号，2019 年 3 月 21 日）

30.《国家税务总局关于调整增值税纳税申报有关事项的公告》（国家税务总局公告 2019 年第 15 号，2019 年 3 月 21 日）

31.《国家税务总局关于做好 2019 年深化增值税改革第一阶段“开好票”相关工

作的通知》（税总函〔2019〕81号，2019年3月21日）

32.《国家税务总局办公厅关于印发〈2019年深化增值税改革纳税服务工作方案〉的通知》（税总办发〔2019〕34号，2019年3月21日）

33.《国家税务总局关于稀土企业等汉字防伪项目企业开具增值税发票有关问题的公告》（国家税务总局公告2019年第13号，2019年3月18日）

34.《国家税务总局关于做好2019年深化增值税改革工作的通知》（税总发〔2019〕32号，2019年3月5日）

35.《国家税务总局关于进一步做好纳税人增值税发票领用等工作的通知》（税总函〔2019〕64号，2019年2月26日）

36.《财政部 税务总局关于明确养老机构免征增值税等政策的通知》（财税〔2019〕20号，2019年2月2日）

37.《财政部 税务总局 人力资源社会保障部 国务院扶贫办关于进一步支持和促进重点群体创业就业有关税收政策的通知》（财税〔2019〕22号，2019年2月2日）

38.《财政部 税务总局 退役军人部关于进一步扶持自主就业退役士兵创业就业有关税收政策的通知》（财税〔2019〕21号，2019年2月2日）

39.《国家税务总局关于调整增值税专用发票防伪措施有关事项的公告》（国家税务总局公告2019年第9号，2019年2月3日）

40.《国家税务总局关于扩大小规模纳税人自行开具增值税专用发票试点范围等事项的公告》（国家税务总局公告2019年第8号，2019年2月3日）

41.《财政部 税务总局关于继续实施支持文化企业发展增值税政策的通知》（财税〔2019〕17号，2019年2月13日）

42.《财政部 税务总局 中央宣传部关于继续实施文化体制改革中经营性文化事业单位转制为企业若干税收政策的通知》（财税〔2019〕16号，2019年2月16日）

43.《财政部 海关总署 税务总局 药监局关于罕见病药品增值税政策的通知》（财税〔2019〕24号，2019年2月20日）

44.《国家税务总局关于增值税小规模纳税人地方税种和相关附加减征政策有关征管问题的公告》（国家税务总局公告2019年第5号，2019年2月19日）

45.《国家税务总局关于小规模纳税人免征增值税政策有关征管问题的公告》（国家税务总局公告2019年第4号，2019年1月19日）

46.《财政部 税务总局关于实施小微企业普惠性税收减免政策的通知》（财税〔2019〕13号，2019年1月17日）

47.《财政部 税务总局关于调整铁路和航空运输企业汇总缴纳增值税总分机构名单的通知》（财税〔2019〕1号，2019年1月2日）

48.《财政部 税务总局关于2018年退还部分行业增值税留抵税额有关税收政策的

通知》（财税〔2018〕70 号，2018 年 6 月 27 日）

49.《财政部 税务总局关于调整增值税税率的通知》（财税〔2018〕32 号，2018 年 4 月 4 日）

50.《财政部 税务总局关于境外机构投资境内债券市场企业所得税、增值税政策的通知》（财税〔2018〕108 号，2018 年 11 月 7 日）

51.《财政部 税务总局 科技部 教育部关于科技企业孵化器、大学科技园和众创空间税收政策的通知》（财税〔2018〕120 号，2018 年 11 月 1 日）

52.《财政部 税务总局关于基本养老保险基金有关投资业务税收政策的通知》（财税〔2018〕95 号，2018 年 9 月 20 日）

53.《财政部 税务总局关于中国邮政储蓄银行三农金融事业部涉农贷款增值税政策的通知》（财税〔2018〕97 号，2018 年 9 月 12 日）

54.《财政部 税务总局关于全国社会保障基金有关投资业务税收政策的通知》（财税〔2018〕94 号，2018 年 9 月 10 日）

55.《财政部 税务总局关于金融机构小微企业贷款利息收入免征增值税政策的通知》（财税〔2018〕91 号，2018 年 9 月 5 日）

56.《国家税务总局关于明确中外合作办学等若干增值税征管问题的公告》（国家税务总局公告 2018 年第 42 号，2018 年 7 月 25 日）

57.《国家税务总局关于增值税电子普通发票使用有关事项的公告》（国家税务总局公告 2018 年第 41 号，2018 年 7 月 23 日）

58.《国家税务总局关于修改部分税收规范性文件的公告》（国家税务总局公告 2018 年第 31 号，2018 年 6 月 15 日）

59.《国家税务总局关于新办纳税人首次申领增值税发票有关事项的公告》（国家税务总局公告 2018 年第 29 号，2018 年 6 月 11 日）

60.《财政部 税务总局关于延续宣传文化增值税优惠政策的通知》（财税〔2018〕53 号，2018 年 6 月 5 日）

61.《财政部 海关总署 税务总局 国家药品监督管理局关于抗癌药品增值税政策的通知》（财税〔2018〕47 号，2018 年 4 月 27 日）

62.《国家税务总局关于统一小规模纳税人标准等若干增值税问题的公告》（国家税务总局公告 2018 年第 18 号，2018 年 4 月 20 日）

63.《财政部 税务总局关于统一增值税小规模纳税人标准的通知》（财税〔2018〕33 号，2018 年 4 月 4 日）

64.《国家税务总局关于〈增值税纳税申报比对管理操作规程（试行）〉执行有关事项的通知》（税总函〔2018〕94 号，2018 年 2 月 27 日）

65.《国家税务总局关于纳税信用评价有关事项的公告》（国家税务总局公告 2018

年第8号，2018年2月1日）

66.《国家税务总局关于增值税一般纳税人登记管理若干事项的公告》（国家税务总局公告2018年第6号，2018年1月29日）

67.《国家税务总局 财政部 海关总署关于扩大赋予海关特殊监管区域企业增值税一般纳税人资格试点的公告》（国家税务总局公告2018年第5号，2018年1月12日）

68.《国家税务总局关于印发〈增值税纳税申报比对管理操作规程（试行）〉的通知》（税总发〔2017〕124号，2017年10月30日）

69.《增值税一般纳税人登记管理办法》（国家税务总局令第43号，2017年12月29日）

70.《国家税务总局关于开展互联网物流平台企业代开增值税专用发票试点工作的通知》（税总函〔2017〕579号，2017年12月29日）

71.《国家税务总局关于调整增值税纳税申报有关事项的公告》（国家税务总局公告2017年第53号，2017年12月29日）

72.《国家税务总局关于发布〈货物运输业小规模纳税人申请代开增值税专用发票管理办法〉的公告》（国家税务总局公告2017年第55号，2017年12月29日）

73.《财政部 税务总局关于租入固定资产进项税额抵扣等增值税政策的通知》（财税〔2017〕90号，2017年12月25日）

74.《交通运输部 国家税务总局关于收费公路通行费增值税电子普通发票开具等有关事项的公告》（交通运输部公告2017年第66号，2017年12月25日）

75.《国家税务总局关于水资源费改税后城镇公共供水企业增值税发票开具问题的公告》（国家税务总局公告2017年第47号，2017年12月25日）

76.《国家税务总局关于增值税发票管理若干事项的公告》（国家税务总局公告2017年第45号，2017年12月18日）

77.《国家税务总局关于增值税普通发票管理有关事项的公告》（国家税务总局公告2017年第44号，2017年12月5日）

78.《财政部 国家税务总局关于国家大学科技园税收政策的通知》（财税〔2016〕98号，2017年9月5日）

79.《国家税务总局关于跨境应税行为免税备案等增值税问题的公告》（国家税务总局公告2017年第30号，2017年8月14日）

80.《财政部 税务总局关于建筑服务等营改增试点政策的通知》（财税〔2017〕58号，2017年7月11日）

81.《财政部 税务总局关于资管产品增值税有关问题的通知》（财税〔2017〕56号，2017年6月30日）

82.《国家税务总局关于做好增值税电子普通发票推行所需税控设备管理工作的通

知》(税总函〔2017〕232 号，2017 年 6 月 21 日)

83.《财政部 税务总局关于延续支持农村金融发展有关税收政策的通知》(财税〔2017〕44 号，2017 年 6 月 9 日)

84.《国家税务总局关于增值税发票开具有关问题的公告》(国家税务总局公告 2017 年第 16 号，2017 年 5 月 19 日)

85.《财政部 税务总局关于建筑服务等营改增试点政策的通知》(财税〔2017〕58 号，2017 年 7 月 11 日)

86.《财政部 税务总局关于简并增值税税率有关政策的通知》(财税〔2017〕37 号，2017 年 4 月 28 日)

87.《国家税务总局关于进一步明确营改增有关征管问题的公告》(国家税务总局公告 2017 年第 11 号，2017 年 4 月 20 日)

88.《国家税务总局关于使用印有本单位名称的增值税普通发票（卷票）有关问题的公告》(国家税务总局公告 2017 年第 9 号，2017 年 4 月 14 日)

89.《国家税务总局关于进一步做好增值税电子普通发票推行工作的指导意见》(税总发〔2017〕31 号，2017 年 3 月 21 日)

90.《国家税务总局关于发布〈研发机构采购国产设备增值税退税管理办法〉的公告》(国家税务总局公告 2017 年第 5 号，2017 年 3 月 14 日)

91.《国家税务总局关于加强海关进口增值税抵扣管理的公告》(国家税务总局公告 2017 年第 3 号，2017 年 2 月 13 日)

92.《财政部 国家税务总局关于资管产品增值税政策有关问题的补充通知》(财税〔2017〕2 号，2017 年 1 月 10 日)

93.《财政部关于印发〈增值税会计处理规定〉的通知》(财会〔2016〕22，2016 年 12 月 3 日)

94.《国家税务总局关于土地价款扣除时间等增值税征管问题的公告》(国家税务总局公告 2016 年第 86 号，2016 年 12 月 24 日)

95.《国家税务总局关于启用全国增值税发票查验平台的公告》(国家税务总局公告 2016 年第 87 号，2016 年 12 月 23 日)

96.《财政部 国家税务总局关于明确金融 房地产开发 教育辅助服务等增值税政策的通知》(财税〔2016〕140 号，2016 年 12 月 21 日)

97.《财政部 国家税务总局关于大型客机和新支线飞机增值税政策的通知》(财税〔2016〕141 号，2016 年 12 月 15 日)

98.《国家税务总局关于启用增值税普通发票（卷票）有关事项的公告》(国家税务总局公告 2016 年第 82 号，2016 年 12 月 13 日)

99.《国家税务总局关于走逃（失联）企业开具增值税专用发票认定处理有关问题

的公告》（国家税务总局公告 2016 年第 76 号，2016 年 12 月 1 日）

100.《国家税务总局关于调整增值税一般纳税人留抵税额申报口径的公告》（国家税务总局公告 2016 年第 75 号，2016 年 12 月 1 日）

101.《国家税务总局关于纳税人转让不动产缴纳增值税差额扣除有关问题的公告》（国家税务总局公告 2016 年第 73 号，2016 年 11 月 24 日）

102.《国家税务总局关于按照纳税信用等级对增值税发票使用实行分类管理有关事项的公告》（国家税务总局公告 2016 年第 71 号，2016 年 11 月 17 日）

103.《财政部 商务部 国家税务总局关于继续执行研发机构采购设备增值税政策的通知》（财税〔2016〕121 号，2016 年 11 月 16 日）

104.《国家税务总局关于民政福利企业税收优惠政策适用问题的批复》（税总函〔2016〕609 号，2016 年 11 月 15 日）

105.《国家税务总局关于在境外提供建筑服务等有关问题的公告》（国家税务总局公告 2016 年第 69 号，2016 年 11 月 4 日）

106.《国家税务总局关于调整增值税普通发票防伪措施有关事项的公告》（国家税务总局公告 2016 年第 68 号，2016 年 11 月 2 日）

107.《国家税务总局关于开展增值税发票使用管理情况专项检查的通知》（税总函〔2016〕455 号，2016 年 9 月 6 日）

108.《财政部 国家税务总局关于国家大学科技园税收政策的通知》（财税〔2016〕98 号，2016 年 9 月 5 日）

109.《财政部 国家税务总局关于延续免征国产抗艾滋病病毒药品增值税政策的通知》（财税〔2016〕97 号，2016 年 9 月 1 日）

110.《国家税务总局关于纳税人申请代开增值税发票办理流程的公告》（国家税务总局公告 2016 年第 59 号，2016 年 8 月 31 日）

111.《国家税务总局关于优化完善增值税发票选择确认平台功能及系统维护有关事项的公告》（国家税务总局公告 2016 年第 57 号，2016 年 8 月 29 日）

112.《财政部 国家税务总局关于供热企业增值税 房产税 城镇土地使用税优惠政策的通知》（财税〔2016〕94 号，2016 年 8 月 24 日）

113.《国家税务总局关于修订个体工商户税收定期定额征收管理文书的公告》（国家税务总局公告 2016 年第 56 号，2016 年 8 月 23 日）

114.《国家税务总局关于物业管理服务中收取的自来水水费增值税问题的公告》（国家税务总局公告 2016 年第 54 号，2016 年 8 月 19 日）

115.《国家税务总局关于营改增试点若干征管问题的公告》（国家税务总局公告 2016 年第 53 号，2016 年 8 月 18 日）

116.《财政部 国家税务总局关于科技企业孵化器税收政策的通知》（财税〔2016〕

89号，2016年8月11日）

117.《国家税务总局关于保险机构代收车船税开具增值税发票问题的公告》（国家税务总局公告2016年第51号，2016年8月7日）

118.《财政部 国家税务总局关于金融机构同业往来等增值税政策的补充通知》（财税〔2016〕70号，2016年6月30日）

119.《国家税务总局关于延长2016年7月份增值税申报纳税期限的公告》（国家税务总局公告2016年第39号，2016年6月28日）

120.《财政部 国家税务总局关于进一步明确全面推开营改增试点有关再保险、不动产租赁和非学历教育等政策的通知》（财税〔2016〕68号，2016年6月18日）

121.《国家税务总局关于公布符合条件的销售熊猫普制金币纳税人名单（第六批）的公告》（国家税务总局公告2016年第36号，2016年6月12日）

122.《国家税务总局关于优化完善增值税发票查询平台功能有关事项的公告》（国家税务总局公告2016年第32号，2016年5月27日）

123.《国家税务总局关于发布〈促进残疾人就业增值税优惠政策管理办法〉的公告》（国家税务总局公告2016年第33号，2016年5月27日）

124.《统一明确营改增实务中的33个问题》（税总纳便函〔2016〕71号，2016年5月11日）

125.《国家税务总局关于调整增值税纳税申报有关事项的公告》（国家税务总局公告2016年第27号，2016年5月5日）

126.《国家税务总局关于纳税人销售其取得的不动产办理产权过户手续使用的增值税发票联次问题的通知》（税总函〔2016〕190号，2016年5月2日）

127.《财政部 国家税务总局关于进一步明确全面推开营改增试点有关劳务派遣服务、收费公路通行费抵扣等政策的通知》（财税〔2016〕47号，2016年4月30日）

128.《国家税务总局关于迅速学习贯彻〈国务院关于做好全面推开营改增试点工作的通知〉的紧急通知》（税总发〔2016〕60号，2016年4月30日）

129.《财政部 国家税务总局关于进一步明确全面推开营改增试点金融业有关政策的通知》（财税〔2016〕46号，2016年4月29日）

130.《国务院关于做好全面推开营改增试点工作的通知》（国发明电〔2016〕1号，2016年4月29日）

131.《国家税务总局关于明确营改增试点若干征管问题的公告》（国家税务总局公告2016年第26号，2016年4月26日）

132.《国家税务总局关于发布增值税发票税控开票软件数据接口规范的公告》（国家税务总局公告2016年第25号，2016年4月25日）

133.《国家税务总局关于营业税改征增值税委托地税局代征税款和代开增值税发

票的通知》（税总函〔2016〕145 号，2016 年 3 月 31 日）

134.《财政部 国家税务总局关于营业税改征增值税试点若干政策的通知》（财税〔2016〕39 号，2016 年 3 月 23 日）

135.《国家税务总局关于全面推开营业税改征增值税试点有关税收征收管理事项的公告》（国家税务总局公告 2016 年第 23 号，2016 年 4 月 19 日）

136.《国家税务总局关于延长 2016 年出口退（免）税相关业务申报期限的公告》（国家税务总局公告 2016 年第 22 号，2016 年 4 月 7 日）

137.《国家税务总局关于发布〈房地产开发企业销售自行开发的房地产项目增值税征收管理暂行办法〉的公告》（国家税务总局公告 2016 年第 18 号，2016 年 3 月 31 日）

138.《国家税务总局关于发布〈纳税人跨县（市、区）提供建筑服务增值税征收管理暂行办法〉的公告》（国家税务总局公告 2016 年第 17 号，2016 年 3 月 31 日）

139.《国家税务总局关于发布〈纳税人提供不动产经营租赁服务增值税征收管理暂行办法〉的公告》（国家税务总局公告 2016 年第 16 号，2016 年 3 月 31 日）

140.《国家税务总局关于发布〈纳税人转让不动产增值税征收管理暂行办法〉的公告》（国家税务总局公告 2016 年第 14 号，2016 年 3 月 31 日）

141.《国家税务总局关于全面推开营业税改征增值税试点后增值税纳税申报有关事项的公告》（国家税务总局公告 2016 年第 13 号，2016 年 3 月 31 日）

142.《财政部 国家税务总局关于全面推开营业税改征增值税试点的通知》（财税〔2016〕36 号，2016 年 3 月 23 日）

143.《国家税务总局关于兽用药品经营企业销售兽用生物制品有关增值税问题的公告》（国家税务总局公告 2016 年第 8 号，2016 年 2 月 4 日）

144.《国家税务总局关于停止使用货物运输业增值税专用发票有关问题的公告 》（国家税务总局公告 2015 年第 99 号，2015 年 12 月 31 日）

145.《国家税务总局关于营业税改征增值税试点期间有关增值税问题的公告》（国家税务总局公告 2015 年第 90 号，2015 年 12 月 22 日）

146.《国家税务总局关于明确有机肥产品执行标准的公告》（国家税务总局公告 2015 年第 86 号，2015 年 12 月 1 日）

147.《国家税务总局关于推行通过增值税电子发票系统开具的增值税电子普通发票有关问题的公告》（国家税务总局公告 2015 年第 84 号，2015 年 11 月 26 日）

148.《国家税务总局关于发布增值税发票系统升级版与税控收款机数据接口规范的公告》（国家税务总局公告 2015 年第 77 号，2015 年 11 月 11 日）

149.《财政部 国家税务总局关于煤炭采掘企业增值税进项税额抵扣有关事项的通知》（财税〔2015〕117 号，2015 年 11 月 2 日）

150.《财政部 国家税务总局关于影视等出口服务适用增值税零税率政策的通知》（财税〔2015〕118号，2015年10月30日）

151.《国家税务总局关于动物尸体降解处理机、蔬菜清洗机增值税适用税率问题的公告》（国家税务总局公告2015年第72号，2015年10月15日）

152.《国家税务总局关于印发〈增值税税控系统服务单位监督管理办法〉的通知》（税总发〔2015〕118号，2015年10月9日）

153.《国家税务总局关于化肥恢复征收增值税后库存化肥有关税收管理事项的公告》（国家税务总局公告2015年第64号，2015年9月15日）

154.《财政部 国家税务总局关于对化肥恢复征收增值税政策的补充通知》（财税〔2015〕97号，2015年8月28日）

155.《财政部 国家税务总局关于继续执行小微企业增值税和营业税政策的通知》（财税〔2015〕96号，2015年8月27日）

156.《国家税务总局关于纳税人认定或登记为一般纳税人前进项税额抵扣问题的公告》（国家税务总局公告2015年第59号，2015年8月19日）

157.《财政部 国家税务总局关于调整铁路和航空运输企业汇总缴纳增值税分支机构名单的通知》（财税〔2015〕87号，2015年8月10日）

158.《国家税务总局关于发布增值税发票系统升级版与电子发票系统数据接口规范的公告》（国家税务总局公告2015年第53号，2015年7月20日）

159.《国家税务总局关于开展增值税发票系统升级版电子发票试运行工作有关问题的通知》（税总函〔2015〕373号，2015年7月9日）

160.《财政部 国家税务总局关于航天发射有关增值税政策的通知》（财税〔2015〕66号，2015年6月15日）

161.《财政部 国家税务总局关于印发〈资源综合利用产品和劳务增值税优惠目录〉的通知》（财税〔2015〕78号，2015年6月12日）

162.《财政部 国家税务总局关于新型墙体材料增值税政策的通知》（财税〔2015〕73号，2015年6月12日）

163.《财政部 国家税务总局关于风力发电增值税政策的通知》（财税〔2015〕74号，2015年6月12日）

164.《国家税务总局关于界定超标准小规模纳税人偷税数额的批复》（税总函〔2015〕311号，2015年6月11日）

165.《国家税务总局关于国有粮食购销企业销售粮食免征增值税审批事项取消后有关管理事项的公告》（国家税务总局公告2015年第42号，2015年5月22日）

166.《国家税务总局关于明确部分增值税优惠政策审批事项取消后有关管理事项的公告》（国家税务总局公告2015年第38号，2015年5月19日）

167.《国家税务总局关于发布增值税发票系统升级版开票软件数据接口规范的公告》（国家税务总局公告 2015 年第 36 号，2015 年 5 月 15 日）

168.《国家税务总局关于调整增值税纳税申报有关事项的公告》（国家税务总局公告 2015 年第 23 号，2015 年 4 月 20 日）

169.《国家税务总局关于再次明确不得将不达增值税起征点的小规模纳税人纳入增值税发票系统升级版推行范围的通知》（税总函〔2015〕199 号，2015 年 4 月 14 日）

170.《财政部 国家税务总局关于原油和铁矿石期货保税交割业务增值税政策的通知》（财税〔2015〕35 号，2015 年 4 月 8 日）

171.《国家税务总局关于全面推行增值税发票系统升级版有关问题的公告》（国家税务总局公告 2015 年第 19 号，2015 年 3 月 30 日）

172.《国家税务总局关于全面推行增值税发票系统升级版工作有关问题的通知》（税总发〔2015〕42 号，2015 年 3 月 30 日）

173.《财政部 国家税务总局关于创新药后续免费使用有关增值税政策的通知》（财税〔2015〕4 号，2015 年 1 月 26 日）

174.《国家税务总局关于发布〈邮政企业增值税征收管理暂行办法〉的公告》（国家税务总局公告 2014 年第 5 号，2014 年 1 月 20 日）

175.《国家税务总局关于发布〈铁路运输企业增值税征收管理暂行办法〉的公告》（国家税务总局公告 2014 年第 6 号，2014 年 1 月 20 日）

176.《国家税务总局关于铁路运输和邮政业营业税改征增值税后纳税申报有关事项的公告》（国家税务总局公告 2014 年第 7 号，2014 年 1 月 21 日）

177.《国家税务总局关于发布〈适用增值税零税率应税服务退（免）税管理办法〉的公告》（国家税务总局公告 2014 年第 11 号，2014 年 2 月 8 日）

178.《财政部 国家税务总局关于大型水电企业增值税政策的通知》（财税〔2014〕10 号，2014 年 2 月 12 日）

179.《财政部 国家税务局关于利用石脑油和燃料油生产乙烯芳烃类产品有关增值税政策的通知》（财税〔2014〕17 号，2014 年 2 月 17 日）

180.《国家税务总局关于农用挖掘机 养鸡设备系列养猪设备系列产品增值税适用税率问题的公告》（国家税务总局公告 2014 年第 12 号，2014 年 2 月 27 日）

181.《国家税务总局关于发布增值税发票税控开票软件数据接口规范的公告》（国家税务总局公告 2014 年第 17 号，2014 年 3 月 14 日）

182.《国家税务总局关于简化增值税发票领用和使用程序有关问题的公告》（国家税务总局公告 2014 年第 19 号，2014 年 3 月 24 日）

183.《国家税务总局关于杏仁油 葡萄籽油增值税适用税率问题的公告》（国家税务总局公告 2014 年第 22 号，2014 年 4 月 11 日）

184.《财政部 国家税务总局关于将电信业纳入营业税改征增值税试点的通知》（财税〔2014〕43 号，2014 年 4 月 29 日）

185.《财政部 国家税务总局关于免征储备大豆增值税政策的通知》（财税〔2014〕38 号，2014 年 5 月 8 日）

186.《国家税务总局关于发布〈电信企业增值税征收管理暂行办法〉的公告》（国家税务总局公告 2014 年第 26 号，2014 年 5 月 14 日）

187.《国家税务总局关于调整机动车销售统一发票票面内容的公告》（国家税务总局公告 2014 年第 27 号，2014 年 5 月 16 日）

188.《财政部 国家发展改革委 国土资源部住房和城乡建设部 中国人民银行国家税务总局 新闻出版广电总局关于支持电影发展若干经济政策的通知》（财教〔2014〕56 号，2014 年 5 月 31 日）

189.《国家税务总局关于成品油经销企业开具的增值税发票纳入防伪税控系统汉字防伪版管理的公告》（国家税务总局公告 2014 年第 33 号，2014 年 6 月 6 日）

190.《财政部 国家税务总局关于国际水路运输增值税零税率政策的补充通知》（财税〔2014〕50 号，2014 年 6 月 13 日）

191.《财政部 国家税务总局关于简并增值税征收率政策的通知》（财税〔2014〕57 号，2014 年 6 月 13 日）

192.《国家税务总局关于简并增值税征收率有关问题的公告》（国家税务总局公告 2014 年第 36 号，2014 年 6 月 27 日）

193.《国家税务总局关于纳税人对外开具增值税专用发票有关问题的公告》（国家税务总局公告 2014 年第 39 号，2014 年 7 月 2 日）

194.《国家税务总局关于国际货物运输代理服务有关增值税问题的公告》（国家税务总局公告 2014 年第 42 号，2014 年 7 月 4 日）

195.《国家税务总局关于启用新版增值税发票有关问题的公告》（国家税务总局公告 2014 年第 43 号，2014 年 7 月 8 日）

196.《国家税务总局关于停止发售金税卡 IC 卡等税控专用设备有关问题的公告》（国家税务总局公告 2014 年第 44 号，2014 年 7 月 9 日）

197.《国家税务总局关于调整增值税纳税申报有关事项的公告》（国家税务总局公告 2014 年第 45 号，2014 年 7 月 25 日）

198.《国家税务总局关于公布符合条件的销售熊猫普制金币纳税人名单（第三批）暨不符合条件的纳税人退出名单的公告》（国家税务总局公告 2014 年第 47 号，2014 年 8 月 4 日）

199.《财政部 国家税务总局关于铁路运输企业汇总缴纳增值税的补充通知》（财税〔2014〕54 号，2014 年 8 月 5 日）

200.《财政部 国家税务总局 中国人民银行关于跨省合资铁路运输企业“营改增”后税收收入分配有关问题的补充通知》（财预〔2014〕96 号，2014 年 8 月 11 日）

201.《国家税务总局关于重新发布〈营业税改征增值税跨境应税服务增值税免税管理办法（试行）〉的公告》（国家税务总局公告 2014 年第 49 号，2014 年 8 月 27 日）

202.《财政部 国家税务总局关于进一步支持小微企业增值税和营业税政策的通知》（财税〔2014〕71 号，2014 年 9 月 25 日）

203.《国家税务总局关于增值税税控系统打通整合试运行期间红字货物运输业增值税专用发票开具有关问题的通知》（税总函〔2014〕468 号，2014 年 9 月 25 日）

204.《国家税务总局关于部分航空运输企业总分机构增值税计算缴纳问题的公告》（国家税务总局公告 2014 年第 55 号，2014 年 9 月 28 日）

205.《国家税务总局关于小微企业免征增值税和营业税有关问题的公告》（国家税务总局公告 2014 年第 57 号，2014 年 10 月 11 日）

206.《国家税务总局关于调整增值税纳税申报有关事项的公告》（国家税务总局公告 2014 年第 58 号，2014 年 10 月 13 日）

207.《财政部 国家税务总局关于华夏航空有限公司及其分支机构增值税计算缴纳问题的通知》（财税〔2014〕76 号，2014 年 10 月 17 日）

208.《国家税务总局关于调整增值税纳税申报有关事项的公告》（国家税务总局公告 2014 年第 69 号，2014 年 12 月 15 日）

209.《国家税务总局关于推行增值税发票系统升级版有关问题的公告》（国家税务总局公告 2014 年第 73 号，2014 年 12 月 29 日）

210.《国家税务总局关于推行增值税发票系统升级版工作有关问题的通知》（税总发〔2014〕156 号，2014 年 12 月 29 日）

211.《国家税务总局关于牡丹籽油增值税适用税率问题的公告》（国家税务总局公告 2014 年第 75 号，2014 年 12 月 31 日）

212.《财政部 国家税务总局关于国家大学科技园税收政策的通知》（财税〔2013〕118 号，2013 年 12 月 31 日）

213.《财政部 国家税务总局关于科技企业孵化器税收政策的通知》（财税〔2013〕117 号，2013 年 12 月 31 日）

214.《财政部 国家税务总局关于铁路运输和邮政业营业税改征增值税试点有关政策的补充通知》（财税〔2013〕121 号，2013 年 12 月 30 日）

215.《财政部 国家税务总局关于铁路运输企业汇总缴纳增值税的通知》（财税〔2013〕111 号，2013 年 12 月 30 日）

216.《国家税务总局关于成品油生产企业开具的增值税发票纳入防伪税控系统汉字防伪项目管理的公告》（国家税务总局公告 2013 年第 79 号，2013 年 12 月 27 日）

217.《财政部 国家税务总局关于防范税收风险若干增值税政策的通知》（财税〔2013〕112 号，2013 年 12 月 27 日）

218.《财政部 国家税务总局 中国人民银行关于铁路运输和邮政业纳入营业税改征增值税试点有关预算管理问题的通知》（财预〔2013〕442 号，2013 年 12 月 25 日）

219.《财政部 国家税务总局关于延续宣传文化增值税和营业税优惠政策的通知》（财税〔2013〕87 号，2013 年 12 月 25 日）

220.《国家税务总局关于铁路运输和邮政业营业税改征增值税发票及税控系统使用问题的公告》（国家税务总局公告 2013 年第 76 号，2013 年 12 月 18 日）

221.《国家税务总局关于促进残疾人就业增值税优惠政策有关问题的公告》（国家税务总局公告 2013 年第 73 号，2013 年 12 月 13 日）

222.《国家税务总局关于做好铁路运输和邮政服务业营业税改征增值税试点工作的通知》（税总发〔2013〕125 号，2013 年 12 月 9 日）

223.《国家税务总局关于动物骨粒适用增值税税率的公告》（国家税务总局公告 2013 年第 71 号，2013 年 12 月 3 日）

224.《国家税务总局关于纳税人无偿赠送煤矸石征收增值税问题的公告》（国家税务总局公告 2013 年第 70 号，2013 年 12 月 3 日）

225.《国家税务总局关于发布〈航空运输企业增值税征收管理暂行办法〉的公告》（国家税务总局公告 2013 年第 68 号，2013 年 11 月 28 日）

226.《财政部 国家税务总局关于动漫产业增值税和营业税政策的通知》（财税〔2013〕98 号，2013 年 11 月 28 日）

227.《国家税务总局关于输水管道有关增值税问题的批复》（税总函〔2013〕642 号，2013 年 11 月 25 日）

228.《国家税务总局关于纳税人资产重组有关增值税问题的公告》（国家税务总局公告 2013 年第 66 号，2013 年 11 月 19 日）

229.《财政部 国家税务总局关于重新印发〈总分机构试点纳税人增值税计算缴纳暂行办法〉的通知》（财税〔2013〕74 号，2013 年 10 月 24 日）

230.《财政部 国家税务总局关于部分航空运输企业总分机构增值税计算缴纳问题的通知》（财税〔2013〕86 号，2013 年 10 月 24 日）

231.《国家税务总局关于铁路货运组织改革后两端物流服务有关营业税和增值税问题的公告》（国家税务总局公告 2013 年第 55 号，2013 年 9 月 24 日）

232.《财政部 国家税务总局关于光伏发电增值税政策的通知》（财税〔2013〕66 号，2013 年 9 月 23 日）

233.《国家税务总局关于增值税普通发票印制供应有关事项的公告》（国家税务总局公告 2013 年第 51 号，2013 年 9 月 9 日）

234.《财政部 国家税务总局关于营业税改征增值税试点有关文化事业建设费征收管理问题的通知》(财综〔2013〕88号，2013年8月29日)

235.《财政部 国家税务总局关于扩大农产品增值税进项税额核定扣除试点行业范围的通知》(财税〔2013〕57号，2013年8月28日)

236.《国家税务总局关于公布符合条件的销售熊猫普制金币纳税人名单（第二批）的公告》(国家税务总局公告2013年第48号，2013年8月21日)

237.《国家税务总局关于精料补充料免征增值税问题的公告》(国家税务总局公告2013年第46号，2013年8月7日)

238.《财政部 国家税务总局关于暂免征收部分小微企业增值税和营业税的通知》(财税〔2013〕52号，2013年7月29日)

239.《财政部 国家税务总局关于停止执行民航国际航班使用进口保税航空燃油政策的通知》(财税〔2013〕42号，2013年7月29日)

240.《国家税务总局关于在全国开展营业税改征增值税试点有关征收管理问题的公告》(国家税务总局公告2013年第39号，2013年7月10日)

241.《国家税务总局关于机动车电子信息采集和最低计税价格核定有关事项的公告》(国家税务总局公告2013年第36号，2013年7月3日)

242.《财政部 中国人民银行 国家税务总局关于营业税改征增值税试点有关预算管理问题的通知》(财预〔2013〕275号，2013年6月28日)

243.《国家税务总局关于营业税改征增值税试点中文化事业建设费征收有关事项的公告》(国家税务总局公告2013年第35号，2013年6月28日)

244.《国家税务总局关于调整增值税纳税申报有关事项的公告》(国家税务总局公告2013年第32号，2013年6月19日)

245.《国家税务总局 海关总署关于实行海关进口增值税专用缴款书“先比对后抵扣”管理办法有关问题的公告》(国家税务总局 海关总署公告2013年第31号，2013年6月14日)

246.《国家税务总局关于油气田企业开发煤层气 页岩气增值税有关问题的公告》(国家税务总局公告2013年第27号，2013年5月30日)

247.《国家税务总局关于营业税改征增值税总分机构试点纳税人增值税纳税申报有关事项的公告》(国家税务总局公告2013年第22号，2013年5月7日)

248.《国家税务总局关于旅店业和饮食业纳税人销售非现场消费食品增值税有关问题的公告》(国家税务总局公告2013年第17号，2013年4月22日)

249.《国家税务总局于金融机构销售贵金属增值税有关问题的公告》(国家税务总局公告2013年第13号，2013年3月15日)

250.《国家税务总局关于承印境外图书增值税适用税率问题的公告》(国家税务总

局公告2013年第10号，2013年2月22日）

251.《国家税务总局关于纳税人采取“公司＋农户”经营模式销售畜禽有关增值税问题的公告》（国家税务总局公告2013年第8号，2013年2月6日）

252.《国家税务总局关于发布〈熊猫普制金币免征增值税管理办法（试行）〉的公告》（国家税务总局公告2013年第6号，2013年2月5日）

253.《国家税务总局关于直销企业增值税销售额确定有关问题的公告》（国家税务总局公告2013年第5号，2013年1月17日）

254.《国家税务总局关于中央财政补贴增值税有关问题的公告》（国家税务总局公告2013年第3号，2013年1月8日）

255.《财政部 国家税务总局关于熊猫普制金币免征增值税政策的通知》（财税〔2012〕97号，2012年12月28日）

256.《国家税务总局关于纳税人资产重组增值税留抵税额处理有关问题的公告》（国家税务总局公告2012年第55号，2012年12月13日）

257.《国家税务总局关于硝基复合肥有关增值税问题的公告》（国家税务总局公告2012年第52号，2012年12月7日）

258.《财政部 国家税务总局关于免征部分鲜活肉蛋产品流通环节增值税政策的通知》（财税〔2012〕75号，2012年9月27日）

259.《国家税务总局关于在部分行业试行农产品增值税进项税额核定扣除办法有关问题的公告》（国家税务总局公告2012年第35号，2012年7月17日）

260.《国家税务总局关于纳税人虚开增值税专用发票征补税款问题的公告》（国家税务总局公告2012年第33号，2012年7月9日）

261.《国家税务总局关于调整增值税纳税申报有关事项的公告》（国家税务总局公告2012年第31号，2012年6月29日）

262.《国家税务总局关于卷帘机适用增值税税率问题的公告》（国家税务总局公告2012年第29号，2012年6月29日）

263.《国家税务总局关于二手车经营业务有关增值税问题的公告》（国家税务总局公告2012年第23号，2012年6月1日）

264.《国家税务总局关于进一步贯彻落实税收政策促进民间投资健康发展的意见》（国税发〔2012〕53号，2012年5月29日）

265.《国家税务总局关于药品经营企业销售生物制品有关增值税问题的公告》（国家税务总局公告2012年第20号，2012年5月28日）

266.《财政部 国家税务总局关于支持农村饮水安全工程建设运营税收政策的通知》（财税〔2012〕30号，2012年4月24日）

267.《财政部 海关总署 国家税务总局关于进一步扶持新型显示器件产业发展有关

税收优惠政策的通知》（财关税〔2012〕16 号，2012 年 4 月 9 日）

268.《财政部 国家税务总局关于在部分行业试行农产品增值税进项税额核定扣除办法的通知》（财税〔2012〕38 号，2012 年 4 月 6 日）

269.《国家税务总局关于部分玉米深加工产品增值税税率问题的公告》（国家税务总局公告 2012 年第 11 号，2012 年 3 月 27 日）

270.《国家税务总局关于部分产品增值税适用税率问题的公告》（国家税务总局公告 2012 年第 10 号，2012 年 3 月 16 日）

271.《财政部 国家税务总局关于增值税税控系统专用设备和技术维护费用抵减增值税税额有关政策的通知》（财税〔2012〕15 号，2012 年 2 月 7 日）

272.《财政部 国家税务总局关于固定业户总分支机构增值税汇总纳税有关政策的通知》（财税〔2012〕9 号，2012 年 1 月 16 日）

273.《国家税务总局关于一般纳税人销售自己使用过的固定资产增值税有关问题的公告》（国家税务总局公告 2012 年第 1 号，2012 年 1 月 6 日）

274.《国家税务总局关于营业税改征增值税试点有关税收征收管理问题的公告》（国家税务总局公告 2011 年第 77 号，2012 年 1 月 1 日）

275.《国家税务总局关于修订〈增值税防伪税控开票系统服务监督管理办法〉的通知》（国税发〔2011〕132 号，2011 年 12 月 31 日）

276.《财政部 国家税务总局关于免征蔬菜流通环节增值税有关问题的通知》（财税〔2011〕137 号，2011 年 12 月 31 日）

277.《国家税务总局关于未按期申报抵扣增值税扣税凭证有关问题的公告》（国家税务总局公告 2011 年第 78 号，2011 年 12 月 29 日）

278.《国家税务总局关于启用货物运输业增值税专用发票的公告》（国家税务总局公告 2011 年第 74 号，2011 年 12 月 15 日）

279.《财政部 国家税务总局关于继续免征国产抗艾滋病病毒药品增值税的通知》（财税〔2011〕128 号，2011 年 12 月 14 日）

280.《国家税务总局关于一般纳税人迁移有关增值税问题的公告》（国家税务总局公告 2011 年第 71 号，2011 年 12 月 9 日）

281.《财政部 国家税务总局关于继续执行边销茶增值税政策的通知》（财税〔2011〕89 号，2011 年 12 月 7 日）

282.《国家税务总局关于纳税人既享受增值税即征即退 先征后退政策又享受免抵退税政策有关问题的公告》（国家税务总局公告 2011 年第 69 号，2011 年 12 月 1 日）

283.《国家税务总局关于旅店业和饮食业纳税人销售食品有关税收问题的公告》（国家税务总局公告 2011 年第 62 号，2011 年 11 月 24 日）

284.《财政部 国家税务总局关于继续执行供热企业增值税 房产税 城镇土地使用税

优惠政策的通知》（财税〔2011〕118号，2011年11月24日）

285.《国家税务总局关于安置残疾人单位是否可以同时享受多项增值税优惠政策问题的公告》（国家税务总局公告2011年第61号，2011年11月18日）

286.《财政部 国家税务总局关于印发〈营业税改征增值税试点方案〉的通知》（财税〔2011〕110号，2011年11月16日）

287.《国家税务总局关于调整增值税即征即退优惠政策管理措施有关问题的公告》（国家税务总局公告2011年第60号，2011年11月14日）

288.《财政部 国家税务总局关于退还集成电路企业采购设备增值税期末留抵税额的通知》（财税〔2011〕107号，2011年11月14日）

289.《国家税务总局关于纳税人为其他单位和个人开采矿产资源提供劳务有关货物和劳务税问题的公告》（国家税务总局公告2011年第56号，2011年11月7日）

290.《财政部 国家税务总局关于软件产品增值税政策的通知》（财税〔2011〕100号，2011年10月13日）

291.《国家税务总局关于逾期增值税扣税凭证抵扣问题的公告》（国家税务总局公告2011年第50号，2011年9月14日）

292.《国家税务总局关于废止逾期增值税扣税凭证一律不得抵扣规定的公告》（国家税务总局公告2011年第49号，2011年9月14日）

293.《国家税务总局关于做好增值税防伪税控系统汉字防伪项目试运行工作有关问题的通知》（国税函〔2011〕470号，2011年8月25日）

294.《国家税务总局关于纳税人转让土地使用权或者销售不动产同时一并销售附着于土地或者不动产上的固定资产有关税收问题的公告》（国家税务总局公告2011年第47号，2011年8月17日）

295.《国家税务总局关于环氧大豆油氢化植物油增值税适用税率问题的公告》（国家税务总局公告2011年第43号，2011年7月25日）

296.《国家税务总局关于增值税纳税义务发生时间有关问题的公告》（国家税务总局公告2011年第40号，2011年7月15日）

297.《国家税务总局关于部分液体乳增值税适用税率的公告》（国家税务总局公告2011年第38号，2011年7月6日）

298.《国家税务总局关于花椒油增值税适用税率问题的公告》（国家税务总局公告2011年第33号，2011年6月2日）

299.《国家税务总局关于纳税人无偿赠送粉煤灰征收增值税问题的公告》（国家税务总局公告2011年第32号，2011年5月19日）

300.《国家税务总局关于纳税人销售自产货物并同时提供建筑业劳务有关税收问题的公告》（国家税务总局公告2011年第23号，2011年3月25日）

301.《国家税务总局关于增值税防伪税控系统汉字防伪项目试运行有关问题的通知》（国税发〔2011〕44 号，2011 年 3 月 23 日）

302.《国家税务总局关于皂脚适用增值税税率问题的公告》（国家税务总局公告 2011 年第 20 号，2011 年 3 月 16 日）

303.《财政部 国家税务总局关于收购烟叶支付的价外补贴进项税额抵扣问题的通知》（财税〔2011〕21 号，2011 年 3 月 2 日）

304.《国家税务总局关于增值税防伪税控一机多票系统开具普通发票有关问题的公告》（国家税务总局公告 2011 年第 15 号，2011 年 3 月 1 日）

305.《国家税务总局关于增值税普通发票印制公开招标后有关问题的通知》（国税函〔2011〕100 号，2011 年 2 月 21 日）

306.《国家税务总局关于纳税人资产重组有关增值税问题的公告》（国家税务总局公告 2011 年第 13 号，2011 年 2 月 18 日）

307.《国家税务总局关于纳税人销售伴生金有关增值税问题的公告》（国家税务总局公告 2011 年第 8 号，2011 年 1 月 24 日）

308.《财政部 国家税务总局关于促进节能服务产业发展增值税 营业税和企业所得税政策问题的通知》（财税〔2010〕110 号，2010 年 12 月 30 日）

309.《财政部 国家税务总局关于上海期货交易所开展期货保税交割业务有关增值税问题的通知》（财税〔2010〕108 号，2010 年 12 月 2 日）

310.《国家税务总局关于做好增值税防伪税控开票系统升级工作的通知》（国税函〔2010〕585 号，2010 年 11 月 29 日）

311.《国家税务总局关于制种行业增值税有关问题的公告》（国家税务总局公告 2010 年第 17 号，2010 年 10 月 25 日）

312.《国家税务总局关于发布试点物流企业名单（第六批）的公告》（国家税务总局公告 2010 年第 18 号，2010 年 10 月 25 日）

313.《国家税务总局关于融资性售后回租业务中承租方出售资产行为有关税收问题的公告》（国家税务总局公告 2010 年第 13 号，2010 年 9 月 8 日）

314.《国家税务总局关于干姜 姜黄增值税适用税率问题的公告》（国家税务总局公告 2010 年第 9 号，2010 年 8 月 19 日）

315.《国家税务总局关于项目运营方利用信托资金融资过程中增值税进项税额抵扣问题的公告》（国家税务总局公告 2010 年第 8 号，2010 年 8 月 9 日）

316.《国家税务总局关于肉桂油 桉油 香茅油增值税适用税率问题的公告》（国家税务总局公告 2010 年第 5 号，2010 年 7 月 27 日）

317.《国家税务总局关于增值税一般纳税人抗震救灾期间增值税扣税凭证认证稽核有关问题的通知》（国税函〔2010〕173 号，2010 年 5 月 4 日）

318.《国家税务总局关于橄榄油适用税率问题的批复》（国税函〔2010〕144 号，2010 年 4 月 8 日）

319.《国家税务总局关于印发〈增值税一般纳税人纳税辅导期管理办法〉的通知》（国税发〔2010〕40 号，2010 年 4 月 7 日）

320.《国家税务总局关于〈增值税一般纳税人资格认定管理办法〉政策衔接有关问题的通知》（国税函〔2010〕137 号，2010 年 4 月 7 日）

321.《国家税务总局关于印发〈增值税一般纳税人资格认定管理办法〉宣传材料的通知》（国税函〔2010〕138 号，2010 年 4 月 7 日）

322.《国家税务总局关于新认定增值税一般纳税人使用增值税防伪税控系统有关问题的通知》（国税函〔2010〕126 号，2010 年 3 月 31 日）

323.《国家税务总局关于人工合成牛胚胎适用增值税税率问题的通知》（国税函〔2010〕97 号，2010 年 3 月 4 日）

324.《国家税务总局关于粕类产品征免增值税问题的通知》（国税函〔2010〕75 号，2010 年 2 月 20 日）

325.《国家税务总局关于折扣额抵减增值税应税销售额问题通知》（国税函〔2010〕56 号，2010 年 2 月 8 日）

326.《国家税务总局关于办理 2009 年销售额超过标准的小规模纳税人申请增值税一般纳税人认定问题的通知》（国税函〔2010〕35 号，2010 年 1 月 25 日）

327.《国家税务总局关于供电企业收取并网服务费征收增值税问题的批复》（国税函〔2009〕641 号，2009 年 11 月 19 日）

328.《国家税务总局关于人发适用增值税税率问题的批复》（国税函〔2009〕625 号，2009 年 10 月 28 日）

329.《国家税务总局关于农村电网维护费征免增值税问题的通知》（国税函〔2009〕591 号，2009 年 10 月 23 日）

330.《财政部 国家税务总局关于再生资源增值税退税政策若干问题的通知》（财税〔2009〕119 号，2009 年 9 月 29 日）

331.《财政部 国家税务总局关于固定资产进项税额抵扣问题的通知》（财税〔2009〕113 号，2009 年 9 月 9 日）

332.《财政部 海关总署 国家税务总局关于国内采购材料进入海关特殊监管区域适用退税政策的通知》（财税〔2009〕107 号，2009 年 9 月 3 日）

333.《国家税务总局关于供应非临床用血增值税政策问题的批复》（国税函〔2009〕456 号，2009 年 8 月 24 日）

334.《国家税务总局关于核桃油适用税率问题的批复》（国税函〔2009〕455 号，2009 年 8 月 21 日）

335.《国家税务总局关于复合胶适用增值税税率问题的批复》（国税函〔2009〕453号，2009年8月21日）

336.《国家税务总局关于氨化硝酸钙免征增值税问题的批复》（国税函〔2009〕430号，2009年8月13日）

337.《财政部 国家税务总局关于扶持动漫产业发展有关税收政策问题的通知》（财税〔2009〕65号，2009年7月17日）

338.《财政部 国家税务总局关于油气田企业增值税问题的补充通知》（财税〔2009〕97号，2009年7月9日）

339.《国家发展改革委关于降低增值税专用发票和防伪税控系统技术维护价格的通知》（发改价格〔2009〕1607号，2009年6月23日）

340.《国家税务总局关于转发〈国家发展改革委关于降低增值税专用发票和防伪税控系统技术维护价格的通知〉的通知》（国税函〔2009〕343号，2009年6月20日）

341.《国家税务总局关于部分饲料产品征免增值税政策问题的批复》（国税函〔2009〕324号，2009年6月15日）

342.《国家税务总局货物与劳务税司关于卷烟消费税最低计税价格调整后卷烟工业企业与卷烟批发企业差价结算开具增值税专用发票有关问题的通知》（货便函〔2009〕95号，2009年6月11日）

343.《国家税务总局关于麦芽适用税率问题的批复》（国税函〔2009〕177号，2009年4月7日）

344.《财政部 海关总署 国家税务总局关于支持文化企业发展若干税收政策问题的通知》（财税〔2009〕31号，2009年3月27日）

345.《财政部 国家税务总局关于文化体制改革中经营性文化事业单位转制为企业的若干税收优惠政策的通知》（财税〔2009〕34号，2009年3月26日）

346.《国家税务总局关于保税物流中心及出口加工区功能拓展有关税收问题的通知》（国税函〔2009〕145号，2009年3月18日）

347.《国家税务总局关于增值税简易征收政策有关管理问题的通知》（国税函〔2009〕90号，2009年2月25日）

348.《财政部 国家税务总局关于继续执行供热企业增值税 房产税 城镇土地使用税优惠政策的通知》（财税〔2009〕11号，2009年2月10日）

349.《国家税务总局关于修改若干增值税规范性文件引用法规规章条款依据的通知》（国税发〔2009〕10号，2009年2月5日）

350.《国家税务总局关于推行机动车销售统一发票稽核系统的通知》（国税函〔2009〕54号，2009年2月2日）

351.《财政部 国家税务总局关于部分货物适用增值税低税率和简易办法征收增值

税政策的通知》（财税〔2009〕9号，2009年1月19日）

352.《财政部 国家税务总局关于印发〈油气田企业增值税管理办法〉的通知》（财税〔2009〕8号，2009年1月19日）

353.《国家税务总局关于增值税一般纳税人认定有关问题的通知》（国税函〔2008〕1079号，2008年12月31日）

354.《国家税务总局关于废旧物资发票抵扣增值税有关事项的公告》（国家税务总局公告2008年第1号，2008年12月31日）

355.《国家税务总局关于调整增值税一般纳税人纳税申报“一窗式”管理操作规程有关事项的通知》（国税函〔2008〕1074号，2008年12月30日）

356.《国家税务总局关于调整增值税纳税申报有关事项的通知》（国税函〔2008〕1075号，2008年12月30日）

357.《国家税务总局关于外商投资企业采购国产设备增值税专用发票遗失问题的批复》（国税函〔2008〕1078号，2008年12月30日）

358.《财政部 国家税务总局关于停止外商投资企业购买国产设备退税政策的通知》（财税〔2008〕176号，2008年12月25日）

359.《国家税务总局 国家发展和改革委员会关于外商投资项目采购国产设备退税有关政策的通知》（国税发〔2008〕121号，2008年12月25日）

360.《财政部 国家税务总局关于全国实施增值税转型改革若干问题的通知》（财税〔2008〕170号，2008年12月19日）

361.《财政部 国家税务总局关于金属矿、非金属矿采选产品增值税税率的通知》（财税〔2008〕171号，2008年12月19日）

362.《国家税务总局关于推行机动车销售统一发票税控系统有关工作的紧急通知》（国税发〔2008〕117号，2008年12月15日）

363.《财政部 国家税务总局关于再生资源增值税政策的通知》（财税〔2008〕157号，2008年12月9日）

364.《国家税务总局关于挂面适用增值税税率问题的通知》（国税函〔2008〕1007号，2008年12月8日）

365.《国家税务总局关于红字增值税专用发票通知单管理系统推行工作的通知》（国税函〔2008〕761号，2008年8月25日）

366.《国家税务总局关于上海市税控收款机推广应用有关问题的批复》（国税函〔2008〕690号，2008年7月23日）

367.《财政部 国家税务总局关于农民专业合作社有关税收政策的通知》（财税〔2008〕81号，2008年6月24日）

368.《国家税务总局关于失控增值税专用发票处理的批复》（国税函〔2008〕607

号，2008 年 6 月 19 日）

369.《国家税务总局关于印发〈上海期货交易所黄金期货交易增值税征收管理办法〉的通知》（国税发〔2008〕46 号，2008 年 5 月 4 日）

370.《财政部 国家税务总局关于有机肥产品免征增值税的通知》（财税〔2008〕56 号，2008 年 4 月 29 日）

371.《财政部 国家税务总局关于核电行业税收政策有关问题的通知》（财税〔2008〕38 号，2008 年 4 月 3 日）

372.《国家税务总局关于开展部分大型电器零售企业增值税存根联滞留票专项核查的通知》（国税函〔2008〕279 号，2008 年 3 月 28 日）

373.《国家税务总局关于印发〈增值税专用发票审核检查操作规程（试行）〉的通知》（国税发〔2008〕33 号，2008 年 3 月 26 日）

374.《国家税务总局关于推广增值税专用发票审核检查子系统的通知》（国税函〔2008〕229 号，2008 年 3 月 12 日）

375.《国家税务总局关于林木销售和管护征收流转税问题的通知》（国税函〔2008〕212 号，2008 年 2 月 27 日）

376.《财政部 国家税务总局关于黄金期货交易有关税收政策的通知》（财税〔2008〕5 号，2008 年 2 月 2 日）

377.《财政部 国家税务总局关于民贸企业有关税收问题的通知》（财税字〔1997〕124 号，1998 年 1 月 7 日）

378.《财政部 国家税务总局关于军工企业股份制改造有关增值税政策问题的通知》（财税〔2007〕172 号，2007 年 12 月 28 日）

379.《国家税务总局关于加强民族贸易企业增值税管理的通知》（国税函〔2007〕1289 号，2007 年 12 月 24 日）

380.《国家税务总局关于纳税人加工和销售珠宝玉石征收增值税问题的批复》（国税函〔2007〕1286 号，2007 年 12 月 23 日）

381.《国家税务总局关于纳税人善意取得虚开增值税专用发票已抵扣税款加收滞纳金问题的批复》（国税函〔2007〕1240 号，2007 年 12 月 12 日）

382.《国家税务总局关于修订扩大增值税抵扣范围相关报表的通知》（国税函〔2007〕1231 号，2007 年 12 月 10 日）

383.《财政部 国家税务总局关于民族贸易企业销售货物增值税有关问题的通知》（财税〔2007〕133 号，2007 年 9 月 30 日）

384.《财政部 国家税务总局关于增值税纳税人放弃免税权有关问题的通知》（财税〔2007〕127 号，2007 年 9 月 25 日）

385.《国家税务总局关于下放增值税专用发票最高开票限额审批权限的通知》（国

税函〔2007〕918号，2007年8月28日）

386.《国家税务总局关于下达2007年下半年增值税专用发票印制计划的通知》（国税函〔2007〕777号，2007年7月19日）

387.《财政部 国家税务总局关于免征滴灌带和滴灌管产品增值税的通知》（财税〔2007〕83号，2007年5月30日）

388.《国家税务总局关于认真做好增值税失控发票数据采集工作有关问题的通知》（国税函〔2007〕517号，2007年5月23日）

389.《国家税务总局关于加强防伪税控一机多票系统开具增值税普通发票管理有关问题的通知》（国税函〔2007〕507号，2007年5月21日）

390.《国家税务总局关于水利工程水费征收流转税问题的批复》（国税函〔2007〕461号，2007年4月29日）

391.《财政部 国家税务总局关于外国银行分行改制为外商独资银行有关税收问题的通知》（财税〔2007〕45号，2007年3月26日）

392.《国家税务总局关于纳税人进口货物增值税进项税额抵扣有关问题的通知》（国税函〔2007〕350号，2007年3月22日）

393.《国家税务总局关于修订增值税专用发票使用规定的补充通知》（国税发〔2007〕18号，2007年2月16日）

394.《国家税务总局关于受托种植植物、饲养动物征收流转税问题的通知》（国税发〔2007〕17号，2007年2月15日）

395.《财政部 国家税务总局关于加快煤层气抽采有关税收政策问题的通知》（财税〔2007〕16号，2007年2月7日）

396.《国家税务总局关于粉煤灰（渣）征收增值税问题的批复》（国税函〔2007〕158号，2007年2月5日）

397.《财政部 国家税务总局关于促进农产品连锁经营试点税收优惠政策的通知》（财税〔2007〕10号，2007年1月10日）

398.《财政部 国家税务总局关于明确硝酸铵适用增值税税率的通知》（财税〔2007〕7号，2007年1月10日）

399.《国家税务总局关于饲料级磷酸二氢钙产品增值税政策问题的通知》（国税函〔2007〕10号，2007年1月8日）

400.《国家税务总局关于纳税人折扣折让行为开具红字增值税专用发票问题的通知》（国税函〔2006〕1279号，2006年12月29日）

401.《国家税务总局关于加强增值税其他抵扣凭证数据采集传输管理有关问题的通知》（国税函〔2006〕1244号，2006年12月22日）

402.《国家税务总局关于燃油电厂取得发电补贴有关增值税政策的通知》（国税函

〔2006〕1235 号，2006 年 12 月 19 日）

403.《国家税务总局关于公路、内河货物运输业统一发票增值税抵扣有关问题的公告》（国家税务总局公告 2006 年第 2 号，2006 年 12 月 14 日）

404.《财政部 国家税务总局关于矿物质微量元素舔砖免征进口环节增值税的通知》（财关税〔2006〕73 号，2006 年 12 月 12 日）

405.《国家税务总局关于旧版货运发票抵扣增值税进项税额有关问题的通知》（国税函〔2006〕1187 号，2006 年 12 月 11 日）

406.《财政部 国家税务总局关于继续执行供热企业相关税收优惠政策的通知》（财税〔2006〕117 号，2006 年 11 月 27 日）

407.《国家税务总局关于全国范围内推行公路、内河货物运输业发票税控系统有关工作的通知》（国税发〔2006〕163 号，2006 年 11 月 6 日）

408.《国家税务总局关于金税工程增值税征管信息系统发现的涉嫌违规增值税专用发票处理问题的通知》（国税函〔2006〕969 号，2006 年 10 月 30 日）

409.《国家税务总局关于修订〈增值税专用发票使用规定〉的通知》（国税发〔2006〕156 号，2006 年 10 月 17 日）

410.《国家税务总局关于实施增值税普通发票“一窗式”比对的通知》（国税函〔2006〕971 号，2006 年 10 月 13 日）

411.《财政部 国家税务总局关于延长家禽行业有关税收优惠政策的通知》（财税〔2006〕113 号，2006 年 9 月 4 日）

412.《国家税务总局关于执行〈增值税一般纳税人纳税申报“一窗式”管理操作规程〉的通知》（国税函〔2006〕824 号，2006 年 9 月 4 日）

413.《财政部 国家税务总局关于调整海上石油开采企业名单的通知》（财税〔2006〕108 号，2006 年 8 月 28 日）

414.《国家税务总局关于印发〈钻石交易增值税征收管理办法〉的通知》（国税发〔2006〕131 号，2006 年 8 月 28 日）

415.《国家税务总局关于〈机动车销售统一发票〉注册登记联加盖开票单位印章问题的通知》（国税函〔2006〕813 号，2006 年 8 月 28 日）

416.《国家税务总局关于中小学课本配套产品适用增值税税率的批复》（国税函〔2006〕770 号，2006 年 8 月 15 日）

417.《国家税务总局关于水洗猪鬃征收增值税问题的批复》（国税函〔2006〕773 号，2006 年 8 月 15 日）

418.《财政部 国家税务总局关于到期停止执行重水和钒钛产品的增值税优惠政策的通知》（财税〔2006〕95 号，2006 年 8 月 3 日）

419.《国家税务总局关于转发〈国家发展改革委关于降低增值税防伪税控系统专

用产品价格的通知〉的通知》（国税函〔2006〕683号，2006年7月17日）

420.《国家税务总局关于销售摩托车增值税小规模纳税人开具机动车销售统一发票有关问题的通知》（国税函〔2006〕681号，2006年7月13日）

421.《国家税务总局关于进行公路、内河货运发票税控系统试点工作的通知》（国税发〔2006〕95号，2006年6月30日）

422.《国家税务总局关于增加试点物流企业名单的通知》（国税函〔2006〕575号，2006年6月14日）

423.《财政部 海关总署 国家税务总局关于调整钻石及上海钻石交易所有关税收政策的通知》（财税〔2006〕65号，2006年6月7日）

424.《国家税务总局关于机动车辆生产企业和经销企业增值税纳税评估有关问题的通知》（国税函〔2006〕546号，2006年6月6日）

425.《国家税务总局关于推行增值税防伪税控一机多票系统的通知》（国税发〔2006〕78号，2006年6月5日）

426.《国家税务总局关于使用新版机动车销售统一发票有关问题的通知》（国税函〔2006〕479号，2006年5月22日）

427.《国家税务总局关于印发〈国家税务总局关于推行增值税防伪税控一机多票系统的公告〉的通知》（国税发〔2006〕79号，2006年5月19日）

428.《国家税务总局关于增值税网上申报有关问题的通知》（国税发〔2006〕20号，2006年2月5日）

429.《国家税务总局关于试点物流企业有关税收政策问题的通知》（国税发〔2005〕208号，2005年12月29日）

430.《国家税务总局关于印发增值税纳税评估部分方法及行业纳税评估指标的通知》（国税函〔2005〕1205号，2005年12月20日）

431.《财政部 国家税务总局关于变性燃料乙醇定点生产企业有关税收政策问题的通知》（财税〔2005〕174号，2005年12月14日）

432.《国家税务总局关于矿物质微量元素舔砖免征增值税问题的批复》（国税函〔2005〕1127号，2005年11月30日）

433.《财政部 国家税务总局关于增值税若干政策的通知》（财税〔2005〕165号，2005年11月28日）

434.《国家税务总局关于增值税一般纳税人期货交易有关增值税问题的通知》（国税函〔2005〕1060号，2005年11月9日）

435.《国家税务总局关于金融机构开展个人实物黄金交易业务增值税有关问题的通知》（国税发〔2005〕178号，2005年11月7日）

436.《国家税务总局关于废旧物资回收经营企业增值税问题的批复》（国税函

〔2005〕839 号，2005 年 9 月 14 日）

437.《国家税务总局关于加强增值税专用发票管理有关问题的通知》（国税发〔2005〕150 号，2005 年 9 月 12 日）

438.《国家税务总局关于做好增值税普通发票“一窗式”票表比对准备工作的通知》（国税发〔2005〕141 号，2005 年 9 月 8 日）

439.《国家税务总局关于以外购木片为原料生产的产品享受增值税优惠政策问题的批复》（国税函〔2005〕826 号，2005 年 8 月 24 日）

440.《国家税务总局关于启用增值税普通发票有关问题的通知》（国税发明电〔2005〕34 号，2005 年 8 月 19 日）

441.《国家税务总局关于加强免征增值税货物专用发票管理的通知》（国税函〔2005〕780 号，2005 年 8 月 8 日）

442.《国家税务总局关于供电企业收取的免税农村电网维护费有关增值税问题的通知》（国税函〔2005〕778 号，2005 年 8 月 5 日）

443.《国家税务总局关于增值税一般纳税人取得的账外经营部分防伪税控增值税专用发票进项税额抵扣问题的批复》（国税函〔2005〕763 号，2005 年 8 月 3 日）

444.《国家税务总局关于规范未达增值税营业税起征点的个体工商户税收征收管理的通知》（国税发〔2005〕123 号，2005 年 7 月 20 日）

445.《国家税务总局关于新疆油田油气储运公司管道运输收入征收流转税问题的通知》（国税函〔2005〕704 号，2005 年 7 月 7 日）

446.《国家税务总局关于加强农产品增值税抵扣管理有关问题的通知》（国税函〔2005〕545 号，2005 年 5 月 27 日）

447.《国家税务总局关于增值税抵扣凭证审核检查有关问题的批复》（国税函〔2005〕495 号，2005 年 5 月 24 日）

448.《国家税务总局关于由石油伴生产加工压缩成的石油液化气适用增值税税率的通知》（国税发〔2005〕83 号，2005 年 5 月 18 日）

449.《国家税务总局关于加强机动车辆税收管理有关问题的通知》（国税发〔2005〕79 号，2005 年 5 月 11 日）

450.《国家税务总局关于明确天然肠衣适用征税率、出口退税率等有关问题的通知》（国税发〔2005〕74 号，2005 年 4 月 28 日）

451.《国家税务总局关于纳税人提供泥浆工程劳务征收流转税问题的批复》（国税函〔2005〕375 号，2005 年 4 月 27 日）

452.《国家税务总局关于印发〈增值税一般纳税人纳税申报“一窗式”管理操作规程〉的通知》（国税发〔2005〕61 号，2005 年 4 月 13 日）

453.《商务部 财政部 国家税务总局关于开展农产品连锁经营试点的通知》（商建

发〔2005〕1号，2005年4月4日）

454.《财政部 海关总署 国家税务总局关于文化体制改革中经营性文化事业单位转制后企业的若干税收政策问题的通知》（财税〔2005〕1号，2005年3月29日）

455.《国家税务总局关于印发〈增值税防伪税控系统服务监督管理办法〉的通知》（国税发〔2005〕19号，2005年3月1日）

456.《国家税务总局关于国家税务局为小规模纳税人代开发票及税款征收有关问题的通知》（国税发〔2005〕18号，2005年2月28日）

457.《国家税务总局关于增值税一般纳税人将增值税进项留抵税额抵减查补税款欠税问题的批复》（国税函〔2005〕169号，2005年2月24日）

458.《财政部 国家税务总局关于外国政府和国际组织无偿援助项目在华采购物资免征增值税的补充通知》（财税〔2005〕13号，2005年1月21日）

459.《国家税务总局关于农户手工编织的竹制和竹芒藤柳坯具征收增值税问题的批复》（国税函〔2005〕56号，2005年1月18日）

460.《国家税务总局关于增值税一般纳税人支付的货物运输代理费用不得抵扣进项税额的批复》（国税函〔2005〕54号，2005年1月18日）

461.《国家税务总局关于平板玻璃不得享受资源利用产品增值税优惠政策的批复》（国税函〔2005〕34号，2005年1月14日）

462.《国家税务总局关于增值税专用发票和其他抵扣凭证审核检查有关问题的补充通知》（国税发〔2005〕6号，2005年1月10日）

463.《国家税务总局关于加强税务机关代开增值税专用发票管理问题的通知》（国税函〔2004〕1404号，2004年12月22日）

464.《国家税务总局电力产品增值税征收管理办法》（国家税务总局令第10号，2004年12月22日）

465.《国家税务局关于印发〈税务机关代开增值税专用发票管理办法（试行）〉的通知》（国税发〔2004〕153号，2004年12月22日）

466.《财政部 国家税务总局关于钾肥增值税有关问题的通知》（财税〔2004〕197号，2004年12月14日）

467.《财政部 国家税务总局关于推广税控收款机有关税收政策的通知》（财税〔2004〕167号，2004年11月9日）

468.《国家税务总局关于增值税进项留抵税额抵减增值税欠税有关处理事项的通知》（国税函〔2004〕1197号，2004年10月29日）

469.《国家税务总局关于增值税专用发票和其他抵扣凭证开展审核检查的通知》（国税发明电〔2004〕59号，2004年10月25日）

470.《财政部 国家税务总局关于停止集成电路增值税退税政策的通知》（财税

〔2004〕174 号，2004 年 10 月 25 日）

471.《国家税务总局关于商业企业向货物供应方收取的部分费用征收流转税问题的通知》（国税发〔2004〕136 号，2004 年 10 月 13 日）

472.《国家税务总局关于建立增值税失控发票快速反应机制的通知》（国税发〔2004〕123 号，2004 年 9 月 23 日）

473.《财政部关于印发〈东北地区扩大增值税抵扣范围有关会计处理规定〉的通知》（财会〔2004〕11 号，2004 年 9 月 22 日）

474.《国家税务总局关于增值税专用发票和其他抵扣凭证审核检查有关问题的通知》（国税发〔2004〕119 号，2004 年 9 月 20 日）

475.《国家税务总局关于增值税一般纳税人用进项留抵税额抵减增值税欠税问题的通知》（国税发〔2004〕112 号，2004 年 8 月 30 日）

476.《国家税务总局关于取消小规模企业销售货物或应税劳务由税务所代开增值税专用发票审批后有关问题的通知》（国税函〔2004〕895 号，2004 年 7 月 14 日）

477.《国家税务总局关于取消饲料产品免征增值税审批程序后加强后续管理的通知》（国税函〔2004〕884 号，2004 年 7 月 7 日）

478.《国家税务总局关于取消包装物押金逾期期限审批后有关问题的通知》（国税函〔2004〕827 号，2004 年 6 月 25 日）

479.《国家税务总局关于取消防伪税控企业资格认定的通知》（国税函〔2004〕823 号，2004 年 6 月 25 日）

480.《国家税务总局关于取消为纳税人提供增值税专用发票开票服务的中介机构资格审批后有关问题的通知》（国税函〔2004〕822 号，2004 年 6 月 25 日）

481.《国家税务总局关于严格执行税法规定不得实行边境贸易“双倍抵扣”政策的通知》（国税函〔2004〕830 号，2004 年 6 月 21 日）

482.《国家税务总局 国家质量监督检验检疫总局关于调整税控加油机、出租汽车税控计价器型式批准和制造许可证办理程序的通知》（国税函〔2004〕662 号，2004 年 5 月 25 日）

483.《国家税务总局关于电力公司过网费收入征收增值税问题的批复》（国税函〔2004〕607 号，2004 年 5 月 19 日）

484.《国家税务总局关于增值税一般纳税人销售软件产品各向购买方收取的培训费用享受增值税即征即退政策的批复》（国税函〔2004〕553 号，2004 月 5 月 12 日）

485.《国家税务总局关于修订印发〈增值税计算机稽核系统发票比对操作规程（试行）〉的通知》（国税发〔2004〕43 号，2004 年 4 月 22 日）

486.《国家税务总局关于血液制品增值税政策的批复》（国税函〔2004〕335 号，2004 年 3 月 8 日）

487.《财政部 国家税务总局关于教育税收政策的通知》(财税〔2004〕39 号,2004 年 2 月 5 日)

488.《国家税务总局关于使用增值税专用发票认证信息审核出口退税的紧急通知》(国税函〔2004〕133 号,2004 年 1 月 21 日)

489.《国家税务总局关于进一步落实税收优惠政策、促进农民增加收入的通知》(国税发〔2004〕13 号,2004 年 1 月 20 日)

490.《国家税务总局关于债转股企业实物投资免征增值税政策有关问题的批复》(国税函〔2003〕1394 号,2003 年 12 月 29 日)

491.《国家税务总局关于饲用鱼油产品免征增值税的批复》(国税函〔2003〕1395 号,2003 年 12 月 29 日)

492.《国家税务总局关于增值税起征点调整后有关问题的批复》(国税函〔2003〕1396 号,2003 年 12 月 29 日)

493.《国家税务总局关于印发〈享受税收优惠集成电路产品名录(第一批)〉的通知》(国税函〔2003〕1384 号,2003 年 12 月 23 日)

494.《国家税务总局关于企业改制中资产评估减值发生的流动资产损失进项税额抵扣问题的批复》(国税函〔2002〕1103 号,2002 年 12 月 20 日)

495.《国家税务总局关于天然二氧化碳适用增值税税率的批复》(国税函〔2003〕1324 号,2003 年 12 月 10 日)

496.《国税总局关于进一步加强加油站增值税征收管理有关问题的通知》(国税发〔2003〕142 号,2003 年 11 月 26 日)

497.《国家税务总局关于加强对货物运输业税收征收管理的通知》(国税发明电〔2003〕53 号,2003 年 11 月 26 日)

498.《财政部 国家税务总局关于"十五"期间外汇借款项目以税还贷政策执行中有关问题的通知》(财企〔2003〕293 号,2003 年 11 月 19 日)

499.《国家税务总局关于外交人员从上海购物退税有关发票问题的通知》(国税函〔2003〕1179 号 ,2003 年 10 月 22 日)

500.《国家税务总局关于印发〈国家税务总局关于加强货物运输业税收管理及运输发票增值税抵扣管理的公告〉的通知》(国税发〔2003〕120 号,2003 年 10 月 18 日)

501.《国家税务总局关于进一步明确若干再就业税收政策问题的通知》(国税发〔2003〕119 号,2003 年 10 月 18 日)

502.《国家税务总局关于加强货物运输业税收征收管理的通知》(国税发〔2003〕121 号,2003 年 10 月 17 日)

503.《国家税务总局关于调整饲料生产企业饲料免征增值税审批程序的通知》(国税发〔2003〕114 号,2003 年 10 月 10 日)

504.《国家税务总局关于不带动力的手扶拖拉机和三轮农用运输车适用13%税率执行时间的批复》(国税函〔2003〕1118号，2003年10月9日)

505.《财政部 海关总署 国家税务总局关于农药税收政策的通知》(财税〔2003〕186号，2003年9月23日)

506.《国家税务总局关于铁路运费进项税额抵扣有关问题的补充通知》(国税函〔2003〕970号，2003年8月22日)

507.《国家税务总局关于进一步做好增值税纳税申报“一窗式”管理工作的通知》(国税函〔2003〕962号，2003年8月19日)

508.《国家税务总局关于印发〈国家税务总局关于北京等地增值税一般纳税人停止开具手写版增值税专用发票的公告〉的通知》(国税函〔2003〕817号，2003年7月9日)

509.《财政部 国家税务总局关于被撤销金融机构有关税收政策问题的通知》(财税〔2003〕141号，2003年7月3日)

510.《国家税务总局关于认真做好增值税专用发票发售、填开管理等有关问题的通知》(国税函〔2003〕785号，2003年7月2日)

511.《国家税务总局关于印发〈增值税专用发票抵扣联信息企业采集方式管理规定〉的通知》(国税发〔2003〕71号，2003年6月19日)

512.《国家税务总局关于印发〈增值税防伪税控主机共享服务系统管理暂行办法〉的通知》(国税发〔2003〕67号，2003年6月16日)

513.《国家税务总局关于印发〈国家税务总局关于推广应用增值税防伪税控主机共享服务系统有关问题的通告〉的通知》(国税函〔2003〕588号，2003年6月2日)

514.《国家税务总局关于印发〈国家税务总局关于浙江、江西两省增值税一般纳税人停止开具手写版增值税专用发票的公告〉的通知》(国税函〔2003〕581号，2003年5月30日)

515.《国家税务总局关于重新修订〈增值税一般纳税人纳税申报办法〉的通知》(国税发〔2003〕53号，2003年5月13日)

516.《国家税务总局关于印发〈国家税务总局关于新疆维吾尔自治区一般纳税人停止开具手写版增值税专用发票的公告〉的通知》(国税函〔2003〕508号，2003年5月13日)

517.《财政部 国家税务总局 海关总署 科技部 新闻出版总署关于鼓励科普事业发展税收政策问题的通知》(财税〔2003〕55号，2003年5月8日)

518.《财政部 国家税务总局关于铂金及其制品税收政策的通知》(财税〔2003〕86号，2003年4月28日)

519.《国家税务总局关于茴油、毛椰子油适用增值税税率的批复》(国税函〔2003〕426号，2003年4月18日)

520.《国家税务总局关于纳税人销售计算机软件有关税务处理问题的批复》（国税函〔2003〕383 号，2003 年 4 月 9 日）

521.《国家税务总局关于印发〈国家税务总局关山东省和大连市增值税一般纳税人停止开具手写版增值税专用发票的公告〉的通知》（国税函〔2003〕373 号，2003 年 4 月 4 日）

522.《国家税务总局关于印发〈关于辽宁省增值税一般纳税人停止开具手写版增值税专用发票的公告〉的通知》（国税函〔2003〕324 号，2003 年 3 月 24 日）

523.《财政部 国家税务总局关于连锁经营企业有关税收问题的通知》（财税〔2003〕1 号，2003 年 2 月 27 日）

524.《国家税务总局关于增值税一般纳税人取得防伪税控系统开具的增值税专用发票进项税额抵扣问题的通知》（国税发〔2003〕17 号，2003 年 2 月 14 日）

525.《财政部 国家税务总局关于营业税若干政策问题的通知》（财税〔2003〕16 号，2003 年 1 月 15 日）

526.《国家税务总局关于外商投资企业和外国企业从事金融资产处置业务有关税收问题的通知》（国税发〔2003〕3 号，2003 年 1 月 7 日）

527.《国家税务总局关于企业改制中资产评估减值发生的流动资产损失进项税额抵扣问题的批复》（国税函〔2002〕1103 号，2002 年 12 月 20 日）

528.《财政部 国家税务总局关于停止经济特区地产地销货物增值税优惠政策的通知》（财税〔2002〕164 号，2002 年 11 月 23 日）

529.《国家税务总局关于印发〈黄金交易增值税征收管理办法〉的通知》（国税发明电〔2002〕47 号，2002 年 10 月 23 日）

530.《财政部 国家税务总局关于进一步鼓励软件产业和集成电路产业发展税收政策的通知》（财税〔2002〕70 号，2002 年 10 月 10 日）

531.《国家税务总局关于废旧物资回收经营业务有关税收问题的批复》（国税函〔2002〕893 号，2002 年 10 月 10 日）

532.《国家税务总局关于宠物饲料征收增值税问题的批复》（国税函〔2002〕812 号，2002 年 9 月 12 日）

533.《财政部 国家税务总局关于黄金税收政策问题的通知》（财税〔2002〕142 号，2002 年 9 月 12 日）

534.《财政部 国家税务总局关于“十五”期间对 1994 年 12 月 31 日前外汇借款项目继续实行部分以税还贷政策的通知》（财企〔2002〕368 号，2002 年 9 月 10 日）

535.《国家税务总局关于纳税人以资金结算网络方式收取货款增值税纳税地点问题的通知》（国税函〔2002〕802 号，2002 年 9 月 3 日）

536.《财政部 国家税务总局关于西气东输项目有关税收政策的通知》（财税

〔2002〕111 号，2002 年 7 月 31 日）

537.《国家税务总局关于外国政府和国际组织无偿援助项目在华采购物资免征增值税的通知》（国税函〔2002〕563 号，2002 年 6 月 24 日）

538.《国家税务总局关于政府储备食用植物油销售业务开具增值税专用发票问题的通知》（国税函〔2002〕531 号，2002 年 6 月 10 日）

539.《财政部 国家税务总局关于不带动力的手扶拖拉机和三轮农用运输车增值税政策的通知》（财税〔2002〕89 号，2002 年 6 月 6 日）

540.《国家税务总局关于严格加油站增值税管理有关问题的通知》（国税发明电〔2002〕17 号，2002 年 5 月 20 日）

541.《国家税务总局关于增值税一般纳税人期货交易进项税额抵扣问题的通知》（国税发〔2002〕45 号，2002 年 4 月 29 日）

542.《财政部关于印发 2002 年度享受废船进口环节增值税先征后返政策企业名单的通知》（财税〔2002〕67 号，2002 年 4 月 29 日）

543.《成品油零售加油站增值税征收管理办法》（国家税务总局令第 2 号，2002 年 4 月 2 日）

544.《国家税务总局关于外国政府和国际组织无偿援助项目在华采购物资免征增值税的通知》（国税函〔2002〕236 号，2002 年 3 月 29 日）

545.《国家税务总局 国家质量监督检验检疫总局 国家经济贸易委员会关于进一步做好加油机安装税控装置和整机防爆工作的通知》（国税发〔2002〕3 号，2002 年 2 月 1 日）

546.《财政部 国家税务总局 外经贸部关于外国政府和国际组织无偿援助项目在华采购物资免征增值税问题的通知》（财税〔2002〕2 号，2002 年 1 月 11 日）

547.《国家税务总局关于加油站一律按照增值税一般纳税人征税的通知》（国税函〔2001〕882 号，2001 年 12 月 3 日）

548.《国家税务总局关于退耕还林还草补助粮免征增值税问题的通知》（国税发〔2001〕131 号，2001 年 11 月 26 日）

549.《国家税务总局关于新闻产品征收流转税问题的通知》（国税发〔2001〕105 号，2001 年 9 月 13 日）

550.《财政部 国家税务总局关于豆粕等粕类产品征免增值税政策的通知》（财税〔2001〕30 号，2001 年 8 月 7 日）

551.《财政部 国家税务总局关于农业生产资料征免增值税政策的通知》（财税〔2001〕113 号，2001 年 7 月 20 日）

552.《财政部 国家税务总局关于饲料产品免征增值税问题的通知》（财税〔2001〕121 号，2001 年 7 月 12 日）

553.《财政部 国家税务总局关于污水处理费有关增值税政策的通知》（财税

〔2001〕97 号，2001 年 6 月 19 日）

554.《财政部 国家税务总局关于停止执行商业企业批发肉 禽 蛋 水产品和蔬菜业务增值税先征后返政策的通知》（财税〔2001〕46 号，2001 年 4 月 18 日）

555.《国家税务总局关于增值税一般纳税人平销行为征收增值税问题的批复》（国税函〔2001〕247 号，2001 年 4 月 5 日）

556.《国家税务总局关于增值税若干税收政策问题的批复》（国税函〔2001〕248 号，2001 年 4 月 5 日）

557.《财政部 国家税务总局关于铁路货车修理免征增值税的通知》（财税〔2001〕54 号，2001 年 4 月 3 日）

558.《国家税务总局 国家质量技术监督局关于印发〈关于停止生产销售非税控加油机和非税控计价器的通告〉的通知》（国税发〔2000〕198 号，2000 年 12 月 22 日）

559.《国务院关于支持文化事业发展若干经济政策的通知》（国发〔2000〕41 号，2000 年 12 月 18 日）

560.《国家税务总局关于印发〈增值税专用发票数据采集管理规定〉的通知》（国税发〔2000〕207 号，2000 年 12 月 14 日）

561.《国家税务总局关于印发〈国家税务总局关于推行增值税防伪税控系统的通告〉的通知》（国税发〔2000〕191 号，2000 年 11 月 21 日）

562.《国家税务总局关于出版物广告收入有关增值税问题的通知》（国税发〔2000〕188 号，2000 年 11 月 17 日）

563.《国家税务总局关于纳税人善意取得虚开的增值税专用发票处理问题的通知》（国税发〔2000〕187 号，2000 年 11 月 16 日）

564.《国家税务总局关于〈国家税务总局关于纳税人取得虚开的增值税专用发票处理问题的通知〉的补充通知》（国税发〔2000〕182 号，2000 年 11 月 6 日）

565.《财政部 国家税务总局关于飞机维修增值税问题的通知》（财税〔2000〕102 号，2000 年 10 月 12 日）

566.《财政部 国家税务总局关于校办企业免税问题的通知》（财税〔2000〕92 号，2000 年 9 月 28 日）

567.《国家税务总局关于电信部门销售电话号码簿征收营业税问题的通知》（国税函〔2000〕698 号，2000 年 9 月 7 日）

568.《国家税务总局关于增值税一般纳税人恢复抵扣进项税额资格后有关问题的批复》（国税函〔2000〕584 号，2000 年 8 月 2 日）

569.《财政部 国家税务总局 中国人民银行关于配售出口黄金有关税收规定的通知》（财税〔2000〕3 号，2000 年 7 月 28 日）

570.《国家税务总局关于计算机软件征收流转税若干问题的通知》（国税发

〔2000〕133号，2000年7月20日）

571.《财政部 国家税务总局关于医疗卫生机构有关税收政策的通知》（财税〔2000〕42号，2000年7月10日）

572.《国家税务总局关于融资租赁业务征收流转税问题的通知》（国税函〔2000〕514号，2000年7月7日）

573.《财政部 国家税务总局 海关总署关于鼓励软件产业和集成电路产业发展有关税收税收政策问题的通知》（财税〔2000〕25号，2000年5月12日）

574.《国家税务总局关于白银生产环节征收增值税的通知》（国税发〔2000〕51号，2000年3月17日）

575.《国务院办公厅转发国家税务总局关于全面推广应用增值税防伪税控系统意见的通知》（国办发〔2000〕12号，2000年2月12日）

576.《国家税务总局关于粮食企业增值税管理问题的补充通知》（国税函〔1999〕829号，1999年12月3日）

577.《国家税务总局关于印发〈增值税防伪税控系统管理办法〉的通知》（国税发〔1999〕221号，1999年12月1日）

578.《国家税务总局关于修改〈国家税务总局关于增值税一般纳税人发生偷税行为如何确定偷税数额和补税罚款的通知〉的通知》（国税函〔1999〕739号，1999年11月12日）

579.《财政部 国家税务总局关于贯彻落实〈中共中央 国务院关于加强技术创新，发展高科技，实现产业化的决定〉有关税收问题的通知》（财税字〔1999〕273号，1999年11月2日）

580.《财政部 国家税务总局关于血站有关税收问题的通知》（财税字〔1999〕264号，1999年10月13日）

581.《国家税务总局关于加强国有粮食购销企业增值税管理有关问题的通知》（国税函〔1999〕560号，1999年8月18日）

582.《国家税务总局关于国有粮食购销企业开具粮食销售发票有关问题的通知》（国税明电〔1999〕10号，1999年7月19日）

583.《财政部 国家税务总局关于粮食企业增值税征免问题的通知》（财税字〔1999〕198号，1999年6月29日）

584.《国家税务总局关于外国企业来华参展后销售展品有关税务处理问题的批复》（国税函〔1999〕207号，1999年4月26日）

585.《国家税务总局关于卫生防疫站调拨生物制品及药械征收增值税的批复》（国税函〔1999〕191号，1999年4月19日）

586.《国家税务总局关于修订“饲料”注释及加强饲料征免增值税管理问题的通

知》（国税发〔1999〕39 号，1999 年 3 月 8 日）

587.《国家税务总局关于对外合作开采陆上石油资源征收增值税问题的通知》（国税发〔1998〕219 号，1998 年 12 月 15 日）

588.《国家税务总局关于企业所属机构间移送货物征收增值税问题的补充通知》（国税函发〔1998〕718 号，1998 年 12 月 3 日）

589.《国家税务总局关于严禁对增值税一般纳税人实行定率征收增值税问题的通知》（国税发〔1998〕183 号，1998 年 10 月 21 日）

590.《国家税务总局关于外国驻华使（瓴）馆及其外交代表（领事官员）购买中国产物品按增值税税率办理退税的通知》（国税发〔1998〕151 号，1998 年 9 月 23 日）

591.《国家税务总局关于企业所属机构间移送货物征收增值税问题的通知》（国税发〔1998〕137 号，1998 年 8 月 26 日）

592.《国家税务总局关于企业破产、倒闭解散、停业后增值税留抵税额处理问题的批复》（国税函〔1998〕429 号，1998 年 7 月 16 日）

593.《国家税务总局关于电梯保养、维修收入征税问题的批复》（国税函〔1998〕390 号，1998 年 6 月 29 日）

594.《国家税务总局关于增值税一般纳税人发生偷税行为如何确定偷税数额和补税罚款的通知》（国税发〔1998〕66 号，1998 年 5 月 12 日）

595.《财政部 国家税务总局关于明确对查补税款不得享受先征后退政策的批复》（财税字〔1998〕80 号，1998 年 5 月 11 日）

596.《国家税务总局关于印发〈增值税日常稽查办法〉的通知》（国税发〔1998〕44 号，1998 年 3 月 26 日）

597.《财政部 国家税务总局关于免征农村电网维护费增值税问题的通知》（财税字〔1998〕47 号，1998 年 3 月 5 日）

598.《财政部 国家税务总局关于 1994 年 12 月 31 日前外汇借款项目恢复实行部分以税还贷政策的通知》（财工字〔1998〕24 号，1998 年 2 月 9 日）

599.《财政部 国家税务总局关于民贸企业有关税收问题的通知》（财税字〔1997〕124 号，1998 年 1 月 7 日）

600.《财政部 国家税务总局关于军队系统所属企业征收增值税问题的通知》（财税字〔1997〕135 号，1997 年 11 月 27 日）

601.《国家税务总局关于编码中心条形码制作收入征税问题的批复》（国税函〔1997〕606 号，1997 年 11 月 11 日）

602.《财政部 国家税务总局关于连锁经营企业增值税纳税地点问题的通知》（财税字〔1997〕97 号，1997 年 11 月 11 日）

603.《国家税务总局关于平销行为征收增值税问题的通知》（国税发〔1997〕167

号，1997年10月31日）

604.《财政部 国家税务总局关于供电工程贴费不征收增值税和营业税的通知》（财税字〔1997〕102号，1997年9月5日）

605.《国家税务总局关于纳税人取得虚开的增值税专用发票处理问题的通知》（国税发〔1997〕134号，1997年8月8日）

606.《国家税务总局关于出口商品支付的国内运费税款抵扣问题的批复》（国税函〔1997〕441号，1997年7月11日）

607.《国家税务总局关于淀粉的增值税适用税率问题的批复》（国税函发〔1996〕744号，1996年12月31日）

608.《国家税务总局转发〈最高人民法院关于适用《全国人民代表大会常务委员会关于惩治虚开、伪造和非法出售增值税专用发票犯罪的决定》的若干问题的解释〉的通知》（国税发〔1996〕210号，1996年11月15日）

609.《财政部 国家税务总局关于体育彩票发行收入税收问题的通知》（财税字〔1996〕77号，1996年11月7日）

610.《国家税务总局关于农牧业救灾柴油征收增值税问题的批复》（国税函发〔1996〕612号，1996年10月29日）

611.《国家税务总局关于铁路支线维护费征收增值税问题的通知》（国税函发〔1996〕561号，1996年9月24日）

612.《国家税务总局关于填开增值税专用发票有关问题的通知》（国税发〔1996〕166号，1996年9月18日）

613.《国家税务总局关于易货贸易进口环节减征的增值税税款抵扣问题的通知》（国税函发〔1996〕550号，1996年9月17日）

614.《财政部 国家税务总局关于金银首饰等货物征收增值税问题的通知》（财税字〔1996〕74号，1996年9月14日）

615.《国家税务总局关于增值税若干征管问题的通知》（国税发〔1996〕155号，1996年9月9日）

616.《国家税务总局关于原油管理费征收增值税问题的通知》（国税发〔1996〕111号，1996年6月26日）

617.《财政部 国家税务总局关于对铁路工附业单位恢复征收增值税问题的通知》（财税字〔1996〕35号，1996年5月30日）

618.《国家税务总局关于加强进口环节增值税专用缴款书抵扣税款管理的通知》（国税发〔1996〕32号，1996年2月14日）

619.《财政部 国家税务总局关于增值税若干过渡性优惠政策问题的通知》（财税明电〔1995〕1号，1995年12月29日）

620.《国家税务总局涉外税务管理司关于涉外企业增值税纳税申报有关问题的通知》（国税外函〔1995〕82号，1995年12月28日）

621.《国家税务总局关于外商投资企业非正常终止经营能否享受增加税负返还照顾的批复》（国税函发〔1995〕612号，1995年12月1日）

622.《全国人民代表大会常务委员会关于惩治虚开、伪造和非法出售增值税专用发票犯罪的决定》（中华人民共和国主席令第57号，1995年10月30日）

623.《财政部 国家税务总局关于把增值税大检查纳入1995年全国税收财务大检查统一进行的通知》（财检字〔1995〕46号，1995年10月25日）

624.《国家税务总局关于加强增值税专用发票使用管理问题的通知》（国税发〔1995〕193号，1995年10月19日）

625.《国家税务总局关于加强增值税征收管理若干问题的通知》（国税发〔1995〕192号，1995年10月18日）

626.《财政部 国家税务总局关于党校所办企业执行校办企业税收政策的补充通知》（财税字〔1995〕93号，1995年9月15日）

627.《国家税务总局关于〈农业产品征税范围注释〉执行日期的通知》（国税明电〔1995〕44号，1995年9月14日）

628.《财政部 国家税务总局关于罚没物品征免增值税问题的通知》（财税字〔1995〕69号，1995年9月4日）

629.《财政部 国家税务总局关于印发〈农业产品征税范围注释〉的通知》（财税字〔1995〕52号，1995年6月15日）

630.《国家税务总局关于印发〈增值税问题解答（之一）〉的通知》（国税函发〔1995〕288号，1995年6月2日）

631.《国家税务总局关于固定业户临时外出经营有关增值税专用发票管理问题的通知》（国税发〔1995〕87号，1995年5月16日）

632.《国家税务总局关于外商投资企业发包经营、出租经营有关税收处理问题的通知》（国税发〔1995〕45号，1995年3月7日）

633.《国家税务总局关于统一编印1995年增值税专用发票代码的通知》（国税函发〔1995〕18号，1995年1月14日）

634.《国家税务总局关于下达1994年新增侦察保卫器材免税名单的通知》（国税函发〔1994〕690号，1994年12月31日）

635.《国家税务总局关于上报1994年期初存货已征税款有关数据的通知》（国税明电〔1994〕118号，1994年12月28日）

636.《国家税务总局关于明确流转税、资源税法规中“主管税务机关、征收机关”名称问题的通知》（国税发〔1994〕232号，1994年12月24日）

637.《国家税务总局关于下发〈货物期货征收增值税具体办法〉的通知》(国税发〔1994〕244号,1994年11月9日)

638.《财政部 国家税务总局关于增值税几个税收政策问题的通知》(财税字〔1994〕第60号,1994年10月18日)

639.《国家税务总局关于外商投资企业改征增值税、消费税后期初库存已征税款处理问题的通知》(国税发〔1994〕205号,1994年9月15日)

640.《国家税务总局关于增值税几个业务问题的通知》(国税发〔1994〕186号,1994年8月19日)

641.《国家税务总局关于退还外商投资企业改征增值税、消费税后多缴纳税款审批权限问题的通知》(国税发〔1994〕181号,1994年8月9日)

642.《国家税务总局关于学校办企业征收流转税问题的通知》(国税发〔1994〕156号,1994年7月4日)

643.《国家税务总局关于对小化肥免征增值税后税款退还问题的通知》(国税明电〔1994〕76号,1994年6月23日)

644.《国内贸易部 纺织总会 国家税务总局 国家计委关于明确棉花供应价格和缴纳增值税有关问题的通知》(内贸农字〔1994〕第166号,1994年6月22日)

645.《财政部关于退还外商投资企业改征增值税、消费税后多缴税款有关会计处理规定的通知》(财会字〔1994〕第23号,1994年6月7日)

646.《国家税务总局关于军队物资供应机构征收增值税有关问题的补充通知》(国税发〔1994〕129号,1994年5月25日)

647.《财政部关于商品流通企业在税制改革和外汇管理体制改革后有关财务处理问题的通知》(财商字〔1994〕第221号,1994年5月12日)

648.《国家税务总局关于军队物资供应机构征收增值税有关问题的通知》(国税发〔1994〕121号,1994年5月7日)

649.《财政部 国家税务总局关于增值税、营业税若干政策规定的通知》(财税字〔1994〕第26号,1994年5月5日)

650.《国家税务总局关于中外合作开采石油资源缴纳增值税有关问题的通知》(国税发〔1994〕114号,1994年4月28日)

651.《财政部 国家税务局关于军队 军工系统所属单位征收流转税、资源税问题的通知》(财税字〔1994〕第11号,1994年4月22日)

652.《国家税务总局关于退还外商投资企业改征增值税、消费税后多缴税款若干具体问题的通知》(国税发〔1994〕115号,1994年4月21日)

653.《国家税务总局关于中外合资企业北京××有限公司不享受“内资”福利企业税收优惠政策问题的批复》(国税函发〔1994〕121号,1994年4月21日)

654.《国家税务总局关于国家物资储备局系统销售储备物资统一缴纳增值税问题的通知》（国税发〔1994〕90号，1994年4月13日）

655.《国家税务总局关于流转税新老税制衔接的几个问题的通知》（国税发〔1994〕61号，1994年3月15日）

656.《财政部关于税制改革、外汇管理体制改革后有关企业财务问题处理的通知》（财工字〔1994〕第42号，1994年3月2日）

657.《国务院关于外商投资企业和外国企业适用增值税、消费税、营业税等税收暂行条例有关问题的通知》（国发〔1994〕10号，1994年2月22日）

658.《国家税务总局涉外税务管理司关于贯彻国税发[1993]152号文件有关问题的通知》（国税外函〔1994〕9号，1994年2月15日）

659.《财政部关于企业处理期初库存纳税问题有关会计核算的通知》（财会字〔1994〕第4号，1994年2月14日）

660.《国家税务总局关于进口免税品销售业务征收增值税问题的通知》（国税明电〔1994〕6号，1994年1月6日）

661.《国家税务总局关于做好对外商投资企业和外国企业、征收增值税、消费税、营业税各项准备工作的紧急通知》（国税明电〔1993〕68号，1993年12月25日）

662.《国家税务总局关于印发〈增值税部分货物征税范围注释〉的通知》（国税发〔1993〕151号，1993年12月25日）

663.《国家税务总局关于涉外税收实施增值税有关征管问题的通知》（国税发〔1993〕138号，1993年11月6日）

664.《全国人民代表大会常务委员会关于外商投资企业和外国企业适用增值税、消费税、营业税等税收暂行条例的决定》（中华人民共和国主席令第18号，1993年12月29日）